생각의 싸움

생각의
싸움

인류의 진보를 이끈 15가지
철학의 멋진 장면들

김재인 지음

동아시아

감사의 말

강의를 팟캐스트로 정리해준 철학자 김시천 교수께 먼저 고마움을 전하고 싶습니다. 원고를 다듬는 과정에서 원앤파트너스 김원일 대표, 강민수 대표, 황보유미 대표, 홍승현 이사, 이성규 이사가 세미나에 참석해 좋은 의견을 들려주었습니다. 철학자이자 인문학교육연구소 소장 양진호 선생, 소설가이자 러시아문학 연구자 김연경 선생은 초고를 읽고 여러 소중한 논평을 해주었습니다.

경희대학교 비교문화연구소 식구들은 격려와 후원을 아끼지 않았습니다. 박정원 소장, 양혜우 선생, 정인경 선생을 비롯해 동료들에게 따뜻한 마음을 듬뿍 전합니다.

2년 전 요맘때 인공지능 책을 쓸 때도 그랬지만, 아침놀과 가온은 물놀이 한 번 제대로 가지 못하고 여름을 나야만 했습니다. 아이들은 이번에도 잘 이겨냈습니다. 아내 문경미는 곁에서 원고를 세 번이나 되풀이해서 읽으면서 오탈자 교정부터 내용 구성에 이르기까지 철두철미하게 도와주었습니다. 가을에는 미뤄두었던 가족여행을 떠나야겠습니다.

그래도 철학을 알고 싶은 이들에게

인문학과 언어 사랑

인문학이란 도대체 무엇일까? 인문학을 규정하는 방법은 여럿이다. '인문人文'이라는 말을 풀어 '사람의 무늬'라고 할 수도 있고, 주요 분과의 앞 글자를 묶어 '문사철文史哲'이라고 할 수도 있다. 물론 이런 규정 방식들은 인문학의 본질을 말해주지 못한다. 사실 인문학은 엄밀한 분류법에 따른 명칭도 아니다. 인문학은 영어 '휴머니티스Humanities'나, 중세의 '아르테스 리베랄레스Artes Liberales', 즉 영어 '리버럴 아츠Liberal Arts'나, 르네상스의 '후마니타스Humanitas'에 대응하는 말 또는 번역어로 보는 편이 정확하다. 물론 서양에서의 용례를 보아도 시기마다 포함하는 분과가 달랐기 때문에 새로운 규정이 필요하다.

흔히 인문학의 목적으로 '인간에 대한 탐구', '인간에 대한 성찰' 같은 걸 말하는 이들도 있는데, 무릇 모든 학문과 예술이 그런 내용을 포함한다는 점에서, 인문학의 정의로는 지나치게 넓다. 내가 보기에 인문학의 가장 밑바닥에는 언어 사랑이 있다. 희랍어(고전기 그리스어)로 표현하면 '필롤로기아philologia'라고 할 수 있다. '언어logos'에 대한 '사랑philia' 말이다. 오늘날 필롤로기아는 '문헌학'으로 주로 번역되는데, 번역어로 무슨 말을 쓰건 그 근원에는 '언어 탐구', 즉 '언어에 대한 탐구' 및 '언어를 통한 탐구'가 놓여 있다. 그런데 나는 지금 인문학의 목적이 아니라 수단을 말하고 있다.

내가 언어라는 수단에 주목하는 까닭은, 그렇게 했을 때, 또 그렇게 해야만, 다른 학문 활동과의 차이가 상대적으로 분명하게 드러난다고 보기 때문이다. 가령 '언어는 생각을 표현하기에는 부족하다', '언어로는 세상을 기술하기 어렵다', '언어는 불완전하기 그지없다' 등의 주장을 인문학은 언어를 통해 펼친다. 이렇듯 언어를 불평하는 행위마저 언어로 실천하는 활동이 인문학이다. 하지만 자연과학은 언어를 포기하고 과감하게 수학이라는 인공 언어를 통해 생각을 표현하고 세상을 기술한다. 예술 또한 언어를 포기하고 색, 형태, 음, 질감, 동작 등 감각에 기댄다.

철학은 언어로 진술된 사상을 탐구한다. 플라톤이 어쩌고, 데카르트가 어쩌고, 칸트가 어쩌고, 니체가 어쩌고 등 '누구누구 말에 따르면…'이나 '누구누구는 이렇게 말했다'가 철학에서 너무 자주 등장하기 때문에 놀림거리가 되기도 하지만, 그런 관용적 표현법 뒤에 숨은, 특

정한 철학자의 독창적인 생각의 결을 파헤치겠다는 의도까지 폄하해서
는 안 되리라. 그런데 모든 철학자는 자기가 가장 잘 다룰 수 있는 언어
로 자신의 생각을 다듬어 최대한 정교하게 표현한다. 모든 철학자는 그
렇게 표현된 생각을 파악해서 자기 생각의 밑천이나 불쏘시개로 삼으
려 한다. 이 점에서 철학자는 일차적으로 타인의 언어를 이해하려고 노
력한다.

인문학의 위기

나는 한국에서 인문학이 방황하는 이유가 '언어' 때문이라고 본다. 일단
인문학은 오랜 기간에 걸친 언어 습득을 전제로 한다. 언어 습득은 단
기간에 가능하지 않고, 한 언어에 숙달하는 일도 만만치 않다. 나아가
읽어야 할 자료들은 여러 언어로 되어 있기에, 인문학을 하려면 여러
언어에 대한 어느 정도의 숙달은 꼭 필요하다. 번역으로 다 포괄되지
않는 뉘앙스들은 해당 언어로 파고들어 가서 이해하려 노력해야 한다.
철학 공부의 태반은 이런 작업이며, 이 과정을 건너뛰면 철학을 가장한
허구나 개똥철학이 되기 십상이다.

　여기서 외국어를 능수능란하게 구사한다는 게 요점은 아니고, 해
당 사상가의 중요한 생각에 도달한다는 게 요점이기 때문에, 내 진술에
대한 불필요한 오해는 없었으면 한다. 외국어 공부에 매몰되다 보면 정
작 철학은 시작조차 못하게 될 것이기 때문에, 중요한 것은 항상 균형
을 유지하는 일이다. 그 균형은 내가 배우려는 철학자가 흥미로운 생각

을 개진하고 있는지, 그리고 그 생각을 나의 문제를 위해 써먹을 수 있는지 주시하는 데서 찾을 수 있다.

나는 인문학이 언어 사랑에 기초하고 있다고 했다. 이 기준을 놓고 한국의 인문학과 인문학자를 평가하면 어떤 결과가 나올까? 일단 구분해야 하는 건 '애호가'와 '연구자'다. 인문학의 각 분과를 애호한다는 것과 그 분과의 실천을 잘해낸다는 건 별개의 일이다. 인문학 담론이 도무지 알아듣지 못할 용어들의 연속이라고 해서 '인문 병신체'라는 말까지 나왔는데, 이런 조롱은 아주 일리 있다. 왜냐하면 꽤 오랜 기간 철학을 공부했고, 그것도 현대 프랑스 철학으로 박사 학위논문을 쓴 내가 보아도 도무지 이해할 수 없는 문장들이 실제로 많기 때문이다. 글쓴이에게 설명해보라고 하면, 다른 인문 병신체 신공을 발휘하기 마련이다. 요컨대 그렇게 쓸 수밖에 없어서 쓴 것이고, 정작 글쓴이는 자기가 무슨 말을 하는지 모른다고 짐작하면 십중팔구 맞다.

과정을 요약하면 이렇다. 일단 원문으로 된 글을 읽을 때 잘 이해가 안 됐고, 반복해서 계속 읽다 보니 자기 식으로 이해하든지 그냥 용어만 외우든지 해서 아무튼 결과적으로 익숙해졌다. 하지만 남에게 설명하기는 여전히 요령부득이다. 이 상태로 글을 쓰면 글쓴이 본인도 모르고 독자도 모르는 글이 완성된다. 더 중요한 건, 다른 전문가들의 역할이다. 대다수가 잘 모르겠으니, 서로 지적하거나 간섭하지 않고, 나아가 그런 글이 유통되는 것에 침묵하거나 동참한다. 비평 담론의 부재, 논쟁의 부재는 산 증거다. 인문 병신체는 이런 과정을 통해 탄생했다.

인문학의 윤리

―

나는 철학 개념이 누구에게나 쉽게 이해된다고, 쉽게 이해되어야 한다고 주장하는 게 아니다. 그럴 거면 철학이라는 분과 자체가 필요 없을 것이다. 철학은 언어 해독에서 출발해서 개념을 통해 새로운 생각을 창조하는 굉장히 중요한 활동이고, 애호가는 많을 수 있지만 정작 철학자는 너무나 드물 수밖에 없다. 조금 톤을 높이자면, 인문학을 즐기는 것과 인문학자로 실천하는 일은 너무도 다르며, 인문학을 즐기기 위해 굳이 인문학자일 필요도 없다. 누구든 인문학을 할 자유와 권리가 있다. 하지만 언어 사랑을 놓치지 말아야 한다. 언어를 놓게 되면 아무 말이나 하게 된다. 그건 인문학자의 삶의 태도로서 부적절하다.

과학은 수학이라는 꽤나 객관적인 언어를 사용하며, 결과를 검증하는 일은 누구에게나 열려 있다. 인문학은 글로 결과를 공포하는데, 많은 글은 검증받지 않은 채로 분과^{分課}라는 작은 동아리 안에서 유통된다. 내 논점은 인문학의 언어와 과학의 언어가 다르고, 그 차이가 활동과 결과의 차이까지 낳는다는 점이다. 과학자는 윤리적으로 타고났기 때문이 아니라 과학 활동 자체가 실증적인 검증과 비판을 내포하고 있기에 더 윤리적일 수 있다. 인문학은 사실과 해석을 오가는 활동이기 때문에 은폐가 쉽다. 인문학자가 윤리적이기 위해 더 노력해야 하는 이유다. 인문학은 확고한 자존감을 세우고 행하는 작업일 수밖에 없다. 아는 것을 안다고 하고 모르는 것을 모른다고 하되, 감히 알려고 하라. 이것이 내가 생각하는 인문학의 윤리다.

철학에 대한 일반인의 환상

—

철학을 전공하지 않은 일반인(아직 대학에 진학하지 않은 학생도 포함된다)에게 철학은 뭔가 신비감을 풍기는 활동으로 보이는 것 같다. 이 환상이 얼른 깨지기를 바란다. 사람들은 '철학'이라는 말로 무엇을 염두에 두고 있는 걸까? 흔히는 '국어사전'에 나오는 정의를 참고하는 것 같다. 하지만 국어사전에 나오는 정의는 대강의 규약일 뿐 실제로 해당 분야의 전문가가 볼 때는 논란의 여지가 많다. 사전의 정의는 사전 편찬자의 입장일 뿐이다.

나는 전공으로 철학을 공부한 게 30년이다. 본래 어느 분야이건 한 우물을 오래 파면 '전문가' 소리를 듣기 마련이다. 해당 분야에서 들은 풍월이 많으니 전문가인 건 맞다. 그러나 '전문가'라는 칭호가 꼭 '전문성'을 보장하는 건 아니다. 우리는 자기가 잘 아는 분야에 대해서는 '전문가'와 '가짜 전문가'를 잘 구별하며 산다. 부장님이 전문가인지 아닌지는 신입사원도 잘 안다. 하지만 자기 분야에서 한 다리만 건너가도 잘 판별하지 못한다.

어쨌건 나는 '제도'의 뒷받침을 받은 철학 '전문가'다. 철학박사 학위를 받았고, 이름 있는 대학들에서 철학을 가르쳐왔고 또 가르치고 있으며, 철학 서적을 번역하고 논문과 책을 써왔다. 타 전공 분야의 초청을 받아 대학 강연, 대중 강연, 기업 강연 등을 하면 항상 '철학자'나 '철학박사'라는 칭호가 따라다닌다. 오늘날 이런 뒷받침은 여러 경로로 '대학' 제도에 의해 주어진다. '전공'이라는 말 역시 '대학' 제도의 산물이다.

내가 '제도'의 문제를 제일 먼저 꺼낸 건, '전문가' 모드로 말하자면, 오늘날 철학 전문가는 '대학'과 '철학과'라는 제도와 권위를 빼놓고는 말할 수 없다는 뜻이다. 그런데 '철학과'는 역사성을 갖고 있다. 내가 '역사성'을 언급한 건 역사를 거슬러 가보면 '철학과'가 없던 시절도 있었다는 뜻이고 '철학과'라는 제도 밖에서도 '철학자'와 '철학 활동'이 있었다는 뜻이다. 근대의 1급 철학자만 꼽아봐도, 데카르트, 스피노자, 라이프니츠, 로크, 버클리, 흄 등은 요즘 식으로 보면 '아마추어' 철학자였다. 그래서 단정적으로 알려드리겠다. 오늘날 철학은 대학의 '철학과'를 중심으로 일어나는 활동을 가리키며, 단지 그것일 뿐이다. 현실이 그렇다는 것은 일단 받아들이고 갔으면 한다. 내가 이런 이야기를 꺼낸 건, 국내외의 유명 대학 철학과 교수라 할지라도 일반인이 기대하는 '철학'과 얼마나 동떨어질 수 있는지 강조하고 싶어서다. 제도의 권위를 더 이상 신뢰하지 마시라.

가짜와 진짜 전문가
—

그렇다면 어떻게 진짜 전문가를 판별할까? 글의 내용을 본인이 직접 평가하는 수밖에 없다. 최소한 '철학'이 '생각'과 관련된 활동이고, '생각'의 가치와 질은 누구나 동의할 수 있는 객관식 판단의 대상이 아니므로, 결국은 각자 평가할 수밖에 없다. 이 순간은 남에게 의탁할 수 없고 의탁해서도 안 되는 드문 순간 중 하나다. 좋은 생각이 있고 나쁜 생각이 있다. 가치 있는 생각, 생각을 자극하는 생각, 삶을 성장시키는 생각이 있다. 반면 삶을 깎아내리고, 힘 빠지게 만들고, 주눅 들게 하는 생각도 있다. 생각은 이렇게 두 부류로 나뉘는데, 진짜 전문가라면 앞의 부류에 속하는 생각을 들려주어야 한다. 전문가가 먼저 있는 게 아니라 좋은 생각이 먼저 있다.

'생각의 독립'을 원하면서 알게 모르게 '생각의 의탁'을 향하는 우를 범할 수 있다. 이 지점에서 가장 큰 난관은 정작 '철학 책'을 혼자 읽기 어렵다는 데서 생겨난다. 두 가지 이유 때문에 그렇다.

일단 철학 책은 어렵다. 진짜 어렵다. 그래서 읽는 훈련을 진지하게 해야 한다. 역사에 남은 철학자는 '생각의 첨단'을 탐험한 자들이고, 그렇기 때문의 보통의 상식을 고수하면서 따라가기 어렵다. 철학 공부에 의미가 있다면, 그 어려움을 극복하면서 자신의 생각을 단련할 수 있다는 점이다. 나는 읽기 훈련을 가장 치열하게 할 수 있는 분과 중 하나가 철학이라고 생각한다. 넓게 보면 '인문학'의 여러 분과는 모두 '읽기 훈련'을 기본으로 한다는 점에서 '교육'의 차원에서 생명력을 가져왔고 앞으로도 그러하리라.

인문학의 핵심은 읽기 훈련이다. 철학을 공부해서 뭔가 득이 되는 건 '빡세게' 읽기 훈련과 생각 훈련을 하게 된다는 점이다. 그러나 곧바로 철학 책을 집어 들어 읽으려 하면 읽히지 않는다. 일반인은 그 읽히지 않음의 당혹스러움 때문에 자신감을 읽고 철학 전공자를 존경의 눈으로 보기 시작한다. 하지만 '전문가'는 잘 읽고 있을까? 이걸 물어보는 일반인은 없을 것이다. 하지만 내부자 입장에서 까발리건대, 전문가라고 다 잘 읽는 건 결코 아니다. 철학이라는 분과 안에서도 전공이 엄청

세분화되어 있어 사실상 다른 전공자의 논문은 서로 읽지 못한다고 보면 딱 맞다. 그러니 '전문가'에 대한 환상은 빨리 깰수록 좋다.

그러면 그 많은 교수와 박사는 다 뭐란 말인가? 박사 학위를 받고 교수가 된 데는 다 이유가 있지 않을까? 물론이다. 이들은 자기 분야를 열심히 공부했다. 여기서 말하는 '자기 분야'는 철학 전반이 아니다. 안과의사와 성형외과의사를 의학을 공부했다는 이유로, 의사라는 이유로, 한데 묶어서 말하기엔 뭔가 찜찜하지 않은가? 철학에서의 '자기 분야'도 비슷하다.

'철학', 되도록 공부하지 말자

통합적인 철학은 학부 수업에나 겨우 존재할 뿐 현행 제도 안에 그런 건 없다. 그나마 학부에서는 여러 분야의 교수 밑에서 여러 분야의 글을 읽는다. 대학원에서는 더 좁게 공부하게 되고, 박사 학위를 받을 무렵에는 다른 분야는 거의 공부할 여유가 없다. 그 후 교수가 되고, 자기 분야를 가르친다.

나는 제도 안에 있는 개개인을 말하는 게 아니라 제도 자체를 말하고 있다. 현행 제도 속에서는 통합적인 철학은 존립하기 어렵다. 유감스럽게도 바로 이 '통합 철학'이 일반인의 눈에 비친 철학의 모습이다. 그러니 뭔가 심오하고 멋지고 신비하기까지 한 철학의 이미지는 지워버리기 바란다.

그렇더라도 철학은 여전히 중요하지 않을까? 요즘 와서는 중요한

지 아닌지도 잘 모르겠다. 철학을 공부할 제도도, 책도, 다른 경로도 꽉 막혀 있으니. 아무나 방송에 나와 철학을 말하면서 돈 버는 시절이고, '철학'은 허세를 치장해주는 예쁜 장신구에 불과하지 않나? 혹시 철학을 공부하겠다는 마음에 이런 사정이 있지나 않은지 돌아봐야 한다.

굳이 '철학'을 공부하겠다고 고집할 필요는 없다. 이유가 중요하다. 위대한 철학자들은 구체적인 문제를 풀기 위해 철학을 했다. 일반인도 구체적인 문제에서 시작해야 한다. 철학 책을 읽기 어려운 이유 중 하나는 특정 철학자가 어떤 구체적인 문제를 만나서 풀려고 했는지 모르기 때문이다. 멋있어 보이려고 철학한 게 아니라는 말이다. 앞에서 지적했듯이, 위대한 철학자들이 꼭 철학과를 나오고 철학을 전공한 게 아니라는 점도 중요하다. 철학을 공부하고, 철학사를 공부하고, 철학자들을 공부하는 건, 철학과 별 상관없는 일이다. 당신은 왜 철학을 공부하고 싶어 하는가?

나는 교양을 위해 역사와 과학을 공부하는 건 바람직하다고 본다. 인간과 자연을 더 많이 알게 해주니까. 철학이라는 말을 둘러싼 에피소드, 인물, 전문용어 등을 아는 건 도움이 될까? 나는 시간낭비라고 본다. 그걸 외워서 어디에 써먹을 건데? 중요한 건 '문제'다. 어떤 문제를 풀려고 하는가? 이게 철학함의 출발이다. 별문제가 없다면, 그냥 재미있게 살면 된다. 뭔가 문제가 있다고 느껴지면 곰곰이 생각하기 시작해보라. 그다음에 책을 집어도 늦지 않다. 단, 철학 책에 국한하지 말고, 시간을 넘어 살아남은 고전을 두루 참조하라. 철학 책만 읽은 위대한 철학자는 단 한 명도 없다. 그리고 항상 묻고 의심하라. 전문가도 믿지 말라. 전문성은 편협함 곁에 있다. 최종 판단은 자신이 직접 내려라. 그래야 마지막 순간에 아무도 원망하지 않는다.

철학한다는 건 더 용감하고 솔직하고 겸손하다는 뜻이다. 또한 더 짓궂고 장난스럽고 무례하다는 뜻이다. 나아가 모든 권위를 비판하고 손수 평가한다는 뜻이다. 철학자는 누구보다 깐깐하고 쪼잔하고 가혹하다. 철학은 관대하게 덕담 따윌 들려주지 않는다. 철학은 주례사도 아니다. 철학은 단정한다. 철학은 생각의 싸움이기 때문이다. '철학' 따윈 되도록 공부하지 않도록 하자.

그래도 철학을 알고 싶다면
▬

삶의 문제가 생각을 통해 다 해결되지도 않고 다 해결될 수도 없지만 '생각'은 분명 삶을 아름답게 만드는 데 크게 기여한다. 생각의 학문, 그 것이 곧 '철학'일진대, 한국에서는 중고등학교는 물론 대학에서도 배울 기회가 좀처럼 많지 않다. 더구나 경제적인 실용성만을 추구하는 오늘의 사회 분위기에서 철학이라면 왠지 구닥다리 물건 취급받기 십상이다. 돈 되는 것이 아니면 백안시하는 풍조 자체가 철학의 부재를 방증한다. 그러나 철학 또는 인문학을 비실용적이라고 판정하는 것은 틀렸다. 철학은 전체적으로 볼 때 삶의 실용성을 추구하는 행위이며, 구체적인 삶에서도 상당히 유용할 수 있다.

철학은 도덕도 국민윤리도 아니다. 그것들은 아직 외부에서 강요된 규율에 불과하다. 스스로 검토하고 걸러내어 받아들인 것이 아닌 이상 그 어떤 규칙도 보류할 권리가 있다. 그 권리의 실천이 바로 철학이다. 철학은 '삶을 노예로 만들려는 모든 힘에 대항해서 싸우는 생각의 실천'이다. 생각이란 호흡과 비슷한 활동이다. 우리가 숨 쉬지 않고는 한순간도 살 수 없듯이 생각함이 없이는 한순간도 살 수 없다. 많은 경우 우리가 의식하지 못하더라도, 확실히 그것은 진실이다. 철학은 일어나서 잠들 때까지 우리가 생각을 하는 모든 순간과 관련을 맺는다.

노예는 스스로 생각을 정돈하지 못하는 자가 아닐까. 그러니까 주인이 시키는 대로만 생각하고 행동하는 자 말이다. 그렇지 않은가, 자기 스스로 생각을 이끌어가지 못할진대 어찌 삶의 주인일 수 있을까. 생각의 주인이 아니라면, 삶의 주인도 아니다. 나아가 더 중요하게는, 노예가 되지 않기 위해 노력하지 않으면, 다시 말해 가만히 있으면 노예가 되고 마는 것이 삶의 냉혹한 진실이다.

생각에 관심이 많고 그러다가 철학을 '전공'까지 하게 되다 보니 외국 여러 나라의 개념들을 꽤 접하게 되었다. 한 가지 부러웠던 것은 저들이 자신의 언어를 정돈하기 위해 각자 많은 노력을 기울여왔다는 사실이다. 그에 비해 외국과 교류가 시작된 지 오랜 시간이 흘렀지만, 개념을 정돈하려는 우리의 노력은 아주 단발성이었거나 미약했다. 그래서 더더욱 철학 입문서의 필요성을 느끼게 된 것인지도 모른다.

생각 활동과 생각의 싸움
—

나는 오래전부터 한국어로 된 철학 입문서를 쓰고 싶었다. 삶의 조건이

변하고 있으니 이제 철학은 별 소용이 없지 않느냐는 사람도 있다. 그러나 철학은 특수한 영역에 제한된 학문이 아니다. 그것은 우리의 삶 자체와 동의어인 '생각 활동'과 관련된다. 실패한 연애, 친구와의 다툼, 사업의 어려움, 성적 저하, 부모의 죽음, 현실의 불만 등 우리의 삶은 생각을 동반한다. 우리는 느끼고 따지고 결심한다. 이 모든 것이 다 생각 활동이다. 당연히 철학은 이 모든 것들과 관계한다.

예민한 독자는 눈치챘겠지만 나는 '생각 활동'이라는 말을 썼다. 생각은 활동이고, 그것은 달리기나 던지기 또는 계산하기나 먹고 싸기 또는 연애나 다툼 같은 몸의 활동이다. 생각을 무슨 그림자나 허깨비 취급하고, 행동의 준비 단계나 도구 정도로만 여기는 경우도 많지만 나는 이 오래된 편견을 불식시키고 싶다. 생각은 정말 위대한 실천 활동이다. 생각은 자신과 세계를 바꾸는 힘일 뿐 아니라 나아가 자신과 세계를 아름답게 만드는 힘이다.

인간을 생각하는 동물이라고 한다. 그러나 생각하는 힘은 타고나는 것이 아니라 길러지는 것이다. 생각은 훈련을 통해 충분히 성숙해야 하고, 무지에서 오는 순진함은 찬양되어서는 안 된다. 생각에는 저열한 것과 고귀한 것이 있는데, 철학이란 우리가 저열하게 생각하지 않도록 도와주는 기술이다. 저열한 생각은 삶을 저열하게 인도하게 마련이다. 따라서 저열한 생각을 극복하고 고귀한 생각으로 향하는 것은 반드시 필요하다. 그리하여 철학은 '생각의 싸움'이다. 저열한 것에 맞서고, 자기 자신의 문제에 답하기 위한, 생각의 싸움.

생각의 싸움은 싸움의 현장을 봄으로써 가장 잘 이해할 수 있다.

철학자들이 어떤 문제를 풀기 위해 어떻게 개념을 만들며 싸웠는지 보여주는 일은 철학사를 통해 가능하다. 철학을 공부하면서 깜짝 놀라는 '느낌'을 받은 장면 열다섯 개를 골랐다. 이름하여 '철학의 멋진 장면들'. 다음으로 때와 장소를 오가면서 인상 깊은 '장면'을 중심으로 서술하는 방식을 택했다. 그것이 철학자의 문제를 잘 드러낼 수 있다고 보았기 때문이다. 또한 철학자의 배경과 핵심 사상을 설명하는 것은 물론이고, 텍스트를 놓고 한 줄씩 읽어가는 강독 방식을 택함으로써 나중에 스스로 철학 책을 읽을 수 있는 힘을 길러주려 했다. 이런 서술 방식은 이른바 '문제와 주제' 중심으로 서술된 철학 책을 대신할 수도 있다. 이런 시도가 온전한 철학사도 아니고 주제별로 잘 분류된 철학 책도 아닌, 어중간한 것이 되지 않았기를 바랄 따름이다.

이 책은 편식의 산물이다. 말하자면 내 입맛에 맞는 철학자들을 골라 만든 선집이다. 내가 니체와 들뢰즈를 선호하기 때문에 이 두 철학자의 관점을 많이 따랐다. 특히 들뢰즈의 철학을 어렵게 느끼는 이들은 이 책이 많은 도움이 될 것으로 확신한다. 또한 철학을 알고 싶은 학생뿐 아니라 작가, 예술가, 엔지니어, 교육자도 쉽게 읽을 수 있도록 애썼다.

생각과 앎은 기쁜 것이다. 그러나 그 기쁨은 만들어내야만 존재한다. 이러한 실천이 철학의 깊은 의미다. 이 '기쁜 철학!'을 함께해보자.

• 차 례 •

• 이 책에 등장한 철학자들의 활동 시기(연대순)

탈레스(Thales), 기원전 625/624~547/546

아낙시만드로스(Anaximandros), 기원전 610~546

파르메니데스(Parmenides), 기원전 540(?)/515(?), 전성기 기원전 504~501

플라톤(Platon), 기원전 428/427 또는 424/423~348/347

아리스토텔레스(Aristoteles), 기원전 384~322

에피쿠로스(Epikouros), 기원전 341~270

아우렐리우스 아우구스티누스(Aurelius Augustinius), 354~430

프랜시스 베이컨(Francis Bacon), 1561~1626

르네 데카르트(René Descartes), 1596~1650

베네딕투스 데 스피노자(Benedictus de Spinoza), 1632~1677

데이비드 흄(David Hume), 1711~1776

이마누엘 칸트(Immanuel Kant), 1724~1804

존 스튜어트 밀(John Stuart Mill), 1806~1873

프리드리히 니체(Friedrich Nietzsche), 1844~1889(~1900)

앙리 베르그손(Henri Bergson), 1859~1941

미셸 푸코(Michel Foucault), 1926~1984

일러두기

- 이 책은 팟캐스트 〈철학의 명장면〉에서 방송한 내용을 정리·보완한 것이다. 표현이나 어투에서 강연의 분위기를 살렸다.

- 각 장은 다음 순서로 이루어져 있다. 우선 등장하는 철학자의 시대와 핵심 사상을 배경으로 설명했다. 다음으로 소개한 텍스트에 대한 강독 해설이 있다. 끝으로 실문과 답변이 있다. 본문 가운데 인용된 원전 텍스트는 각 장의 마지막에 번역 원문으로 수록되어 있다.

- 출전에서 번역본이 소개되어 있지 않은 글은 저자가 직접 번역한 것이다.

- 책, 장편 소설은 『 』, 단편, 논문은 「 」, 예술작품, 방송 프로그램, 영화는 〈 〉로 구분했다.

1장

철학의 시작과 끝

1 철학의 탄생_ 탈레스 · 아낙시만드로스

Thales, 기원전 625/624년~547/546년
Anaximandros, 기원전 610년~546년

터키의 작은 항구도시에서 철학이 탄생하다
—

첫 번째 이야기의 제목은 '철학의 탄생'입니다. 제목을 염두에 두고 글을 읽으면 좋겠어요. 철학 관련된 이야기를 할 때는 여러 가지 접근법이 있습니다. 철학의 역사를 순서대로 따라가면서 살펴본다든지, 특별한 주제를 중심으로 살펴볼 수도 있겠죠. 수많은 방법이 있는데, 내가 글을 준비할 때 내 나름으로 철학의 멋진 장면을 들여다보자고 생각했고, 그래서 시대와 장소를 넘나들게 될 겁니다. 그중에서 이번은 '철학'이라는 게 탄생한 장면입니다. 그게 멋있어 보였어요.

철학은 우리말로는 대응되는 용어가 없습니다. 철학은 우리말처럼 느껴지지만, 고대 그리스인들의 발명품입니다. 그 전까지는 없었던 거죠. 당시, 그리고 한참 뒤까지도, 고대 그리스를 제외한 다른 지역에 철학에 해당하는 활동은 없었습니다. 메이지明治 시대의 일본 사상가 니시 아마네西周는 동양에 존재하지 않던 활동인 'philosophy'를 고민 끝에 '철학哲學'으로 번역했습니다. 자, 이제 기원전 6세기경, 탈레스와 아낙시만드로스라는 인물을 이야기하면서 철학의 탄생 장면을 보도록 하겠습니다.

두 가지 명칭을 구별해야 할 것 같아요. 그리스 사람들은 본인들을 그리스 사람이라고 부르지 않습니다. 그리스인들이 자신을 부르는 말은 '헬라스'입니다. 이걸 동양 사람들이 음차해서 '희랍'이라고 썼습니다. 철학에서 외울 게 많지는 않지만 몇 가지 중요한 건 외워야 해요. '그리스'는 영어인데, 본래 로마인들이 이탈리아 반도 남부의 식민도시 '그라이코스'를 보고 그 지역을 '마그나 그라이키아(대大그리스)'라고 한 데서 유래한 명칭이에요. 두 번째는 지도에서 보듯이 오늘날 그리스 지역은 가운데 마케도니아라고 써 있는 아랫부분입니다. 그런데 당시 '헬라스'는 이탈리아 남쪽에서 터키 및 북아프리카까지 포함하는 지중해 전반을 가리키는 명칭이고, 폴리스들이 많이 분포되어 있었습니다. 희랍철학은 이 헬라스 지역 전체, 그리스 반도와 주변의 무역항들을 포함한 넓은 지역의 활동이었다, 이렇게 생각하는 편이 좋습니다.

탈레스는 그리스 반도 본토 사람이 아닙니다. 지도에서 로도스섬 보이죠? 이 로도스섬 바로 위에 보면 터키 서쪽에 밀레토스라고 있어요. 무역으로 번창했던 항구도시였는데, 탈레스는 이곳 사람이었습니다. 이 밀레토스에서 발명된 게 철학입니다. 제가 1997년에 밀레토스

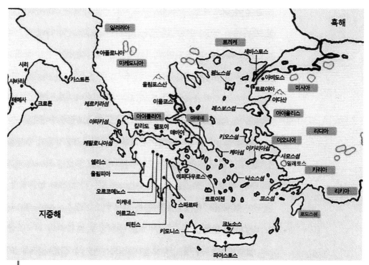

그리스·지중해 지역의 지도. 철학은 그리스 본토와 주변의 폴리스에서 발생했다.

에 가봤는데, 지금은 모래가 쌓여서 상당히 내륙 쪽으로 들어와 있습니다. 밀레토스를 둘러싼 지방의 명칭이 이오니아입니다. 이곳에서 철학이 탄생했고 탈레스를 포함해 그 제자들을 묶는 명칭이 밀레토스학파, 또는 이오니아학파입니다. 이게 지리적 배경입니다.

탈레스와 관련해 유명한 일화가 있죠. 철학자들을 조롱하는 내용입니다. 탈레스가 별을 관측하다가 우물에 빠졌다는 겁니다. 천상 세계에 대한 앎을 얻으려다가 정작 눈앞의 것들을 처리하지 못한다는 거죠. 철학자의 상을 우리에게 각인하는 데 중요한 역할을 한 일화입니다. 철학이 뜬구름 잡는 이야기 아니냐는 겁니다.

내가 주목하는 또 다른 일화가 있어요. 탈레스가 올리브 풍년이 들

것을 알고 올리브 짜는 기계를 사재기해서 떼돈을 벌었다는 이야기입니다. 철학자가 자신의 지식을 활용하면 현실에서 어떤 일을 할 수 있는지 잘 보여주는 일화입니다. 「허생전」도 생각나고요. 그런데 이 두 번째 일화는 잘 알려져 있지 않죠.

이 두 개의 일화는 별개가 아닙니다. 어떻게 탈레스는 풍년이 들 걸 알았을까요? 탈레스는 천문을 알았기 때문에 사재기를 할 수 있었던 거예요. 별을 관측하는 건 실생활에 별로 도움이 되지 않는 활동처럼 보입니다. 하지만 세상에 무관한 건 없죠. 탈레스를 비롯해서 이오니아 지역에서 활동했던 철학의 발명자들은 비실용적인, 호기심을 채우려는 활동을 통해 세상의 근본이 되는 원리를 알 수 있었습니다. 오늘날로 말하면 자연과학, 순수 과학입니다. 순수 자연과학은 세계를 구성하는 물질이 뭐고, 그것들이 어떻게 결합해서 다른 물질을 만들어내는지 같은 걸 탐구하는데, 그것이 실용적인 활동과 이어질 수 있다는 거죠. 물론 거기까지 염두에 둔 거라고 할 필요는 없어요. 중요한 건 탈레스가 비실용적일지라도 호기심 때문에 탐구를 계속해가는 특징을 지닌 사람이었다는 겁니다.

철학자는 개념을 만들어서 문제를 풀려고 합니다. 따라서 철학자를 이해하기 위해 가장 중요한 것은 그가 풀려는 문제가 무엇이었는지 아는 일입니다.

만물의 근원 아르케를 찾아라!

___

그러면 이오니아 사람들이 가장 궁금해했던 건 뭘까요? 그건 '이 세계 가 무엇으로 이루어져 있는가'였습니다. 여기에 대해서는 여러 가지 답 변이 가능해요. 가령 조금 후대이지만 피타고라스학파는 '수'라고 답했 습니다. 그런데 이오니아 사람들은 가장 작은 단위, 요소를 찾았어요. 화학 원소라고 봐도 되고, 어쨌든 가장 작은 단위 물질들이 모여 이 세 계가 구성되었다고 본 겁니다. 편의상 가장 작은 물질, 알갱이라고 표 현해보자고요. 그럼 가장 작은 알갱이가 어떤 것이어야 이 우주를 만들 수 있을까요? 이때 후보로 꼽을 수 있는 것들이 많습니다.

그중에 탈레스는 물을 후보로 꼽았습니다. 그래서 '세계는 물에서 왔다'라고 요약될 만한 얘기를 남겼습니다. 텍스트에서 "탈레스는 그런 철학의 창시자로서 근원을 물이라고 말하는데…"라는 구절입니다. 여 기서 '그런 철학'이라는 건 물질이 모여서 세계를 이룬다는 가설을 세운 철학입니다. 탈레스는 그런 철학의 창시자로서 근원을 물이라고 말합 니다. '만물의 근원은 물이다'라는 거죠.

여기서 근원이라는 말을 설명할 필요가 있어요. 근원에서 근은 '뿌 리 근根'이잖아요. 모든 게 생겨나는 뿌리에 해당해요. 희랍 사람들이 생 각하는 근원은 조금 더 넓은 의미입니다. '아르케arche'라고 하는데, 이걸 '근원'으로 번역한 거예요. 조심해야 할 것 중 하나는 최종 번역어인 한 국어를 통해 사고하는 일입니다. 우리는 번역된 개념이 본래 어떤 의미 였는지 알아야만 합니다. 그럼 아르케는 뭐냐? 아르케는 시작점, 출발점$^{beginning\ point}$이라는 뜻입니다. 탈레스가 생각했던 건 만물이 시작하는, 출발하는 요소가 물이라는 거죠.

그러면 우리는 추정해볼 수 있어요. 우리가 볼 수 있는 다양한 물질 중에 왜 하필 물일까? 동양에도 그랬지만 서양에서도 4원소설이 흔했어요. 지수화풍地水火風, 즉 흙·물·불·공기가 세계를 이루고 있다는 생각입니다. 왜 그중에 물을 택했느냐? 이걸 물어볼 수 있습니다. 사실 탈레스는, 기원전 6세기 초반, 2,600~2,700년 전 사람이에요. 기록이나 문헌이 남아 있는 게 거의 없어서 추정해볼 수밖에 없어요. 여러 학자가 짐작하기에, 물은 액체와 고체와 기체를 오간다는 거예요. 우리가 보는 수증기는 사실 액체로 '김'이지요. 본래 수증기는 눈에 보이지 않아요. 그리고 고체인 얼음이 있죠. 세상은 고체, 액체, 기체, 세 상태로 이루어져 있는데, 이 세 상태를 오갈 수 있는 게 물입니다. 그래서 아마도 물이 세상을 이루는 가장 기본적인 요소가 아닐까, 추론이 가능한 거죠. 물의 성질을 갖고서 추론했으니까 나름 그럴듯해요.

또 다른 추측도 있습니다. 아리스토텔레스가 추측하기로는, '생명'이 지닌 공통점으로 물을 염두에 두었다는 겁니다. 우주에는 생명이 있는데, 그 생명성을 잘 관찰하면, 식물에도 동물에도 흙에도 물이 있고, 비가 와야 하고 강과 바다가 있어야 하고, 그런 것들을 통해 보면 물이 생명의 근원일 것이기에 물을 생각했던 게 아닐까? 이렇게 추정해서 기록을 남겼습니다. 그런데 탈레스와 아리스토텔레스만 해도 200년이 차이 나요. 직접 기록을 접한 것도 아니고, 한참 뒤에 추론한 것이기 때문에, 아리스토텔레스 말도 곧이곧대로 들을 건 아니에요. 그래도 우린 아리스토텔레스보다 훨씬 뒷사람이기 때문에 아리스토텔레스 말을 존중해야 하는 측면도 있죠. 어쨌든 그 두 가지 이유 때문에(둘 다 관련이 없진 않을 거라고 보고요), '만물의 시작점은 물이다'라고 이야기했을 거라 짐작할 수 있어요.

철학과 철학이 아닌 것: 뮈토스에서 로고스로
—

'만물의 근원은 물이다'라는 말만 적어 오면 되지 왜 사람 당황하게, 읽어도 무슨 말일지 모를 텍스트를 가져왔냐고 할 수도 있어요. 철학이 탄생한 시점의 세계의 특성을 맛보자는 의도였습니다. 『소크라테스 이전 철학자들의 단편 선집』이라는 책을 자료로 삼았어요. 제목에 나와 있듯이 단편들이에요. 조각글이죠. 왜 조각글이냐? 글이 전체로 남아 있지 않아요. 우리에게 익숙한 건 책입니다. 생각해보세요. 종이가 발명된 게 언제예요? 그러면 그 전에는 어디에 기록을 남겼을까요? 일단 양피지가 있어요. 그건 엄청 비싸요. 또 파피루스가 있습니다. 수명이 얼마 안 되죠. 금방 썩어요. 설사 파피루스에 글을 남겼다고 해도 그 글이 그대로 보존되어 있지 않다는 거죠. 그럼 어떻게 했느냐? 베껴 적는 겁니다. 중세 수도사들이 그 일을 많이 했어요.

그런데 베껴 적는 일에는 문제점이 많아요. 원본을 잘못 베끼는 상황, 이게 태반이고, 문장을 건너뛰는 건 말할 것도 없고, 두 번 베끼는 경우도 많아요. 활자 형태로 처음 기록이 남은 게 르네상스 시기입니다. 이 시기에 기록된 희랍 문헌이 조금 남아 있어요. 대략 15세기입니다. 그러니까 처음 철학 활동이 있었던 후로 2,000년 지나서야 활자로 남았다는 거죠. 그것도 아주 조금만요. 르네상스가 왜 그 이름을 갖고 있는지 아시죠? '르네상스^{Renaissance}'. 이 말을 풀면 '다시 태어난다'라는 뜻인데 '문예부흥'이라고도 부르죠, 이게 그리스·로마 문화로 돌아가자는 운동입니다. 그리스의 문화, 예술, 문학, 철학이 살아나게 되었던 거죠.

어쨌든 탈레스가 직접 했던 이야기가 남아 있지 않아요. 말하자면 다른 사람들이 남긴 글에 탈레스의 말이 조금씩 남아 있는 거예요. 내가 제시한 텍스트는 아리스토텔레스가 쓴 글이에요. 그중 한 구절, "탈레스가 그런 철학의 창시자로서 만물의 근원이 물이라고 말했다"라는 구절 때문에 우리는 탈레스가 '만물의 근원은 물이다'라고 말했다고 알고 있는 거예요. 그런 식입니다. 누군가가 얘기했다는 '하더라'까지만 있어요. 그런 것들을 추려서 만든 책이 방금 소개한 『소크라테스 이전 철학자들의 단편 선집』입니다. 나는 전공자니까 이 책을 사전처럼 놓고서 필요할 때마다 들춰볼 수밖에 없습니다. 여기에 소크라테스 전에 살았던, 고대 희랍 지역에서 활동했던 철학자들의 단편이 거의 다 수록되어 있어요.

그러니까 '카더라에 카더라까지' 나오는 거잖아요? 누가 이렇게 말했다고 하더라. 그러면 이게 진짜인지 가짜인지 아리송합니다. 의심스러워요. 그래서 크로스체킹을 하는 겁니다. 교차 검증을 해서 그래도 그럴듯하다, 하는 걸 연구한 학자가 있습니다. 독일 사람 딜스

Hermann Alexander Diels와 크란츠^{Walther Kranz}입니다. 19세기에 모든 고대 문헌을 뒤져서 그나마 이게 진짜 같다 싶은 것들을 모아 편집했습니다. 거기에 붙은 출처를 번호로 매긴 게 이름 앞 글자를 따서 'DK번호'로 알려져 있습니다. 우리가 본 텍스트에도 'DK 11A12'라고 번호가 붙어 있습니다. 탈레스 얘기 중에서 '만물의 근원은 물이다'라는 말만 뽑아 오지 않고, 아리스토텔레스의 『형이상학』이라는 책의 몇 쪽에 나왔다는 것까지 보여준 이유가 거기 있습니다. 초기 철학들은 대개 그런 방식으로 존재합니다. 거꾸로 보면, 괜찮은 번역만 있으면 그걸 가지고 엄청나게 상상력을 발휘할 수 있어요. 방금처럼 '왜 물이라고 했을까'를 따져볼 수 있는 거죠.

사이비와 진짜를 구별하는 법을 하나 알려드리죠. 사이비는 들은 풍월을 갖고 썰을 풉니다. 따라서 문헌 근거가 뭐냐고 물으면 도망갑니다. 근거를 제시하지 못하면 철학이라고 하기 힘듭니다. 딜스와 크란츠 같은 학자의 작업을 '필롤로지^{philology}', 우리말로 '고전문헌학' 또는 '문헌학'이라고 해요. 이 작업은 탈레스의 생각을 탐구하는 것이 아니라 탈레스가 한 말을 확정합니다. 생각이 담긴 문헌을 정립하는 거죠. 철학사에 등장하는 철학자의 생각을 탐구하기 위한 전초 작업입니다.

탈레스의 이야기로 돌아와서, '만물의 근원은 물이다'라고 얘기한 건 좋아요. 그럼 이게 철학과 무슨 상관이 있냐고 물어볼 수 있어요. '만물의 근원은 물이다'와 비슷한 말을 한 사람은 많을 텐데, 왜 탈레스를 철학의 시조라고 하느냐? 왜 탈레스가 철학을 탄생시켰다고 하느냐?

여기에는 아주 중요한 함축이 있어요. 바로 '물'이라는 말입니다.

'물'은 보통명사로 고유명사와 구별됩니다. '김재인'은 고유명사입니다. 딱 하나만 지칭해요. '제우스', '아폴론', '아프로디테'는 딱 한 대상만 가리키는 말입니다. 보통명사는 일반적인 것을 지칭해요. 얘도 책, 쟤도 책, 다 책입니다. 얘도 컵, 쟤도 컵, 요것도 컵이죠. 보통명사는 그 말이 가리키는 사물이 여럿입니다. 공통된 특징을 뽑아낸 게 보통명사죠. '불'이라고 하면 특정한 하나의 불만 가리키는 게 아니죠. 세상에 존재하는 모든 불에 공통된 특성이 있고, 그걸 다 '불'이라고 부릅니다. 물도 그래요. 바닷물, 맹물, 빗물, 냇물, 강물 같은 것을 구분할 수는 있지만, 그것들을 다 물이라고 부를 수 있어요. 공통된 특징이 있습니다. 물은 액체도 되고 고체도 되고 기체도 되는 특징이 있습니다.

탈레스는 보통명사로 생각하기 시작한 최초의 인물입니다. 오늘날 우리가 하는 활동을 거슬러 가봤더니 맨 처음에 탈레스가 있더라! 탈레스의 공헌이 거기에 있습니다. 전 시대의 호메로스Homeros만 해도 신화의 언어를 썼어요. 그 전까지는 고유명사로 사고했어요. 예를 들어 폭풍우가 치면 포세이돈이 노했다고 이야기하고, 번개가 치면 제우스와 헤라가 싸우는구나 했다는 거죠. 신화적인 등장인물들, 주로 신들인데요, 신들이 가진 개성이랄까 이런 걸 통해 만물을 설명했어요. 이걸 '신화적 사고'라고 부를 수 있습니다. 그리스 신들은 기독교 신과는 다르게 유일신이 아니에요. 굉장히 여러 신이 있죠. 서로 싸우기도 하고 인간적인 특성들을 갖고 있어요. 성질이 불같은 누구도 있고, 성격이 고운 누구도 있고. 그런데 신은 인간보다 훨씬 우월하죠. 만약 제우스가 노해서 번개를 쳤다고 하면, 신이 했다는데 더 이상 할 말이 없는 거예요. 더 이상 따져 물을 수가 없어요. 설명 끝. 신들이 가진 우월한 측면 때문에 그렇습니다.

희랍 사람들이 생각했던, 신을 묘사하는 형용사가 딱 하나 있어요. 불멸不滅, athanatos. 신은 죽지 않아요. 그에 반해 인간은 죽는 존재예요. 태어나면 꼭 죽어요. 게다가 괴롭게 살다 죽어요. 희랍 사람에겐 애초에 태어나지 않는 편이 나았으리라는 생각이 널리 퍼져 있었어요. 신과 인간의 차이를 부여하는 여러 방식이 있지만, 신의 완벽함은 한마디로 불멸에서 와요. 죽지 않아요. '불사신'이라는 말은 중복된 표현이죠. 신은 죽지 않으니까. 그 점에서 신은 인간보다 탁월하고 인간은 신에게 반박할 수 없어요. 신이 무얼 했다는 게 이른바 희랍 신화 속에 나오는 모든 이야기입니다. 세계를 신들의 놀이로 생각했던 게 철학이 탄생하기 전 단계에 희랍 사람들의 사고방식이었어요. '세계가 무엇으로 이루어졌는가'라고 물었을 때 그들이 대답했던 방식이죠. 신화의 언어인데, 이걸 '뮈토스mythos'라고 해요. 어디 가서 잘나 보이려면 이렇게 말하면 돼요. '뮈토스의 언어를 쓴다.' 신화적인 이야기라는 뜻이죠. 다른 대부분의 지역에서는 아주 최근까지도 신화적 사고에서 벗어나지 못했습니다.

그에 반해 탈레스는 보통명사를 통해 사고했어요. 처음으로 신화적이지 않은, 희랍어로는 '로고스logos'인데, 로고스적인 방식으로 말한 겁니다. 로고스는 무슨 뜻이냐 하면, 보통 '이성', '논리', '설명' 등으로 번역되는데, 사실 그렇게 복잡한 게 아닙니다. '따져 묻는 말하기'예요. 이렇게 이해하면 가장 적절합니다. 이성이나 논리가 다 따져 묻는 활동이거든요. 따져 묻는 활동을 할 때 사용하는 말이 로고스예요. 신화적인 말은 따져 물을 수가 없어요.

탈레스는 '만물의 근원은 물이다'라고 말함으로써 따져 물을 수 있는 여지를 주었어요. 우리는 '왜'냐고 물어볼 수 있어요. 왜 하필 물이냐? 세상에 하고 많은 것 중에 왜 물이 세계의 근원이냐, 세계의 시작점, 출발점이냐? 물어볼 수 있습니다. 왜 물어볼 수 있느냐? 따져 물으면 근거를 대야 해요. 하지만 제우스가 어쨌다고 하면 근거를 물어볼 수 없어요. 신이 그랬다는데 뭘 더 묻겠어요? 근데 물이라고 하면 더 물어볼 수 있어요. 물에다 불을 갖다 대면 물이 증발해요. 반대로 불에다 물을 갖다 대면 불이 꺼져요. 경험적으로 물과 불은 상극이죠. 그러면 바로 질문이 가능하죠. 서로 아주 상반된 건데, 둘이 전혀 공통점이 없는 것 같은데, 왜 불이 물에서 나왔다고 하느냐? 따져 물을 수 있어요. 실제로 이렇게 따져 물은 사람이 다음에 이야기할 아낙시만드로스입니다.

따져 물으며 철학의 전통이 시작되다

전하는 바에 따르면, 아낙시만드로스는 탈레스보다 좀 젊었대요. 나이 차이가 많이 난 건 아니라고 하는데, 스무 살 정도만 차이가 나도 만만치 않죠. 아낙시만드로스는 탈레스한테 질문을 던져요. 왜 물이냐? 불이 과연 물에서 나올 수 있느냐? 제자인 아낙시만드로스는 특정한 성질을 갖고 있는 것으로부터는 이 세계가 만들어질 수 없다고 주장하니다. 특정한 성질을 갖고 있다는 건 그거랑 정반대 성질을 갖고 있는 걸 만들어낼 수 없다는 뜻이니까요. 그래서 특정한 성질을 갖고 있는 것 자체를 배제하는 방향으로 갑니다. 이를테면 불과 물은 후보에서 제외하는 거죠. 뜨거운 것에서 차가운 것이 못 나오고, 차가운 것에서 뜨거운 것이 못 나오니까. 서로 호환이 안 돼요. 특정한 성질을 갖지 않은 것이어야 그로부터 특정한 성질을 만들어낼 수 있겠지요.

물을 비판하면서 아낙시만드로스가 제시한 게 '무한정한 것'입니다. 만물의 근원은 무한정한 것이다. 이때 무한정한 것은 특정한 성질을 지니고 있지 않은 것으로 이해하면 됩니다. 다음 텍스트를 보죠. 이건 아낙시만드로스가 직접 말했다고 꽤 근거 있게 얘기되는 구절입니다.

그것(근원)은 물이 아니고, 원소라 불리는 것들 중 다른 어떤 것도 아니며, (물·불·공기·흙이 아니고) 물이나 원소들과는 다른 무한정한 어떤 본연의 것이다. 그것에서 모든 하늘과 하늘 속의 세계들이 생겨난다.

이 세 줄만 주목하면 됩니다. 만물의 근원은 물도 아니고 물과 비슷한 특정 성질을 갖고 있는 것도 아닌 어떤 성질도 갖고 있지 않은 것, '무한정한 것', 다른 말로 '무한정자', '무규정자'라고 부르는 것입니다. 그것들이 모이는 거죠. '세계는 무엇으로 이루어졌는가'라는 질문에 대해 성질을 갖고 있지 않은 어떤 것이 모여, 모임에 따라 어떤 특정한 성질을 나타낸다고 답한 겁니다. 아낙시만드로스가 직접 한 말은 아니지만, 다음과 같이 재구성해볼 수 있습니다. 무한정자 100개가 이러저러하게 모이면 물이 되고, 200개가 요러조러하게 모이면 불이 된다. 마치 화학원소가 모여 특정한 성질을 갖는 물질을 만들어내는 거랑 비슷합니다. 결합을 통해 특성을 갖는 어떤 것들이 생겨날 수 있다는 것이죠.

바로 탈레스가 철학의 근원, 시조인 가장 중요한 이유가 여기 있습니다. 탈레스는 보통명사로 생각함으로써 다른 사람들이 비판할 수 있는 여지, 따져 물을 수 있는 여지를 허용했습니다. 사실 비판하고 따져묻는 활동은 혼자서도 할 수 있어요. 처음에 물이라고 가정했지만, 가만히 생각해보니 불은 물에서 도저히 나올 수 없는 것 같다고 혼자 생각을 거듭하면, 마치 아낙시만드로스가 했던 것과 같은 그런 생각에까지 이를 수 있는 거죠. 탈레스는 바로 이 '따져 묻는 짓', 현대어로 '비판'을 여러 차원에서 가능하게 했습니다. 신이 아니라 보통명사로 세계를 설명하려 했고, 어떤 권위를 고집하지도 않았죠. 신을 버린 겁니다. 신의 권위를 빌리지 않았다는 건, 남들이 전혀 반박할 수 없는 절대적 권위를 용납하지 않았다는 건, 모두에게 비판을 허용했다는 뜻입니다. 그런 측면 때문에, 별거 아닌 것처럼 여겨질지 몰라도 '만물의 근원은 물이다'라는 말이 철학을 탄생케 한 멋진 장면인 것입니다.

철학이 탄생하기 위한 조건: 비판과 자유
▬

바로 이 행위가 후계자들에 의해 계속 반복됩니다. 바로 뒤에 아낙시메네스가 그 동네에서 등장해서, '아낙시만드로스 형님이 그렇게 얘기했지만, 잘 봐, 그게 아니지 않아?' 하며 계속 따져 묻는 전통이 성립했습니다. 신화의 세계와 다른 형태로 비판, 즉 철학이라는 게 등장하게 되었습니다. 이게 가능해진 배경 중 하나는 이런 상호비판이 가능했던 희랍 폴리스의 민주주의입니다.

희랍 민주주의와 관련해서는 두 가지를 짚어볼 수 있어요. 우선 희랍 사람들은 이방인을 자신과 구분해서 '바르바로스barbaros', 복수형으로 '바르바로이barbaroi'라고 했어요. 저들은 '야만인'이다! 바르바로스는 '어버버버버'라는 소리를 의성어로 표기한 거예요. 희랍어를 하지 못한다는 뜻이죠. 희랍어를 하지 못한다는 건 민주주의가 없다는 뜻입니다. 당시 다른 지역은 파라오, 황제, 왕 하나만 자유로운 사회였던 반면, 희랍 민주주의 사회에서 시민들은 다 자유로운 존재였습니다. 자신들이 자유로운 인간이라는 걸 거듭 스스로 확인하면서 그걸 위해 최선을 다하면서 살아갔던 사람들이 고대 희랍인이었습니다. 바로 그런 자유로운 인간들이 살아가는 상태, 그 속에서 철학이 탄생했습니다.

철학과 비판과 자유는 떼려야 뗄 수가 없습니다. 희랍인의 정신에서 중요한 게 '경쟁'이었어요. 자유로운 사람들은 항상 경쟁하면서 살아갑니다. 희랍어로 '아곤agon'이에요. 이 경쟁은 뭐냐? 우리가 오늘날 생각하는 경쟁이 아닙니다. 누가 더 자유로운 인간이냐, 뛰어난 인간이냐를 놓고 벌이는 경쟁입니다. 인간끼리 자기가 더 뛰어난 인간이란 걸 입증하려고 하는 경쟁인 거죠.

당시에 경쟁은 여러 형태로 존재했는데, 대표적인 게 소송입니다. 희랍인들만큼 소송을 일삼는 사람들이 없었대요. 맨날 소송이에요. 왜 그러느냐면, 자기가 더 낫다, 더 잘했다는 거죠. 그걸 위해 허구한 날 소송했습니다. 또 올림픽이 있어요. 이건 신체의 탁월함을 놓고 벌이는 경쟁입니다. 비극 경연도 유명하죠. 축제 속에서 누가 더 좋은 예술작품을 만드느냐를 놓고 벌인 경쟁입니다. 삶 자체가 경쟁이었던 사람들입니다.

희랍 사람들은 스스로를 자유인으로 생각했고, 그만큼 경쟁에 매달렸습니다. 경쟁을 오늘날 한국사회에서 생각하는 방식으로 이해하면 제 살 깎아먹기 활동인데, 희랍인들에겐 인간임을 놓고 하늘을 향해 벌이는 경쟁이었습니다. 요즘이야 올림픽에서 메달 따면 군대도 면제되고, 연금도 나오고 하지만, 당시 올림픽 우승자한테는 뭘 줬습니까? 월계관 하나예요. 그리고 이름을 남겨줬죠. 명예가 전부입니다. 아까 신하고 인간 사이에는 건널 수 없는 벽이 있다고 했죠. 죽음입니다. 근데 신화 속 영웅들은 인간으로 태어나서 신에 가장 근접한 존재들이에요. 그래서 죽어서 별이 됩니다. 영웅들은 별자리가 있습니다. 신이 영웅을 별자리로 만들어준다는 건 불멸을 부여해주는 거예요. 다 명예의 문제입니다. 희랍인들은 경연에서 승리한 자들의 이름을 기리면서 인간의 뛰어남을 기억했습니다.

탈레스가 살았던 시대는 민주주의와 관계되고, 민주주의는 자유로운 시민들의 사회이고, 그 사회 속에서 경쟁의 일환으로 철학 활동도 발명되었습니다. 예술도 마찬가지죠. 희랍 예술이 최고에 이른 것도 그런 배경 속에서 납득할 수 있습니다.

『고대 그리스, 그리스인들』이란 제목으로 번역된 책이 있습니다. 본래 'The Greek'라는 제목인데, 원래 '희랍인들' 또는 '희랍적인 것'을 뜻합니다. 영국의 역사가 키토[H. D. F. Kitto]가 쓴 보고서, 역사책입니다. 역사책이기 때문에 어렵지 않고, 그냥 읽으면 됩니다. 이 시대가 어떤 시대였고, 어떤 사람들이 어떤 기후와 지형에서 살았고, 어떤 활동을 했으며 어떤 생각을 품었는가를 아는 데 좋은 책입니다. 오랫동안 절판됐다가 최근에 새로 출판됐습니다.

그다음 좀 어려운 책인데 거스리[W. K. C. Guthrie]가 쓴 『희랍철학입문』입니다. 더 관심이 갈 경우 보면 좋습니다. 이 책에 나오는 예를 하나 소개하면, 희랍의 신들은 서양 기독교 이후의 신처럼 실체적인 존재라기보다 형용사에 가까웠어요. 신적이라는 말을 썼고, 신이라는 명사는 일상 용법은 아니었습니다. 만물이 신들로 가득 차 있다고 탈레스가 말했을 때, 이 말은 뭔가 신성하고 신비한 것이 세계에 많다는 뜻입니다. 그런 의미에서 부뚜막 신도 있고 서낭당도 있고 하는 식으로 어떤 신성한 것과의 관련을 끊지 않았다는 의미로 이해할 수 있습니다.

이번에는 철학의 탄생을 살펴봤습니다. 철학은 기원전 6세기경 희랍에서 탄생했고, 최초의 창시자는 탈레스인데, 이 사람의 호기심은 하늘을 찔러서 이 세계가 무엇으로 주어져 있는가 또는 어디서 나왔는가를 물었습니다. 오늘날로 말하면 순수 과학적 호기심과도 맞닿아 있었습니다. 특히 이 동네 사람들은 물질적인 요소에서 세계가 나왔다고 생각했고 물을 답으로 제시했습니다. 물이라는 보통명사를 씀으로써 물과는 상반된 것 역시도 물에서 나왔느냐는 질문을 열어놓았고, 그렇게

함으로써 비판, 즉 따져 묻는 행위가 가능해졌습니다. 따져 묻는 행위는 희랍 민주주의를 빼놓고는 설명할 수 없습니다. 희랍 민주주의의 특징은 자기를 자유인으로 생각한다는 점인데, 철학은 자유인들이 서로 경쟁하는 여러 활동 중 하나로서 탄생했습니다.

오늘날 한국에서도 철학이 일상 영역으로 온다면, 맨날 소송 걸고 토론하고 말싸움하고 그런 과정을 통해 들어올 수 있지 않을까 생각해 볼 수도 있겠습니다. 근데 존댓말이 있는데, 과연 말싸움이 될까요?

Q&A

Q 전문적으로 철학만 한 게 아니라, 육체노동도 하고 몸 관리도 하고 철학도 하는 식이었나요?

A 말하자면 그래요. 아고라^agora 란 곳이 있는데, 그게 뭐냐면 하나의 폴리스 안에서 가장 교통이 좋고 넓은 지역이에요. 장이 서는 곳이죠. 장터가 어떤 기능을 하냐면, 길목이 좋으니까 사람들이 늘 거기를 오가며 물건을 사고팔기도 하고, 말싸움이나 토론도 하고, 폴리스 공동의 문제도 논의하고 했습니다.

그때도 약간 분업이 있었으니까 사람들이 직접 생산하지 않는 것들은 사야만 했죠. 여자들은 집에서 애 키우고 살림하고, 주로 남자들이 장을 보러 아고라에 와서는 하루 종일 빈둥거리면서 수다를 떨었다고 해요. 근데 그 수다가 소크라테스의 대화 같은 거예요. 계속 묻고 따지는 거죠. 내가 잘났네, 네가 잘났네, 계속 시시비비를 가리려고 했어요. 거기서 지면 자유인으로서 뭔가 격이 떨어지는 거죠.

예술, 조각, 체육, 음악 등에 다 능하다는 건 거의 불가능하고, 그중에 하나를 잘할 수 있으면 좋아요. 사실 더 중요한 건 그런 탁월함을 갖고 있는 사람들을 우대하고 존중하고 명예를 부여한다는 점이에요. 현대인들은 사실 잘난 사람을 잘난 채로 놔두고 존중하고 존경하는 일을 잘 못하죠. 자꾸 끌어내리려 하고, 내가 쟤보다 못난 게 뭐가 있느냐, 우겨요. 근데 희랍인들은 한 번 겨뤘기 때문에 승복하는 거죠. 대신, '다음에 두고 보자'예요. 이런 게 이 사람들의 삶의 기본이었습니다.

이 사람들의 생각 속에서는 적과 친구가 단순하게 대립되지 않아요. 우선, 같은 걸 추구해야 친구가 될 수 있어요. 같은 거 추구하다보면 자기가 더 잘하고 싶죠? 친구야말로 가장 묘한 관계예요. 한편으로는 같은 가치를 추구하고 공유하는 측면이 있고, 다른 한편 내가 쟤보다는 잘해야 한다는 마음을 갖고 서로 경쟁하게 돼요. 경쟁의 측면에서 보자면 적이고, 하지만 같은 걸 지향하기 때문에 가장 존경하는 관계입니다. 그러니까 적, 경쟁자를 존경하는 게 충분히 가능하죠. 게임은 끝나자마자 다시 시작됩니다.

Q 폴리스가 뭔가요?

A 폴리스는 희랍에만 있던 독특한 사회 형태예요. 영어로는 '도시국가'로 번역되지만 그건 오해예요. '국가'도 아니고 '도시'라고 하기도 어렵습니다. 오히려 '마을'에 가깝다고 보면 됩니다. 작은 마을보다는 규모가 좀 있는 마을. 마을이자 공동체. 폴리스는 희랍 본토는 물론이고 아프리카 북부를 포함해, 이탈리아, 터키 등 지중해 전역에 펼쳐져 있었습니다. 그 수는 학자마다 다르지만 600개에서 1,000개로 추정합니다.

그 안에선 정치적 의사결정도 일어나고 경제적으로도 함께 활동합니다. 규모가 어느 정도 되느냐? 시민의 수가 2만 명이 넘는 폴리스는 시라쿠사, 아크라바스, 아테네 셋밖에 없었다고 해요. 당시 성인 남자만 시민으로 간주했는데, 부인, 자식, 노예, 이방인도 있었어요. 전쟁에서 잡혀 온 사람들이 노예로 일했어요. 오늘날 생각하는 노예보단 권리가 많긴 했지만요. 무역을 많이 했기 때문에 외국인도 많았습니다. 정치적인 의사결정 자격은 자유인인 성인 남자에게만 있었어요. 당시의 여성 지위가 오늘날보다 안 좋았는지는 논쟁이 있어요. 여성의 권리도 나름 있었고, 민회에서 의사결정을 할 때 가장이 가족의 대표로서 가는 거지 개인으로 가는 건 아니었다고 해요.

이런 복잡한 사정들이 있지만, 아무튼 시민 수가 2만 명이 넘는 곳은 전성기에도 세 곳밖에 없었습니다. 시민 수의 열 배 정도인 추정 인구수는 20만 명이죠. 그걸 오늘날의 국가나 도시로 이해하기에는 규모가 너무 작죠. 주로 농업과 무역에 종사했죠. 그렇게 생각하면 폴리스는 그다지 크지는 않았지만, 그들에게는 전부인 세계였어요. 폴리스 밖으로 나가면 황무지예요. 사람이 살 수 없는 곳입니다. 자기들끼리 평생을 같이 살았던 삶의 공동체가 폴리스입니다. 20만 명이 최대지만 5~6만 명인 경우도 많았어요. 한나 아렌트^{Hannah Arendt}를 비롯한 몇몇 현대 철학자는 폴리스를 이상적 정치체로 놓고 대안을 찾으려 합니다. 이 사람들이 크게 잘못하고 있는 대목은, 방금 말한 것처럼 폴리스가 아주 작은 공동체고, 오늘의 현실에 절대로 적용할 수 없다는 점을 은폐한다는 점입니다. 오늘날 거의 모든 문제는 지구적 수준에서 접근하지 않으면 풀수 없습니다. 명심해야 합니다.

폴리스마다 섬기는 신들이 있고, 그 신들을 다 모신 곳이 델피(또는 델포이)입니다. 델피의 신전에서 신탁을 받는 건 각 폴리스의 신들이 거기 다 모여 있기 때문입니다. 1997년에 거기 한 번 가봤는데, 그리스 반도의 중부지역에 있습니다. 동네가 뭔가 신령스럽다 할 만한 곳으로, 거기에서 파는 담배 이름이 '델피'입니다.

폴리스는 희랍에만 있었던 삶의 공동체입니다. 가령 넓은 농토를 자연환경으로 갖고 있던 공동체와는 다릅니다. 이런 곳은 대개는 집단 노동력이 필요하죠. 그래서 대표자로서 통치하는 왕이 있게 되고, 너무 풍요로워서 오히려 지배가 등장하게 됩니다. 그런데 희랍은 그러지 못했고 그들만이 갖고 있던 독특한 정서도 있었기 때문에, 인구도 너무 많지도 않고 적지도 않은 곳이었기 때문에 민주주의가 생겨났다고 추측하는 이들이 많습니다.

Q 철학의 시작을 알려면 철학이 무엇인지 정확히 짚고 넘어가야 할 것 같아요.

A 철학이 뭐냐? 어려운 질문인데 어떻게 보면 답은 쉬워요. 탈레스가 만들어낸 '철학'은 우리가 하는 탐구 활동 전반을 가리킵니다. 과학도 여기에 포함되고, 경제학, 정치학, 심리학, 모두 포함됩니다. 근데 2,500년을 거쳐 오면서 철학에서 독립하는 분과들이 생기게 됐어요.

아까 별을 탐구하다 탈레스가 우물에 빠졌다고 했어요. 그건 오늘날 '천문학'이나 '우주물리학' 영역이에요. 각 학문이 철학이란 이름이 필요 없어도 된다는 생각을 하면서 독립하기 시작했죠. 그게 굉장히 오랜 기간 이뤄졌는데, 집중적으로 독립한 건 기껏해야 19세기가 되어서예요. 그 전까지는 모든 학문, 탐구 활동 전체가 철학이란 이름으로 불렸어요. 그래서 물리학자 뉴턴Isaac Newton의 대표작 제목이『자연철학의 수학적 원리』입니다. 뉴턴은 자기가 했던 활동을 자연'철학'이라고 생각했어요. 근데 오늘날 그건 자연과학이고 물리학입니다. 진화론의 초기 주자 라마르크Jean-Baptiste Lamarck는 1805년에『동물철학』이라는 책을 냈습니다. 생물학도 '철학'이었던 거예요.

이런 식으로 오늘날 세분화된, 대학에 존재하는, 도서관의 분류표에 나오는 활동 분야 모두가 처음에는 '철학'이었는데 시간이 지나면서 분화됐고, 비판하고 따지는 작업만 철학 영역에 남게 됐죠. 비판은 다른 식으로 독립하기에는 어려운 활동이었기 때문입니다. 하지만 학문의 근본 정신은 다 똑같아요. 자연과학도 누가 무슨 얘기를 하면 증거를 제시해서 논박합니다. 탈레스와 아낙시만드로스 사이에서 형성된 관계를 계속 이어온 거죠.

뭔가 따져 묻고 근거를 대고 비판하고 승복하는 일련의 활동 전체가 넓은 의미의 철학입니다. 최초의 철학 정신은 거기서 찾을 수 있습니다.

Q 그렇다면 철학은 왕이나 신 같은 절대적 존재가 아니라 한 사람의 자유인으로서 생각하고 탐구하는 것에서 시작했다고 할 수 있을까요?

A 그렇죠. 권위에 의존하는 게 아니라 자기의 지적 능력, 비판 능력에 기대는 활동 전체를 다 가리킵니다. 권위에 기댄다는 건 신이나 왕에게 기댄다는 거고, 권위자가 얘기했으니 그대로 받아들이겠단 뜻입니다.

근데 권위에 기대는 게 아니면 결국 나 자신이 승부사가 되겠단 거죠. 내가 나름의 증거, 논리, 설득력을 갖추고 자유인으로서 승부하겠다, 이런 활동이에요. 상대방도 증거, 논리, 설득력을 갖고 겨루다가 동의하면 수긍하는 겁니다.

Q 동양에는 철학이 없었나요? 희랍이 철학의 시작이라고 얘기할 수 있는 이유는 뭔가요?

A 희랍인들은 '아레테^{arete}'를 중시했어요. 우리말로 '덕'이라고 번역하는데 원래 뜻은 '탁월함'이에요. 탁월함은 사람에게만 적용되는 게 아니라 사물들에도 적용됩니다. 사물의 탁월함 또는 뛰어남은 본래의 기능을 잘 수행하는 겁니다. 안경은 잘 보이게 하는 면에서 탁월함을 평가할 수 있어요. 사람에겐 어떠냐? 미리 정해진 답은 없어요. 인간 활동 중에서 신체적인 탁월함, 아름다움과 관련된 탁월함, 생각과 관련한 탁월함 등을 얘기할 수 있죠. 탁월함의 추구는 희랍 사람들 삶의 기본이었고, 경쟁과 직결되는 사안이었어요.

그들은 탁월하려고 했어요. 다른 사람과 벌이는 경쟁은 과정일 뿐이고 결국 자기를 더 높이는, 자기를 극복하는 방식으로 탁월함을 추구했어요. 이 사람들은 인간은 어차피 죽는다고 생각했기 때문에 살아 있는 동안 자기를 최대한 끌어올리는 일을 가장 중요한 덕목으로 삼았습니다. 탁월함이 일정한 높이에까지 이르면 이름이 남게 돼요. 사람들이 존중하고 그 사람의 이름을 기억해줍니다. 이게 말하자면 그 사람들의 윤리, 삶의 태도였어요. 그런 게 복합돼서 우수한 희랍 문화, 문학, 예술, 사상, 정치가 탄생했습니다. 그리고 200~300년 정도 되는 짧은 전성기를 끝으로 쇠락합니다.

세상에는 다시 평지풍파가 일어납니다. 역사적으로 알렉산드로스 Alexandros와 아리스토텔레스가 죽은 이후를 헬레니즘 시기라고 부릅니다. 세계 질서가 존재하지 않고 곳곳에 전쟁이 난무하는, 살기 팍팍한 시절이 한동안 계속됩니다. 고대 로마 시대를 끝으로 한동안 서구에서도 철학이 불가능한 상태가 지속됐습니다. 철학이 고대 희랍인들의 발명품이라 말씀드린 건 자유로운 인간들의 사회에서만 철학이 가능하기 때문입니다. 동아시아 지역, 인도 지역은 다 왕이 다스렸는데, 그런 사회에선 모든 활동은 왕의 검열과 통치 아래에서만 진행될 수밖에 없습니다. 왕을 위한 철학, 왕을 정당화하는 철학이었기 때문에 결국 비판이 멈추고 타협이 불가피했습니다.

다시 철학이 싹트게 된 건 르네상스 시대의 이탈리아입니다. 그다음 각종 혁명이 있었던 영국, 프랑스, 미국, 질서가 확립돼 있지 않던 독일에서는 프랑스혁명의 영향을 받던 시기가 돼서야 철학이 다시 살아났죠. 철학도 그런 의미에서 죽었다 살아났다 했어요. 오늘날처럼 제도화해서 계속되는 활동이 아니라 시대와 함께 살았다 죽었다 하죠.

지금은 그래도 아직 명맥을 유지하고 있습니다.

Q 철학의 효용성은 무엇일까요?

A 다른 측면도 있지만 철학은 구체적인 문제를 풀려는 데서 출발합니다. 문제를 특히 개념을 만들어서 풀려고 합니다. 개념이 있으면 문제가

또렷하게 보이고 더 잘 풀 수 있게 됩니다. 우리가 도수에 맞는 안경을 쓰면 세상이 잘 보이는데, 개념은 그런 안경입니다. 우리가 알고 있는 철학자들이 제시한 개념 하나하나는 다 그런 문제를 풀기 위해 만들어진 것입니다.

그런데 철학자만 문제가 있는 건 아닙니다. 일반인도 철학 훈련을 통해 문제를 더 잘 포착하고 문제의 성격을 더 잘 규정할 수 있으니, 이게 철학의 효용입니다.

• 출전 : 『소크라테스 이전 철학자들의 단편 선집』, 김인곤 외 옮김, 아카넷, 2005 •

최초의 철학자들 대부분은 질료적 근원(arche)들이 모든 것의 유일한 근원이라고 생각했다. 실로 존재하는 모든 것이 그것으로 이루어지며, 그것에서 최초로 생겨났다가 소멸되어 마침내 그것으로 (되돌아가는데), 그것의 상태(pathe)는 변하지만 실체(ousia)는 영속하므로, 그것을 그들은 원소(stoicheion)이자 근원이라고 주장한다. 그렇기 때문에 그들은 어떤 것도 생겨나지도 소멸하지도 않는다고 믿는다. 이런 본연의 것(physis)은 언제나 보존된다고 생각하기 때문이다. (중략) 왜냐하면 다른 모든 것이 그것에서 생겨나는 바의 그 본연의 어떤 것이, 하나든 하나 이상이든―이것은 보존되므로 ㅣ, 언제나 있어야 하기 때문이다. 그러나 그와 같은 근원의 수효와 종류에 대해서 모든 사람이 같은 말을 하지는 않는다. 탈레스는 그런 철학의 창시자로서 (근원을) 물이라고 말하는데(그 때문에 그는 땅이 물 위에 있다는 견해를 내세웠다), 아마도 모든 것의 자양분이 축축하다는 것과, 열 자체가 물에서 생긴다는 것, 그리고 이것에 의해 (모든 것이) 생존한다는 것(모든 것이 그것에서 생겨나는 바의 그것이 모든 것의 근원이다)을 보고서 이런 생각을 가졌을 것이다. 바로 이런 이유뿐 아니라, 모든 씨앗이 축축한 본성을 갖는다는 이유 때문에 그런 생각을 가졌던 것 같다. 물은 축축한 것들에 대해서 그런 본성의 근원이다.

－아리스토텔레스, 『형이상학』 A 3. 983b6; DK 11A12

그것(근원)은 하나이고 운동하며 무한정하다고 말하는 사람들 가운데, 프락시아데스의 아들이며 밀레토스 사람으로서 탈레스의 후계자요 제자인 아낙시만드로스는 무한정한 것(apeiron)을 있는 것들의 근원이자 원소(stoicheion)라고 말하면서 이것(무한정한 것)을 근원에 대한 이름으로 처음 도입했다. 그는 이렇게 말한다. "그것(근원)은 물도 아니고, 원소라고 불리는 것들 중에서 다른 어떤 것도 아니며, (물이나 원소들과는) 다른 무한정한 어떤 본연의 것이다. 그것에서 모든 하늘과 하늘 속의 세계들이 생겨난다. 그리고 그것들로부터 있는 것들의 생성이 있게 되고, (다시) 이것들에로 (있는 것들의) 소멸도 필연에 따라 있게 된다. 왜냐하면 그것들은 (자신들의) 불의에 대한 벌과 배상을 시간의 질서에 따라 서로에게 지불하기 때문이다"라고. 이처럼 그는 좀더 시적인 용어로 그것들을 말한다. 이 사람은 네 가지 원소 간 상호 변화를 주목하고서 이들 중 어떤 하나를 기체(基體)로 삼는 것은 적절하지 않다고 여기고, 이것들 외에 다른 어떤 것을 (기체로 삼는 것이 적절하다고 보았음이) 분명하다. 이 사람은 생성을 원소의 질적 변화로 설명하지 않고, 영원한 운동으로 인한 대립자들의 분리되어 나옴으로 설명한다.

    ─심플리키오스, 『아리스토텔레스의 「자연학」 주석』 24.13; DK12A9, B1

2 철학이 이른 곳_ 니체

Friedrich Nietzsche, 1844~1889(~1900)

철학이 정점에 이른 순간

—

이번에 다룰 철학자는 니체입니다. 앞서 철학의 탄생을 다뤘는데 이번에는 그 철학이 어디까지 이르렀는지 보겠습니다. 물론 아직도 철학은 진행되고 있죠. 그런데 가장 정점에 이르렀던 순간과 장면이 있다면 그게 니체라고 생각합니다.

니체는 스물네 살에 스위스의 바젤에서 교수로 채용됩니다. 이걸 니체의 천재성의 징표로 얘기하는 사람도 많은데, 꼭 그렇진 않습니다. 원래 바젤대학은 젊고 똑똑한 교수들을 뽑아서 키우는 특성이 있는 학교였어요. 그렇긴 해도 아무나 선발될 수 있는 건 아니었죠. 한 10년 정도 교수로 일하면서, 휴직계를 내고 요양하고 다시 복직하는 일을 반복하다 결국 학교를 그만둡니다. 몸이 아파서예요. 그 뒤로 남부 유럽의 가장 좋은 요양지를 찾아다니며 몸을 돌봅니다. 그러다 몸이 조금 낫게 되는데 『아침놀』은 막 병에서 회복하는 그 기운으로 썼습니다.

책에서는 회복하는 자가 느끼는 기운을 얘기합니다. 정말 오랫동안 아팠던 사람이, 회복 말고는 모든 걸 겪고, 회복에 대해 전혀 희망 없는 삶을 살던 환자가, 갑자기 병이 나은 거죠. 바로 그 기쁨, 그 느낌을 서술한 책이 『아침놀』입니다. 텍스트 맨 밑에 인도의 고전 『리그베다』의 구절을 가져왔는데, 유감스럽게도 한국어 번역본에 이 구절이 빠져있어요. 니체는 책 맨 앞에 이 구절을 인용하고 있습니다. 왜 '아침놀'이란 제목을 뽑게 됐는지 이유가 나옵니다. 아직 빛을 낸 적이 없는 아주 많은 아침놀이 있다. 내일 또 아침이 오고 해가 뜨면서 아침놀이 찾아올 거다, 무수히 많은 또 다른 날이 있다, 또 다른 아침이 기다리고 있다.

『아침놀』이 나온 게 1881년입니다. 그 이후로도 왕성하게 작업을 하다, 1889년에 미칩니다. 1월 3일 혹은 7일에 발작한 후 정신병원에 갇혀 암흑 같은 세상을 살다가, 1900년에 사망합니다. 그래서 생몰연도를 1844년, 1889년, 1900년 셋으로 나눠 적었습니다. 1889년 1월 후에는 전혀 작업을 못 해요. 니체가 썼다고 하는 글들이 있지만, 니체의 작품이 아닙니다. 대표적인 게 『나의 누이와 나』라는 제목의 자서전으로 독일어 원본이 없는 위작입니다. 이게 니체의 작품으로 많이 읽히죠. 하지만 거기 나오는 얘기는 전혀 사실이 아닙니다.

철학에서는 철학자, 사람이 굉장히 중요합니다. 사실 철학이란 말보다 철학자란 말이 먼저 만들어졌어요. 철학자란 말을 처음 만든 사람은 플라톤입니다. 플라톤은 자신들의 활동에 대해 지혜를 지니고 있다고 하면 너무 건방지기 때문에, 지식을 좋아하고 추구한다는 뜻으로 '필로소포스philosophos', 철학자, 즉 사람을 가리키는 말을 먼저 만들었습니다. '지식의 친구', 또는 '지혜 혹은 앎의 친구'죠. 지식을 지니고 있는 자는 '현자sophos'입니다. 필로소포스, 즉 철학자는 그런 현자 말고 지식을 좋아하고 추구하는 사람이라는 뜻입니다.

플라톤 자신이 이 말을 만들 때 얼마나 의식했었는지는 모르겠으나, 어쨌건 사람이 중요합니다. 최소한 철학과 관련해서는 '어떤 활동을 하는 사람', 이게 출발점이었습니다. 앞 장에서 보았던 텍스트에서, 탈레스는 플라톤보다 200년쯤 먼저 살았던 사람인데, 그 글에 '철학자'라는 말이 나오는건 어떻게 된 일이냐? 질문이 있을 수 있습니다. 그 텍스트는 아리스토텔레스의 문헌에서 나온 겁니다. 즉, 순서로 보자면 탈레스는 그냥 활동을 했을 뿐이고, 그 활동에 대해 200년쯤 뒤에 플라톤이 철학자, 지혜의 친구라고 이름 붙이고, 그 후에 플라톤의 제자인 아리스토텔레스가 '철학자'라는 말을 쓴 겁니다.

니체는, 사람이 중요하다, 더 정확히는 사람이 현재 어떻게 살고 있으며 어떤 것을 추구하면서 살고 있는가가 중요하다고 주장한, 최초인지는 모르겠으나 그 점을 가장 강조한 철학자입니다. 사람이 먼저라는 거. 한 사람이 어떤 삶을 살고 있느냐에 따라, 그 사람이 추구하는 가치에 따라 행동이나 말의 의미가 달라진다고 했습니다. 즉, 그 사람의 삶을 봐야 한다는 거죠. 의미나 가치는 삶에서 자리매김되는 것이지, 삶과 무관한 의미나 가치가 그 자체로 있는 건 아닙니다. 같은 말을 해도 누가 하느냐에 따라 의미가 다르고 가치가 달라요. 사실 정치인들 좋은 얘기 많이 하죠. 하지만 사탕발림하는 얘기에 주목할 게 아니라 살아온 행적을 봐야 하고 그 사람이 지금 어떻게 사는지 알아야 합니다. 니체의 얘기를 그렇게 바꿔볼 수 있습니다.

가장 먼 곳까지 날아간, 우리 정신의 비행자
—

니체에 대해선 할 말이 워낙 많은데, 이번에 준비한 텍스트는 『아침놀』에 나옵니다. 한국엔 크게 두 개의 판본이 있습니다. '서광'이라는 제목으로 나온 오래된 책이 있습니다(1983년). 그다음 '아침놀'이라는 제목으로 새 번역이 나왔습니다(2004년). 어떤 점에서는 옛날 번역이 더 맛이 있어요. 이 텍스트는 내가 새로 번역했는데, 책의 제일 마지막 절입니다. 내용을 서로 비교하면서 어떤 맛의 차이가 있는지 느껴보기 바랍니다. 이런 맛, 즉 취향은 사람 따라 다릅니다. 그건 평가의 문제입니다. 맛을 세밀하게 가려낼 수 있는 능력. 맛이나 취향을 학자들은 '취미'라고도 합니다. '미'는 '맛 미味'죠. 까다로운 입맛. 결국 사람의 문제라는 거죠.

어떤 사람은 맛을 가리지 않고 잘 먹습니다. 어떤 사람은 이건 맛이 짜네, 뭐가 얼마 들어갔네, 이렇게 가립니다. 누가 세상을 살아가는데 유리하냐? 아무거나 먹는 사람이 별문제 없겠죠. 그러나 맛을 잘 가려내고, 예민하게 하나하나 구별해내는 사람이 더 풍요롭게 산다고 할 수 있습니다. 섬세한 뉘앙스도 구별할 줄 안다고 자부한 니체는 어떤 사람이 쓴 짧은 글만 봐도 그 사람의 삶을 다 꿰뚫어 볼 수 있다고 했습니다. 니체가 뻥이 좀 셉니다만, 그래도 밉지 않아요. 그만큼 실력을 보여주니까요.

니체가 20대 초반에 쓴 글 중 생전에 출판하지 않은 게 있습니다. 탈레스부터 시작해 몇몇 초기 철학자를 다룬 『그리스 비극 시대의 철학』이라는 작품입니다. 그 작품 초반에, "한 문장만 봐도 그 사람이 어떤 삶을 살았는지 나는 알겠다"라고 얘기합니다. 니체는 실제로 입맛도 까다로웠는데, 그건 병 때문이기도 합니다(평생 굉장히 아팠죠). 아무튼 저 얘기 속에 이 사람이 강조한 게 무엇인지 드러납니다. 니체는 아주 젊었을 때부터 맛을 분별할 줄 아는 거, 세밀한 차이를 가려낼 줄 아는 게 중요하다고 보았습니다.

맛의 차이와 번역의 차이. 입맛에 따라 같은 내용도 다르게 번역합니다. 시를 외국어로 번역하는 것과도 같습니다. 섬세한 맛의 차이 때문이죠. 미묘한 차이들을 잘 포착해내는 게 중요한데, 과연 그 차이를 다른 언어로 옮길 수 있느냐? 굉장히 어려운 문제입니다.

아무튼 『아침놀』은 또 다른 아침에 대한 이야기입니다. 텍스트는 이렇게 시작합니다.

우리 정신의 비행자. 멀리, 가장 먼 곳까지 날아가는 이 모든 대담한 새들, 분명 그들은 어딘가에서 멀리 날아갈 수 없게 되어 돛대나 보잘 것 없는 암초 위에 웅크려 앉을 것이다. 더욱이 이 비참한 숙소에 매우 감사하면서, 그러나 이 사실로부터 그들 앞에는 대단한 자유로운 길이 더는 **없다**든가, 그들은 날 **수 있는** 최대한을 다 날았다고 추론해서는 안 된다. 우리의 모든 위대한 스승과 선구자들도 결국 멈춰 섰다. 그리고 피로로 멈춰 서는 것은 가장 고귀하고 우아한 몸짓은 아니다. 나도 그대도 그렇게 될 것이다. 하지만 그게 나와 그대에게 무슨 상관이 있으랴. 다른 새들이 더 멀리 날아갈 것이다!

'우리 정신의 비행자'라고 소제목에 썼기 때문에, 새들은 우리 자신입니다. 대담하다고 한 까닭은 '탐구' 때문입니다. 모든 걸 따져 묻는 정신을 지닌 존재라서 대담하다고 했습니다. 그러면서 가장 먼 곳까지 날아가는 새들이라고 말합니다. 새가 갖고 있는 가벼움! 새는 걷거나 달려서 가는 것보다 더 멀리 갈 수 있습니다. 그런 본성이 대담한이라는 표현에 덧붙습니다.

이들 앞에는 묻고 따질 수 없는 것은 존재하지 않아요. 누구에게나 묻고 비판할 권리가 있고, 특히 사람들이 그동안 묻지 못했던 것들까지도 묻는 대담함, 대범함이 중요합니다. 누가 묻지 못하게 할까요? 가령 선생의 권위가 있어요. 좋은 선생은 어떤 질문이라도 받아주는, 결국은 '나도 모르겠다. 함께 탐구해보자'라고 하는 선생이죠. 나쁜 선생은 질문을 끊으며, '알아서 뭐 해, 그딴 거 필요 없어'라며 돌려보내는 선생이고요. 하여튼 끝까지 가보자, 그게 첫줄에 나오는 멀리, 가장 먼 곳까지 날아가는 이 모든 대담한 새들이란 말의 뜻입니다.

하지만 그렇게 날아가다가, 모든 걸 물어보고 따져보고 비판하다가 돛대나 보잘 것 없는 암초 위에 웅크려 앉을 거라고 합니다. 이 표현은 더 이상 갈 수 있는 길이 없다는 뜻이 결코 아닙니다. 그것 때문이 아니라, 피로해서 멈추는 거예요. 지친 거죠. 그러나 이 사실로부터 그들 앞에는 대단한 자유로운 길이 더는 없다든가, 그들은 날 수 있는 최대한을 다 날았다고 추론해서는 안 된다. 탐구하는 일에 지친 게 아니라 몸이 힘을 다한 겁니다. 몸이 쇠락한 거죠. 그래서 가다가 결국 멈출 수밖에 없습니다.

지난번에 희랍 사람들의 인간관 말했죠? 인간은 죽는 존재입니다. 니체의 말들도 이 연속선상에서 이해할 수 있습니다. 죽는 존재, 쇠락하는 존재, 언젠가는 쇠락하고 죽는 존재, 이게 인간을 요약하는 말입니다. 태어나서 나이 먹고, 병 걸리고, 죽는 인생의 경로. 여기서 피로란 몸이 아무것도 할 수 없는 상태입니다. 이런 상태에서 우리의 모든 위대한 스승과 선구자들도 결국 멈춰 섰다는 거죠. 인간적인 한계입니다. 인간이 인간인 이상 극복할 수 없는 한계죠.

하지만 그렇다고 해서 그게 고귀하고 우아한 몸짓은 아니에요. 그저 인간이 약해서, 지질하게 멈춰버린 거죠. 그렇기 때문에 역시 나도 그대도 그렇게 될 것이다! 나도, 여러분도 언젠가 멈출 수밖에 없습니다. 인간이기 때문에 그래요. 신은 안 그래요. 신은 끝까지 갈 수 있습니다. 지금 우리가 탐구하는 것도, 신이라면, 불멸하는 존재라면, 필요 없어요. 왜? 나중에 해도 되니까.

이 짧은 시간 우리가 바쁘게 탐구하지 않으면 답을 찾는 지점까지 갈 수 없습니다. 우리 인간은 최대한 서둘러야 합니다. 죽을 날이 마지노선으로 있으니까. 탐구 자체도 인간적인 특성을 갖습니다. 죽지 않으면 탐구는 필요없어요. 굳이 애써 노력할 필요가 없어요. 천천히 배워도 늦지 않고, 아등바등 살 필요도 없어요. 아무리 느리게 배워도 언젠가는 완성된 지점에 가게 될 테니까. 그러니까 결국은 배우려고 하지도 않겠지요.

인간은 결국 멈출 수밖에 없어요. 하지만 그게 나와 그대에게 무슨 상관이 있으랴! 왜 상관없을까요? 멈추는 것 자체가 우리의 운명인데, 태어날 때부터 정해진 운명인데, 무슨 상관 있겠어요? 멈춘다는 운명 말고, 가려고 한다는 사실과 가려는 방향이 중요한 거죠.

우리가 가려는 방향으로, 우리가 지금껏 그렇게 했듯이, 우리 뒤에 올 자들도 그리로 계속 갈 겁니다. 우리가 온 길은 그전에 어떤 자들이 개척했던 길입니다. 우리가 멈출 수밖에 없다 할지라도, 다른 새들이 더 멀리 날아갈 거예요. 다른 새들이 우리가 멈춘 그 지점에서 더 멀리까지 갈 거라는 거죠. 최소한 여기까지는, 우리가 왔어요. 한걸음 더 진전하는 게 우리 삶의 또는 우리 역사의 내용이라고 해도 상관없습니다. 더 많이 묻고 알려 하고 뭔가 발명하고 이런 과정이 계속되는 겁니다.

차라투스트라는 뭐라고 말했을까?

—

더 생각해보면 우리가 따지고 묻고 비판하지 못하게 하는 또 다른 요인들이 있어요. 니체가 대표적으로 염두에 둔 것은 종교와 도덕입니다. 『아침놀』에는 '도덕적 편견에 대한 논박'이라는 부제가 붙어 있습니다.

아까 선생의 권위를 말했는데, 더 상위의 권위는 종교와 도덕이죠. 특히 도덕을 생각해볼 필요가 있어요. 도덕은 어떤 공동체가 마련한 삶의 규칙입니다. 도덕과 도덕률(이건 해야 한다, 저건 하지 말아야 된다)은 애초부터 그 자체로 옳은 건 아닙니다. 이 점이 중요해요. 애초부터 그 자체로 옳은 게 아니라 사회에 유익하기 때문에 그 사회 구성원들에게 그렇게 하라고 요구된 겁니다.

출발점에는 일정한 근거가 있어요. 근거란 그 사회, 그 공동체에 이롭다는 것입니다. 그러나 시간이 지나 사회가 달라지면 같은 도덕률이 유효성과 가치를 상실합니다. 도덕은 시간이나 공간이 달라지면 원래 지니고 있던 의미와 가치를 잃어버립니다. 도덕이 누군가가 만든 거라는 사실을 인식하는 순간, 어떤 일이 발생할까? 네, 그렇습니다, 모든 도덕은 또 만들어질 수 있습니다. 언제든 새로운 도덕이 만들어질 수 있습니다. 현존하는 도덕은 언젠가 누군가에 의해 만들어진 것이고, 그렇기 때문에 절대적인 것이 아니라 상대적이고, 또 바뀔 수 있습니다. 언젠가 만들어진 것이기 때문에, 다르게 만드는 일 또한 가능한 거죠.

니체의 가장 대표적인 저서는 『차라투스트라는 이렇게 말했다』입니다. 근데 그 차라투스트라가 누구냐? '차라투스트라Zarathustra'는 독일어인데, 희랍어로는 '조로아스터Zoroaster'입니다. 조로아스터교의 창시자죠. 최초로 도덕을 발명한 사람입니다. 도덕을 이 사람이 창시했기 때문에, 도덕이 만들어졌단 걸 알고 있습니다. 그래서 니체는 차라투스트라에게 도덕 비판이라는 임무를 부여합니다. 도덕이 창시되었단 걸 안다면, 현존하는 도덕을 비판할 수 있습니다. 도덕 비판과 도덕의 파

망치로 철학하기. 망치는 파괴의 도구이자 무엇보다 창작의 도구다.

괴, 즉 새로운 도덕을 창시할 수도 있습니다. 한 번 만들어봤으니까. 현
존하는 도덕이란 언젠가 만들어진 거고, 그렇기에 새로 만들 수 있다는
걸 알고 있는 자.

도덕의 내용 자체보다 그게 지금 어떤 의미와 가치를 갖고 있는지
묻고 따지는 일이 더 중요합니다. 그냥 어떤 규칙을, 규범을, 풍습을 그
대로 따라가는 게 아니라, 그걸 따져보고, 우리의 도덕, 나의 도덕을 찾
고 만드는 게 중요합니다. 니체의 핵심 과제가 그겁니다. 각자의 도덕
을 만들어라, 자신의 윤리를 만들어라. 남이 만든 윤리, 도덕, 행동 규
칙, 삶의 방식을 따르면 노예라는 겁니다.

물론 그렇다고 해도 『아침놀』에서는(103절), 묻고 따지는 과정을
통과하는 도덕과 그렇지 않은 도덕, 두 가지가 있다고 합니다. 그저 주
어진 도덕을 따르는 건 노예지만, 직접 묻고 따져서 검증한 건 나의 도

덕이라는 거죠. 기존에 있던 삶의 방식일지라도 그걸 자기화하면 됩니다. 지금까지 있었던 도덕을 다 버리는 일이 핵심이 아니라 나의 도덕을 만드는 일, 내 것으로 삼는 일이 중요합니다. 나중에 미셸 푸코는 그런 측면을 '실존의 미학'이라 부릅니다. 자기 삶을 예술작품처럼 만드는 일. 니체한테서 영향받은 사상입니다.

중요한 건 만들어진 결과물이 아니라 과정입니다. 도덕의 경우에도 도덕의 내용이 아니라 그 도덕이 어떤 경위로 만들어졌는지가 더 중요합니다. 우리가 어느 쪽으로 나아가다 멈췄다는 사실이 중요한 게 아니라, 그 방향으로 누군가가 왔었고 개척한 길을 우리가 넘어서 더 나아가고 또 누군가가 다시 우리가 멈춘 곳보다 멀리까지 가리라는 사실이 중요합니다.

다음 구절. 우리의 이런 통찰과 신념은 그들과 서로 경쟁하며 멀리 그리고 높이 날아가고. 여기서 그들은 뒤에 올 다른 새들이죠. 동시대인들끼리 경쟁하는 게 아니에요. 인류의 역사 전체와 경쟁하는 겁니다. 지금까지의 역사가 아니라 앞으로 올 역사까지도 한데 놓고 벌이는 경쟁입니다. 누가 멀리까지 가는지 보자, 이런 식이지요. 곧바로 우리 머리와 그 무력함을 넘어 높이 오르고, 거기에서 먼 곳을 보고, 우리가 추구했던 곳으로 향할. 온통 바다, 바다, 바다인 곳을 추구할 우리보다 훨씬 강력한 새들의 무리를 전방에 본다! 무리가 우리 앞쪽에 또 있습니다. 일종의 환영幻影이고 소망이죠. 아직 오지 않은 새들이 우리 앞에 보인다는 건 사실이 아니니까요. 그러나 우리가 나아가는 방향으로 전방에 새들이 보인다는 건, 그 새들이 우리가 왔던 곳을 지나서 더 먼 곳까지 갔다는 얘기입니다.

근데, 보세요. 온통 바다, 바다, 바다뿐. 사방에 바다 말고는 아무 것도 없는 바다 한가운데 있어본 적 있나요? 정말 막연합니다. 좌표도 없어요. 사실 바다란 게 가도 가도 끝이 없죠. 어디까지 가야 하나, 어려운 문제입니다. 지구가 둥그니까 아마 제자리까지 돌아올지도 몰라요. 어떤 점에서는 부질없는 노력, 추구를 계속하는 거예요. 이게 뒤에서 설명할 니힐리즘 상황입니다. 망망대해에서 어째야 할까요? 이제 얘기가 한 번 바뀝니다.

우리는 새로운 도덕을 창조할 수 있다

그렇다면 우리는 도대체 어디를 바라는 걸까? 우리는 도대체 바다 너머über를 바라는 걸까? 우리에게 어떤 욕망보다도 더 중요한 이 강력한 욕망은 우리를 어디로 데려가는 걸까? 도대체 왜warum 바로 이 방향으로, 지금까지 인류의 모든 태양이 **가라앉은**untergegangen 쪽으로? 아마 언젠가 우리 뒷얘기가 있게 될까? 우리도 또한 **서쪽으로 뜻을 두어 인도에 도달하길 희망했다고,** — 하지만 우리의 운명은 무한성에 부딪혀 난파하는 것이었다고. 그게 아니라면oder, 나의 형제들이여? 그게 아니라면?

도대체 어디를 바라고 지금 이곳까지 왔으며 더 가려 하는가? 바다 너머über를 우리가 바라고 원하는 걸까? 독일어로 '위버über'란 말이 나

옵니다. 바다 위에 있는 것도 위버, 영어로 'over'입니다. 넘어가는 것
도 위버, 영어로 'beyond'입니다. 바다 위에 있단 건 날아간다는 거고,
돛대나 암초에 내려앉는단 얘기입니다. 그리고 바다 너머로 간다는 건,
거기서 새로운 땅을 만나는 겁니다. '위버'는 이 두 가지 의미를 갖고 있
습니다. 우리는 도대체 바다 너머를 바라는 걸까? '너머'라고 굳이 강조
체로 적어놓은 까닭은 바다 너머의 새로운 땅을 바라는 마음이 강해서
입니다. 뒤에 인도 얘기도 나오죠.

　　우리에게 어떤 욕망보다도 더 중요한 이 강력한 욕망은 우리를 어
디로 데려가는 걸까? 도대체 어디로. 다른 말로 하면 목적입니다. 어디
로? 도대체 어디 가기 위해? 이런 대담함, 탐구, 노력 같은 것들이 뭘
목표로 하는가? 목적은 삶의 목적과 관련됩니다. 살면서 하는 활동으
로서의 추구, 노력이 도대체 왜^{warum} 바로 이 방향으로, 왜냐고 다시 묻
습니다. 지금까지 인류의 모든 태양이 가라앉은^{untergegangen} 쪽으로? '왜'
라는 말은 나중에 설명하겠습니다.

　　이 방향이 가리키는 게 뭔지를 먼저 봐야 하는데, 인류의 태양이
가라앉은 쪽이라고 돼 있습니다. 태양은 우리를 살리는 생명의 근원입
니다. 자연적으로 그래요. 특별히 의미 부여를 하지 않더라도 태양은 우리
에게 그런 존재입니다. 우리의 삶의 가치, 의미도 태양으로부터 옵니다.

　　근데 여기서 인류의 모든 태양이, 지금까지 떴던 모든 해가 가라앉
은 그 방향으로 왜 더 가고 있는 걸까? 묻고 있습니다. 해는 서쪽으로
집니다. 독일말로 괄호 안에 'untergegangen'이라고 써놨는데 '운디
겐^{untergehen}'의 과거분사입니다. '운터겐'은 중의적인 뜻이 있습니다. '운

터^{unter}'는 아래, '겐^{gehen}'은 간다는 뜻입니다. 아래로 가는 게 '운터겐'이죠. 독일어에서 '운터겐'은 비유적으로 몰락한다는 뜻입니다. 높이 있다가 내려가는 건 몰락이죠. 몰락이란 뜻이 가장 우선적입니다. 영어 번역에선 이걸 'decline'으로 씁니다. 그러나 태양에게 '운터겐'은 해가 지는 거죠. 해가 아래로 내려가는 것이 '운터겐'입니다. 가라앉는다, 내려앉는다는 뜻입니다. 높은 산에 있다가 내려가는 것도 '운터겐'인데, 그건 하산하는 겁니다. 차라투스트라가 하산할 때도 '운터겐'이라고 했습니다.

근데 태양이 가라앉는다, 해가 진다는 말은 뭐냐? 해가 지면 어떻게 돼요? 저녁놀이 있고, 밤이 되죠. 밤이 되고, 조금 더 있으면 아침놀이 나옵니다. 해가 지는 게 새로 뜨는 걸로 이어집니다. 인류의 태양이 진 쪽으로, 가라앉은 쪽으로 간다는 게 꼭 부정적인 의미만은 아니에요. 태양이 가라앉는다는 건 새로 떠오름의 전 단계입니다. 이걸 의미와 가치에 결부시키면, 도덕을 예로 들면 가장 적절한데, 어떤 도덕의 탄생은 기존 도덕의 파괴를 전제로 합니다. 기존 도덕하고 다른 도덕이 동시에 있을 순 없습니다. 하늘에 두 개의 태양이 있을 순 없습니다. 서로 경합하고 경쟁하는 관계일 수밖에 없어요. 태양이 가라앉은 쪽으로 가는 건 나의 태양을 떠오르게 하기 위해서입니다. 지금까지 모든 인류의 태양이 가라앉았다는 건, 인류의 모든 도덕이, 의미와 가치가 다 허물어진 그쪽으로 계속해서 간다는 말입니다.

아마 언젠가 우리 뒷얘기가 있게 될까? 이건 그냥 던져보는 얘기입니다. 사람들이 뒷얘기를 후세에 하게 될까, 하면서 우리도 또한 서쪽으로 뜻을 두어 인도에 도달하길 희망했다고 말하고 있습니다. 우리도는 그전에 누군가가 했다는 말입니다. 그리고 '우리도'는 우리의 스승과 선구자들, 그리고 뒤에 오게 될 다른 새들, 이걸 다 포괄합니다. 인류는 계속 그런 일들을 해왔던 거죠. 그러나 모든 인간이 그렇게 해오진 않았습니다. 이 길을 간 자도 있고, 그렇지 않은 자도 있습니다.

그럼 누가 인도에 도달하길 바라면서 갔나? 생각해보면 어렵지 않습니다. 서쪽으로 가서 신대륙을 발견한 사람들은 인도에 가기를 바랐지만 인도가 아닌 다른 곳에 도착했죠. 새로운 땅, 새로운 대지, 새로운 삶의 터전은 지금까지와는 다른 삶이 가능한 곳입니다. 지금까지의 모든 태양은 다 가라앉았기 때문에, 다른 삶의 방식이 아마 발명될 그런 땅일 겁니다. 그걸 희망했어요. 어떻게 될지 몰라요, 사실은.

하지만 우리의 운명은 무한성에 부딪혀 난파하는 것이었습니다. 결국 멈췄다는 거죠. 무한은 독일말로 '운엔틀리히^{Unendlich}'인데 '끝나지 않음'이라고 정확히 얘기할 수 있습니다. 무한은 이 경우 불멸, 신의 영역입니다. 인간은 유한한, 필멸하는, 죽을 수밖에 없는 운명이기 때문에 결국 멈출 수밖에 없었다, 그렇게 사람들이 얘기하리라. 여기에서도 어디에 도달했느냐가 중요한 게 아니라 도달하려고 시도했다는 게 중요합니다.

그것이 마지막의 그게 아니라면?의 의미입니다. 희망했다가 난파하는 게 아니라면, 그렇다면, 도달했다는 걸까요? 뭔가 새로운 땅, 신대륙을 찾았단 얘기일까요?

이 '그게 아니라면'이란 말로 끝나는 책이 세상에 어디 있겠냐고,

나중에 니체는 회고합니다. 이 회고가 무슨 의미인지는 안 밝힙니다. 다 우리에게 떠넘겨요. 태도가 이게 맞죠? 자기가 '이거다'라고 하면 그건 니체한테는 자기 배반입니다. 누군가에게 가르친다는 건 말이 안 되잖아요? 가르침을 받는 자 입장에서 보면 그건 노예적인 겁니다. 니체는 받기보다 뺏으라고 합니다. 가르침은 받는 거고, 배움은 뺏는 겁니다.

또는, 그게 아니라면, 영어로 'or'. 바로 앞 문장을 보면, 희망했다가 난파하는 게 우리의 운명이었습니다. 그러니까 그게 아니라면, 희망했고 난파하지 않았으면 인도에 갔으리라는 거겠죠? 여기서 인도는 지리적인 나라 이름이 아니라 우리의 목표를 뜻합니다. 우리가 가고자 하는 그쪽 방향 말입니다. 신대륙, 새로운 땅, 우리 삶의 새로운 터전이죠. 그 과정에서 굉장히 많은 갈등과 충돌이 생길 수밖에 없을 거예요. 하늘 아래 두 개의 태양이 있을 순 없으니까, 결국 한 태양은 지는 겁니다. 패배하는 겁니다. 기존 도덕과 새 도덕이 충돌할 때, 결말은 둘 중 하나입니다. 새 도덕이 묻히고 역적이 되느냐, 기존 도덕이 패배하고 새로 건국하느냐. 그사이에 새 도덕이 존재합니다. '왜'라는 말, 도대체 왜? 이 '왜'라는 물음에는 답이 있을까? 마지막으로 이걸 생각해볼 차례입니다.

니힐리즘에 도달하다
—

묻고 따지는 활동을 한마디로 집약하면 '왜'입니다. '왜'라는 물음에는 끝이 없어요. 최종적인 답을 찾을 수 없습니다. '왜'라는 한국말은 두 가지 의미로 구분됩니다. 영어로 'how'와 'why'죠.

왜 사과가 떨어지지? 이렇게 한국어로 묻습니다. 이것은 'why'가 아니라 '어떻게'와 관련된 물음입니다. 그 '어떻게'와 대응하는 답을 알려주면 설명이 돼요. 중력을 가진 물체들은 서로 끌어당긴다, 이게 우주의 법칙입니다. 만유인력의 법칙이라 부르죠. 근데 지구는 엄청 뚱뚱하고 커서, 서로 끌어당기지만 사과가 지구 쪽으로 끌려오는 것처럼 보입니다. 이게 사과가 땅에 떨어졌다는 말의 진짜 의미입니다. 이렇게 답변이 되었습니다. '어떻게'에 대한 답은 대부분 자연과학에서 마련됩니다. 자연의 이치를 알아 자연의 이치에 대입하면 설명이 끝납니다.

대학교 때 인상 깊게 들었던 이야기를 소개할게요. 아이가 열이 높아 엄마가 의사에게 데려왔어요. 왜 내 아이가 이렇게 열이 높지요? 의사는 말라리아에 걸렸고, 그건 모기에 물려서고, 말라리아는 고열을 동반한다고 설명해요. 아니, 왜 내 아이한테 이런 일이 일어났느냐고요? 의사는 병에 대한 이런저런 이야기를 되풀이해요. 그게 답변이 되었을까요? 이때 어머니는 '왜 하필 내 아이한테 이런 일이 일어났느냐?' 이걸 묻는 거거든요. 계속 따져 물었을 때, 아무리 연유를 다 설명해도 왜 하필 내 아이한테 이런 일이 벌어졌는가 하는 질문은 남게 됩니다. 이유가 제시될 수 없습니다. 초월적인 설명, 그냥 하늘의 뜻이야, 이런 식의 설명밖엔 답이 나오지 않아요. 사람들이 '왜'란 질문의 끝에서 초월적인 존재를 요청하는 상황입니다. 종교는 그런 상황들에 대한 답변입니다.

한편 아주 끝까지 간 다음에, '아, 그렇구나'라고 믿게 되는 지점도 있습니다. 자기가 만들어낸 삶의 터전입니다. 그 지점은 자기 삶의 가장 바탕이죠. 아래는 허공인데 그 허공에 뭔가 나뭇잎을 띄워놓고 그걸 믿고 그 위에 서 있는 식이에요. 하늘에서 우리가 떨어지면 어떻게 될까요? 땅이 없으면 어떻게 될까요? 끝없이 계속 떨어지기만 하겠죠. 우주 공간이 그런 곳이에요.

우주 공간에서는 한 번 어떤 방향으로 가게 되면 거의 저항력이 없기 때문에 죽 가게 돼요. 이 경우 정지와 운동이 구분이 안 돼요. 움직이는 것과 멈춰 있는 게 구분이 안 됩니다. 자기 위치를 알 수 있게 해줄 기준점이 없으니까요. 이걸 독일어로 '압그룬트^{Abgrund}', 즉 '땅 꺼짐'이라고 합니다. 심연이라는 번역으로는 다 담기지 않은 뜻이 들어 있는 단어죠.

'왜'라는 물음에 답하는 건 마치 무에서 뭔가를 찾아내는 것과 비슷합니다. 니체는 '왜'라는 질문에 답이 주어지지 않는 상태를 '니힐리즘 ^{nihilism}(허무주의)'이라 부릅니다. '왜'라는 물음에는 답이 없어요. 답이 없는 까닭은 두 가지입니다. 의미와 가치가 원래 없으니까라는 답이 하나입니다. 또 하나는 지금까지 인류의 모든 태양, 종교나 도덕이 제공했던 '왜'에 대한 답이 다 허물어졌고 더 이상 기댈 곳이 없기 때문입니다. 결국 의미와 가치가 원래 없기 때문이라는 답으로 다시 돌아옵니다. 의미와 가치는 우리가 부여하는 거지 원래부터 있는 건 아닙니다.

사실 우리는 과정 중에 있어요. 새로운 답을 못 찾으리란 법은 없거든요. 계속 더 찾아나가다 보면 찾을 수 있을지도 몰라요. 이유를 갖고 태어난 사람, 목적을 갖고 태어난 사람이 있을까요? 없습니다. 왜 태어났는지도 몰라요. 왜 태어났는지 질문할 수 있게 되기까지도 시간이 많이 걸려요.

　결국 어떻게 우리가 존재하게 되었는지 자체도 근거 없는 거라면, 그 후에도 원래 정해진 방향은 없습니다. 그 방향도 나 자신이 정하는 거죠. '나 자신이 정했다'와 '아무도 나에게 정해주지 않았다'는 다른 문제입니다. 그래서 출발도 끝도 무의미할 수 있어요. 니체는 이 점을 등골이 서늘해질 때까지 처절하게 밝혔습니다. 이 점에서 니체는 철학을 갈 데까지 가게 한 최초의 철학자입니다. 사람들이 끝까지 부여잡고 싶어 했던 모든 의미와 가치가 근거 없다는 걸 밝혔습니다. 이건 니체만 할 수 있던 일이었습니다. 텍스트에서 묘사되었듯이, 니체 이후로 같은 길을 따라온 이들은 많습니다. 더 멀리까지 간 새가 누구인지는 확신할 수 없지만요.

　니체는 여기서 끝내지 않습니다. 어떻게 살아야 할지 방법도 제시합니다. 그게 '영원회귀' 사상입니다. 망망대해에 있을지라도, 가는 과정은 그렇게 무의미하지 않을 수 있습니다. 내가 거기로 가기로 했으니까. 그런데 어떻게 가야 할까요? 니체는 삶이 영원히 반복된다면 택할 그런 방식으로 행동하라고 말합니다. 그렇게 되면 삶에 더할 나위 없이 좋게 임하리라는 겁니다. '한 번의 쪽팔림'일지라도 그건 영원히 되풀이됩니다. 그렇다면 어떻게 행동해야 할까요? 최선을 다할 수밖에 없습니다. 최선으로 행동해서 죽기 직전에 완성되는 게 '운명'입니다. 니체는 '아모르파티amor fati', '운명애'를 말합니다. 저런 게 운명이라면 운명을 사랑하지 않을 도리가 있을까요? 삶이 영원히 되풀이된다 할지라도, 매 순간 후회를 남기지 않고 최선을 다해 행동했으니까요.

Q&A

Q 그래서 니체는 뭘 말한 거죠?

A 인생은 허무하고, 아무 목표도 방향도 답도 없고, 우리 모두는 궁극적으로는 죽어요. 이럴 때 어떻게 해야 할까요? 무엇보다 먼저 그렇다는 사실을 직시해야 합니다. 내가 찾으려는 의미는 없고 내가 부여하는 의미밖에 없습니다. 이게 큰 줄기입니다.

우리가 철학에 기대하는 바가 뭘까요? 목사나 스님한테 들으려는 것과는 다르지요. 니체는 '어떻게 살래?'라는 질문에 대해 이렇게 말합니다. '그건 네가 알아서 찾아가. 정답은 없어. 네가 찾는 건 너한텐 정답이야. 네 멋대로 살아.'

Q 희망했고, 난파하지 않았다면 목표에 도달했을 것이라고 했는데, 지구상에서는 인도에 갈 수 있지만 결국 '왜'란 질문에 답이 없는 것처럼, 우리는 삶에서 계속 난파할 수밖에 없는 것 아닐까요?

A 목표가 있다 해도 거기에는 원래 도달 못 해요. 내일이 있지만 우리는 오늘하고만 만나요. 목표, 목적이란 게 인도처럼 존재하는 걸까? 아니면 '내일의 아침놀'처럼 존재하는 걸까? 물어볼 수 있습니다. '왜'라는 것에 답이 있을까? '왜'에 대한 답을 찾는 과정만 있는 걸까? 좀 더 물어

볼 수 있습니다.

Q 도덕과 신에 대한 비판이나 의심은 뭔가 반작용처럼 느껴집니다. 니체는 어둠에서 아침놀을 갈구하는 것에서 출발한 건가요?

A 반작용이라는 말이 맞을 수도 있어요. 근데 반작용의 특징이 뭐냐에 주목해야 합니다. 누가 나한테 모든 종류의 물음에 대해 답을 준다고 해봐요. 그리고 지금까지 주어졌던 모든 답을 한번 검토해보는 거죠. 그랬는데 '이게 아니다'까지 오게 됐어요. 그렇다면 그건 반작용이기보다는 비판적인 태도를 견지하며 사는 거라고 할 수 있습니다. 반작용보다는 작용에 가깝습니다. 어떤 태도를 '발현'하는 거니까요. 물어보고 따져보는 태도로 살아가는 거죠. 그건 능동적 형태지 뭔가에 대한 반작용은 아닙니다.

Q 따지는 것 자체가 문제의식에서 비롯되는 것 아닌가요?

A 문제의식을 우리가 지니겠다고 해서 문제의식이 있게 되는 게 아닙니다. 거기서도 삶이 관건입니다. 계속 묻게 하는 상황 속에 있으면 묻게 되는 거고, 묻지 않으면 별문제 없는 거죠. 근데 예민한 사람은 느낍니다. 이게 뭐냐를 묻고 따지게 되죠. 둔감한 사람은 별 불편함 없이 그냥 살아요. 결국 ㄱ 사람의 삶에 따라 얼마나 많은 물음을 던지게 되는지 결정됩니다. 그건 각자에게 다 우연인 거죠. 각자의 체질도 입맛도 감각도 다릅니다. 니체는 역사적으로 가장 예민했던 사람 중 하나입니

다. 다른 사람들은 그렇게까지는 못 했던 거고요. 그래서 소제목을 '철학이 이른 곳'이라고 했어요. 니체 뒤에도 훌륭한 학자들이 계속 나오지만, 철학이 뭐인지를 단적으로 보여주는 사람이라고 생각해서 니체를 골랐습니다.

이 책의 이어지는 부분에서 내용과 관련한 설명은 상당히 정확하겠지만, 주장과 관련해서는 내 말도 믿지 마세요. 무턱대고 믿는 건 원칙적으로 배반입니다. 본인이 직접 생각해보고 그 생각을 받아들여도 될지 판단하세요. 그렇지 않으면 다 도루묵입니다. 어디서 멋진 얘기 하나 들었다, 이걸로 끝나는 거예요. 듣고 자기가 되씹지 않으면 기억도 안 나요. 자기 것이 되지 않았기 때문에.

Q 자기는 이게 옳다고 생각하고 사는데, 남들이 봤을 때는 그렇지 않을 수도 있잖아요? 자기한테 갇히지 않기 위해서는 뭘 해야 하나요?

A 중요한 질문입니다. 친구가 필요합니다. 『차라투스트라는 이렇게 말했다』에는 친구가 왜 필요한지가 나와요. 나는 나와 늘 대화하고 있습니다. '나는'과 '나와'는 좀 달라요. 자기 안에서 계속 혼자 생각해가는 거죠. 그러다 보면 반드시 심연에 빠지게 됩니다. 그랬을 때 심연에 빠지지 않도록 떠올라 있게끔 코르크 역할을 하는 게 바로 친구입니다. 친구가 없으면 외골수가 될 수밖에 없죠. 친구는 나와 같은 걸 추구하면서 한편으로는 나와 경쟁하는 존재입니다. 그러니까 서로 친구일 수 있는 거죠.

개방된 태도가 집단 속 구성원 모두의 폐쇄성으로 연결되는 건 아주 쉽습니다. 어떤 집단이 내부 성원들 간에는 서로 개방적이지만, 바깥하고는 배타적이 되는 일은 굉장히 흔해요. 그래서 열린 마음을 갖자는 건 충분히 옳은 얘기가 아닙니다. 집단도 친구가 있어야 합니다. 심연에 빠지지 않도록, 외골수로 남지 않게끔 붙잡아주는 존재가 있어야 해요.

Q 텍스트에서 굉장히 파이팅 넘치는 느낌을 받았어요. 절망하거나 멈춰서거나 해도 괜찮다는 뜻인가요?

A 내가 멈춘 건 나로서는 갈 데까지 간 겁니다. 갈 수 있는 한 갔기에 멈춘다는 게 아무 상관이 없다는 거예요. 누구나 멈출 수밖에 없어요. 인간의 몸으로 태어났다면 누구라도 멈춥니다. 어차피 멈출 것이기 때문에 나는 안 간다, 이런 걸 방지하려는 겁니다. 어차피 죽을 건데 밥은 왜 먹어? 어차피 죽을 건데 아플 것을 왜 걱정해? 끝이 정해져 있다고 해서 중간이 가치 없고 의미 없다는 식의 추론을 할 수 없다는 거죠. 끝은 다들 정해져 있습니다. 200년 후 우리가 어떻게 돼 있을지는 다 압니다. 모두 흙이 돼 있을 겁니다.

Q 니체보다 더 나아간 철학자, 예술가는 없었나요?

A 니체는 철학으로 끝나지 않았습니다. 니체는 예술을 강조했습니다. 첫 책인『비극의 탄생』은 극도의 염세주의를 바탕에 두고도 비극이라는 최고의 예술을 발명해낸 희랍인들을 탐구했습니다. 나중에 니체는 '가인歌人과 기사와 자유정신의 통일'을 찾아냅니다. 삶을 하나의 극으로 만

들어내는 거죠. 의미와 가치는 그렇게 만들어질 수 있다고 보았던 겁니다.

Q 그렇게 묻고 따졌으면 주변 사람들은 니체를 싫어했겠네요.

A 워낙 깐깐한 사람이었으니 사교적인 면에서 누가 좋아했겠어요. 그리고 되게 아팠기 때문에 따로 떨어져 있을 수밖에 없었습니다. 몸이 안 좋으니까 술, 커피, 담배는 손도 대지 못했고, 아주 소박한 식사들밖에 하지 못했습니다. 따짐당할 만한 사람이 주변에 많지 않았습니다. 니체는 까탈스럽고 성격도 고약해서 옆에 있고 싶지 않은 사람이었습니다. 그렇다고 해서 친구가 전혀 없었다는 말은 아닙니다. 적었을 뿐이지요.

우리, 정신의 비행자! —— 멀리, 가장 먼 곳까지 날아가는 이 모든 대담한 새들. — 분명 그들은 어딘가에서 더 이상 멀리 날아갈 수 없게 되어 돛대나 보잘 것 없는 암초에 웅크려 앉을 것이다! — 더욱이 이 비참한 숙소에 매우 감사하면서! 그러나 이 사실로부터, 그들 앞에는 대단한 자유로운 길이 더는 **없다**든가, 그들은 날 **수 있는** 최대한을 다 날았다고 추론해서는 안 된다! 우리의 모든 위대한 스승과 선구자들도 결국 멈춰 섰다. 그리고 피로로 멈춰 서는 것은 가장 고귀하고 우아한 몸짓은 아니다. 나도 그대도 그렇게 될 것이다! 하지만 그게 나와 그대에게 무슨 상관이 있으랴! **다른 새들이 더 멀리 날아갈 것이다!** 우리의 이런 통찰과 신념은 그들과 서로 경쟁하며 멀리 그리고 높이 날아가고, 곧바로 우리 머리와 그 무력함을 넘어 높이 오르고, 거기에서 먼 곳을 보고, 우리가 추구했던 곳으로 향할, 온통 바다, 바다, 바다인 곳을 추구할 우리보다 훨씬 강력한 새들의 무리를 전방에 본다! — 그렇다면 우리는 도대체 어디를 바라는 걸까? 우리는 도대체 바다 **너머**(über)를 바라는 걸까? 우리에게 어떤 욕망보다도 더 중요한 이 강력한 욕망은 우리를 어디로 데려가는 걸까? 도대체 왜(warum) 바로 이 방향으로, 지금까지 인류의 모든 태양이 **가라앉은**(untergegangen) 쪽으로? 아마 언젠가 우리 뒷얘기가 있게 될까? 우리도 또한 **서쪽으로 뜻을 두어 인도에 도달하길 희망했다고**, — 하지만 우리의 운명은 무한성에 부딪혀 난파하는 것이었다고. 그게 아니라면(oder), 나의 형제들이여? 그게 아니라면? —

—『아침놀』, 575절

"아직 빛을 낸 적이 없는 아주 많은 아침놀이 있다."

—리그베다

앎의 싸움

3 우상의 황혼_ 베이컨

Francis Bacon, 1561~1626

대법관에서 물러나 철학으로 돌아오다
—

이번에 살펴볼 철학자는 베이컨입니다. 베이컨을 검색해보면 제일 먼저 나오는 게 '베이컨 말이'예요. 백과사전에도 고기 베이컨이 제일 먼저 나옵니다. 그다음에 다시 '프랜시스 베이컨'을 검색하면 굉장히 유명한 두 사람이 나와요. 그중 하나가 화가 베이컨이고, 또 하나가 지금 다룰 베이컨입니다.

베이컨은 명문가 출신입니다. 케임브리지대학에서 스콜라철학을 중심으로 공부했어요. 근대 초기 철학자들이 대게 그렇듯 베이컨도 철학을 전공하진 않았어요. 철학이 분과학문으로 대학에서 자리 잡게 된건 18세기 말 대략 칸트 무렵입니다. 그 전까지는 말하자면 아무나 '필로소피 philosophy'라는 걸 할 수 있었어요. 필로소피가 철학이라기보다 학문 전반을 포괄하는 용어였기 때문입니다.

베이컨은 변호사, 하원의원, 차장검사, 검찰총장을 거쳐 대법관까지 승진한 정계·법조계에서 잘나갔던 인물이었습니다. 정계에 있으면 시기와 질투, 뒤로 오가는 돈이 있기 마련이고, 실제로 뇌물 사건으로 모든 걸 잃고 야인이 됐습니다. 1621년에 그런 일을 당하고, 특별사면됐지만 공직에선 물러나서 연구와 저술에 몰두하다가 1626년에 죽었습니다.

이 사람한테 좀 특이한 게 열에 관한 연구에 관심이 있었어요. 나름의 실험정신을 발휘해서 열과 부패를 연구하려고 추운 날 닭의 몸에 눈을 채워 관찰하다가 폐렴에 걸려 죽었습니다. 이런 걸 보면 정치인보다 천생 철학자 같아요. 한마디로 현실에서 잘나갔고, 말년에 자기 연구 전체를 종합하는 대저작을 기획했다가 닭 때문에 좌절한 모양이 된 거죠. 데카르트보다 조금 이른 시기에 활동했던 사람입니다. 베이컨을 선택한 까닭은 근대철학에서 굉장히 중요한 한 축을 형성하고 있기 때문이에요.

철학자로서의 매력은 조금 떨어지지만 대신 학문 전체를 대하는 태도 면에선 굉장히 진지했습니다. 흔히 서양의 근대철학을 말할 때 크게 두 조류를 말합니다. 사실 인위적 구분이지만, 대륙에서 진행된 흐름과 영국에서 진행된 흐름이 있습니다. 데카르트가 대륙 전통의 출발점에 있다면 베이컨은 영국 전통을 시작했습니다. 영국적 특색을 잘 보여주는 사람이지요.

베이컨의 활동은 '자연 탐구'라는 말로 요약됩니다. 베이컨은 특히 대학 때 배웠던 스콜라철학에 환멸을 느꼈습니다. 이걸로는 세상에 관한 올바른 지식을 얻을 수 없다고 생각한 거죠. 세계를 실제로 탐구해서 지식을 확장해가야지, 자기 안에서 지식을 끄집어내는 일로는 만족할 수 없었습니다.

거미와 개미와 꿀벌, 지식을 쌓는 세 가지 유형

그럼 도대체 아리스토텔레스의 사상을 중심으로 전개된 스콜라철학이 왜 그런 평가를 받았을까요? 19세기쯤 오면 '스콜라적'이라고 칭하면 굉장한 비난입니다. 관념적이고 현실과는 무관한 공리공론, 말로만 떠드는 거라는 평가지요. 그 이유를 눈여겨볼 필요가 있습니다. 스콜라철학은 경험 세계와 자연에 대한 탐구보다는 논리적 탐구에 치중했습니다. 그 까닭은 어떻게 보면 뻔한데, 중세라는 게 기독교 세계였어요. 신학의 영역을 침범해선 안 되었고, 오히려 신학을 논리적으로 보완하는 작업에 머물렀기 때문에 한계가 분명했어요. 게다가 신과 천사에 대해 논한다는 것은 경험 세계의 문제가 아니었습니다.

아리스토텔레스의 논리학을 보통 삼단논법이라고 합니다. 들어본 적도 있을 테고 실제로 우리가 많이 활용하고 있어요. 삼단논법은 크게 대전제, 소전제, 결론 구조를 갖는다고 합니다. 하지만 내가 다른 형태로 삼단논법을 제시해볼게요. 먼저 소전제가 나옵니다. 오늘날에는 대전제가 먼저 오는데, 실제로 아리스토텔레스 시대에 추론이 진행된 방

소크라테스는 인간이다. (소전제)
모든 인간은 죽는다. (대전제)
∴ 소크라테스는 죽는다. (결론)

아리스토텔레스 식의 삼단논법

식은 소전제, 대전제, 결론 순이었어요. 사람들이 이건 잘 몰라요.

소전제는 '소크라테스는 인간이다'. 만일 누군가가 소크라테스라면 그 존재는 인간이라는 거죠. 대전제는 '모든 인간은 죽는다'. 왜 사례로 소크라테스가 자주 나오느냐면 철학자들이 친숙한 걸 예로 들기 때문이에요. 그럼 추론은 어떻게 되느냐? 이 두 문장에 '항'(영어로 'term') 이 세 개 나옵니다. '소크라테스'라는 항, '인간'이라는 항, '죽는다'라는 항. 소크라테스는 인간인데, 모든 인간은 죽으니까, 소크라테스는 죽는다는 결론이 도출됩니다. 한마디로 가운데 항인 '인간'을 지워버리는 거예요.

철학 공부하는 사람 중에도 이 추론 형식을 모르는 경우가 많습니다. 아리스토텔레스의 논법은 이런 식이었어요. 가운데 오는 항을 '중간항middle term'이라고 해요. 이걸 '매개념'이라고 번역하기도 하고, 중간에 있다고 해서 '중개념'으로 번역하기도 해요. 가운데 항을 지우고 첫째 항과 마지막 항만 남기는 게 당시 추론 방식이었습니다. 혹시 철학책을 읽다가 이런 용어가 나오면 이 맥락을 떠올리면 됩니다. 중요한 건 삼단논법 추론을 통해, 인간의 특성을 소크라테스도 인간이니까 소크라테스로부터 끌어낸다는 점입니다. 대전제만 확실하면 그로부터 굉장히 많은 것을 끄집어낼 수 있다는 장점이 있습니다. 이 추론은 대전제와 소전제가 각각 참이라면 결론은 반드시 참이라는 특성을 갖습니다.

아리스토텔레스의 철학에서 논리학에 해당하는 문헌들을 나중에 한데 묶었습니다. 여기에 '오르가논Organon'이라는 제목을 붙였어요. 명칭의 유래는 오르간organ, 기관입니다. 학문하는 데 가장 바탕이 되는 기관, 도구. 우리도 기관으로 일하죠. 막노동을 할 때도 손발 쓰고 해서 일해요. 이렇게 기관이 되는 학문 분야가 '오르가논'입니다.

베이컨이 생각하기엔, 오르가논만으로는 세상을 알아가고 지식을 넓혀가지 못 합니다. 이미 알고 있는 것에서 뭔가를 뽑아내지만 새로운 걸 얻어낼 수 없음에 환멸을 느낀 베이컨은 나름 새로운 방법을 제시합니다. 그래서 베이컨이 자신의 작품에 '노붐 오르가눔Novum Organum'이라는 제목을 붙입니다. 영어로 'New Organ', '새로운 기관'이라는 뜻이지요. 기관이란 말을 그저 직역할 게 아니라 아리스토텔레스와의 대결이라는 맥락에서 이해해야 합니다. 너의 학문 방법이 잘못됐으니 이제 내 것을 사용해서 학문해야 한다는 취지지요.

한국어 번역은 『신기관』이라 돼 있어요. 일리 있죠. '오르가논'이 기관이니까. 물론 이런저런 배경을 알고 나면 그게 그거죠. 근데 일반인한테는, '신기관'이라 하면 열차를 가리키는 건지 뭔지 알 도리가 없어요. 그래서 우리말로 '신논리학'으로 옮기는 게 낫다고 봅니다. '신논리학'이라 하면, '뭐가 새롭다는 기냐?', '아, 아리스토텔레스와 비교해 새로운 거구나' 하는 식으로 좀 쉽게 이해될 거라고 봐요. 책의 부제는

'자연의 해석과 인간의 자연지배에 대한 잠언'입니다.

베이컨이 남긴 가장 유명한 말은 "knowledge is power"입니다. 이걸 두 가지로 번역할 수 있어요. "아는 것이 힘이다." 그러니까 알아야 한다, 자연을 지배하는 데 써먹어야 한다. 이게 첫 번째 해석이에요. 베이컨은 목적이 분명했어요. 자연을 알아서 인간에게 이롭게 써먹는 거죠. 농업 기술이 1만 년 전에 시작되면서 식물과 동물을 가둬 키웠습니다. 점차 기술이 발전하고 인간이 바라는 결과물을 낼 수 있게 되었는데 이게 다 써먹을 수 있는 지식이죠. 지식은 써먹는 거라고 주창한 사람이 베이컨이에요. 근대과학에서 우리가 자연에 대해 알아낸 지식은 단순한 호기심의 충족으로 끝나는 게 아니라 실질적 이익을 얻는 방편이라는 거예요.

또 다른 최신 번역은 이겁니다. "지식은 권력이다." 이건 푸코의 해석입니다. 푸코에 대해서는 나중에 살피겠습니다. "아는 것은 힘이다"와 "지식은 권력이다"가 굉장히 달라 보이지만 사실 같은 뜻입니다. 알면 그만큼 권력을 갖는데, 그 권력은 자연에 대한 지배 권력이자 타인에 대한 지배 권력이기도 해요. 많이 아는 사람한테 가서 묻죠? 대답 안 해주면 알고 싶은 걸 못 얻으니까, 그 사람이 요구하는 걸 들어줘야 해요. 물론 지식을 활용해 남을 직접 지배하기도 하죠. '지식은 권력'이라 번역되는 맥락이 그것입니다. 2차대전 직후에 호르크하이머 Max Horkheimer와 아도르노Theodor Adorno 두 철학자가 『계몽의 변증법』이라는 책에서 비판한 것이 베이컨의 기획이었습니다. 내가 동의하기 힘든 내용이라 긴 설명은 생략합니다.

베이컨은 경험적인 지식, 자연에 대한 지식을 강조했어요. 이런 써 먹을 수 있는 지식을 얻으려면 어떻게 해야 하느냐? 새로운 논리학, 학문 탐구 방법을 제시하면서 베이컨은 세 마리 동물로 재미있는 비유를 들어요. 거미, 개미, 꿀벌. 어느 게 제일 좋은가요?

거미는 자기 안에 있는 걸 가지고 실을 뽑아냅니다. 아리스토텔레스의 방법과 비슷해요. 개미는 세계로부터 열심히 뭔가를 가져와 쌓아 둡니다. 하지만 베이컨은 세계에 대한 지식을 단순히 쌓는 것만으론 부족하다 생각했어요. 꿀벌은 자연으로부터 이것저것 가져오지만 자기 나름으로 소화해서 꿀을 만듭니다. 거미와 개미와 꿀벌 중에 베이컨이 학문 활동의 모델로 삼은 건 꿀벌이에요. 뭔가를 가져와서 소화하는 거예요. 그런 활동을 지칭하는 명칭이 '귀납'입니다. 귀납법. 말이 참 어렵죠?

용어가 어려울 땐 하나만 얘기해야 해요. 논리학의 여러 부류를 다 설명하면 하나도 기억 못 해요. 지금은 '귀납법'만 생각하면 됩니다. 어떤 것들을 경험적으로 관찰하고 나서 그것들을 관통하는 법칙을 찾아요. 이걸 귀납법이라고 해요. 영어로는 'induction'인데, 'duct'는 '끌어낸다', '끌어당긴다'라는 뜻이고 'in'은 '안쪽(으로)'이라는 뜻입니다. 세상에 있는 많은 것을 안쪽으로 끌어들여 공통된 규칙, 일반 법칙을 찾아내는 겁니다. 이런 추론도 우리가 일상적으로 많이 합니다.

예를 들어 어떤 품종의 감자를 심을 때 5월에 심으면 수확량이 적어요. 4월, 5월, 6월 계속 심어봤지만 가장 수확량이 많은 선 3월 초에 심은 거예요. 그때 수확이 가장 많다는 일반적인 규칙을 찾아낼 수 있

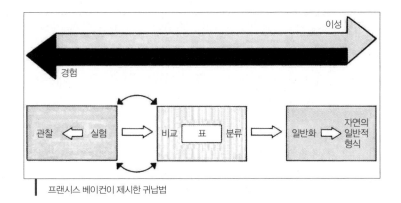

이성

경험

| 관찰 ⇐ 실험 | ⇒ | 비교 표 분류 | ⇒ | 일반화 ⇒ 자연의 일반적 형식 |

프랜시스 베이컨이 제시한 귀납법

어요. 세계 속에서 얻는 지식은 다 그런 종류죠. 100퍼센트 보장할 순 없지만 대체로 맞아떨어져요.

우리가 진통제를 먹으면 진통제의 화학 성분이 몸에 들어와 일정하게 작용해 특정 진통 작용을 내요. 어떤 사람한텐 안 듣고 어떤 사람한텐 너무 세서 속이 쓰릴 순 있지만, 일반적으로는 맞아요. 이게 다 과학이 우리에게 제공하는 지식이고, 과학 활동이 찾아내는 지식이에요. 그러니 힘이자 권력이라고 하는 겁니다.

이건 세계에 대한 지식의 양을 늘려가는 활동입니다. 베이컨은 저 삼단논법을 통해 머릿속에서만 얻어지는 지식이 아니라, 세상에 있는 것들을 모아 규칙을 찾아내는, 소화해서 일반적으로 적용할 수 있는 지식을 만들어내자고 해요. 꿀벌처럼 말이죠. 이게 베이컨이 주장했던 중요한 탐구 방법입니다.

귀납법 다음으로, 베이컨은 뭐가 우리의 학문 활동, 지식 획득을 방해하는지 알아야 한다고 봤습니다. 베이컨은 그런 것들을 '우상idola'

이라고 불렀습니다. 우상을 몰아내는 작업을 해야 했던 거죠. 그걸 위해 일단 우상에 어떤 것들이 있는지 알아야 해요. 우상들을 안다고 물리칠 수 있다는 건 아닙니다. 아는 것과 실제로 행하는 것 사이엔 간격이 항상 있어요. 알아도 즉각 어떻게 할 수 없는 경우도 많아요. 하지만 최소한 어떤 게 문제인지 알면 더 조심할 수 있지 않겠어요? 어떤 걸 조심해야 할지 목록을 마련하고, 어떤 특징들이 있는지 살펴보자는 겁니다.

우상은 다른 말로 하면 학문에 있어서의 선입견 또는 편견입니다. 근데 선입견先入見은 모든 경우에 존재해요. 말 뜻 그대로 '먼저 세워져 있는 어떤 견해', 자기만의 입장이거든요. 하지만 선입견이 있으면 사물을 제대로 못 봐요. 그래서 선입견을 없애야 하는 거죠. 나중에 선입견의 또 다른 의미를 다룰 겁니다. 이번 텍스트는 주로 우상 비판에 할애되어 있습니다.

감각과 편견을 넘어 객관적인 지식을 획득하라:
종족의 우상과 동굴의 우상
—

베이컨의 글은 그 어떤 철학 텍스트보다 읽기 수월할 거예요. 설명을 많이 보태지 않아도 술술 읽힙니다. 텍스트를 보겠습니다. 설명의 편의를 위해 오늘날 우리가 자연에 적용하고 있는 추론을 (경솔하고 미숙한 것인 만큼) '자연에 대한 예단'이라 부르기로 하고, 사물로부터 적절하게 추론된 것을 '자연에 대한 해석'이라고 부르기로 하자.

베이컨은 사람들이 자연에 접근하는 방법을 둘로 구분합니다. 첫 번째가 '자연에 대한 예단'입니다. 이것이 다른 말로 '우상'이에요. 근데 이건 공허해요. 근거 없이 무조건 그러하리라고 믿는 거죠. 너무 경솔하고 성급하죠. 왜 예단이라고 했냐면, 그게 그동안 스콜라철학에서 가르쳤던 머릿속에 있는 얘기일 뿐, 자연에 대해 실제로 알려준 바가 없기 때문입니다. 막연히 추측하는 것 말고는 없어요. 그래서 두 번째로 '자연에 대한 해석'을 제시합니다. 이것이 다른 말로 '귀납법'이죠. 귀납에 대해서는 앞에서 살펴봤습니다.

하지만 앞에서 말했듯이 귀납법보다 우상론이 먼저입니다. 인간의 지성을 고질적으로 사로잡고 있는 우상과 그릇된 관념들은 인간의 정신을 혼미하게 할 뿐만 아니라, 우리가 얻을 수 있는 진리조차도 얻을 수 없게 만든다. 그러므로 인간이 모든 가능한 수단을 동원해 용의주도하게 그러한 우상들로부터 자신을 지키지 않는 한, 학문을 혁신하려고 해도 곤경에 빠지고 말 것이다. 우상론은 학문 혁신을 위한 첫걸음입니다. 베이컨은 우상에 이름을 붙여 구분합니다. 인간의 정신을 사로잡고 있는 우상에는 네 종류가 있다. (편의상) 이름을 짓자면 첫째는 '종족種族의 우상'이요, 둘째는 '동굴의 우상'이요, 셋째는 '시장市場의 우상'이요, 넷째는 '극장劇場의 우상'이다. 아마 네 가지 우상론을 얼핏 들어본 적은 있겠지만 이렇게 자세하게 들여다본 적은 없을 거예요.

베이컨은 귀납법보다 우상론이 먼저인 이유를 밝힙니다. 참다운 귀납법의 기초 위에 개념과 공리를 세우는 일이 이 우상들을 피하고 물리치는 최상의 방책임이 분명하다. 그러나 이 우상들을 지적해내는 것만으로도 커다란 도움이 된다. 왜냐하면 우상론이 자연의 해석에 대해 갖는 관계는 궤변에 대한 이론이 일반 논리학에 대해 갖는 관계와 똑같기 때문이다. 이 문단에 '참다운 귀납법'이란 말이 나와요. 귀납법에 기초해서 개념과 공리, 즉 지식을 쌓으면 최상이지요. 이건 적극적인 활동입니다. 그에 반해 우상을 지적해 우상이 뭔지 알고 조심하는 건 소극적인 활동이에요. 이 둘이 맞물려야 합니다. 궤변을 들었을 때, 그게 궤변인 줄 알면 논리학을 좀 더 잘 구축할 수 있듯이, 우상론을 통해 우상을 타파하면 자연의 해석에 도움이 되겠지요?

　이제 우상을 하나하나 보겠습니다. '종족의 우상'은 인간성 그 자체에, 인간이라는 종족 그 자체에 뿌리박고 있는 것이다. '인간의 감각이 만물의 척도다'라는 주장을 생각해보면 이해가 갈 것이다. 여기서 '종족'이란 '인간 종족'을 뜻합니다. 인간이기 때문에 갖는 선입견이라는 거죠. 인용 구절은 프로타고라스Protagoras라는 소피스트가 한 말입니다. 이른바 객관적으로 진실된 지식은 있을 수 없고, 인간 한계 내에서만 지식이 성립한다는 거죠. 지식의 상대성입니다. 인간이 볼 때와 거미가 볼 때는 다르니까요. 모든 지식은 객관적 지식이 아니라 인간의 잣대로 본 상대적 지식일 뿐이라는 겁니다. 과학적 지식이 아니라는 거죠. 베이컨은 이 주장을 비판하지만, 거기서 일말의 교훈을 끌어냅니다. 이것은 물론 그릇된 주장이지만, 인간의 모든 지각知覺은 감각이든 정신이든 우주를 준거로 삼는 것이 아니라 인간 자신을 준거로 삼기 쉽다는 것을 여실히 보여주는 밀이다. 표면이 고르지 못한 거울은 사물을 그 본모습대로 비추는 것이 아니라 사물에서 나오는 [반사]광선을 왜곡하고 굴절시키는데, 인간의 지성이 꼭 그와 같다. 그러니까 인간이 감각을 통해 얻는 지식은 일그러진 거울을 통해 세계를 비춘 것과 같다는 겁니다. 따라서 인간 감각의 한계를 극복한 방법으로 자연에 접근해야 한다는 주장이 나올 수 있어요.

감각에 따르면 해와 달은 크기가 별로 차이 나지 않습니다. 오죽하면 한국 옛이야기에 '해와 달이 된 오누이' 같은 게 있겠어요? 하지만 이 지식은 오류지요. 인간의 감각기관 말고 다른 방식으로 접근해야 진실을 알 수 있어요. 그게 현대 과학이 종족의 우상을 극복한 방식입니다. 지식 자체만 보면 지식은 많을수록 좋습니다. 지식의 폐해를 말하는 사람도 있는데, 자연에 대해 우리가 많이 아는 것과 앎을 이상하게 활용하는 것은 별개의 문제입니다. 아는 작업은 활용 작업 전에 있는 활동이에요. 일단 알아야 좋은 데 쓰든 나쁜 데 쓰든 할 수 있습니다. 베이컨은 사물의 본성을 있는 그대로 알기 위해 종족의 우상을 타파해야 한다고 주장하고 있습니다. 인류 전체가 함께 고민해야 하는 문제입니다.

이제 두 번째 우상으로 갑니다. '동굴의 우상'은 각 개인이 갖고 있는 우상이다. 즉 각 개인은 (모든 인류에게 공통적인 오류와는 달리) 자연의 빛light of nature을 차단하거나 약화시키는 동굴 같은 것을 제 나름으로 갖고 있다. '우물 안 개구리'를 떠올리면 됩니다. 우물 안 개구리가 자기가 개인적으로 처한 위치 때문에 하늘을 작은 사각형으로 여기는 것과도 같아요. 이런 걸 왜 하필이면 '동굴의 우상'이라 불렀느냐? 플라톤은 동굴의 비유를 들어요. 인간은 동굴에 갇혀 있는 죄수인데, 동굴 벽을 향하게 묶여 있어, 밖에서 들어오는 빛이 아니라 벽의 그림자를 진실이라고 믿고 산다는 거예요. 바로 이 비유를 받아들인 거죠. 그것은 개인 고유의 특수한 본성에 의한 것일 수도 있고, 그가 받은 교육이나 다른 사람에게 들은 이야기에 의한 것일 수도 있고, 그가 읽은 책이나 존경하고 찬양하는 사람의 권위에 의한 것일 수도 있고, 첫인상의 차이(마음이 평온한 상태에서 생겼는지, 아니면 선입관이나 편견에 사로잡힌 상태에서 생겼는지)에 의한 것일 수도 있다. 각 개인이 편견을 가지게 된 데에는 다양한 원인이 있어요. 베이컨은 그걸 나열합니다. 다시 설명하진 않겠습니다. 그러므로 인간의 정신은 (각자의 기질에 따라) 변덕이 심하고, 동요하고, 말하자면 우연에 좌우되는 것이다. 헤라클레이토스가 '인간은 넓은 세계에서가 아니라 상당히 좁은 세계에서 지식을 구하고 있다'라고 했는데, 매우 정확한 지적이라 하겠다. 헤라클레이토스^{Herakeitos}는 아주 중요한 고대 철학자입니다. 만물의 근원은 불이고, 모든 건 흐른다고 했습니다. 이후에 다룰 파르메니데스랑 정 반대편에 있다고 보면 됩니다. 이 사람에 대한 이야기는 길게 안 하겠습니다. 그런데 이 마지막 지적에서 '인간'은 사실 인류보다는 개인을 가리키는 것이겠지요?

언어와 권위의 함정에서 벗어나라: 시장의 우상과 극장의 우상
▬

그다음입니다. 또한 인간 상호 간의 교류와 접촉에서 생기는 우상이 있다. 그것은 인간 상호 간의 의사소통과 모임^{聚社}에서 생기는 것이므로 '시장의 우상'이리고 부를 수 있겠다. 시장은 물건 사고파는 그 시장이에요. 동시에 아고라이기도 해요. 소크라테스가 사람들과 만나서 수다

떨던 그곳이요. 그래서 언어 이야기가 나옵니다. 인간은 언어로써 의사소통을 하는데, 그 언어는 일반인들의 이해수준에 맞추어 정해진다. 여기에서 어떤 말이 잘못 만들어졌을 때 지성은 실로 엄청난 방해를 받는다. 어떤 경우에는 학자들이 자신을 방어하고 보호할 목적으로 새로운 정의定義나 설명을 만들기도 하지만, 사태를 개선하지는 못한다. 언어는 여전히 지성에 폭력을 가하고, 모든 것을 혼란 속으로 몰아넣고, 인간으로 하여금 공허한 논쟁이나 일삼게 하고, 수많은 오류를 범하게 한다. 마지막 부분에 주목할 수 있습니다. 말이 서로 다른 의미를 지닐 때 그걸 놓고 논쟁하면, 논쟁 자체가 안 됩니다. 무의미한 논쟁을 개선하고자 정교하게 만들었어도 그 말이 이해되는 과정에서 각자에게 다른 의미를 가질 수 있어요. 그러니 계속 문제가 됩니다.

베이컨은 여기에서 스콜라철학 비판을 염두에 두고 있습니다. 예를 들어 존재하지도 않는 것을 말로 이름 붙여놓고 논쟁할 수 있지만, 그건 얼마나 공허한 일입니까? 세상에 유니콘이 있는지 없는지 논쟁한들, 답을 찾을 수 있을까요? 말 때문에 잘못된 방향으로 가게 되는 거죠. 신학 논쟁에도 그런 것들이 굉장히 많습니다. '바늘 끝에 천사가 몇 명 앉을 수 있을까?' 같은 걸로 논쟁했으니까요.

좀 다른 얘기지만, 서로 다른 언어마다 포착하는 범위도 상당히 달라요. 서로 정확히 일치하지 않는 영역들이 있고, 소통 과정에서 절대 전달되지 못하는 부분도 많아요. 인간의 자연어natural language, 즉 타고나면서 배우게 된 말은 그물로 치자면 굉장히 성긴 그물이에요. 세계를 붙잡기에는 부족한 점이 많습니다. 구멍이 숭숭 뚫려 있어요. 그래서 자연어를 통해 세계를 붙잡고 지식을 얻겠다는 건 잘못된 시도입니다. 현대인들은 수학이라는 인공어artificial language를 사용해서 이걸 극복합니다. 도저히 인간의 말로 표현할 수 없는 그 어떤 존재를 딱 집어 표현할 수 있는 게 인공어입니다. 자연과학의 성공은 수학 덕분이고, 최대한 정확하게 세계를 포착합니다. 물론 다 포착하고 있다는 건 아니지만, 그런 방식으로 접근하다 보면 자연어를 사용할 때보다 좀 더 지식이 확장되리라고 기대할 수 있습니다. 이런 정신은 베이컨한테서 유래했습니다.

　이제 마지막 우상입니다. 마지막으로 철학의 다양한 학설과 그릇된 증명방법 때문에 사람의 마음에 생기게 된 우상이 있는데, 나는 이를 '극장의 우상'이라고 부르고자 한다. 지금까지 받아들여지고 있거나 고안된 철학체계들은, 생각건대 무대에서 환상적이고 연극적인 세계를 만들어내는 각본과 같은 것이다. 철학자마다 나름의 철학체계를 만들어냅니다. 이건 뭐와 비슷하냐? 마치 연극 극장에서 무대에 각각 다른 극들이 오르고 그 각각 다른 극들이 자기가 진리라고 주장하는 것과 비슷합니다. 그러나 새로운 무대가 펼쳐지는 것, 무대가 교체되는 것에 불과합니다. 하지만 그것들은 '환상적이고 연극적인 세계'일 뿐입니다. 그래서 베이컨은 극장이란 말을 씁니다. 베이컨은 사례를 다양하게 열거합니다. 현재의 철학체계 혹은 고대의 철학체계나 학파만 그런 것이 아니다. 그와 같은 각본은 수없이 만들어져 상연되고 있는데, 오류의 종류는 전혀 다르지만 그 원인은 대체로 같다. 철학만 그런 것이 아니다. [철학 외에도] 구태의연한 관습과 경솔함과 태만이 만성화되어 있는 여러 분야의 많은 요소들과 공리들도 마찬가지다. 허구적인 권위를 앞세워 진리라고 주장한다는 걸 알고 조심해야 한다는 거죠. 심지어 철학뿐 아니라 과학에서도 많은 내용이 그렇다는 겁니다.

그러면 극장의 우상을 우리가 극복하기 위해서는 어떻게 해야 할까? 비판 정신, 철학의 출발점에서 탈레스가 제자에게 허용했던 그 비판 정신, 다시 말해 아낙시만드로스가 탈레스를 선생이라는 권위 때문에 따른 게 아니라 한번 검토해보고 질문을 던진 것과 같은 태도와 실천이 극장의 우상을 극복하는 방식일 겁니다. 실제로 과학에서는 그런 작업이 계속 진행되고 있습니다. 선행 연구를 재검토해서 맞는지 틀린지를 계속 확인하고 있으니까요. 오늘날 철학 분야보다 자연과학 탐구에서 더 잘 실천되는 것 같습니다. 다른 분야에서도 좀 그랬으면 좋겠습니다.

이제 논의를 마무리할 단계입니다. 우상의 여러 종류와 그 성질들은 지금까지 설명한 바와 같다. 우리는 이 우상들을 확고하고 엄숙한 결의로써 물리치고 폐기해야 하며, 그로써 지성의 완전한 해방을 기해야 한다. 그리하면 학문의 기초 위에 건설된 인간의 나라도, "너희가 돌이켜 어린아이들과 같이 되지 아니하면 결단코 들어가지 못하리라"라고 했던 천국과 같아질 수 있을 것이다. 여기 성경의 비유는 어른들이 갖고 있는 선입견들을 떨쳐버리고 나서야 비로소 과학에 근거한 인간의 왕국에 진입할 수 있다는 말이겠지요.

텍스트가 좀 길지만 그래도 꽤 자세히 설명돼 있습니다. 네 가지 우상을 얘기했습니다. 인간 종족이 갖고 있는 본래 한계, 각 개인이 갖혀 있는 틀, 언어 때문에 생겨나는 문제, 허구적인 설들에 대한 의존을 지적했지요. 우상을 극복하고 귀납이란 방법을 통해 자연에 대한 앎을 얻고 또 확장해가자는 게 베이컨의 견해였습니다.

사실 베이컨이 살았던 16~17세기 전환기는 과학혁명을 비롯한 엄청난 발전이 있었는데, 많은 학자가 주장하는 것과 달리, 나는 베이컨의 철학 때문에 그런 발전이 일어났다고 생각하지는 않습니다. 당시에 세계사적인 조류, 특히 이탈리아로부터 시작된 조류의 한 영향 속에서 베이컨은 방법의 핵심을 체계적인 말로 표현했다고 보고 싶습니다. 시대를 선도했다기보다 시대 분위기를 잘 정리했달까요? 주의해야 할 것 하나 있습니다. 겨울에 닭한테 눈 처넣고 관찰하지 말자. 그건 죽음에 이르는 길이다.

Q 삼단논법이랑 귀납법이 반대되는 건 아니지 않나요? 귀납법도 삼단논법과 비슷해 보입니다.

A 삼단논법은 대전제가 확실할 때, 결론을 대전제에서 끌어낸다는 특성을 갖고 있습니다. 결론이 대전제에 의존하고 있어요. 주로 수학 증명에서 많이 사용됩니다. 귀납법은 대전제 자체가 없어요. 오히려 대전제를 찾아내는 작업이지요. 이 세상 속에서 발견할 수 있는 단편적인 힌트들이 있어요. 이 힌트들을 관통하는 공통점을 아직 우리가 모릅니다. 그것을 우리가 추측해서 찾아보는 거예요. 삼단논법의 대전제에 해당하는 건 귀납법에서는 아직 없습니다. 즉, 대전제는 귀납법에서는 결론으로 도출되고, 삼단논법에서는 출발점에 이미 주어져 있습니다. 완전히 정반대입니다.

근데 그 대전제를 찾는 건 굉장히 어려운 문제입니다. 세계에 대해 삼단논법을 통해서 알 수 있는 건 많지 않아요. 앞서 소개한 삼단논법의 대전제인 '모든 인간은 죽는다'는 왜 성립할까요? 아직 안 죽었잖아요. 추론하고 있는 본인은 안 죽었어요. 그런데 어떻게 해서 성립하죠? 이걸 알아내기 위해서는 일단 경험적 사실을 일일이 관찰해야 합니다. 관찰을 통해 일반 법칙을 도출해내는 거죠. 귀납적인 방법을 사용하는 겁니다. 대전제를 일단 알아내면, 삼단논법의 방식으로 우리가 그 일반 법칙 안에 들어 있는 함축들을 끌어낼 수 있어요.

Q 자기가 우상이라고 느끼는 걸 버릴 필요도 있지만, 그게 삶의 원동력이 되기도 하잖아요.

A 우상이 영어로 뭔가요? '아이돌^{idol}'이죠. 우리는 종종 약간 광적인 상태에서 실제로 우상을 섬기기도 해요. 우리 삶의 일부죠. 관건은 그게 아니라, 과학 활동을 하는 데, 자연에 대한 앎을 얻는 데 있어 우상이 어떠하냐는 걸 보자는 거예요. 이 경우엔 우상이 최소화되어야 해요. 누구건 어떤 믿음에 발을 딛고 살아가고 있다는 건 맞아요. 이 문제와 관련해 니체를 다룰 때 언급했습니다. 하지만 최소한 과학을 하는 데 있어서는 어떻게 해야 하느냐? 이렇게 문제를 구체화해보면 베이컨의 얘기가 상당히 설득력이 있습니다.

Q 우상을 버려야 한다는 건 확실히 알겠는데, 특히 극장의 우상 같은 경우 학자의 학설을 쉽게 우상이라고 판단하기 어렵습니다. 공부를 얼마나 해야 우상인지 아닌지 판단할 수 있을까요?

A 계속 반복되는 문제지만, 질문을 던져보면 됩니다. 권위 있는 학자에게 질문을 던져봤을 때 그분이 '그런 건 묻지 마라'라며 넘어간다든지, '감히 그런 걸 묻나, 싸가지 없이'라는 식으로 나오지 말아야 해요. 이 대화가 평등한 관계 속에서 오갈 수 있으면 최소한 둘 사이에서는 극장의 우상이 성립하지 않습니다. 그게 학계 전반, 사회 전체까지 확대된다면

사회 속에서의 우상은, 특히 극장의 우상 같은 것은 사라지는 방향으로 갈 거예요. 그런데 한국 풍토를 보면, 제일 많은 게 '싸가지 없이, 어린놈이'가 주를 이루는 반대 논증이에요. 얼마 전 토마 피케티Thomas Piketty라는 학자가 『21세기 자본』이란 책을 내서 논의가 많았었는데, 한국의 유수한 원로 경제학자 몇 분이 모여서 '내 자식뻘도 안 되는 놈이 이런 주장을 하다니'로 논의를 끝냈다고 해요. 이런 상황이 문제인 거죠. 결국은 평등한 관계와 그 사이에서의 자유로운 비판이 허용되어야 합니다.

Q 맨 마지막에 보면 과학에 근거하는 인간의 왕국을 향한 접근로는, 사람들이 오직 어린 아이처럼 순수해야만 들어갈 수 있다고 했어요. 어렵다는 얘기인가요?

A 그렇습니다. 예수가 그 얘기를 해요. 아이처럼 돼야 천국에 갈 수 있다. 그 비유를 베이컨이 이어받았는데 비유가 적합한지 잘 모르겠어요. 왜냐하면 성경에 나오는 얘기는 '무조건 믿어라, 아이처럼 믿어야 한다, 의심하지 말고'입니다. 그런데 베이컨 얘기는 '다 의심해 봐라'거든요. 그러나 여기서 말하는 아이의 상태는 모든 우상이 제거된 상태라고 생각했던 것 같아요. 아무리 베이컨이라 하더라도 이런 건 따져보는 게 좋습니다. 대신 읽을 때 이 사람의 취지는 이거였겠구나 하는 정도는 이해해줄 법합니다.

• 출전 : 『신기관』 제1권, 진석용 옮김, 한길사, 2001 •

설명의 편의를 위해 오늘날 우리가 자연에 적용하고 있는 추론을 (경솔하고 미숙한 것인 만큼) '자연에 대한 예단'이라 부르기로 하고, 사물로부터 적절하게 추론된 것을 '자연에 대한 해석'이라고 부르기로 하자. (1권 26절)

인간의 지성을 고질적으로 사로잡고 있는 우상과 그릇된 관념들은 인간의 정신을 혼미하게 할 뿐만 아니라, 우리가 얻을 수 있는 진리조차도 얻을 수 없게 만든다. 그러므로 인간이 모든 가능한 수단을 동원해 용의주도하게 그러한 우상들로부터 자신을 지키지 않는 한, 학문을 혁신하려고 해도 곤경에 빠지고 말 것이다. (1권 38절)

인간의 정신을 사로잡고 있는 우상에는 네 종류가 있다. (편의상) 이름을 짓자면 첫째는 '종족(種族)의 우상'(Idola Tribus)이요, 둘째는 '동굴의 우상'(Idola Specus)이요, 셋째는 '시장(市場)의 우상'(Idola Fori)이요, 넷째는 '극장(劇場)의 우상'(Idola Theatri)이다. (1권 39절)

이러한 우상들을 몰아낼 수 있는 유일한 대책은 참된 귀납법으로 개념과 공리를 형성하는 것이다. 그러나 그러한 우상들을 찾아내는 것만 해도 대단히 유익한 일이다. 소피스트의 궤변(詭辯)을 연구하면 논리학 공부에 도움이 되는 것처럼, 우상에 대한 올바른 연구 역시 자연에 대한 해석에 도움이 된다. (1권 40절)

'종족의 우상'은 인간성 그 자체에, 인간이라는 종족 그 자체에 뿌리박고 있는 것이다. '인간의 감각이 만물의 척도다'라는 주장을 생각해 보면 이해가 갈 것이다. 이것은 물론 그릇된 주장이지만, 인간의 모든 지각(知覺)은 감각이든 정신이든 우주를 준거로 삼는 것이 아니라 인간 자신을 준거로 삼기 쉽다는 것을 여실히 보여주는 말이다. 표면이 고르지 못한 거울은 사물을 그 본모습대로 비추는 것이 아니라 사물에서 나오는 (반사)광선을 왜곡하고 굴절시키는데, 인간의 지성이 꼭 그와 같다. (1권 41절)

'동굴의 우상'은 각 개인이 갖고 있는 우상이다. 즉 각 개인은 (모든 인류에게 공통적인 오류와는 달리) 자연의 빛(light of nature)을 차단하거나 약화시키는 동굴 같은 것을 제 나름으로 갖고 있다. 그것은 개인 고유의 특수한 본성에 의한 것일 수도 있고, 그가 받은 교육이나 다른 사람에게 들은 이야기에 의한 것일 수도 있고, 그가 읽은 책이나 존경하고 찬양하는 사람의 권위에 의한 것일 수도 있고, 첫인상의 차이(마음이 평온한 상태에서 생겼는지, 아니면 선입관이나 편견에 사로잡힌 상태에서 생겼는지)에 의한 것일 수도 있다. 그러므로 인간의 정신은 (각자의 기질에 따라) 변덕이 심하고, 동요하고, 말하자면 우연에 좌우되는 것이다. 헤라클레이토스가 '인간은 넓은 세계에서가 아니라 상당히 좁은 세계에서 지식을 구하고 있다'고 했는데, 매우 정확한 지적이라 하겠다. (1권 42절)

또한 인간 상호간의 교류와 접촉에서 생기는 우상이 있다. 그것은 인간 상호간의 의사소통과 모임(結社)에서 생기는 것이므로 '시장의 우상'이라고 부를 수 있겠다. 인간은 언어로써 의사소통을 하는데, 그 언어는 일반인들의 이해수준에 맞추어 정해진다. 여기에서 어떤 말이 잘못 만들어졌을 때 지성은 실로 엄청난 방해를 받는다. 어떤 경우에는 학자들이 자신을 방어하고 보호할 목적으로 새로운 정의(定義)나 설명을 만들기도 하지만, 사태를 개선하지는 못한다. 언어는 여전히 지성에 폭력을 가하고, 모든 것을 혼란 속으로 몰아넣고, 인간으로 하여금 공허한 논

쟁이나 일삼게 하고, 수많은 오류를 범하게 한다. (1권 43절)

마지막으로 철학의 다양한 학설과 그릇된 증명방법 때문에 사람의 마음에 생기게 된 우상이 있는데, 나는 이를 '극장의 우상'이라고 부르고자 한다. 지금까지 받아들여지고 있거나 고안된 철학체계들은, 생각건대 무대에서 환상적이고 연극적인 세계를 만들어내는 각본과 같은 것이다. 현재의 철학체계 혹은 고대의 철학체계나 학파만 그런 것이 아니다. 그와 같은 각본은 수없이 만들어져 상연되고 있는데, 오류의 종류는 전혀 다르지만 그 원인은 대체로 같다. 철학만 그런 것이 아니다. (철학 외에도) 구태의연한 관습과 경솔함과 태만이 만성화되어 있는 여러 분야의 많은 요소들과 공리들도 마찬가지다. (1권 44절)

우상의 여러 종류와 그 성질들은 지금까지 설명한 바와 같다. 우리는 이 우상들을 확고하고 엄숙한 결의로써 물리치고 폐기해야 하며, 그로써 지성의 완전한 해방을 기해야 한다. 그리하면 학문의 기초 위에 건설된 인간의 나라도, "너희가 돌이켜 어린아이들과 같이 되지 아니하면 결단코 들어가지 못하리라"고 했던 천국과 같아질 수 있을 것이다. (1권 68절)

—『신기관』

4 생각하는 나는 있다_ 데카르트

René Descartes, 1596~1650

조용한 삶을 살던 천재, 마지막 여행을 떠나다

—

이번에 다룰 사람은 데카르트입니다. 데카르트는 1596년에 태어나서 1650년 2월 11일 새벽 4시경에 죽었습니다. 데카르트는 병약한 사람이 었어요. 병약한 것 치고는 오래 산 거죠. 54년 정도를 살았으니까. 평생 몸을 사리며 살았습니다. 그런데 막판에 스웨덴 여왕 크리스티나를 만나러 갑니다. 당시에 스웨덴은 승전국이었고 신흥 강국으로 부상하고 있었어요. 그래서 스웨덴 여왕을 가르치면 유럽 전체에 좋은 영향을 줄 수 있다고 생각한 거죠.

원래 데카르트는 늦잠을 많이 자서, 11시쯤에 일어났다고 해요. 아침 시간에 주로 생각을 많이 하고 건강관리를 한 거예요. 그런 것까지 희생하고 인류를 위해 철학을 가르치겠다고 스웨덴을 간 건데, 크리스티나 여왕이 맑은 정신으로 강의를 받겠다며 새벽에, 아침도 아니고 새벽에 강의를 부탁한 거죠. 1649년에 데카르트가 스웨덴에 도착했으니, 실제로는 1년도 못 버텼습니다. 몇 달 동안 아침 5시에 가르치다가, 마침 여왕의 주치의가 없던 시기에, 보조 의사를 신뢰하지 않고 자가 치료를 하다가 죽음에 이르게 되었습니다. 새벽형 인간과 같이 일하다 보면 죽을 수도 있다는 중요한 교훈을 일러주는 철학자입니다.

데카르트는 철학을 배웠든 안 배웠든 이름을 알 법한 중요한 철학자죠. 서양의 근대를 개시한 사람입니다. 물론 17세기에 여러 가지 복잡한 사정이 있긴 합니다. 첫 번째는 종교개혁입니다. 그 전에는 교황과 신부, 수도회를 중심으로 일종의 종교적 독재가 펼쳐지던 시기였죠. 루터 및 신교가 등장하면서 직접 성경을 읽고, 신부를 거치지 않고 신과 직거래를 할 수 있게 되었습니다. 당연히 개신교와 로마 가톨릭 사이에는 분쟁이 있을 수밖에 없습니다. 왕과 각 지역 맹주들이 어떤 종교를 믿느냐에 따라 갈등과 이합집산이 일어납니다. 이러한 배경에서 30년전쟁이 벌어지는데, 겉으로는 종교를 이유로 내세우지만, 실질적으로는 정치경제적인 패권이 얽혀 있었습니다. 1618년에 그 일이 터집니다. 종교개혁과 30년전쟁은 매우 참혹한 사건이었죠. 인간은 전쟁에서 인생의 고통을 목격하고 체험하죠. 그러면서 인생의 의미에 대해서 묻게 됩니다. 그게 데카르트의 젊은 시절을 관통했던 일입니다.

데카르트는 참전을 했습니다. 말 타고 싸우는 법도 배웠습니다. 실제로 전쟁터를 돌아다니면서 관여했는데, 전투를 직접 치른 것은 아니고 사람들의 살아가는 모습 하나하나를 관찰하겠다는 목적이 컸다고 합니다. 철학자 몽테뉴Michel De Montaigne가 쓴 『세상』이라는 책에 "이 큰 세계, 나는 이것이 내가 가르치는 학생의 책이 되기를 원한다"라는 구절이 나와요. 데카르트가 그런 태도로 세계에 임한 건 편벽하지 말아야 한다고 생각했기 때문입니다. 내가 아는 습속, 풍습만이 절대적이고, 내가 모르는 생활들은 잘못되었다는 편견을 갖지 않기 위해 그런 체험을 했던 거죠. 종교전쟁과 그에 따르는 상황들이 첫 번째 배경입니다.

이후 데카르트는 북유럽 지역을 돌아다니다 1619년부터 약 21년 동안 네덜란드에 거주하게 됩니다. 데카르트는 파리 근교에서 태어난 사람인데, 파리와 고향을 항상 그리워했지만 사상적으로 탄압받았습니다. 그래서 가톨릭 신부들로부터 자신의 자유를 확보하기 위해 외국으로 간 거죠. 17세기 네덜란드는 공화정이 유지되고 있었고, 유대교, 가톨릭, 개신교 등 모든 종교가 자유를 누릴 수 있었습니다. 종교적인 자유와 정치적인 관용 속에서 학문 활동을 하기 좋았던 거죠. 그런 중에도 집적대는 사람이 워낙 많으니까 조용히 은거하는 삶을 살기 위해 노력했습니다. 사람들과 교류하면서 작업하기보다 혼자 사색하면서 글을 쓰며 작업했습니다.

수학과 과학에서 앎의 토대를 세우다
—

데카르트를 떠올릴 때 꼭 기억해야 할 점은, 데카르트가 뛰어난 수학자이자 과학자였다는 사실입니다. 해석기하학은 공간에 관한 학문인 기하학을 수에 관한 학문인 대수학으로 바꿀 수 있습니다. 원을 $x^2+y^2=r^2$과 같은 식으로 쓸 수 있는데, 기하와 대수가 서로 호환 가능하다는, 바꿔 쓸 수 있다는 것을 처음으로 알아낸 사람이 데카르트입니다. 우리가 배우는 수학의 한 부분은 데카르트에서 유래했습니다. x, y 좌표축, 즉 '직교좌표계'를 발명한 게 데카르트입니다. 수학 천재였죠.

재미있는 일화가 있어요. 우리가 미지수를 'x'라고 쓰잖아요. 왜 하필이면 그 많은 알파벳 중에 x를 미지수로 쓰게 되었을까? 데카르트가 책을 쓸 때 식자공한테 물어봤대요. 제일 많이 남는 활판 철자가 뭐냐? 그게 x여서 미지수로 삼았다고 합니다. 만약 알파벳 문화권에서 w가 가장 많이 남는 글자였으면 w를 미지수로 썼을 거예요.

데카르트는 광학, 기하학, 기상학에 관심이 굉장히 많았습니다. 기상학에는 천문학이 포함되는데, 당시 천문학 분야에는 코페르니쿠스Nicolaus Copernicus, 케플러Johannes Kepler, 갈릴레오Galileo Galilei가 있었지요. 발전이 매우 짧은 시간에 이루어진 이 천문학 혁명을 데카르트도 받아들였습니다. 기상학, 굴절 광학, 기하학을 다룬 『세계론』이라는 책을 발표하려고 했는데, 갈릴레오의 재판 소식을 듣고 출판을 포기했습니다. 학자는 때로 소심할 필요가 있습니다. 갈릴레오는 평생 연금 상태에서 집 밖으로 못 나갔잖아요. 그래서 데카르트는 딴 짓을 한 거죠.

방금 말한 갈릴레오의 천문학, 물리학의 핵심이 뭐냐? 그 전까지는 아리스토텔레스의 우주론을 그대로 수용했습니다. 프톨레마이오스가 나름의 천문학 체계를 세웠고요. 아리스토텔레스에 따르면 세계는 둘로 구분이 됩니다. 하나는 달 아래쪽 세계, 다른 하나는 달 위쪽 세계. 달 아래쪽 세계는 지구가 속해 있는 영역이고 무거운 물체가 빨리 떨어지는 식으로 운동이 일어납니다. 달 위쪽 세계는 천상 세계인데 신적인 세계로서 완벽한 원 운동을 합니다. 달 아래와 위에서 각각 다른 법칙에 의해 물질들이 움직인다는 겁니다.

갈릴레오의 혁신은 우주 전체가 달 위건 달 아래건 상관없이 관성의 법칙에 따라 운동한다는 걸 밝혔다는 점입니다. 아인슈타인 본인이 상대성이론의 선구자로 받아들인 사람이 갈릴레오입니다. 아인슈타인이 갈릴레오의 해설서를 쓴 적도 있거든요.

어쨌든 이런 우주론을 수학적으로 가장 잘 정리한 게 뉴턴입니다. 뉴턴은 데카르트가 만든 해석기하학 체계를 기반으로, 갈릴레오가 약간은 주먹구구식으로 구성한 우주론을 우주 전체에 적용되는 이론으로 정리할 수 있었습니다. 뉴턴에서 정점에 이르는 근대물리학, 근대역학은 갈릴레오와 데카르트가 없었다면 불가능했을 작업입니다. 데카르트는 이만큼 수학과 과학에 능했습니다. 오늘날의 문명을 만드는 데도 실질적으로 기여했고요. 과학혁명의 중심에 데카르트가 있었다는 것도 꼭 기억해야 합니다.

데카르트의 과제는 무엇이었느냐? 데카르트는 근대과학이 막 개척한 우주에 대한 앎에 단단한 토대를 마련하려고 했어요. 두 가지 일을 다 한 거죠. 수학과 과학 활동을 하고, 그것들의 토대를 마련하는 철학적 활동도 한 겁니다. 왜냐하면 앎이라는 게 건축처럼 쌓여가는 것인데, 토대가 잘못돼 있으면 무너지기 십상일 테니까. 무너지는 걸 막고자 확실한 앎의 토대를 확보해야 했던 겁니다. 젊은 시절부터 죽을 때까지 이어진 오랜 전쟁을 겪으면서, 삶과 앎의 안정성을 찾고 싶었던 거죠. 데카르트가 생각했던 여러 학문의 목표는 둘로 수렴될 수 있습니다. 앎의 확실한 토대와 삶의 안정된 의미를 찾는 일. 이게 데카르트가 했던 작업의 목표, 과제였다고 요약할 수 있습니다.

사실 이게 다 꿈속의 꿈이라면? 도저히 의심할 수 없는 것까지 의심하다
▬

같이 살펴볼 책은 『성찰』입니다. 원제는 매우 길어요. '제1철학에 대한 성찰. 여기서 신의 실존 및 인간 영혼과 몸의 상이함이 증명되다'입니다. 1641년 라틴어로 처음 파리에서 출간되었다가, 이듬해에 암스테르담에서 출간됐고, 1647년에 파리에서 다시 프랑스어로 출간되었습니다. 데카르트 하면 『방법서설』이라는 책이 유명한데, 『성찰』에 비해 완성도 면에서 좀 떨어집니다. 제목 자체가 '방법에 대한 이야기'라는 뜻입니다. 일반 독자들에게 다가가기 쉽게 쓴 책입니다. 생각의 성숙도 면에서 더 발전한 게 『성찰』입니다. 영어로 'meditation', 단어의 뜻을 보면 '성찰'보다는 '명상'에 더 가깝습니다. 성찰이 굉장히 집중적인 활동인 반면, 명상은 생각의 흐름을 따라가는 느슨한 추종이죠. 하지만 이미 널리 자리 잡은 번역이기 때문에 '성찰'이라고 하겠습니다.

　『성찰』의 우리말 판본을 좀 소개할게요. 먼저 최명관 선생의 번역이 있습니다. 우리나라에서 널리 읽혔던 책으로 옛날 책이지만 굉장히 얇아요. 1647년의 프랑스어본을 번역하고 해설을 붙였습니다. 두 번째로, 1990년대에 이현복 선생이 라틴어에서 직접 번역한 판본이 있습니다. 1642년판입니다. 최근에 훨씬 젊은 양진호 선생이 번역했습니다. 차이는 뭐냐 하면, 이분도 라틴어에서 번역했는데, 이현복 선생의 번역은 딱딱하고 옛 말투인데, 최근 번역은 굉장히 쉬운 말로 풀어 써서 접근하기 좋습니다. 그게 데카르트 취지에도 맞아요. 데카르트는 학문을 학자들만 해야 하는 것으로 생각하지 않고, 누구나 접근할 수 있는 것으로 생각했거든요. 쉬운 말로 글을 써서, 읽다 보면 이게 무슨 근대철학 전체를 창시한 글이냐 싶을 정도죠. 그런데 생각의 깊이로 봤을 때는 읽어갈수록 뭔가 있다는 느낌이 듭니다. 저는 값도 싸고 읽기도 쉬운 양진호 선생 번역을 추천하고 싶습니다.

책의 첫 구절을 먼저 보겠습니다. 벌써 여러 해 전에 나는 깨달았다. 어린 시절 나는 얼마나 많은 거짓된 것을 참되다 여겼던가. 그 뒤로 이것들 위에 세워 올린 모든 것은 또한 얼마나 의심스러운가. 그러니 언젠가 학문에 확고부동한 것을 세우고자 열망한다면, 사는 동안 한 번은 모든 것을 뿌리째 뒤집어 최초의 토대에서 새롭게 시작해야 하리라. 조금 어려울 수도 있는데요, 잘 들여다보면 별 얘기 없어요. 어렸을 때부터 의심스럽고 거짓된 것을 참된 것으로 착각했던 적이 많았기 때문에 이런 걸 검토해서 확고부동한 것을 학문의 토대로 세우려고 결심했다는 얘기예요. 데카르트의 서술은 대체로 이런 식입니다. 번역만 잘되어 있으면 읽을 만해요. 그러나 이 일은 어마어마해 보여서 나는 내가 이 과업을 수행하기에는 그만이다 싶을 만큼 성숙해질, 그때를 기다렸다. 이 때문에 나는 너무 오랫동안 이 일을 미루었고, 하마터면 이때를 재느라 실행하라고 남겨진 시간을 모두 흘려보낼 뻔했다. 가장 적합한 시기까지 기다렸는데, 더 기다리면 과오를 범하는 거라고 생각돼서, 지금 시작하는 거라고 말합니다.

여기서 잠깐 보태자면, '여유' 또는 '한가함'이 학문에서는 매우 중요합니다. 데카르트는 귀족이었기 때문에 다른 부분에서의 여유는 갖추었겠지요. 단지 자신의 성숙한 생각을 위해 충분히 방해받지 않으면서 생각을 펼쳐갈 수 있는 능력이 막판에 필요했던 여유일 거 같아요. 경제적인 여유, 사회적인 지위, (도망 다니며 살았으니) 주변으로부터 방해받지 않을 여유는 갖췄다고 볼 수 있다는 거죠. 자신의 지적 능력이 성숙해지길 기다렸다고 볼 수 있어요. 보통은 그런 여유가 없습니다.

중세 수도사들은 학문 활동을 했는데, 이들한테는 여유가 있었어요. 왜냐하면 교황에서 시작되는 전 세계적인 조직망을 통해 보호막이 있었으니까요. 이들은 몇 가지 요구 조건만 지키면 마음대로 활동할 수 있었어요. 그게 그들이 갖고 있었던 여유고, 그래서 그들이 만든 학문을 지칭할 때 '스콜라철학'이라고 부릅니다. '스콜라'는 '여유'라는 뜻의 라틴어 '스콜레^{schole}'에서 유래한 말이에요. 스콜레 속에서 생겨났다고 해서 '스콜라철학'이고, 오늘날 'school'도 스콜레에서 유래했습니다. 오늘날은 의무교육이라고 해서 다 학교 가는데, 원래 그러면 안 되죠. 학교는 여유 있는 사람들이 가는 거죠. 먹고살기 바빠 죽겠는데 무슨 공부냐? 이게 어떤 의미에서는 말이 됩니다. '어떤 의미에서는'이라는 단서를 달았으니 너무 오해하진 마세요. 모두에게 여유를 주고 학교 보내면 되거든요. 어쨌든 확실한 토대를 살펴보기에 적절한 때가 되었다는 데까지 왔습니다.

어렸을 때부터 많은 거짓을 참으로 받아들였던 기억을 회상하면서, 그러면 거짓인데 참으로 받아들인 것은 어떤 것들이었을까 묻게 됩니다. 검토해봐야 하니까요. 나는 이제껏 가장 참되다고 여겨온 모든 것을 한편으로는 감각으로부터, 한편으로는 감각을 거쳐서 받아들였다. '감각으로부터'는 직접 보는 거고, '감각을 거쳐서'는 들어서, 아니면 선생이나 부모에게서 배운 것을 말합니다. 그런데 이 감각들은 가끔 속인다는 것을 나는 경험했다. 예를 들어 멀리 있는 사람을 오인할 때가 있습니다. 또는 몸 상태가 안 좋은 사람이 차다고 느끼는 물이, 건강할 때는 너무 미지근하다고 느낄 겁니다. 이런 것들이 감각이 우리를 속이는 경험이고 그런 경험들을 누구나 해본 적이 있습니다. 따라서 감각은 때때로 우리를 속입니다. 그리고 한 번이라도 우리를 속인 것에 대해서는 전적으로 신뢰하지 않는 편이 현명하다. 그러니까 조심해야 하는 거예요. 확실한 거라고 여기지 말아야 하는 거죠. 감각을 통한 건, 직접 경험이건 간접 경험이건 우리를 속인 적이 있으므로. 생각해보세요. 친구 중에 거짓말한 사람이 있으면 그 뒤로 그 사람 말을 전폭적으로 신뢰하게 되나요? 한 번이라도 속인 적이 있으면 전폭적인 신뢰를 하지 않겠다고 생각하는 건 당연한 겁니다. 게다가 데카르트는 확실한 지식의 토대를 찾으려고 하는 거니까 오죽하겠어요. 그래서 감각을 통한 건 배제하겠다고 선언합니다. 일단 배제하는 거죠. 뭐가 끝까지 남는지 보자는 겁니다. 절대 의심할 수 없는 확실한 지식으로 남는 게 뭐냐고 찾아가보자는 겁니다. 일단 감각을 통한 건 아웃!

다음으로 검토하는 건, 감각을 통해 경험하는 거지만 아주 생생하게 느끼는 것들입니다. 그건 부정할 수 없죠. 그러나 공교롭게도 아무리 감각이 아주 작은 것과 아주 멀리 있는 것에 대해서 가끔 우리를 속인다 하더라도, 똑같은 감각으로부터 얻은 것이면서도 도저히 의심할 수 없는 것이 꽤 있다. 가령 지금 나는 여기 있다, 난롯가에 앉아 있다, 겨울 외투를 입고 있다, 이 종이를 손으로 쥐고 있다 등이 그러하다. 도대체 무슨 근거로 바로 이 손과 이 몸이 내 것이라는 사실을 부정할 수 있단 말인가? 고대 철학자 중에 운동을 부정한 철학자가 있었어요. 방 안에서 철학자 앞을 계속 돌아다니며 어지럽게 했더니 결국 '아 그만 좀 해'라고 소리쳐서 그 철학자를 논파했다는 우스갯소리도 있어요. 아무튼 데카르트는 아무리 감각이 속이는 경우가 있다 해도 내가 경험한 생생한 감각을 부정할 수 없는 거 아니냐고 묻는 겁니다. 감각 중에 몇 가지 것들을 되살리는 거죠.

데카르트는 이제 생생한 경험에서 꿈의 가설로 갑니다. 꿈꾼다는 것은 희미한 겁니다. 생생한 경험이 아니지요. 데카르트는 의심을 이어 갑니다. 지금 나는 확실히 깨어 있는 눈으로 이 종이를 보고 있다. 머리를 움직여보니 나는 잠들어 있지 않다. … 이런 것들이 잠들어 있을 때는 이토록 또렷하지 않았던 듯하다. 하지만 나는 언젠가 꿈속에서 이와 비슷한 생각들을 하다가 속았던 일을 또한 기억하지 않는가. 이런 점들을 한동안 더 곰곰이 생각하다가, 깨어 있음과 꿈꾸고 있음을 가를 수 있는 어떤 징표도 없다는 사실을 확실히 깨닫고서 나는 얼떨떨해졌다. 아무리 생생한 경험을 해도, '아악' 하면서 꿈에서 깨어나는 경우가 있잖아요. 아무리 생생한 경험도, '생생함만으로'는 확실하지 않다는 거예요. 깨어나보면 꿈이라는 걸 알게 되니까. 깼는데 또 깨는 경우도 있죠. 이런 것들을 돌이켜보면, 결국 꿈에서의 생생함과 현실에서의 생생함을 구별할 길도 없습니다. 생생함이 확실한 지식의 기준이 되지는 못하리라고 얘기하는 겁니다. 생생한 경험도 꿈일 수 있으므로 아웃!

데카르트는 성찰을 더 이어갑니다. 그래, 꿈꾸고 있다고 치자. … 그렇지만 잠든 동안 보이는 것은 실제 사물의 닮은꼴로만 만들어지는 이를테면 베낀 그림이다. 만약 우리가 날개 달린 말을 그려낸다고 할 때, 재료가 되는 것들은 있어야 한다는 거죠. 재료 없이 날개 달린 말이나 뿔 달린 말, 상반신은 여자고 하반신은 사자인 것들을 만들어내진 못한다는 겁니다. 따라서 기본이 되는 것들만큼은 확실하지 않겠냐고 하면서 물체 일반의 '본성, 모양, 양, 크기, 수, 장소, 시간' 등은 꿈속에서도 확실한 거라고 생각합니다. 이런 물리적 성질은 계속 후보로 남습니다.

그러나 마지막 의심거리가 있습니다. 방금 열거한 것들을 포함해서, 2+3=5 같은 수학적 진실까지 의심하는 거죠. 원래는 2+3=4인데, 어떤 전지전능한 존재가 2+3=5라고 믿음을 심어주면, 나는 2+3=5라고 생각하겠지만 실제로는 2+3=4가 아니겠느냐? 〈매트릭스〉라는 영화 있죠? 그 영화를 보면 진짜 삶과 우리가 확신하고 있는 삶 사이에는 엄청난 차이가 있었습니다. 그런 식으로 생각해보면 이런 일도 상상할 법해요. 전지전능한 존재가 있는데, 그가 사악한 존재라면? 데카르트는 "사악한 정령"이라고 표현합니다. 사악한 전지전능한 존재가 있다면, 내가 사랑하고 경험하는 모든 것을 속일 수 있다는 겁니다. 거의 파국입니다! 이게 첫째 날 성찰의 결과입니다. 감각에서 시작해서, 심지어는 수학적 지식까지도 의심할 수 있는 영역에 속한다. 이게 다 확실한 토대가 될 수 없다. 데카르트는 여기에 실망하면서 지쳐 잠에 빠집니다.

『성찰』은 여섯 편으로 구성되어 있어요. 왜냐, 일곱 번째 날에는 쉬어야죠. 주일에는 쉽니다! 데카르트는 6일 동안 우주를 창조하고 주일에는 쉬는 창세기의 구성을 바탕으로 책을 썼습니다. 여섯 째 날까지 성찰하고 그다음은 없습니다. 이 책이 나오자 유럽 전체가 들끓죠. 여러 학자가 편지로 문의합니다. 편지는 그 당시 공식적인 거였어요. 개인적인 게 아니라, 한 집단이나 세력이 다른 집단이나 세력에게 보내는 겁니다. 단, 대표자가 있죠. 오늘날 공문서를 보낼 때도 맨 마지막에 기관장의 도장을 찍죠. 거기에 해당하는 게 편지에 등장하는 인물입니다.

가령 데카르트가 메르센 신부, 파리의 가톨릭 보수 세력을 대표하는 사람인데, 그에게 편지를 보내면 그 사람이 낭독을 하고 그걸 세력에 속한 사람이 모여 다 같이 듣는 거죠. 그러고 나서 그들끼리 난상토론을 벌인 후 답장을 보냅니다. 이 세력이 질문하는 거예요. 메르센 신부 혼자서 보낸 편지가 아닌 거죠.

그 당시 17세기, 데카르트, 라이프니츠, 스피노자 같은 학자들이 활동하던 때는 편지가 그런 공적 성격을 갖는 공문서였고, 편지의 수신자, 발신자는 세력의 대표자였습니다. 데카르트의 『성찰』을 둘러싸고도 엄청난 양의 편지와 문답이 이어집니다. 그게 본문의 열 배가 넘었는데, 그 편지들도 얼마 전 번역되어 나왔습니다. 그 당시 편지의 성격이 무엇인지 이해하면 시대 상황을 잘 이해할 수 있습니다. 데카르트는 막판에 책은 안 쓰고 편지만 써요. 왜냐하면 검열에 너무 시달렸거든요. 그렇다고 활동을 안 한 게 아니라, 오늘날로 보면 학술지나 교양지에 논문 발표하는 식이었다고 생각하면 좋겠습니다.

더 이상 의심할 수 없는 토대, 생각하는 나는 있다

이제 둘째 날로 갑니다. 어제는 다 실패했다고 고백하면서 시작합니다. 모든 게 다 의심할 수 있는 것이 되어버렸으니까. 첫째 날을 곰곰이 회상해보니 한 가지가 떠오릅니다. 그게 두 번째 성찰의 하이라이트이자 근대철학을 개시한 멋진 장면입니다. 누구인지는 몰라도 의도적으로 항상 나를 속이는, 대단히 능력 있고 아주 교활한 사기꾼이 있다. 이제는 그가 나를 속인다 하더라도 나 또한 의심할 여지 없이 있다. 실컷 속인다 하더라도, 내가 '나는 무엇이다' 하고 생각하는 한, 그는 결코 나를 아무것도 아닌 것으로 만들 수 없을 것이다. 이 말이 뭐냐면, 나는 지금 속고 있습니다. 전지전능한 악마와 같은 존재에게 사기를 당하고 있어요. 그런데 그렇게 속고 있는 동안, 속임을 당하는 존재가 있다는 건 분명해요. 속고 있는 자가 없다면 속임 자체가 불가능하니까요. 속고 있는 나는 무언가^{something}라는 거예요. 아무것도 아닌 것^{nothing}은 아니라는 거죠. 진짜로는 2+3=4인데, 2+3=5라고 속는 자가 있다는 겁니다. 이게 포인트입니다! 나는 속고 있다고 하더라도 '무언가다'라는 건 부정할 수 없다는 거죠.

미리 말씀드리면, 얼마 동안 있느냐? 속고 있는 동안. 적어도 속고 있는 동안은 아무것도 아닌 건 아니에요. 그리하여 나는 모든 것을 대

데카르트는 의심한다. '사악한 정령'이 나를 속이고 있다면?

단히 충분히 숙고한 뒤 마침내 이러한 공리를 확립할 수밖에 없다. '나는 있다, 나는 실존한다'는 내가 소리 내어 말하든 정신으로 파악하든 언제든지 피할 수 없이 참이다. 이것만큼은, 나는 존재한다, 나는 실존한다는 것만큼은 어떤 형태로든 반드시 참이라는 말입니다. 생각한다? 여기서 나는 발견한다. 생각이 있다cogitatio est. 오로지 이것만이 나와 나누어지지 않는다. 나는 있다, 나는 실존한다. 이것은 확실하다. 하지만 얼마 동안? 물론 내가 생각하는 동안. 이건 '속고 있다고 생각하는' 걸 뜻합니다. 이건 막연하게 속고 있는 게 아니라, 속고 있는 걸 생각하는 상황입니다. 이제부터 보겠지만 생각은 넓은 범위를 포괄합니다.

그럼 생각이 뭐냐? 그렇다면 나는 무엇인가? 생각하는 실재다. '실재實在'는 어려운 말인데, 영어로는 'thing'입니다. 우리말의 '것'이기도 한데, 의존명사이기 때문에 단독으로 쓰기 어려워서 실재라는 말로 옮겼습니다. 이것은 무엇인가? 의심하고, 이해하고, 긍정하고, 부정하고, 바라고, 바라지 않는 실재이며, 그뿐만 아니라 상상하며 감각하는 실재다. 데카르트는 생각이라는 말의 범위를 넓게 설정합니다. 생각은 자기가 어떤 것을 하는지 자각하고 있는 상태입니다. 내가 어떤 활동을 하는지 아는 것, 그게 생각입니다. 내가 움직이고 있다는 걸 모른다면 그건 생각하지 않는 거예요. 그런데 우리가 그냥 움직이기만 하는 경우는 드물죠. 내가 어떤 걸 하고 있다고 느낍니다. 그 생각하는 부분만 떼어내면 의심하고, 이해하고, 긍정하고, 부정하고, 바라고, 바라지 않고, 상상하며, 또한 감각하는 게 포함되는 거죠. 이게 다 생각의 영역 안에 있습니다. 행동할 때 행동하고 있다는 걸 의식하고 있다면, 심지어 행동도 생각입니다.

다시 정리하면 '내가 생각하는 동안 생각하는 존재가 있다'입니다. 내가 생각하는 동안이라고 했지만 '내가'는 문장의 주어로 갖다 붙인 거고, 더 근본적인 건 생각 활동이라는 게 있어서 그게 있는 한 뭔가는 있다는 거예요. 그게 '나'라는 겁니다. 생각은 남의 머리로 하는 게 아니죠. 자기가 하는 거죠. 생각이 있다면 나한테 생각이 있다는 얘기일 수밖에 없죠. 생각이라는 것이 있고 그것이 진행되는 동안 있는 것이 '나'입니다. 그런데 나는 정신 바로 그것에 대해, 즉 나 자신에 대해 무엇을 말하겠는가? 말하자면 내가 지금까지 내게 속한다고 인정한 것이라고는 정신밖에 없다. 생각이 있고, 정신이 있고, 그게 나입니다. 생각=나=정신.

여기에 더 복잡한 이야기들이 들어갈 수 있습니다. 그럼 생각이라는 게 뭐냐? 내용상으로는 의심하고 이해하고 그런 걸 열거했지만, 실질적으로 뭐냐? 관념들이 모였다 흩어졌다 하는 걸 가리킨다고 보면 적합합니다. 그러니까 내가 먼저 그릇과 같이 있기 전에, 관념들이라는 게 있고 그게 나라는 것 주변으로 흘러 다녀요. 이런저런 생각들이 흘러 다니는데 그것들의 기본 단위가 관념들[ideas]입니다. 관념이라는 말은 플라톤에서 유래했지만, 이제는 천상 세계에 있는 초월적인 무엇이 아니라 '본 것'들 전부입니다. 우리에게 나타난 것들 전부가 생각이라는 거죠. 그 생각들 전체, 그게 정신이고, 정신의 내용은 계속 바뀔 수 있습니다. 바로 그 정신, 생각하는 무엇, 그것만이 나다. 그거 말고는 확신할 수 있는 게 없습니다.

처음부터 순서를 잡아보면, 여러 가지 것을 하나하나 배제했어요. 배제하다 보니 남은 건 '속고 있구나, 내가'라는 생각, 속고 있는 내가 있다, 생각하는 뭔가가 있다, 그것만이 나라는 무엇입니다. 그러니까 데카르트한테 나라는 것은, 다른 게 아니라 생각함 그 자체예요. 생각하는 동안만 나라는 것도 있습니다. 이건 몸을 갖고 있는 나랑은 상관없습니다. 확실한 그 무엇 하나, 생각하는 동안 생각함이라는 게 있고, 생각함이라고 뭉뚱그려버릴 수 있는 거, 딱 그것만 있다. 정신이라는 건 딴 게 아니라 생각들 전체입니다. 데카르트는 이렇게 '생각함=나=정신' 셋을 동일시합니다.

철학에서는 '생각' 대신 '사유思惟'라는 어려운 용어를 쓰곤 하는데, 방금 전까지 설명한 것처럼 '생각'은 심오한 무언가가 아닙니다. '사유'라는 말은 들으면 이제부터 겁먹지 말고 '아, 생각!'이라고 편하게 받아들이면 좋겠습니다. 생각은 누구나 하고 있고, 할 수 있습니다. 단, 살 생각해야겠지요?

『방법서설』에만 나오고 『성찰』에는 안 나오는데, 데카르트의 아주 유명한 구절을 라틴어로 표현하면 '코기토 에르고 숨$^{cogito\ ergo\ sum}$'입니다. 라틴어 '코기토^{cogito}'는 '나는 생각한다'라는 뜻이에요. 주어가 없어도 거기에 '나는'이 포함되어 있습니다. '에르고^{ergo}'는 '그러므로', '숨^{sum}'은 'I am'이라는 뜻이고요. 그런데 이렇게 표현하면 마치 '생각한다'가 먼저고 '존재한다'가 나중인 것처럼 보이거든요. '나는 생각한다, 그러므로 나는 존재한다.' 이게 오해의 여지가 있습니다. 그래서 『성찰』에 와서는 '나는 있다, 나는 실존한다'처럼 선언 형태로 말합니다. 왜냐하면 생각함과 존재함은 동시에 일어나니까요. 생각하는 나만큼은 반드시 있고, 반드시 있는 것이 내가 아는 확실한 첫 번째 지식입니다. 이런 표현도 써요. 아르키메데스의 점이다. 아르키메데스가 적절한 한 점과 충분히 긴 지렛대가 있으면 지구도 들어 올릴 수 있다고 했는데, 데카르트는 그걸 확보했다는 겁니다.

여기서 끝내면 안 되고, 나라는 것의 존재에서부터 다른 확실한 지식들을 차곡차곡 쌓아 올려야죠. 그것이 세 번째 성찰에서 논의하는 내용입니다. 핵심이 되는 건 두 가지예요. 첫째는, 신의 존재를 증명하는 겁니다. 어떻게 신의 존재를 증명하느냐? 내 생각들을 잘 들여다보니 완전함이라는 게 있다는 거예요. 근데 나 자신은 불완전한 존재예요. 여기에 다른 전제가 있는데, 완전한 존재가 불완전한 존재에서 나올 수 없다는 겁니다. 따라서 불완전한 존재인 나한테 완전함이라는 관념이 들어 있다면, 그것은 나보다 더 완전한 존재로부터 온 것일 수밖에 없습니다. 그래서 나보다 더 완전한 존재, 전지전능한 존재인 신이 존재한다고 증명합니다. 이건 종교적이기보다는 철학적인 신이지요. 완전함 그 자체인 존재가 있어야 불완전한 나한테도 완전함의 관념이 올 수있다. 그리고 이런 신이라면 사기 칠 리 없다. 이렇게 된 겁니다. 이렇게 해서, 둘째로, 물리학이 알려주는 세계에 대한 지식도 감각을 통해들어오는 거지만 조심스럽게 다루기만 하면 확신할 수 있게 되었습니다. 성찰은 이렇게 이 전체를 완결시켜요. 데카르트는 자신의 과제를어느 정도 완수하고요. 이렇게 해서 데카르트는 이런 확실한 토대 위에서 근대과학이 알아낸 지식의 확실성과 안정성을 확보합니다.

한편 데카르트는 내가 생각하는 동안 있다면, 생각하는 동안 있는나는 어떤 누구도 무화시킬 수 없다고 확신합니다. 생각하는 동안 있던나는 절대 사라지지 않죠. 그동안만큼의 나는 존재 의미가 있습니다. 철학사에서는 부수적으로 다루어지지만, 데카르트는 인간의 삶의 의미, 나의 존재 의미까지도 『성찰』에서 확보하게 됩니다.

데카르트의 이런 생각은 이후 여러 문제로 이어집니다. 바로 후대에 스피노자부터 시작해 여러 반론이 제기돼요. 약 200년 동안 이 문제가 서양철학의 중심 문젯거리로 계속 논의됩니다. 결국 1859년, 다윈의 『종의 기원』 초판이 나오면서 진화론이라는 생각이 정립되는데, 이때 데카르트가 신을 증명했던 과정이 거센 반격을 받습니다. 생물들을보니 불완전한 것에서 완전한 쪽으로 나아가더라. 비록 진화론에 대한통속적 이해는 잘못된 것이었지만, 진화론이 등장하면서 2,000년 가까이 이어졌던 신학적 관념이 비판받게 됩니다.

Q 2+3=5의 확실성을 증명하는 데 얼마나 걸렸나요?

A 그 자체를 증명하진 않습니다. 나 자신한테 있는 완벽함의 관념은 선한 신한테 왔고, 2+3=4일 수도 있다는 게 기우였다는 걸, 선한 신을 통해 보증받는 거죠. 신은 나를 속일 리가 없으니까. 만약 그런 신이 없다면? 그건 가톨릭 신부들에게도 비판받겠지요.

이런 신념이 파기된다면 어떻게 되느냐? 데카르트는 전폭적인 신뢰를 하지 않는 게 현명하다고 강조하는데, 철학자 흄에 의해 그런 부분이 어느 정도 극복돼요. 우리가 전폭적인 신뢰를 꼭 해야만 하느냐? 우리가 100퍼센트의 확실성 속에서 살아가느냐? 이렇게 역으로 질문할수 있죠. 우리는 100퍼센트 확실한 지식은 얻을 수 없다고 흄이 입증해요. 이렇게 입증하면 데카르트의 접근은 부질없는 게 되는 거죠. 전쟁 때문에 삶이 너무 위협받고 불확실한 상황이었기 때문에 이런 생각에 이르렀을까요? 그래도 세상에 존재하는 지식들이 확실한지 따져보는 건 해볼 만한 작업이었다고 평가할 수 있습니다.

Q 데카르트는 어떤 계기로 여왕을 가르치겠다고 마음먹은 건가요?

A 데카르트가 말한 내용도 중요하지만, 데카르트가 선택한 학문 방법도 중요합니다. 어떤 방법을 따라야 그 학문의 결과가 잘못되지 않을 수 있을까? 데카르트는 『방법서설』에서 어떤 순서를 밟아나가야 오류를 범하지 않을 수 있는지 규칙들을 제시했어요. 이건 데카르트의 철학에만 적용되는 사항이 아니라, 오늘날 상당히 보편적으로 받아들이는 학문 규칙입니다. 첫 번째, 의심할 여지가 없을 정도로 명증적으로 진리인 것 외에는 아무것도 진리로 받아들이지 말 것. 확실한 진리만 받아들이고 대충 맞는 것은 받아들이지 말자는 거죠. 두 번째, 어려운 문제를 해결하기 위해 그것을 분할할 것. 우리가 분석이라고 부르는 거죠. 문제가 복잡할 때 하나하나 쪼개서 파악하기 쉽게 나누는 겁니다. 세 번째, 가장 단순한 것에서 시작해서 복잡한 것으로 나아간다. 종합이라는 작업입니다. 네 번째, 문제의 모든 요소를 열거하고 하나라도 빠뜨리지 말 것. 요즘 과학에서 하는 방식과 똑같습니다. 모든 문제를 끄집어내놓고 다 다루는 겁니다. 쪼개보고, 쉬운 것부터 복잡한 것으로 종합하며 나아가고, 확실한 것 외에 믿지 말고. 이런 방법을 '정신 지도 규칙'이라고 부르고, 정신이 이 방향으로 나아가야 한다고 생각한 거예요.

이런 내용들을 왕한테 가르치면, 학교에서도 그걸 가르칠 수 있지 않겠느냐고 생각한 거죠. 자기 생각이 교과서가 될 수도 있을 거라고 기대한 겁니다. 현실과 맞지 않는 스콜라철학을 더 이상 가르치지 않도록 하겠다는 거죠. 스웨덴 여왕을 설득하고, 여왕의 동의를 얻어 자기 책을 유럽의 교과서로 쓰고자 했던 거예요. 데카르트의 책에 대해 당시 가톨릭 신부들의 반발이 엄청났거든요. 여왕을 가르쳐서 여왕이 선정을 베풀게 한다, 이런 목적도 있긴 있었어요. 하지만 그보다는 모든 사람이 자신의 사상을 공유하거나 활용하도록 하는 게 더 큰 목적이었어요. 그러면 세계가 좋아진다고 믿었던 거죠.

Q 당시에 그 시도가 성공했나요?

A 바로 죽었잖아요.

Q 여왕은 그 가르침을 받았잖아요.

A 여왕은 며칠 하다가 시큰둥했어요. 스물세 살짜리 여왕은 그 어려운 얘기를 아침마다 듣는 걸 원치 않았어요. 또 여왕의 신하들이 워낙 시기와 질투가 심해서 데카르트가 제대로 운신할 수 없었어요. 데카르트는 여왕의 고문顧問이거든요. 모든 정치적·외교적 사안에 대해 데카르트에게 문의했어요.

　데카르트가 스웨덴에 도착했을 때 선장이 배석해서 소개했대요. 이때 "이분은 반신半神입니다" 했대요. "폐하, 소신이 모셔온 분은 사람이 아니라 반신입니다. 이분은 배 타고 오는 3주 동안 선박과 바람과 항해술에 대해 소신이 바다에서 60년 동안 배운 것보다 더 많은 것을 가르쳐주셨습니다. 이제 소신은 가장 멀고 가장 어려운 항해를 해낼 수 있으리라 믿습니다." 데카르트가 그렇게 초빙되었으니 주변의 시기와 질투와 음해가 얼마나 많았겠어요. 그러니 자기 뜻을 펼치기 어려웠죠. 이런 경우가 많아요. 철학자 중에 정치적 환경에 희생돼서 자기 뜻을 펼치기도 전에 제거되거나 쫓겨난 경우가 종종 있습니다.

Q 실제로 첫째 날 그만큼 성찰하고 둘째 날 다음 단계로 넘어가는 식으로 성찰한 건가요?

A 절대 아니고요. 그냥 책을 저술하는 방법이에요. 데카르트는 이런 식으로 저술할 때 자기 애기를 가장 잘 알아들으리라 생각했어요. 수십 년 동안 생각한 걸 6일짜리로 압축한 거죠. 6일 동안에 썼다는 건 말이 안 되고요. 문학 작품을 쓸 때도 여러 형식이 가능하잖아요.

Q 감각이나 꿈 때문에 속는다고 했는데, '왜 속을까'라는 생각은 안 했나요?

A 감각 때문에 속는 이유는 따져봤어요. 감각은 몸을 통해야만 하기 때문에 속는다는 거죠. 생각에는 두 방향이 있는데, 순수하게 정신 쪽으로만 향하는 생각이 있고, 몸을 거쳐 바깥 세계로 향하는 생각이 있어요. 특히 바깥 세계로 향하는 생각이 오류의 원천이라고 봤죠. 그래서 이른바 수학적·과학적으로 세밀하게 검토해서 조심스럽게 받아들여야 한다고 생각했고, 정신을 향해 있는 것들은 의심의 여지가 없다고 입장을 정리했죠. 몸이 문제라는 거죠.

Q 무의식은 자기 존재가 아니라고 생각했나요?

A 무의식은 데카르트에게 끼어들 여지가 없었어요. 데카르트에게 생각은 의식과 동일했어요. 자각이라고도 하죠. 데카르트는 생각의 범위를 의식까지만으로 가둬뒀어요. 그런데 현대 철학자들은 생각이 의식만 포함하느냐, 무의식적 생각이라는 것도 있지 않느냐고 질문하죠. 데카르트에게는 이런 물음 자체가 떠오르지 않았고, 떠오를 수도 없었다고 봐요. 자기가 의식하고 있는 것만 생각이라고 봤으니까. 무의식은 현

대 철학으로 가면 중요한 쟁점이 돼요. 몸이라는 주제도 중요한 쟁점이 되죠. 데카르트는 '근대 철학의 문제집'이라고 볼 수 있어요. 해결한 건 별로 없지만, 몇몇 통찰은 오늘날도 계속 생각해봐야 하는 주제가 된 거죠. 플라톤이 던진 물음이 있고, 데카르트가 던진 물음이 있고, 이름을 남긴 각 철학자가 던진 물음이 있어요. 철학사를 통해 그런 물음들이 계속 중요하게 다뤄지고 있다고 보면 됩니다.

Q 데카르트의 의견이 불온했다고 얘기하는데, 신의 존재를 증명하는 건 종교 입장에서도 좋은 거 아닌가요?

A 증명하는 신이 가톨릭에서 이야기하는 인격신이 아니었기 때문에, 신부들로서는 인격신을 부정하고 다른 부류의 신을 증명한다고 생각했어요. 데카르트가 말하는 신은 『성서』에 등장하는 신과 분명히 다르거든요. 그래서 가톨릭에서는 무신론으로 가는 지름길이라고 생각했어요. 학계의 권력 투쟁이라는 문제도 있어요. 당시에 막 생겨난 대학에서는 스콜라철학이 핵심이었는데 그걸 완전히 폐기해야 하는 상황이 된 거죠. 또 신의 영역과 인간의 영역을 나누는 게 기존 우주론의 핵심이었습니다. 그런데 인간이 수학과 물리학을 동원해 우주를 알 수 있다는 게 데카르트 사상의 기반에 깔려 있으니까, 이걸 인정하면 세상 모든 게 무너지는 걸로 보일 수 있었죠.

• 출전: 『성찰』, 양진호 옮김, 책세상, 2011. •

누구인지는 몰라도 의도적으로 항상 나를 속이는, 대단히 능력 있고 아주 교활한 사기꾼이 있다. 이제는 그가 나를 속인다 하더라도 나 또한 의심할 여지없이 있다. 실컷 속인다 하더라도, 내가 '나는 무엇이다' 하고 생각하는 한, 그는 결코 나를 아무것도 아닌 것으로 만들 수 없을 것이다. 그리하여 나는 모든 것을 대단히 충분히 숙고한 뒤 마침내 이러한 공리를 확립할 수밖에 없다. '나는 있다, 나는 실존한다'는 내가 소리 내어 말하든 정신으로 파악하든 언제든지 피할 수 없이 참이다. (…) 생각한다? 여기서 나는 발견한다. 생각이 있다cogitatio est. 오로지 이것만이 나와 나누어지지 않는다. 나는 있다, 나는 실존한다. 이것은 확실하다. 하지만 얼마 동안? 물론 내가 생각하는 동안. (…)

그렇다면 나는 무엇인가? 생각하는 실재이다. 이것은 무엇인가? 의심하고, 이해하고, 긍정하고, 부정하고, 바라고, 바라지 않는 실재이며, 그뿐만 아니라 상상하며 감각하는 실재이다.

그런데 나는 정신 바로 그것에 대해, 즉 나 자신에 대해 무엇을 말하겠는가? 말하자면 내가 지금까지 내게 속한다고 인정한 것이라고는 정신밖에 없다.

　　　　　　　　　　　　　　　　—『제1철학에 대한 성찰』, 「두 번째 성찰」

〈참고〉

벌써 여러 해 전에 나는 깨달았다. 어린 시절 나는 얼마나 많은 거짓된 것을 참되다 여겼던가. 그 뒤로 이것들 위에 세워 올린 모든 것은 또한 얼마나 의심스러운가. 그러니 언젠가 학문에 확고부동한 것을 세우고자 열망한다면, 사는 동안 한 번은 모든 것을 뿌리째 뒤집어 최초의 토대에서 새롭게 시작해야 하리라. 그러나 이 일은 어마어마해 보여서 나는 내가 이 과업을 수행하기에는 그만이다 싶을 만큼 성숙해질, 그 때를 기다렸다. 이 때문에 나는 너무 오랫동안 이 일을 미루었고, 하마터면 이 때를 재느라 실행하라고 남겨진 시간을 모두 흘려보낼 뻔했다. (…)

나는 이제껏 가장 참되다고 여겨온 모든 것을 한편으로는 감각으로부터, 한편으로는 감각을 거쳐서 받아들였다. 그런데 이 감각들은 가끔 속인다는 것을 나는 경험했다. 게다가 한 번이라도 우리를 속인 것에 대해서는 전적으로 신뢰하지 않는 편이 현명하다.

그러나 공교롭게도 아무리 감각이 아주 작은 것과 아주 멀리 있는 것에 대해서 가끔 우리를 속인다 하더라도, 똑같은 감각으로부터 얻은 것이면서도 도저히 의심할 수 없는 것이 꽤 있다. 가령 지금 나는 여기 있다, 난롯가에 앉아 있다, 겨울 외투를 입고 있다, 이 종이를 손으로 쥐고 있다 등이 그러하다. 도대체 무슨 근거로 바로 이 손과 이 몸이 내 것이라는 사실을 부정할 수 있단 말인가? (…)

지금 나는 확실히 깨어 있는 눈으로 이 종이를 보고 있다. 머리를 움직여보니 나는 잠들어 있지 않다. … 이런 것들이 잠들어 있을 때는 이토록 또렷하지 않았던 듯하다. 하지만 나는 언젠가 꿈속에서 이와 비슷한 생각들을 하다가 속았던 일을 또한 기억하지 않는가. 이런 점들을 한동안 더 곰곰이 생각하다가, 깨어 있음과 꿈꾸고 있음을 가를 수 있는 어떤 징표도 없다는 사실을 확실히 깨닫고서 나는 얼떨떨해졌다.

그래, 꿈꾸고 있다고 치자. … 그렇지만 잠든 동안 보이는 것은 실제 사물의 닮은 꼴로만 만들어지는 이를테면 베낀 그림이다.

—『제1철학에 대한 성찰』,「첫 번째 성찰」

5 세계에 인과는 없다_ 흄

David Hume, 1711~1776

'회의주의자'로 알려진 '자연주의자'
—

이번에 살펴볼 철학자는 데이비드 흄입니다. 아주 멋있는 철학자인데,
1711년에 스코틀랜드의 수도 에든버러의 꽤 괜찮은 집안에서 태어났
어요. 1600년대 후반부터 1700년대 전반에 이르는 시기를 스코틀랜드
계몽주의 시대라고 합니다. 그 시기에 많은 학자가 나왔어요. 흄도 그
렇고, 『국부론』을 쓴 애덤 스미스^{Adam Smith}도 그렇습니다. 그밖에도 꽤 있
습니다. 어떻게 이 짧은 시기에 훌륭한 학자들이 많이 배출되었는가는
아직까지 중요한 연구 주제입니다. 역사를 훑어보면 단기간에 제한된
지역에서 그런 인물들이 나왔던 경우들이 있어요. 이런 비밀을 밝히는
건 역사학자뿐 아니라 철학자와 사회학자에게도 중요한 주제라고 생각

합니다. 창조성의 지리적 원천을 알려주기 때문이죠.

저 개인적으로는 대학 시절 흄을 가장 좋아하는 철학자로 꼽았습니다. 소개해드릴 책은 흄의 주저인데, 흄의 데뷔작이며 스물여섯 살 때 쓴 책입니다. 세 권으로 이루어져 있습니다. 처음 두 권을 스물여섯 살 때, 셋째 권을 그다음 해 출간했습니다. 서양철학사에서도 아주 중요한 책입니다.

흄은 아주 뛰어난 사람이지만 에든버러대학교 철학 교수 자리에 지원했다 떨어졌어요. 무신론자라는 혐의를 받았기 때문인데, 사실상 맞는 얘기죠. 그리고 회의론자라는 이유도 있었습니다. 로마 가톨릭에 의해 모든 저서가 금서로 지정되었습니다. 사실 데카르트, 스피노자, 흄의 책이 모두 금서였습니다. 근대에 철학과 사회의 관계를 이런 사례가 잘 보여주죠. 거꾸로 얘기하면, 금서가 아니면 철학 축에 못 끼는 거 아니냐는 생각을 해볼 수도 있습니다.

흄은 부모가 물려준 돈을 일찍 다 써버렸어요. 돈은 안 벌고 책만 썼으니까. 그러다 『영국사』라는 책을 써서 성공을 거둡니다. 이걸로 영국에서 가장 위대한 저술가라는 평을 듣고 생계가 해결되죠. 말년에 외교관으로 파리에 가서 일정한 역할을 하고, 루소^{Jean Jacques Rousseau}를 영국에 데려오기도 합니다. 흄은 당구를 좋아하고 잘 쳤다고 합니다. 흄은 인과관계를 예시할 때, 당구공을 예로 많이 들었어요. 한 당구공이 다른 공을 치는 상황을 예로 든 거죠.

흄을 회의주의자라고 합니다. 회의주의를 여러 형태로 정의하죠. 세상에 대한 참된 앎을 얻을 수 없다, 참된 앎을 얻을 수 있다 하더라도 그걸로 소통할 수 없다 등 다양한 버전이 존재합니다. 참된 인식에 대해 회의하고 의심하는 것이 회의주의의 특징입니다. 역사적으로 오래된 흐름이죠. 흄은 18세기 회의주의의 대표자라고 불리는데, 이제 그 까닭을 이야기할 것입니다.

흄은 꽤 오랜 세월 회의주의자라는 오명을 쓰고 살았는데, 20세기 들어 평가의 변화가 일어납니다. 변화된 흄의 위상을 표현하기 위해 사용되는 말이 '자연주의'입니다. 흄은 회의주의자에서 자연주의자로 이행한 철학자로 이해하면 됩니다. 그러면 이때 이야기하는 자연주의는 뭐냐? 여기에 대해서도 설명하겠습니다.

흄이 이후에 자신의 주저에 대한 개정판, 축약본이라고 할 만한 걸 계속 냅니다. 그런데 기본적으로 첫 책의 틀을 벗어나진 않아요. 그걸 다양한 분야에 적용하긴 하죠. 첫 책의 제목은 『인간 본성에 대한 논고: 추론의 실험적 방법을 도덕적 주제들에 도입하기 위한 시도』입니다. 제목에서 몇 가지 주제가 드러나죠. 첫째, 인간 본성을 탐구하려고 했습니다. 영어로는 'human nature'죠. 'nature'는 '자연'이라고도 옮기고 '본성'이라고도 옮겨요. 인간의 자연, 인간의 본성을 논하겠다는 의미죠. 자연 자체의 탐구와 자연의 일부인 인간에 대한 탐구를 구별하고 있다는 게 드러납니다. 여기서 다루게 될 건, 인간의 마음(정신)과 인간 사회입니다. 그리고 부제에 '도덕적 주제'라고 나옵니다. 이건 인간에 대한 탐구라는 걸 확인해주죠.

흄도 당시 다른 철학자들과 마찬가지로 자연과학의 발전에 감명 받았어요. 자연 세계에 대해서도 공부를 많이 했죠. 뉴턴이 집대성한 자연철학도 공부했고요. 그런데 자연철학과 구분해서, 인간의 정신과 사회에 대해 탐구하는 것을 당시에 '도덕철학'이라고 불렀습니다. 도덕철학은 오늘날로 말하면 인문학이나 사회과학이에요. 자연철학은 오늘날 자연과학입니다. 뉴턴의 자연철학과 맞먹는, 인간철학을 집대성하고자 한 게 흄의 큰 기획입니다. 이걸 '도덕적 주제'라고 표현했습니다. 오늘날 우리가 생각하는 '도덕'과는 다르다는 점을 기억하면 좋겠습니다.

제목에서 한 가지 더 주목할 만한 표현은 '추론의 실험적 방법'입니다. 추론은 'reasoning'인데, 동사로 쓰면 이성적으로 다루고 생각하는 거죠. 추론을 위해 이성을 쓰는 걸 실험적 방법이라고 했습니다. 이 경우 실험experiment은, 오늘날 우리가 생각하는 '실험'에 '경험'이라는 뜻이 더해진 말입니다. 'experiment'와 어원이 같은 'experience'에도 경험과 실험이라는 뜻이 다 있습니다. 두 말은 호환되는 말입니다. 경험적으로 입증되지 않으면 받아들이지 않겠다는 거죠. 베이컨을 다룰 때도 보았지만, 이건 영국의 경험적 전통과 맞닿아 있습니다. 자연과학에서 주로 쓰는 방법인데, 이걸 인간에도 적용해서 인간에 대해 알아보겠다는 구도죠. 요약하자면 인간의 본성, 인간의 자연을 다룰 때 경험과학에서 사용했던 실험적 방법을 쓰겠다는 겁니다.

또 주목해야 할 것은 이 책이 도덕적 주제와 관련된다는 점입니다. 세 권으로 이루어져 있는데, 첫 번째가 'understanding', 지성을 다룹니다. 이해 능력을 말하죠. 두 번째 권은 'passions'라고 되어 있습니다. 'passion'은 능동 및 수동과 관련될 때는 '수동'을 의미하고, 전통적인 철학 용어로는 '정념'이라고 합니다. 세 번째가 'moral', 도덕입니다. 사회철학, 정치철학이죠. 이 세 가지 주제를 1권, 2권, 3권에서 다루는데, 결국 관심 있는 건 인간이 어떻게 살아야 하며, 어떤 토대 위에서 어떻게 공동체를 만들어야 하는가입니다.

책의 앞부분에서는 지성에 대한 흄의 회의적인 입장이 잘 드러납니다. 참되고 확실한 앎을 얻을 수 없다는 게 강조되었지요. 이 측면에 주목했던 수용자들이 흄을 회의주의자라고 비판했습니다. 하지만 더 깊게 들어가보면, 우주의 법칙이나 자연을 근거로 삼아 어떻게 해야 공동체와 제도를 더 잘 만들 수 있는지 모색했다는 점에서 새로운 평가를 받을 수 있습니다. 보통은 확실한 토대 위에서 인간의 행동 규칙이 만들어져야 한다고 믿었죠. 그러다 보니 인간이 사실상 실천할 수 없는, 좋기는 하지만 인간의 본성과는 관계없는 걸 바탕에 깔고 인간의 행동 규칙을 짜나갔어요. 그건 허구적인 것이기 때문에 붕괴될 수밖에 없죠. 그래서 인간이 실제로 어떤 존재고 무엇을 할 수 있는가를 액면 그대로 직시한 다음에 제도를 만들자는 게 흄의 접근법이었습니다. 스물여섯 살 때 이미 이런 점들을 통찰해냈다는 게 놀라울 따름입니다.

우리가 사용할 수 있는 단 두 가지 재료, 인상과 관념
—

흄의 기본적인 아이디어를 살펴보죠. 흄은 경험주의자들의 전통을 이어서, 인간이 세상을 만날 때 생생한 상을 얻는다고 생각했습니다. 우리는 지금 벌어지는 일들을 생생하고 강하게 계속 느끼고 있습니다. 이런 식으로 우리 안에 형성되는 상들이 '인상impression'입니다. 인상은 우리가 그때그때 즉각적으로 겪고 있는 경험 내용입니다. 우리가 세계와 만나는 그 순간 우리 안에 생겨나는 것, 이미지, 아이디어 같은 것이죠. 흄이 발명하진 않았지만 흄에게 매우 중요한 용어입니다. 흄에 따르면, 어떤 것이 참이냐 거짓이냐를 따질 때 인상의 검증을 거쳐야 합니다. 우린 인상 너머에 대해서는 아무것도 몰라요. 우리가 최초로 겪는 경험은 인상의 형태로 주어집니다.

이제 우리가 집에 돌아가서 '오늘 무슨 일이 있었지'라고 있었던 일을 떠올린다고 생각해보세요. 그때 우리에게는 인상에서 출발해서 형성된 상들이 남아 있습니다. 그런데 이건 인상만큼 강렬하지 않죠. 그렇게 우리에게 남게 되는 상들이 '관념idea'입니다. 우리가 갖고 있는 건 두 가지밖에 없어요. 인상과 관념.

그럼 인상과 관념의 차이는 뭐냐? 우리 경험의 가장 말단에 있는 건 인상이지만, 실제로 인상과 관념 사이에는 생생함의 차이, 강함의 차이 말고는 별다른 게 없습니다. 인상과 관념의 차이는 실제로 두드러지지 않아요. 그런 점에서 모든 것은 관념이라고 할 수 있습니다. 관념 중에 생생한 것이 인상이라는 거죠.

왜 구분할 수 없는지는 조금만 생각해봐도 알 수 있어요. 데카르트는 생생한 관념도 꿈일 수 있다고 봤어요. 생생함은 관념에 덧붙여진 느낌일 뿐이라서, 생생하냐 생생하지 않냐를 구별할 수 있는 외부 기준이 없어요. 우리는 이 관념과 저 관념을 비교할 수밖에 없죠. 어떤 관념이 더 생생한지는 알기 어렵습니다. 처음 경험할 때 느끼는 생생함보다 기억 속 생생함이 더 클 수도 있어요. 인상보다 생생함이 떨어지는 것이 관념이긴 하지만, 인상과 관념이 명확하게 구분되는 건 아니라고 요약할 수 있습니다. 어쨌든 조금 더 생생하고, 그래서 최종적으로 증거나 기준으로 삼을 수 있는 건 인상이라고 흄은 말합니다. 우리가 경험할 때 받아들이는 건 인상이고 모든 것은 인상에 조회해서 검증해야 한다는 것이죠.

흄은 우리가 갖고 있는 관념들이 나름의 법칙에 따라 이합집산을 거듭한다고 말합니다. 개별적 관념, '단순관념'에서 '복합관념'이 나온다는 겁니다. 가령 유니콘은 말의 관념과 뿔의 관념이 결합된 거죠. 그래서 유니콘은 복합관념입니다. 복합관념은 인상에 회부하지 않아도 형성될 수 있어요. 단순관념들을 모으고 빼버리면서 만들어질 수 있으니까. 유니콘의 인상이 없어도 유니콘의 관념을 가질 수 있어요. 이런 식으로 관념들이 모였다가 흩어지는 것을 관념 연합association이라고 부릅니다.

우리는 한 번도 '반드시'를 경험한 적이 없다: 인과를 의심하다
▬

그러면 관념들이 제멋대로 모였다가 흩어졌다 하느냐? 그렇지는 않고, 관찰을 해봤더니 크게 세 가지 법칙을 따르면서 관념들이 모였다 흩어졌다 해요. 첫 번째가 유사성입니다. 어떤 것을 경험하면, 그것과 비슷한 쪽으로 관념이 넘어갑니다. 둥근 쟁반을 보면 둥근 쟁반에 대한 관념을 지니게 되겠죠? 그러면 둥근 보름달이 생각납니다. 관념이 옮겨

가는 거죠. 이런 일이 관념 연합입니다. 자라 보고 놀란 가슴 솥뚜껑 보고 놀라는 것도 유사성 때문입니다. 두 번째는 인접성입니다. 평소에 근처에 있던 게 떠오르는 거예요. 연기를 보면 불이 떠오르지요. 세 번째가 인과성입니다. 원인-결과 관계죠. 우리가 주로 살펴볼 게 인과성인데, 인과성은 어떤 것을 봤을 때 그것의 원인이나 그것의 결과에 대한 관념이 떠오르는 쪽으로 진행되는 것을 말합니다. 무더위를 생각하면 땀이 생각나는 게 인과성 때문입니다. 흄이 관찰한 바에 따르면 우리가 지니고 있는 건 관념들이고, 그 관념들은 알게 모르게 이합집산을 하는데, 크게 세 가지 방식으로 연합이 이루어집니다. 그 방식이 유사성, 인접성, 인과성입니다.

관념 연합은 꼭 그래야만 하는 법칙을 따르지는 않습니다. 셋 모두 수학적인 의미의 필연성이 없어요. 우리가 어떤 관념을 지니게 됐을 때, 그 관념이 탄생한 데는 필연적인 근거가 없다는 것이죠. 비슷한 걸로 이동한다고 할 때 왜 여기서 하필 저기로 가느냐, 인접한 것으로 이동한다고 할 때 인접한 건 많은데 왜 이것에서 하필 저것으로 이행하느냐, 이런 걸 설명할 수 없습니다. 설명하기 위해서 최종적으로 검토하는 게 인상인데, 그 인상들을 점검해보니 어떤 필연적인 법칙이 있는 게 아니라 제멋대로 만들어지더라, 하는 게 흄이 관찰한 내용입니다.

여기서 가장 중요한 게 인과성입니다. 자연과학도 인과법칙에 따라 설명되고, 추론도 인과적으로 이루어집니다. '콩 심으면 콩 난다'처럼 원인에 따른 결과가 보장되어야만 농사를 지을 수 있겠죠. 그럼 인과적 필연성이라고 부를 만한 것이 있느냐? 관념 연합이 일어날 때, 원인과 결과 사이에 필연적 연결이 있느냐? 어떤 원인이 있을 때 어떤 결과가 반드시 일어난다, 늘 일어난다, 예외 없이 일어난다는 게 필연성인데, 그런 인과의 필연성을 흄은 의심했습니다. 다른 말로 하면, 세계 속에 인과관계가 있느냐, 우리가 그렇게 믿건 아니건 상관없이 객관적으로 인과적인 진행이 일어나느냐를 물은 겁니다. 우리가 직접 경험하는 것들에, 한 인상에서 다른 인상으로 옮겨 가고 한 관념에서 다른 관념으로 옮겨 가는 데 필연적인 법칙이 있는지 탐구한 것입니다.

대표적으로 당구공의 예가 많이 사용됩니다. A라는 당구공이 B라는 당구공에 부딪히면, B가 움직이기 시작합니다. 뉴턴의 운동 법칙에 따르면 그렇죠. 이때 우리는 '반드시 그러냐?'라고 물을 수 있죠. 흄의 답변은 이겁니다. 우리는 그걸 확인할 수 없다. 우리가 아는 것, 우리가 얻은 인상은 A가 B에 부딪혔다는 사실(또는 인상), B가 움직였다는 사실(또는 인상)이다. 이 한 사례에서는 A가 B에 부딪혔을 때 B가 움직였다는 인상을 1회적으로 얻을 수 있습니다. 그런데 항상, 반드시 그러하냐? 그건 인상 속에서는 얻을 수 없다는 거죠. 인상은 1회적인 경험이기 때문에 늘 반드시 그렇다는 게 보장되지 않습니다. 이게 필연적인 연결, 필연적인 결합과 관련해서 생겨나는 문제점입니다. 우리가 아무리 인상들, 즉각적인 경험들을 들여다봐도, 그 경험들 바깥에 있는 것들에 대해서는 확신을 얻을 근거가 없다는 거예요. 들뢰즈는 이걸 경험론의 비밀이라고 부르면서, '관계는 항들 속에 없다'라고 요약합니다. A의 인상을 아무리 들여다봐도, 또 B의 인상을 아무리 들여다봐도, 그 각각에는 A와 B의 관계는 없다는 거예요.

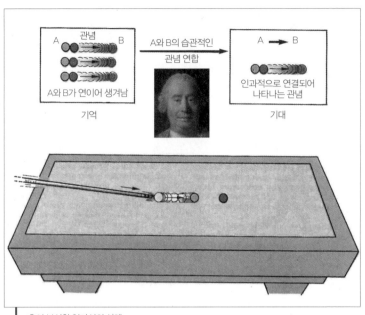

흄이 분석한 인과성의 실체

흄은 '늘', '반드시' 같은 말들은 우리 경험과 만나는 지점이 아니라고 합니다. 그런 것들은 관계입니다. 흄은 다른 데서 귀납추리도 비판하는데, 이와 비슷한 맥락입니다. 흄의 모든 얘기는, 인상은 그 인상을 뛰어넘는 것에 대해서는 아무것도 보증해주지 못한다는 거예요. 우리가 경험하지 않은 것에 대해서도 정보를 주고 확실성을 줄지 보장하지 못한다는 게 핵심입니다. 귀납추리가 그렇거든요. 지금까지는 맞지만, 앞으로도 맞을 거라고 보장하지 보장하지 못합니다.

검은 스완black swan의 시례기 그렇죠. 지금까지 관찰한 모든 스완이

검은 스완은 흄의 귀납 분석의 사례로 유명하다.

하얀색이라는 특징이 있습니다. 그런데 다른 모든 특징은 똑같은데 색깔만 검은색인 스완이 있을 수 있거든요(백조라고 번역을 안 하는 이유를 알겠죠? 백조라고 하면 '하얀 새'라는 의미가 포함되니까). 지금까지의 경험, 인상들 가운데는 검은 스완에 대한 지지도 반증도 있을 수가 없습니다. 그래서 흄의 추론은 이래요. 모든 스완은 하얗다는 귀납추리의 진술은, 잠정적으로만, 확률적으로만, 개연적으로만 참이고, 필연적으로 참인지는 알 수 없다. 그래서 우리가 세계에 대해 갖게 되는 모든 앎은 개연성의 수준에 머물 뿐 필연적인 수준에 갈 수 없다는 겁니다.

흄은 세계에 대한 앎을 얻을 때 확실한 참을 주장할 수 없다는 걸 '증명'했습니다. 이런 점에서 회의주의자라고 평가되었던 거죠. 이건 절망적인 이야기입니다. 데카르트 이후 모든 근대철학이 확실한 앎을 얻으려 했거든요. 그걸 보장받고 싶어 했어요. 그래야 자연과학이 사니까. 근데 흄은 그걸 철저하게 깨부순 겁니다. 원리상 인간으로서 확실한 앎에 이를 수 없다는 걸 증명했으니까요. 그러니까 난리가 나죠. 우리가 가진 모든 인상과 관념은 앞으로 있게 될 인상과 관념에 의해 언제든 반박될 수 있습니다. 이게 흄이 발견한 엄청난 진실입니다. 이 점에서 우리의 지식 전반을 허물어뜨리는 작업일 수 있는 거죠.

세상에 대해 안다, 이해한다고 할 때 겸손해야 합니다. 우리의 지성에는 한계가 있으니까요. 지성이 있다고 깝죽거리면 안 된다고 흄이 입증한 셈입니다. 이게 유명한데, 유사성, 인접성, 인과성도 비슷한 식으로 비판합니다. 신도, 자아도 비판합니다. 자아도 그때그때의 확실성은 있지만, 어느 시점부터 일정 기간 유지되는 자아는 인상 속에서 찾을 수 없습니다. 우리는 관념 연합을 하고 있지만 잘못된 방식으로 할 수도 있습니다. 관념 연합은 제멋대로니까요. 그러나 이게 끝이 아닙니다. 시작에 불과합니다. 지금까지 설명한 것은 인간 본성의 한 특징입니다. 하지만 인간에게는 다른 본성도 있어요.

자아는 상상이 만들어낸 관념들의 다발일 뿐

대표적인 게 습관, 관습입니다. 인간 본성 중 하나는, 어떤 일이 반복되면 그게 굳어진다는 겁니다. 우리는 그걸 습관이라고도 부르고 관습이라고도 불러요. 인간의 관념 연합과 관련해서도, 비슷한 일이 계속 반복되다 보면 빈드시 그럴 거리고 확신히는 습관이 형성됩니다. 습관을 형성하는 경향성, 본능, 성향 같은 것들이 인간 본성의 또 다른 측면이라고 흄은 말합니다.

관념 연합도 인간 본성이었죠. 그런데 관념 연합 분석에서 한 걸음 더 나아가면 '반드시', '늘' 같은 추론으로 넘어가는 것도 인간의 본성이라는 거죠. 유사한 일이 반복되면, 어떤 인상 다음에 다른 인상이 나타나는 일이 되풀이되면, (a_1, b_1), (a_2, b_2), (a_3, b_3)가 계속되다 보면 a 다음에는 b가 반드시 나타난다고 확신하게 된다는 겁니다. 흄이 발견한 중요한 점 중 하나가 이겁니다. 왜 인간의 마음에서 이런 일이 일어나느냐? 여기에 답하긴 어려워요. 왜 그런지는 몰라요. 하지만 그런 일이 일어난다고 관찰 결과를 보고할 수는 있습니다. 살펴보니까 그렇더라. 인간은 그렇게 되어먹었더라.

앞에서 자연과학의 방법을 적용했다고 했는데, 그거랑 비슷합니다. 자연이 왜 그렇게 되어먹었는지 이유는 알지 못해요. 하지만 자연과학의 탐구를 통해 자연이 그렇게 되어먹었음을 알게 되었죠. 비슷하게, 인간을 탐구해봤더니 인간이 이렇게 되어먹었다는 게 확인됩니다. 이걸 부인하려면 인간이 그런 존재가 아니라는 반례를 드는 수밖에 없어요.

텍스트에서 말하고자 하는 게 그겁니다. 인과성이라는 게 왜 생겨나고, 어떻게 비판받고, 대안은 뭐냐? 무엇이 인간의 지성을 대신할 수 있느냐? 이런 것을 묻고 있습니다. 이제 우리가 과거의 반복에서 유래하는 모든 것을 관습^{custom}이라 부름으로써 우리는 새로운 추론이나 결

2장 앎의 싸움
141

론 없이도 다음을 하나의 확실한 진실로 확립할 수 있다. 즉 현재의 그 어떤 인상에 뒤따르는 그 어떤 믿음[belief]도 오로지 그러한 근원[=관습]에서 온다는 것을 말이다. 우리가 어떤 경험을 했어요. 그다음에 뭐가 올 거라는 믿음의 내용은 아직 인상을 지니고 있지 않습니다. 미래에 일어날 일일 뿐이죠. 그럼 그 믿음은 무엇에서 비롯된 거냐? 습관, 관습에서 비롯되었다고 흄은 말합니다. 하나의 인상을 얻었을 때 다른 관념으로 이행케 하는 원리가 관습이라는 겁니다. 우리가 두 개의 인상이 서로 결합되어 있음[conjoined together]을 보는 데 익숙해질 때, 그 어느 한 인상의 출현 또는 관념은 즉각 우리를 다른 인상의 관념으로 데려간다. 어떤 걸 딱 보면, 혹은 떠올리면 다음 관념으로 옮겨 간다는 얘기죠. 이건 우리 관념 속에서, 마음속에서 일어나는 일이었습니다. 하지만 대상들에서는 그 어떤 상호 연결[connexion together]도 발견되지 못한다. 이 문장은 이렇게 이해하면 됩니다. 즉, 대상과 만나는 걸 인상을 지니는 거라고 했는데, 그건 1회적이기 때문에 다음으로의 '이행'을, 텍스트에서는 '연결'이라고 했는데, 그 이행 또는 연결을 대상에서 찾아낼 수 없다는 얘기입니다. 우리는 단편적이고 1회적인 인상들만을 계속 만날 뿐입니다. 그다음에 어떤 일이 일어날지는 다음에 겪어봐야 알아요. 그런데 겪기 전에도 그쪽으로 이미 생각이 가 있다는 거죠. 그렇게 되는 원인을 대상 속에서 찾을 수는 없지만요. 또한 우리가 어느 하나의 출현에서 다른 하나의 실존으로 추론을 끌어낼 수 있는 것은, 상상[imagination]에서 작동하는 관습 말고 다른 어떤 원리에 의해서도 아니다. 상상에서 작동하는 '관습'이 우리가 어떤 걸 경험했을 때 다른 관념의 출현을 끌어내는 유일한 원리라는 거죠. 관습이 핵심인데, 여기서 상상이라는 말도 주목해야 합니다.

오늘날 '상상력'이라는 말도 많이 하는데, 17~18세기 근대철학자들에게 상상은 꼭 인간이 지니고 있는 '능력'일 필요는 없었어요. 그저 상들이 서로 이합집산하는 것 자체가 상상이었어요. 상들이 만들어지고 변형되는 게 상상이었어요. 우리의 의도와 무관하게 생각들이 계속 머릿속에서 오가요. 관념들이 계속 이합집산해요. 이런 일들 전반이 상상이라고 불렸어요. 인간의 능력이기보다는 인간 속에서 일어나는 현상입니다. 관념 연합은 상상과 다른 뜻이 아닙니다. 상상의 법칙과 관념 연합의 법칙은 같은 거예요.

심지어는 이렇게까지 말할 수 있어요. 우린 저런 상들을 담고 있는 마음, 정신을 상정해요. 영어로는 'mind', 'self', 'ego'라고 하죠. 고정된 그릇 같은 정신, 마음, 자아가 있고, 관념들과 상들이 모여 있다가 몇 개가 빠져나가고 몇 개가 새로 들어오는 식으로, 그 안에서 벌어지는 일이 상상이라고 생각하는데, 흄의 주장은 그릇이 없다는 겁니다. 그걸 묶어둘 수 있는 그릇이 없어요. 마치 구름 같아요. 흄의 표현에 따르면 '무대 없는 연극'입니다. 담을 수 있는 그릇 없이, 안에 담긴 내용물만 있다는 거죠. 구름은 그릇 없이 물방울들이 모여 형성됩니다. 그런 구름과 같은 게 마음이고 정신이고 자아라고 흄은 생각한 거죠. 관념들이 서로 뭉쳐 있다가 흩어지는 걸 마음이라고 부를 뿐, 실체는 없다는 겁니다. '관념들의 다발'이라고도 표현하는데, '마음(정신)'과 '관념들의 다발'과 '상상'은 동의어나 마찬가지입니다. 그릇이 있다면 동의어가 될 수 없죠. 그릇이 마음 또는 정신과 같은 게 될 테니까. 그릇이 없다면 남는 것들은 떠 있는 관념들밖에 없습니다. 마음=관념들의 다발=상상.

상상이라는 말이 오늘날 우리가 사용하는 방식대로 규정된 것은 칸트에 가서입니다. 칸트는 상상을 우리의 능력으로 만들었습니다. 그 전까지 상상은 우리의 능력이라기보다는 우리한테서 일어나는 일, 이합집산하는 생각이나 작동 자체입니다. 꼭 기억해두세요. 내가 볼 때는 이게 더 맞는 게, 우리가 아무리 상상력이 중요하다고 강조해도, 상상력을 어떻게 계발하느냐는 문제를 마주했을 때, 우리가 할 수 있는 일이 별로 없어요. 우리의 능력이라면 그걸 계발해서 발전시킬 수 있어야 하는데, 상상은 뜻대로 되지 않아요. 의도 밖으로 자꾸 나가는 게 상상의 힘이거든요. 틀에 박힌 길을 따르지 않는 것. 이건 상상의 본성과 관련됩니다. 이런 본성을 가장 잘 파악한 게 흄이었습니다.

상들이 모이고 흩어지고 하는데 어떤 것과 다음 것이 반복되면 관습이 형성되고 필연성이 부여됩니다. 상상의 작동도 웃기는 일이지만, 반복되었을 때 새겨져서 형성되는 습관과 관습도 정체가 웃깁니다. 왜냐하면 다른 반복 속에서는 다른 습관이 형성되거든요. 다른 습관이 형성되지 않고 특정한 습관이 형성되는 까닭은 뭐냐? 이것도 굉장한 우연이죠. 그냥 걔네가 반복되기 때문에 그렇게 되는 것일 뿐이에요. 어떤 반복이 일어나느냐가 필연적인 게 아니고 제멋대로이기 때문에, 어떤 습관이 형성되는지도 제멋대로입니다.

다만 흄은 이 부분에서 그렇게까지 제멋대로는 아니라고 덧붙여요. 필연성과 확실성은 없지만, 자연 전반이 대체로 우주 진화의 전체적인 흐름 속에서 서로 조정되어가면서 형성되었다는 걸 감안하면, 조정 과정에서 어울리지 않는 건 떨어져 나갔고 지금 존재하는 것들은 어울리는 것들이라는 거예요. 우리가 세계에 대해 확실하게 아는 건 아닐지라도 세계가 대체로 자연과학에서 발견한 규칙에 따라 움직이는 건 그럴 법합니다. 흄은 자연 전체가 유니폼^{uniform}하다고 표현하는데, 세계가 어떠어떠하다는 우리의 앎, 즉 우리에게 형성된 습관은 세계 자체의 본모습은 대체로 한결같다는 겁니다. 이게 자연주의자로서의 흄의 면모입니다.

확실성은 없지만 '아마도 대체로 그러할 것'이라고 믿으면서 우리는 세상을 살아갑니다. 인간적인 습관 말고도 비인간적인 동식물이나 광물에서도 습관을 찾아볼 수 있습니다. 어떤 것 다음에는 대체로 어떤 일이 벌어지는 걸 볼 수 있습니다. 자연물들도 대체로 그런 습관을 지니고 있고, 인간의 마음도 그러합니다. 그런 의미에서, 세계는 습관들이에요. 습관은 인간적 현상에 국한되지 않습니다. 반복이 계속되면서 형성된, 그렇게 되리라 하는 경향성이 습관이니까요. 결국 자연주의란 확실성과 필연성이 없을지라도 자연은 한결같을 것이라는 믿음입니다. 자연은 그다지 쉽게 배신하지 않는다는 거죠.

인간은 누구나 조금씩 미쳐 있는 존재

━

이제 흄은 한 걸음 더 나아갑니다. 그래서 모든 개연적 추론^{probable reasoning}

은 일종의 감각sensation에 불과하다. 우리가 자신의 취향taste과 느낌sentiment 을 따라야만 하는 것은 시나 음악에서만 아니며, 철학에서도 마찬가지 이다. 추론에서도 취향이나 느낌이나 감각이 중요한 역할을 한다는 얘 깁니다. 굉장히 놀라운 주장이에요. 그 전까지는 추론 과정의 필연성이 가장 중요했거든요. 수학적인 증명을 받아들이는 이유는, 그 단계 단계 가 필연적이기 때문입니다. 그러나 그런 논리적인 필연성은 세계 속에 없기 때문에, 세상 일을 판단할 때 우리는 우리 속에 있는 취향, 느낌, 감각에 의지한다는 거죠. 앞에서 보았던 니체의 주장이 떠오르지 않나 요? 니체는 맛과 취향을 강조했죠.

다음 문장도 재미있습니다. 내가 어떤 원리를 확신할 때, 나를 더 강하게 내리치는 것은 오직 관념이다. 내가 일단의 논증들을 다른 논증 들보다 선호할 때, 나는 그 논증들이 지닌 영향력의 우세함에 대한 내 느낌에 따라 결정하는 것일 뿐이다. 영향력의 우세함이라고 표현했어 요. 영향력이 세다고 느끼는 걸 내가 받아들인다는 거죠. 더 설득력이 있는 걸 받아들이는 거지 필연적이기 때문에 받아들이는 게 아니라는 겁니다. 그게 우리가 세상에 관한 지식에 대해 할 수 있는 말의 전부입 니다. 그도 그럴 것이, 세계 속에 필연성이 존재하는 건 아니라는 걸 증 명했기 때문에, 세계 속에 필연성이 없다면 우리 안에서 생겨나는 개 연성과 확률 가운데 우리에게 더 호소하는 것에 굴복할 수밖에 없지 않느냐는 겁니다. 인간은 먼저 확신하고 나서 사후에 정당화하는 동물 입니다.

마지막으로 습관과 관념 연합의 특징을 조금 더 보겠습니다. 습관 과 관념 연합은 사실상 제멋대로라는 특성을 갖습니다. 습관은 상상 다음에, 관념 연합 다음에 옵니다. 습관은 반복이 있은 후에 형성됩니다. 그래서 습관은 바뀔 수 있습니다. 습관이 상상과 관념 연합을 지배할 수는 없습니다. 순서상 그래요. 습관이 그걸 규제하거나 지도하는 게 아니라 상상과 관념 연합이 습관을 만들어내는 것이기 때문에, 이 습관을 지니게 될지 저 습관을 지니게 될지 미리 알 수 없습니다. 필연성도 없고 꼭 그 습관을 지녀야 할 근거도 없어요.

상상 또는 관념 연합의 본성은 뭐냐? 유사성, 인접성, 인과성은 습관적인 거예요. 관념이 등장했을 때 다른 관념으로 가는 데는 유사성, 인접성, 인과성 같은 습관을 주로 따라갑니다. 이 세 가지 역시 습관의 일종이기 때문에 상상이나 관념 연합의 본성을 설명해주진 못해요. 그럼 그것의 본성은 뭐냐? 흄의 용어로, '상상'과 '공상'과 '망상'은 거의 같은 뜻입니다. 제멋대로 뻗어나가는 게 상상의 특징이고, 관념들이 우리 마음을 형성할 때 일차적으로 그런 식입니다. 어떤 관념이 있으면 어딘가로 뻗어나갑니다. 그런데 뻗어나가는 방향이 미리 주어진 게 아니라, 제멋대로 뻗어나갑니다. 이게 인간 상상의, 관념 연합의 특징입니다. 미친 생각들이 한없이 뻗어나가는 건 인간이 원래 그렇게 되어먹었기 때문입니다. 인간은 본래 그런 존재입니다. 상상은 습관이나 특정한 법칙들에 따라 한정되는 측면이 분명히 있지만, 언제든지 그 바깥으로 벗어날 수 있는 본성도 동시에 있습니다. 둘 중 더 근본적인 것은 '넘쳐남'이라고 흄은 결론 내립니다.

물론 모든 흄 연구자나 독자가 내가 소개한 방식으로 읽는 건 아니에요. 규범성이나 사회질서를 좋아하는 미국 사람들은 이렇게 읽으면 잘못된 독서라고 합니다. 그런데 흄의 텍스트를 보면, 인간 정신은 원래부터 미쳐 있다고 결론 내리고 있습니다. 흄에 따르면 광기는 정상 상태입니다.

이 측면 말고도 정념이라는 주제를 보면, 흄은 편파성이 인간의 특징이라고 합니다. 왜 편파성이 인간의 본성이냐? 인간 본성은 공감 능력을 바탕으로 하는데, 그것 때문에 편파성이 형성됩니다. 이건 말이 안 되는 거 같거든요. 그런데 우리 가족을 옆집 가족보다 더 사랑하는 건 공감 능력 때문입니다. 가까이 있는 것에 대해서는 더 가까이 느끼고 멀어질수록 공감이 약해지는 게 공감 능력의 특징입니다. 그래서 인간은 편파적일 수밖에 없어요. 미묘한 얘기인데 맞는 말이에요. 인간은 원래 공감 능력이 있고, 그것도 약간 미친 거예요. 가까이 있다고 거기에 끌리는 게 꼭 그래야만 하는 타당한 이유가 없잖아요. 그런데 그렇게 되어먹었으니까. 공감은 편파성과 배타성을 낳는 원동력입니다. 엄청난 통찰 아닌가요?

그래서 도덕철학으로 가게 되면, 그렇게 되어먹은 존재들이 모여서 어떻게 사회를 만들 것이냐가 매우 중요한 과제로 등장합니다. 이 주제도 재미있지만 지금 다루지는 못해요. 오늘은 세계에 대한 앎과 인간의 마음에 초점을 맞췄습니다. 세계에 대한 필연적 지식을 얻는 건 인간으로서는 불가능한 일이고, 인간의 마음은 관념들이 제멋대로 뻗어나간다는 특성으로 규정될 수 있다, 정도로 흄을 정리하겠습니다.

Q 생각, 인상, 관념은 어떻게 다른가요? 좀 유치한 질문인가요?

A 내 어딘가에 생각들이 가득 들어 있어요. 생각 하나하나를 관념이라고 불러요. 정확하게는 생각들이 들어 있는 '나'가 별도로 있진 않아요. 그냥 생각들의 모임인 거죠. 그런 모임이 있어요. 이때 조금 더 생생한 생각이 '인상'이고 덜 생생한 생각이 '관념'이에요. 나는 인상과 관념의 집합이에요. 다른 건 하나도 없어요. 그런데 인상과 관념은 실제로 구별하기 어렵기 때문에 모든 건 관념이라고 할 수 있어요. 오해할 수 있는 게, 내가 몸도 갖고 있다고 생각할 수 있는데, 몸이라는 것도 내가 만지고 봐서 아는 거지만, 그것들도 다 생각이나 관념으로 나한테 와요. 내가 외부 세계와 만나더라도 다 신경 신호로 바뀌어서 나한테 오는 거예요. 만질 수 있는 건 관념이 아니라고 생각할 수 있겠지만, 결국은 촉감을 통해 내 안에 들어와 있는 관념일 뿐이에요. 그 밖에 다른 것이 있는지는 몰라요. 그럼 그 관념들이 어떤 식으로 움직일까요? 나는 과거의 반복된 경험에 의해 앞으로도 이러저러하리라고 생각하게 돼요. 이 반복이 관념 연합 또는 상상이고, 그것에 의해 습관이 형성돼요. 하지만 그다음에도 꼭 그럴 이유는 없어요. 다른 반복이 있게 되면 다른 습관이 형성돼요.

Q 이번에 배운 내용과 지성은 어떻게 연결될 수 있나요?

A 보통 철학에서 지성은 아는 능력을 가리켜요. 지성을 통해 확실하고 필연적인 앎을 얻을 수 있다고 보았지만, 흄은 지성에 그런 능력이 없다고 논증한 거죠. 기껏해야 그럴듯한 앎을 얻을 뿐이지요. 지성에 전적으로 의존해왔던 사람들에겐 실망스럽겠지만, 인간에게는 다른 능력이 있고, 이 능력으로 제도와 사회를 건설해갈 수 있어요. 지적인 게 전부라는 주장에 대한 가장 강력한 비판입니다. 취향이나 느낌에 의거하고 있었다는 거죠. 흄은 최고의 과학철학자입니다.

Q 인과를 부정한다는 흄의 주장에 대해 후대의 비판이 없었나요?

A 당연히 아니죠. 당장 뒤에 다룰 칸트가 비판하고 나서거든요. 흄은 최종적인 근거가 인상이라는 건데, 인상 말고 다른 것에 기댈 수 없는지 더 물어볼 수 있어요. 인상을 출발로 삼지 않은 칸트는 다른 전제에서 출발해요. 물론 칸트한테도 그 전제를 질문할 수 있어요.

철학자마다 서로 다른 출발점을 전제해요. 따라서 우리는 철학사를 공부하면서 그 전제들을 물어볼 수 있는 거죠. 하지만 이렇게 되면 흄의 입장이 더 그럴듯해져요. 우리한테 가장 그럴듯한 전제가 뭐냐가 관건이 되니까요. 특정 철학자를 선호한다 할지라도 그건 나한테 우월하게 느껴지기 때문에 그런 것일 뿐이죠.

Q 만들어진 습관 또는 관습이 안전한 상태라고 하면 그것이 오히려 상상을 방해하는 것 아닌가요?

A 우리가 알고 있는 가장 좋은 방법이 상상을 가로막는 가장 위협적인 방해물이죠. 따라서 그런 부분을 풀어놓는 것이 원래 상상의 작용에 다가가는 길입니다. 철학을 하는 이유가 모든 것을 의심하고 질문하는 것이니까, 이런 비판적인 태도가 우리를 개방시켜줄 겁니다. 자꾸 방법을 제시하면 그게 우리를 다시 제한할 거예요.

이제 우리가 과거의 반복에서 유래하는 모든 것을 관습(custom)이라 부름으로써 우리는 새로운 추론이나 결론 없이도 다음을 하나의 확실한 진실로 확립할 수 있다. 즉 현재의 그 어떤 인상에 뒤따르는 그 어떤 믿음(belief)도 오로지 그러한 근원(=관습)에서 온다는 것을 말이다. 우리가 두개의 인상이 서로 결합되어 있음(conjoined together)을 보는 데 익숙해질 때, 그 어느 한 인상의 출현 또는 관념은 즉각 우리를 다른 인상의 관념으로 데려간다. 〔…〕 대상들에서는 그 어떤 상호 연결(connexion together)도 발견되지 못한다. 또한 우리가 어느 하나의 출현에서 다른 하나의 실존으로 추론을 끌어낼 수 있는 것은, 상상(imagination)에서 작동하는 관습 말고 다른 어떤 원리에 의해서도 아니다. 〔…〕 그래서 모든 개연적 추론(probable reasoning)은 일종의 감각(sensation)에 불과하다. 우리가 자신의 취향(taste)과 느낌(sentiment)을 따라야만 하는 것은 시나 음악에서만 아니며, 철학에서도 마찬가지이다. 내가 어떤 원리를 확신할 때, 나를 더 강하게 내리치는 것은 오직 관념이다. 내가 일단의 논증들을 다른 논증들보다 선호할 때, 나는 그 논증들이 지닌 영향력의 우세함에 대한 내 느낌에 따라 결정하는 것일 뿐이다.

—『인간 본성에 대한 논고』 1권 3부 8절

6 모든 인식은 틀을 통해 성립한다_ 칸트

Immanuel Kant, 1724~1804

독단의 잠에서 깨어나 서양 근대철학을 완성했나?

━

이제 그 유명한 칸트를 보겠습니다. 철학의 문외한도 유명한 철학자를 대보라고 하면, 세 손가락 안에 꼽을 거예요. 플라톤, 칸트, 니체는 워낙 유명하니까요. 그만큼 중요한 철학자입니다. 18세기 후반에 엄청난 작업을 했고, 분야와 범위도 상당히 방대합니다. 칸트 한 사람만 다뤄도 한 학기가 지나가죠. 아니, 한 학기도 모자랍니다. 오늘은 그중에서 '인식은 어떻게 성립하나'라는 주제를 보겠습니다.

칸트가 태어난 쾨니히스베르크는 지금은 러시아 땅인데, 당시에는 프로이센 지역이었습니다. 프로이센이 독일의 전신이라 칸트는 독일 철학자로 분류합니다. 칸트는 상당히 경건한 분위기에서 자랐습니

2장 앎의 싸움

153

다. 그 도시는 종교적인 관용이 있던 곳이었어요. 이런 분위기는 사상이 자라는 데 중요한 바탕입니다. 칸트가 주로 활동했던 시기의 왕은 계몽군주 프리드리히 2세였습니다. 왕이지만 법치주의를 펼쳤고 종교적인 관용이 있었습니다. 그 후계자가 프리드리히 빌헬름 2세인데, 이 사람은 종교 칙령을 발표해서 종교에 대한 관용을 마감했습니다. 그래서 칸트가 종교에 대한 글을 발표했을 때 협박을 당했고, 왕이 살아 있을 때는 종교에 대한 글을 발표하지 않겠다고 공언하기도 합니다. 그러다가 왕이 죽자 바로 종교에 대한 책을 발표했고요. 그런 거 보면 서양에서 철학자들이 종교와 빚은 갈등이 매우 컸다는 걸 확인할 수 있습니다.

칸트는 커피와 담배를 상당히 즐겼고, 당구도 잘 쳤다고 해요. 사교적인 수완이 있었고 여자들과 교제도 많이 했습니다. 미혼으로 생을 마감했는데, 결혼을 못 한 걸까요, 안 한 걸까요? 칸트의 사생활은 매우 소박했습니다. 시계처럼 정확하게 산책했다는 일화는 유명하죠. 어느 날 하루는 산책을 안 했다고 해요. 루소의 『에밀』을 탐독하다가 산책시간을 놓쳤습니다. 그만큼 루소한테 많은 영향을 받았다는 뜻이기도 합니다.

늦은 나이, 마흔여섯에 비로소 교수로 임용됩니다. 1770년이었습니다. 그 직후에 엄청난 작업들을 줄줄이 해내는데, 우리에게 가장 잘 알려진 책이 1781년에 출간된 『순수이성비판』입니다. '인간은 무엇을 알 수 있는가'라는 주제를 다루었다고 요약됩니다. 이 책은 난해한 것으로 유명했고, 1787년에 대폭 수정한 B판이 출간됩니다. 그 직후 1788년에 『실전이성비판』이 나옵니다. '우리는 무엇을 해야 하는가'라는 주제를 다룹니다. 1790년에는 『판단력비판』이 나오는데, '우리는 무엇을 바라도 좋은가'를 탐구합니다. 앎과 실천과 희망이 칸트 3비판서의 주제입니다. 그 밖에도 역사나 개인과 국가 간의 문제 등에 관해 글을 발표합니다. 특히 칸트의 강의 중에 유명한 것은 지리학 강의였습니다. 칸트는 자기 고향에서 100마일 밖으로 벗어난 적이 없습니다. 100마일이면 160킬로미터죠, 그 바깥으로 가보지 않았는데 세계지리 강의에서 유명했다고 하니 아이러니하죠. 그 외에 교육학 등 다양한 분야를 강의했습니다.

칸트는 루소를 비롯한 당시 프랑스의 계몽주의와 뉴턴의 물리학에 영향을 많이 받았습니다. 근대 초기, 17세기 철학자들이 갈릴레오의 역학에 영향을 많이 받았는데, 칸트 시절엔 뉴턴이 근대물리학을 완성했습니다. 당대 지식인이라면 대개 그랬듯이, 칸트는 근대 자연과학의 발전에 매혹됐고 실제로 연구도 많이 했습니다. 또 흄의 회의주의에도 영향을 많이 받았습니다. 칸트는 "흄에 의해 독단의 잠에서 깨어났다"라는 유명한 말을 남겼습니다. 여기서 '독단의 잠'은 대륙의 이성론을 가리킵니다. 이성의 우월성에 대한 흄의 비판을 받아들였던 겁니다. 그 상황에서 칸트는 새로운 철학적 과제, '그렇다면 우리가 알 수 있는 것은 무엇이냐'를 고민했습니다. 특히 과학자들의 작업이 어떤 정당성이나 근거를 갖고 있는지 물어야 하는 상황이었습니다. 흄에 따르면 정당성을 가질 수 없거든요. 이 상황에서 칸트는 앞선 세대, 즉 16~18세기 철학 전체를 비판하는 과업의 필요성을 느낀 거죠.

서양철학사를 처음 배우면, 근대철학에서 칸트가 최고인 것처럼 여겨집니다. 그 까닭은 앞선 두 중요한 흐름을 종합해서 해결했다고 이야기되기 때문입니다. 한 흐름은 데카르트에서 이어진 이성론이고, 다른 흐름은 로크, 버클리, 흄으로 이어지는 경험론입니다. 칸트는 이 두 흐름을 종합했다고 평가받는 거죠. 그래서 칸트가 '갑'으로 추앙받습니다. 여기서 우리가 유의해야 할 점은, 이런 식의 철학사적 종합은 칸트 자신이 내세운 주장이라는 점입니다. 자기 철학은 이쪽의 장점과 한계, 저쪽의 장점과 한계에서 버릴 건 버리고 취할 건 취했다는 거죠. 근데 그건 칸트 자신의 진술일 뿐입니다. 칸트 철학의 전모를 가장 잘 알려주는 짧은 책으로는 F. 카울바흐 F. Kaulbach가 지은 『임마누엘 칸트』가 있습니다. 대학교 때 감명 깊게 읽었는데, 최근에 새로운 판으로 출간되었습니다.

이성이냐 감각이냐, 앎의 기원은 어디인가?
—

예를 들어 이성 자체가 광기고 제멋대로 상상하는 게 인간 본성이라는 흄의 통찰을 받아들이면, 칸트처럼 이성을 다시 종합해서 필연성이나 정당성을 부여하려는 작업은 퇴보로 보일 수 있어요. 나는 근대철학이 흄과 칸트의 대결이었다고 봅니다. 사실 칸트는 데카르트에서 출발해서 헤겔에 이르는 근대 이성론의 계보에 놓여 있습니다. 칸트 후로는 '독일 관념론'이라고 불리는 19세기 철학이 전개됩니다. 독일 관념론 사조는 피히테, 셸링, 헤겔로 이어지죠.
　　조금 더 들어가보죠. 칸트의 인식론에서 스피노자의 비중은 크지 않습니다. 데카르트-라이프니츠로 이어지는 이성론 계열이 중요하죠. 우리가 뭔가를 안다, 인식한다고 할 때, 그 출처가 뭐냐, 인식이 어디로 부터 성립하냐, 즉 인식의 기원이 칸트가 고민한 문제였어요.

인식(앎)의 문제로 좁혀볼 때 인식의 기원은 두 가지입니다. 첫째 는 우리가 태어나면서부터 지니고 있는 관념입니다. 칸트는 이걸 '선험 적'이라고 부릅니다. 라틴어로는 '아프리오리ᵃ ᵖʳⁱᵒʳⁱ', '앞선다'라는 뜻입 니다. 무엇에 앞서느냐 하면 경험에 앞섭니다. 이성론은 태어나면서부 터 지니고 있는 것 속에서 인식의 재료를 찾을 수 있다고 생각합니다. 대표적으로 여기에 해당하는 게 수학적 지식입니다. 2+3=5라는 지식 은 우리가 경험해보지 않아도 알 수 있습니다. 그런 점에서 이건 선험 적 지식, 선험적 앎입니다.

인식의 기원이 이성이라고 주장하는 입장이 있었죠? 데카르트는 우리 안에 있는 관념 분석에서 시작합니다. 우리 안에는 여러 관념이 있는데, 이건 잘못된 거고 저건 오류고 하며 다 폐기하다가, 내가 속을 지라도 속고 있는 나는 있다는 결론에 이르게 되었지요. 그다음에 신을 개입시켜, 신이 나를 속일 리가 없으니까 우리가 세상에 대해 지니게 되는 맑고 또렷한 정보는 참일 수 있다면서, 자연과학 탐구의 결과들도 앎으로 수용하죠. 그런데 신이라는 존재가 진짜로 증명된 건 아니기 때 문에, 데카르트에게 확실한 건 나라는 존재의 확실성과 수학적 세계밖 에 없었습니다. 맞는 말이죠. 흄도 지적한 것처럼 경험 세계에 대한 지 식은 필연적이라고 볼 수 없지만, 애초부터 머릿속에 있는 지식만큼은 확실한 지식일 수 있는 거죠.

한편 경험론은 경험에서 앎의 출처를 찾습니다. 경험은 다른말로 감각 경험이에요. 즉, 우리의 감각기관을 통해서 들어왔다는 겁니다. 이런 주장을 처음 한 사람은 로크입니다. 흄에 따르면 감각 경험을 통해 받아들인 정보는 필연성을 결여하고 있습니다. 꼭 그래야 할 이유는 없다는 거죠. 인과라든지 귀납이라든지, 미래에 대한 진술이나 경험하지 않은 영역의 앎 같은 것들은 필연성과 확실성이 없습니다. 우리가 필연성의 관념을 갖고 있다는 건, 이유는 모르지만 인간이 본디 그렇게 되어먹었기 때문이라고 흄은 말합니다. 이걸 자연주의라고 했죠. 흄은 인식의 측면에서는 자연에 대해 확실한 앎을 얻을 수 있다는 견해를 박살낸 회의주의자였지만, 그렇다고 해서 흄이 자연세계와 자연 존재인 인간을 부정했느냐 하면, 그건 아닙니다.

거칠게 구분하면, 인식의 기원을 한편에서는 이성에서, 한편에서는 감각에서 찾는 대립이 있었습니다. 이게 칸트가 맞닥뜨린 문제 상황이었어요. 칸트는 이 두 난점, 확실하지만 양에서는 제한된 지식과, 양은 엄청나지만 확실하지 않은 지식 사이에서 일종의 타협이랄까 아니면 모종의 돌파구를 마련하는 임무를 맡게 됩니다.

칸트는 '~는 ~이다'라는 진술을 '판단'이라고 합니다. 칸트는 판단을 두 가지로 구분합니다. 하나는 분석판단이고 또 하나는 종합판단입니다.

어떤 문장이 있으면, 주어 부분과 술어 부분을 나눠볼 수 있습니다. '백마白馬는 희다'라는 진술이 있다고 해보죠. 주어 부분에 들어 있는 정보를 분석했을 때, 술어 부분에 있는 정보가 자연히 도출되는지 보자는 겁니다. '백마'라는 말 자체가 '희다'라는 성질을 포함하고 있죠? 이처럼 주어 안에 술어의 내용이 포함된 명제를 '분석명제'라고 하고, 이 명제가 포함하는 판단을 '분석판단'이라고 합니다. '총각은 결혼하지 않은 남자다' 같은 사례가 많이 언급됩니다. 칸트 자신은 그렇게 생각하지 않았지만, '2+3=5'라는 수학적 명제도 '2+3' 안에 '5'가 들어 있다고 봐서 분석판단으로 분류할 수 있습니다.

한편 종합판단은 주어를 아무리 살펴봐도 술어 안의 특징이 들어 있지 않습니다. 대표적으로 '이 사과는 붉다' 같은 명제죠. 사과라는 말을 아무리 분석해도 '붉다'라는 특성이 들어 있지 않아요. 경험적으로 확인해봐야만 하죠. 이렇게 주어 안에 들어 있지 않은 특성이나 성질이 첨가되어 술어에 나타나는 것을 '종합'이라고 합니다. 왜 종합이냐면, 어떤 것이 보태져서 합해졌기 때문입니다. 우리가 알고 있는 대부분의 지식, 즉 자연과학의 명제는 종합명제이고 종합판단입니다. 우리가 자연을 탐구해서 특성을 알아내는 거죠. 판단 또는 명제를 주어 부분과 술어 부분으로 나눠서, 주어 부분에 이미 포함되어 있느냐 주어 부분에 추가로 보태지느냐를 보고 분석명제인지 종합명제인지 구분할 수 있습니다.

이걸 보면 이성론자의 앎은 분석명제와 관련되고, 경험론자의 앎은 종합명제와 관련됩니다. 이성론자가 생각하는 앎은 주어를 잘 분석하고 관념이나 개념을 잘 분석하면 그것이 가진 특성에서 따라옵니다. 그런 것만 취급 가능합니다. 반면 경험론자가 다루는 건 앎의 확장입니다. 우리가 새로 탐구하면 그 결과가 보태지는 거죠. 각각의 한계를 지적해보자면, 종합명제는 확장성을 지닌 대신 필연성을 결여하고 있고, 분석명제는 확실성을 지닌 대신 확장성을 결여하고 있습니다. 칸트는 어떻게 해야 앎을 확장하면서도 거기에 필연성을 부여할 수 있을지 고민했습니다. 그래야 자연과학이 주는 그 많은 내용이 단단한 토대를 가질 수 있으니까요.

'확실성'은 세계가 아니라 우리 안에 있다

『순수이성비판』의 서문을 보겠습니다. 우리의 모든 인식이 경험과 더불어 시작된다는 것은 의심할 여지가 없다. 이 구절은 경험론을 긍정하고 있습니다. 인식, 지식, 앎은 경험과 함께, 경험과 더불어 시작된다는 겁니다. 이때 인식이란 세상에 대한, 자연에 대한 인식입니다. 그러므로 시간상 우리의 어떠한 인식도 경험에 선행하지는 않는다. 경험에 선행한다는 건 'a priori', 선험이라고 이야기했죠. 시간 순서상 경험 없이 갖게 되는 인식은 없다는 겁니다. 이 두 문장은 같은 뜻으로 이해될 수 있습니다. 경험과 더불어 시작한다, 즉 오감이 세계와 만날 때 지식이 시작한다는 겁니다. 그러나 우리의 모든 인식이 경험과 더불어 시작된다 해서, 바로 그렇기에 그것 모두가 경험으로부터 나오는 것은 아니다. 이 말을 다르게 보면, 인식 모두가 경험으로부터만 나올 순 없다는 건데, 얼마간은 경험에서 나오지만 그렇지 않은 면도 있다는 거죠. 인식의 또 다른 출처가 있다는 겁니다. 칸트는 그것을 '마음의 능력'이라고 생각했습니다. 마음에 내장되어 있는 능력, 선험적 능력이죠.

칸트에 따르면 우리 자신의 인식 능력은 어떤 틀을 내장하고 있습니다. 그 틀을 통해 외부 세계의 경험이 들어옵니다. '틀'이라는 생각이 칸트 아이디어의 핵심입니다. 우리는 외부 세계를 있는 그대로 아는 게 아니며, 특정한 틀을 통해 들어온 것만 알 수 있다는 거죠. 있는 그대로의 세계는 칸트가 '물자체'(또는 '사물 자체')라고 부르는데, 물자체는 인식할 수도 도달할 수도 없습니다.

그러면 우리가 인식하는 건 뭐냐? 물자체에서 출발해서 우리의 인식 능력을 거치면서 우리 안에 들어온 것만 인식합니다. 그렇게 해서 들어온 것을 칸트는 '표상'이라고 부릅니다. 표상은 '현상'이라고도 합니다. 칸트는 표상의 세계, 현상의 세계만 인식 가능하다고 합니다. 시각이 결여된 사람에게도 세계가 있긴 있지만, 시각적인 측면에서는 절대 알 수 없습니다. 색안경을 끼고 세계를 보면 그 색으로 채색된 세계만 보입니다. 그렇게 채색된 세계가 표상입니다. 눈앞에 모기장처럼 격자 모양의 틀이 있다고 생각해보세요. 그러면 세계는 매끈한 것이 아니라 격자로 구획된 어떤 것으로 받아들여지겠죠. 이런 비유들을 통해 칸트가 이야기한 '틀'의 역할을 가늠해볼 수 있습니다.

텍스트를 다시 보면, "경험과 더불어 시작"된다는 건 감성이 발동한다는 겁니다. 감성이 외부세계와 만난다는 얘기죠. 그래야만 세계에 대한 인식이 형성될 수 있습니다. 그런데 그게 전부가 아니라는 얘기는, 지성이 거기에 일조해야, 자기 역할을 해야 비로소 앎이 성립한다는 말입니다. 확실한 인식, 필연적 인식이 일어나는 건 세계 때문이 아니라 나 때문이다. 이렇게 보는 엄청난 발상의 전환이 있었습니다. 그 전까지는 필연성, 확실성을 세계 속에서 찾으려고 했어요. 그런데 흄은 그런 건 없다고 밝혔습니다. 그런데 여전히 우리는 어떤 것에 대해 '확실하다', '필연적이다'라고 하고 있습니다. 그렇게 판단하는 까닭은 우리에게 내장된 능력 때문이라는 게 칸트의 통찰입니다.

이런 식으로 칸트는 진실, 즉 참된 인식의 근거를 세계가 아닌 인간에게 돌렸는데, 이걸 그 스스로 '코페르니쿠스적 전환'이라고 평가했습니다. 본인이 직접 이런 말을 씁니다. 천문학의 비유죠. 자신이 철학에 기여한 부분이 우주론에서의 코페르니쿠스적 전환과 같다는 거예요. 천동설을 지동설로 뒤집었던 것과 흡사한 일을 했다고 생각했던 거죠. 인식의 확실성을 세계 속에서가 아니라 우리 자신 속에서 찾았다는 게 수천 년 철학사를 뒤집는 일이었어요.

그런데 칸트에게 비판적인 사람들은 이게 잘못된 비유라고 말합니다. 왜냐하면 코페르니쿠스는 중심에 태양을 놓고 지구가 그 둘레를 돈다고 생각한 거잖아요. 그런데 칸트는 중심에 인간을 놓고 세계가 인간 둘레를 도는 것처럼 얘기하거든요. 인식이 인간 중심으로 돌아가고 세계 자체는 알 수 없는 영역이다, 인간에게 들어온 것만 알 수 있다는 거죠. 그러니까 사실 비유가 뒤집혀 있어요. 중심에 인간을 놓느냐, 세계를 놓느냐. 분명히 다른 문제입니다. 칸트를 싫어하거나 비판하는 사람들은 이런 문제 제기를 합니다.

칸트의 인식론을 두 개의 문구로 요약할 수 있습니다. 흄에 의해 독단의 잠에서 깨어났다, 그리고 코페르니쿠스적 전환을 통해 문제를 해결했다. 나아가 칸트는 우리가 도달할 수 없는 세계에 대해서까지 알 수 있다고 주장하는 것은 잘못이라고 덧붙입니다. 우리가 알 수 없는 것은 세 가지입니다. 신이 있느냐 없느냐, 불멸하는 영혼이 있느냐, 세계가 유한이냐 무한이냐, 같은 질문은 어떻게 따져봐도 자기모순이 생겨나기 때문에, 아예 알 수 없는 영역으로 퇴출됩니다. 물어서는 안 되는 영역이죠.

우리가 물어볼 수 있는 영역은 현상 세계, 인간과 세계가 만난 다음에, 즉 칸트가 말하는 '경험' 이후에 생겨나는 세계입니다. 나무가 있다고 할 때, 이게 그 자체로 뭔지는 알 수 없어요. 그런데 그것이 우리 감각기관과 만나서 거기에 대응하는 뭔가가 포착됩니다. 감성에서 일어나는 일이죠. 이에 대해 이런저런 특성들이 종합되어 '이것은 초록색 나무다', 즉 '이 나무는 초록색이다'라고 확정하는 일은 지성의 몫입니다. 지성은 감성을 통해 들어오는 재료를 개념화합니다. 여기가 우리의 앎, 인식이 성립하는 지점입니다. 아주 단순화해서 설명했지만, 이 정도로도 충분할 것 같습니다. 우리가 도달할 수 없는 세계와 도달할 수 있는 세계. 칸트의 방식은 전통적으로 제기됐던 인식론의 문제를 일거에 해결하는 듯합니다.

" 내용 없는 사고는 공허하고, 개념 없는 직관은 맹목적이다"
—

이제 두 가지를 짚고 가겠습니다. 우선 물자체의 세계를 왜 상정해야 하느냐, 물어볼 수 있습니다. 그런 게 없어도 되는 거 아니냐? 우리 안에 들어와 있는 것하고만 만나는데 왜 모르는 영역을 전제하느냐? 그거 없어도 된다고 하면 관념론으로 가게 됩니다. 우리 관념이 세계의 전부다, 우리는 그 안에서 모든 것을 인식할 수 있다는 주장이 나오게 되지요. 물자체는 이 문제를 피하기 위해 도입되었습니다.

그런데 우리가 내장하고 있는 '틀'이라는 발상은 상당히 획기적인 거라서 사람들을 매혹시켰습니다. 이 발상은 현대적으로 해석하면, 진화와 연결됩니다. 틀이라는 게 있다고 해도 왜 그런 틀이 있으며, 어떻게 해서 그 틀이 만들어지는가라는 질문이 나올 수 있습니다. 왜 인간은 굳이 필연성, 확실성 같은 개념을 내장하고 있는가? 이런 질문이 나올 때 현대 진화론자들은 진화 과정을 통해, 오랜 세월 자연과의 조화 속에서 인간이 그렇게 형성되었다고 말합니다. 어쨌든 생존이 문제인데, 생존하려면 세계를 알아야 하고, 저것이 자신의 먹이인지 적인지 알아야 하기 때문에, 오랜 시행착오 끝에 우리에게 새겨진 거라고 말하는 흐름도 있습니다.

물자체를 왜 상정해야 하느냐는 칸트 이후의 철학을 이끌어온 핵심 물음입니다. 또한 20세기 중반 진화론이 발전하면서 칸트의 입장을 진화론적으로 해석하려는 생물학자들의 노력도 이어졌습니다. 중요한 두 사람만 소개하면 윅스퀼과 마투라나가 있습니다. 칸트의 통찰이 그렇게 탐구하게끔 길을 열었다고도 볼 수 있습니다.

텍스트의 다음 부분을 조금 더 보겠습니다. 우리의 마음이 그 어떠한 방식에서 촉발되는 한에서 표상을 받아들이는 마음의 수용성을 감성이라고 한다면, 이와 반대로 표상 자신을 산출하는 능력, 즉 인식의 자발성이 지성이다. 감성은 시간과 공간이라는 틀을 전제하는데, 자세히 설명하는 건 복잡하고, 아직 정돈되지 않은 채로 뭔가가 들어온다고 이해하면 됩니다.

표상이라는 단어가 너무 낯설기 때문에 조금 더 부연해서 설명하겠습니다. 표상表象에서 상象은 이미지입니다. 칸트가 말하는 표상은 데카르트, 스피노자, 흄이 말했던 이미지나 관념과 같다고 봐도 돼요. 우리 안에 있는 상이죠. 표상이라는 용어는 일본 사람들이 번역한 건데, 원어인 독일어 '포어슈텔룽Vorstellung'을 통해 이해해보죠. '포어Vor'는 앞이라는 뜻이고 '슈텔룽Stellung'은 놓는다는 뜻입니다. '앞에 놓여 있는 것'이 표상인데, '무엇 앞이냐?'라는 질문이 나올 수 있죠. 인식 주체 앞에 놓여 있고 우리가 처음 만나는 것이 표상입니다. 영어로 'representation'. 're'는 '다시'고 'presentation'은 '제시'입니다. 다시 제시하는 거예요. 물자체의 세계가 'presentation'이라면, 그게 다시 감각기관과 감성을 거치면서 우리에게 제시된 것이 representation이죠. 표상이라고도 옮기지만 '재현'이라고 옮기기도 합니다. 재현은 말 그대로 '다시 나타난다'라는 뜻입니다. 표상은 전통적인 용어로 'idea'와 같습니다.

표상은 현대의 신경학적인 방식으로 풀어 설명하면, 시각을 통해 우리의 신경에 감지된 것, '시각적인 신경 상태'입니다. 신경 상태는 뇌에 의해 해석돼요. 내 앞에 있는 이건 파란색 커버를 씌운 물병이라고 판단됩니다. 이 상황을 더 분석해보면, 두 가지 일이 일어났습니다. 하나는 외부세계가 우리 감각기관을 때려서 뭔가가 형성되는 건데, 이게 표상의 수용적 측면입니다. '감성'을 통해 일어나는 일입니다. 감성은 표상을 받아들이는, 표상이 생겨나게 하는 마음의 수용성입니다. 그런데 뇌가 이걸 해석했어요. '이게 뭐다'라고 표상을 좀 더 다듬는 거죠. 이게 표상을 생산하는 자발성입니다. 이건 '지성'에 의해 수행됩니다. 우리 안에 뭔가가 들어올 때, 잡다한 것으로서 들어온 것도 표상이고, '이게 뭐다'라고 질서가 부여된 것도 표상이므로, 표상은 두 국면을 갖고 있습니다. 둘이 약간 달라요. 어쨌든 표상들로 이루어진 세계가 현상 세계예요. 표상들을 넘어선 세계는 물자체입니다.

우리한테 존재하는 건 다 표상이에요. 그래서 물자체는 있을 수 없다는 주장도 나오는 거예요. 우리가 만날 수 있는 건 표상밖에 없으니까요. 예를 들어 로크는 감각을 통해 우리가 세계를 안다고 했는데, 세계는 우리가 아는 것과 차이가 있어요. 로크는 세계를 통해 우리에게 오는 1차 성질이 있다고 말해요. 그건 양, 크기, 모양 같은 것이에요. 일종의 물리학적 성질입니다. 그게 우리 안에 들어와서 2차 성질을 만들어냅니다. 그건 우리가 느끼는 어떤 것입니다. 색, 질감, 온도 같은 건 원래 이 세계 속에 있는 성질이 아니라 우리한테만 있는 성질이라는 것이지요. 로크만 해도 세계 자체에 미련이 있었어요. 세계에서 와서 우리한테 합성된 거니까 그걸 잘 분해하면 세계에 대해 잘 알 수 있으리라 보았습니다. 이때 로크가 쓴 용어가 'idea' 또는 'representation'입니다.

칸트도 같은 용어를 썼지만, 의미를 다르게 해석했습니다. 로크는 세계를 상정하면서 거기에 영향을 받아서 형성된 게 'representation'이라고 했다면, 칸트는 물자체에 영향을 받긴 하지만 물자체는 절대 알 수 없다는 입장입니다. 물자체와 표상 사이에는 건널 수 없는 심연이 있다고 본 거죠. 그런 점에서 전통적인 경험론자와 칸트가 근본적으로 달라요.

그러면 표상은 어떻게 만들어지느냐? 앞서 잠시 언급한 것처럼, 크게 두 능력이 관여합니다. 그중 하나가 '감성'이라는 능력이고, 또 하나는 '지성'이라는 능력입니다. 감성은 외부세계를 수용하는 능력입니다. 물자체의 세계와 감성이 만나야지 뭔가가 빚어집니다. 지성은 감성을 통해 들어온 것을 한 번 더 틀 지웁니다. 그럼으로써 우리가 '이거다'라고 판단할 수 있게 하는 게 지성의 역할입니다. 지성은 표상 자신을 산출하는 능력, 즉 인식의 자발성입니다.

우리는 물자체 속에 필연성이나 확실성이 있는지는 영원히 몰라요. 물자체는 영원히 알 수 없습니다. 그런데 적어도 표상이나 현상 세계 속에 필연성이 있다고 얘기할 수는 있습니다. 필연성은 세계 속에 있는 게 아니라 우리 자신 속에 있어요. 우리가 세상의 법칙들에 대해 '필연적이다'라고 판단하는 건 당연한데, 그건 인간이 그렇게 생겨먹었기 때문입니다. 그런 판단 형식은 지성 안에 들어 있는 틀 중 하나입니다. 우연적이다, 하나다, 여럿이다, 전체다, 등도 지성의 틀입니다. 인식의 자발성, 인식을 산출하는 부분이 지성입니다.

우리가 지닌 모든 앎은 감성과 지성이라는 능력을 통해 빚어진 초상입니다. 감성과 지성은 항상 협조할 수밖에 없죠. 이 둘의 협조가 인식을 만드니까요. 이때 전자, 감성의 활동을 '직관直觀'이라고 합니다. 직관은 한자어로는 직접 본다는 뜻인데, 말 그대로 그냥 보이는 거예요.

물자체와 감각기관의 만남을 가리켜요. 뭔가를 거치지 않고 직접 만나는 겁니다. 개념은 지성의 측면입니다. 이를 통해 열두 개의 범주가 덧붙여집니다. 왜 열두 개냐 하는 질문도 많은데, 개수에 대해서는 논란의 여지가 있지만, 범주를 통해 개념이 만들어진다는 부분은 수용할 수 있습니다. 감성의 활동인 직관과 지성의 활동인 개념, 이 둘의 결합이 인식을 낳습니다. 굳이 말하자면, 우리 쪽에 더 가까운 게 지성과 개념이고, 세계 쪽에 더 가까운 게 감성과 직관입니다.

로크와 칸트의 '표상'은 서로 의미가 다른데, 그럼 왜 같은 용어를 썼느냐? 전통적인 용어를 그대로 사용하면서 의미를 바꿔서 자신이 주장하는 것을 전통적인 생각을 갖고 있던 사람도 납득하게 만들기 위해 그런 것입니다. 표상은 원래는 라틴어인데, 독일어 표현은 칸트가 만들었습니다. 어떤 의미에서는 독일어로 철학을 한 최초의 사람을 칸트라고 해요. 칸트 시절쯤 되어야 독일어로 철학을 감히 수행했습니다.

칸트의 말을 더 따라가겠습니다. 이 두 가지 성질은 우열이 없다. 감성이 없으면 대상은 주어지지 않을 것이다. 지성이 없으면 대상은 도무지 생각되지 않을 것이다. 내용이 없는 사고는 공허하고, 개념이 없는 직관은 맹목적이다. 생각할 거리, 내용을 주는 게 감성입니다. 생각할 거리가 없으면 '공허'하지요. 직관은 세계를 받아들이는데, 개념이 없다는 건 지성의 작용이 거기에 보태지지 않았다는 겁니다. 그럴 경우에는 '무엇이다'에 대한 분별이 없어요. 그런 점에서 '맹목적'입니다. '내용이 없는 사고는 공허하고, 개념이 없는 직관은 맹목적이다.' 이 말은 매우 유명해서 고등학교 교과서에도 수록되어 있습니다.

칸트는 무엇을 알 수 있냐는 질문 앞에서, 오랜 철학사 전통뿐 아니라 특히 16~18세기 근대철학의 성과를 수용해서, 내용도 충분히 확보하고 필연성과 확실성도 충분히 확보하는 방식으로, 우리가 획득한 자연에 대한 앎을 정당화하려고 했습니다. 나름의 정당화가 이루어졌다고도 할 수 있고요. 이게 18세기 말에 칸트라는 걸출한 철학자가 수행한 인식론에서의 업적입니다. 칸트는 이 작업을 인식의 가능 조건에 대한 탐구와 해명이라고 했습니다. 오늘은 칸트의 인식론에 대해 말했습니다만, 칸트는 윤리학과 미학에서도 엄청난 업적을 남겼습니다. 기회가 되면 그 부분도 다뤄보면 좋겠네요.

Q 인식 불가능한 것으로 신, 영혼, 세계를 말하는데, 칸트는 그것이 '있는데 모른다'라는 입장인가요 '없다'라는 입장인가요?

A 있다 없다를 알 수 없다는 입장이죠. 칸트가 기묘한게, 알고 모르고 말고도 알 수 없는 뭔가가 있다고 생각해요. 가령 우리가 행동할 때, 행동은 앎의 문제가 아니거든요. 옳은지 그른지가 있다면 그건 앎의 영역이기보다는 앎을 비켜가고 벗어나는 영역이죠. 행동의 문제와 앎의 문제를 분리한 겁니다. 칸트는 신앙의 영역도 물자체의 세계에 돌렸습니다.

신이나 영혼의 문제도, 모르긴 모르지만 일종의 역할을 하라고 데려옵니다. 세계도 마찬가지고요. 세계가 유한한지 무한한지는 모르지만, 세계가 조화로운 방식으로 운행되어야 우리가 아는 세계, 자연의 질서가 확보되는 것이 아니냐고 되살립니다. 실천의 문제나 세계의 조화에 대해 작업할 때는, 앎의 영역에서 배제된 것들이 다시 부활합니다.

칸트는 윤리학에서 내용을 말하지 않아요. 무엇이 옳다고 해도 옳지 못한 사례가 등장하고, 옳지 않다고 해도 옳다고 봐야 할 상황이 등장해요. 윤리학에서 어떤 내용을 가지고 어떤 행동을 해야 하고 말아야 하고를 결정할 수 없습니다. 그럼 어떻게 해야 하느냐? 형식만 있어요. '어떤 식으로 행동해라'만 남고 '무엇을 하라'는 철저하게 제거됩니다. 칸트는 행동의 규칙이 보편적인 원리가 되게끔 하라고 요구해요. 무엇을 하라고 하게 되면 앎의 영역으로 들어오고, 그러면 딜레마가 생겨서 할 수도 없고 안 할 수도 없는 상황이 생기니까요. 아리스토텔레스 윤리학은 목적론이라고 하는데, 어떤 목적이나 목표를 위해 행동하는 것이 윤리적이라고 봅니다. 칸트의 윤리학은 의무론이라고 하죠. 행동의 규칙만 제시할 뿐 규칙의 내용을 채우는 건 각자의 몫으로 돌려주는 거죠. 칸트는 윤리학에서도 중요한 전환을 이루었습니다.

Q 칸트가 확실성을 인간 안에서 찾았다고 하잖아요?

A 지성의 개념 안에서 확실성을 이야기하는 것은 흄이 비판하는 오류를 저지르는 게 아니에요. 흄은 필연적 인과를 세계에서 관찰할 수 없는데도, 자꾸 필연적 인과를 말하냐고 지적했죠. 필연적이라는 근거가 어디 있느냐? 칸트는 우리에게는 필연적인 인과라는 틀이 내장되어 있다고 주장합니다. 세계 속에서 출처를 찾는 게 아니라 내 안에서 찾기 때문에 확실하고, 나는 개인으로서의 나가 아니라 인간으로서의 나이기 때문에, 모든 인간이 그렇다는 거예요.

Q 태어나서부터 늑대에게 길러진 아이한테는 저런 틀이 있을까요? 아니면 일반 사람과 다른 틀을 갖게 될까요?

A 이런 틀을 내장하고 있더라도, 발달 과정이 필요합니다. 어느 정도 성장하면 가능하다는 거죠. 성장이 멈춰버린 사람은 그 능력을 충분히 발휘하지 못합니다. 칸트는 '계몽이란 무엇인가?'라는 질문에 답하면서, 일정한 단계에 이르러서도 여전히 미성숙한 채로 살아가는 계몽되지 못한 인간이 있다고 지적해요. 의타적이어서 노예처럼 산다는 거죠. 생물학적으로 일정한 나이까지 이르러야 완성되기 때문에, 아이들한테 그런 걸 기대할 수는 없죠.

Q 칸트가 말하는 인식이 단순한 것인지 플러스 알파가 있는지?

A 두 가지가 구별됩니다. 칸트 시대에 인식은 보편타당해야 해요. 내가 그렇다고 말하는 것과 다른 사람이 그렇다고 말하는 게 일치해야 해요. 그렇다면 이 물병이 파란색이고 플라스틱으로 되어 있고… 같은 건 모두 동의할 수 있죠. 보편타당성을 획득할 수 있어요.

그런데 '이 병이 아름답다' 같은 건 인식은 아니에요. 그건 '미적 판단' 또는 '취미 판단'이라고 해요. 사람마다 다를 수 있거든요. 어떤 사람은 아름답지 않다고 할 수도 있어요. 그건 인식 판단과 다른 종류의 판단입니다. 이게 칸트 미학의 핵심이에요. 인식의 영역 바깥에 있는 인간 활동인데, 『판단력 비판』에서 그 문제를 다룹니다. 나아가 『판단력비판』은 인식 능력을 넘어서게 하는 현상인 '숭고'를 다루는데, 이 작업은 『순수이성비판』의 칸트와 너무도 달라 들뢰즈는 서로 다른 두 명의 칸트가 있다고 말하며 높게 평가합니다.

Q 인식과 인지는 어떤 차이가 있을까요?

A 인지cognition는 사용된 지 얼마 안 된 개념이에요. 용어 자체가 인지과학이 발달하면서 만들어진 것으로, 생물학적인 앎에 국한됩니다. 인지와 인식이 차이가 난다면, 인간 활동으로서의 인지와 생물 일반이 가지고 있는 인지의 구별일 거예요. 식물이 물을 찾아가는 것도 인지예요. 그런데 인간이 '이 물병이 파랗다'라고 판단하는 걸 칸트는 인식이라고 봐요. 인지와 인식의 구별이 질적으로 다른 건지 복잡성의 차이만 있을 뿐 결국은 같은 건지에 대해서는 의견이 분분합니다. 그렇게 가다 보면 인간이 다른 생물과 어떻게 또렷하게 구별되는지 언젠가 알게 되겠죠. 인지라는 발상은 생물학에서 유래했기 때문에, 철학자들이 전통적으로 말했던 인식과 어떤 관계가 있는지는 더 탐구해야 합니다. 내 생각에 인식론은 과학에 자리를 넘겨줬다고 봅니다.

• 출전 : 『순수이성비판』, 백종현 옮김, 아카넷, 2006. •

우리의 모든 인식이 경험과 더불어 시작된다는 것은 의심할 여지가 없다. (…) 그러므로 시간상 우리의 어떠한 인식도 경험에 선행하지는 않는다. (…) 그러나 우리의 모든 인식이 경험과 더불어 시작된다 해서, 바로 그렇기에 그것 모두가 경험으로부터 나오는 것은 아니다.

우리의 마음이 그 어떠한 방식에서 촉발되는 한에서 표상을 받아들이는 마음의 수용성을 감성이라고 한다면, 이와 반대로 표상 자신을 산출하는 능력 즉 인식의 자발성이 지성이다. (…) 직관과 개념은 우리의 전 인식의 지반이다. (…) 이 두 가지 성질은 우열이 없다. 감성이 없으면 대상은 주어지지 않을 것이다. 지성이 없으면 대상은 도무지 생각되지 않을 것이다. 내용이 없는 사고는 공허하고, 개념이 없는 직관은 맹목적이다.

— 『순수이성비판』(1781/1787)

3장

있음의 싸움

7 있는 것은 있고 없는 것은 없다_ 파르메니데스

Parmenides, 기원전 540(?)/515(?) 출생

시적인 언어로 표현한 세 가지 길

이번에는 대부분의 사람은 이름을 들어본 적도 없을 철학자가 등장합니다. 파르메니데스. 탈레스는 철학의 출발이죠. 철학에서 파르메니데스는 나이 든 큰아버지 같은 자리를 차지하고 있습니다. 탈레스 얘기를 하면서 아낙시만드로스가 등장했죠? 파르메니데스가 아낙시만드로스의 제자라는 설도 있습니다. 다른 고대철학자들처럼 파르메니데스가 출생한 연도는 분명하진 않습니다. 남부 이탈리아의 폴리스 엘레아에서 탄생했다고 알려져 있습니다. 파르메니데스와 그의 제자들을 엘레아학파라고 부릅니다. 엘레아학파의 대표 인물 중 하나가 제자인 제논입니다. 아킬레스와 거북의 역설을 만든 사람이죠. 파르메니데스와

관련된 두 가지 중요한 증언이 남아 있어요. 플라톤에 따르면 기원전 515년경, 디오게네스 라에르티오스에 따르면 기원전 540년경에 태어난 것으로 추정됩니다. 2,500년도 더 전인데 25년 정도 편차면 그리 크지 않죠. 전성기는 기원전 504년에서 501년경입니다. 보통 40대를 전성기로 쳐요.

『소크라테스 이전 철학자들의 단편 선집』에 파르메니데스의 단편이 다 번역되어 있습니다. 사후 1,000년 정도 지난 6세기경에 심플리키오스simplikios가 파르메니데스의 문헌을 정리했고, 현존하는 문헌의 절반이 이 사람의 기록입니다. 이 문헌의 상태가 아주 좋았어요. 잘 베껴 쓴 거죠. 그리고 파르메니데스의 단편 인용자들은 최소한 열여섯 명 이상입니다. 이들이 기록한 서로 다른 문헌이 있고, 이것들이 심플리키오스가 쓴 글에 끼워 맞춰질 수 있는 형태로 복원되었다 하네요. 놀라운 일입니다.

단편은 조각글이죠. 문헌의 구성을 보면 시의 형태를 띠고 있습니다. 특히 호메로스의 시 방법을 많이 따랐다고 해요. 꼭 따른 것만은 아닌데, 자기가 말할 내용이 호메로스에게 없는 경우에는 다른 형태로 글을 썼다고 합니다.

시는 크게 세 부분으로 나뉩니다. 여신이 등장해서 이야기를 들려주는 형식으로 되어 있어요. 앞부분은 여신과 만나는 과정을 묘사한 '서시'입니다. 그다음에 여신이 두 개의 길을 알려주는데 가장 중요한 중반부에서는 '진리의 길'을 말하고, 세 번째 부분에서는 '의견의 길'을 말합니다.

의견이라는 용어부터 설명하자면, 희랍어로는 '독사doxa', 영어로는 'opinion'이에요. 누군가가 내놓는 생각 정도의 뜻이에요. 예전에는 일본 사람들이 '억지 견해'라고 '억견臆見'이라고 옮기기도 했어요. 요즘에는 그냥 편하게 '의견'이라고 옮겨요. '진리'라는 말은 영어로 'truth', '참이다'의 명사형이죠. 그런데 이 말이 가진 뜻이 시대마다 다릅니다. 그래서 '철학은 진리를 추구한다'라는 말은 성립하지 않아요. 진리라고 할 때 '어떤 진리'를 뜻하는지 먼저 해명되어야 해요. 철학자마다 가리키는 바가 다 달랐습니다.

플라톤의 용법을 통해 당시 이 말의 뜻을 알아보겠습니다. 우선 '레테Lethe'라는 명사가 있어요. 이건 '망각의 강' 또는 '망각'을 뜻해요. 영혼이 저승에서 떠돌다가 환생할 때 다른 사람의 몸에 들어와야 하는데, 그 전에 살았던 기억을 망각의 강을 들어갔다 나오면서 다 잊어버리게 됩니다. 무식한 영혼이 되는 거죠. 영혼은 이런 망각 상태에서 다른 육체와 결합합니다. 이 '레테'라는 말에 'a'가 붙어요. 여기서 'a'는 부정을 나타내는 접두사예요. 그래서 '알레테이아aletheia'라는 말이 만들어져요. 알레테이아는 망각을 벗어났다는 뜻이에요. 전에 알고 있던 건데 잊었던 거고, 잊었던 것에서 벗어나니까 알게 된다는 거죠. 알고 있던 것을 다시 회복하는 거, 망각의 부정, 이게 바로 희랍 사람들이 생각했던 '진리'라는 말의 뜻이었습니다. 굉장히 특별한 용법이죠. 그 말의 뜻은 데카르트, 로크, 칸트 등 철학자마다 다 달라요. 일상적으로 truth는 '참'이나 '진실'을 뜻한다는 점도 유념하면 좋겠어요.

파르메니데스의 단편들은 '서시', '진리의 길', '의견의 길'로 구성됩니다. 의견의 길은 진리가 아니니까 제멋대로 얘기된 생각들이겠죠. 잘못된 길이라는 뜻을 함축하고 있습니다. 일단 참된 길에 대해 이야기한 다음에 잘못된 길을 갈 때 어떤 일이 일어났는지 이야기하는데, 아무래도 중심이 되는 건 진리의 길이죠. 희랍어로 진리와 의견이라는 게 어떤 뜻인지 이해해두면 이후에 진리가 뭐고 진리에 대비되는 게 무엇인지 분명하게 그려질 수 있을 겁니다.

'is'에서 발견한 존재의 특성
—

파르메니데스가 왜 중요할까요? 파르메니데스는 후대에 영향을 많이 끼쳤습니다. 대표적인 철학자가 플라톤입니다. 플라톤의 이데아론은 파르메니데스의 영향 아래에서 구성됩니다. 파르메니데스가 플라톤의 단편 속에서 묘사되는데, 그 대화편의 제목이 「파르메니데스」예요. 보통 대화 주인공에 따라 대화편의 제목이 정해집니다. 이 대화편에서는 소크라테스가 애송이로 나와요. 파르메니데스는 위대한 철학자고요. 다른 대화편들에서는 소크라테스가 위대한 철학자로 나옵니다. 그런데 이 대화편에서만큼은 파르메니데스가 주로 얘기하고 소크라테스는 경청하는 입장이죠. 그 정도로 파르메니데스의 영향이 컸던 거죠.

파르메니데스의 핵심 주장이 무엇인지 확인해봐야죠. 제목에서처럼 '있는 것은 있고, 없는 것은 없다'가 핵심 주장입니다. 영어로는 'is is, is not is not.' 중학교 수준의 영어지만 이걸로 하나의 사상을 구성한 거죠. 물론 영어가 아니라 희랍어로 표현했죠. 요즘 말로 요약하면 'is의 철학'입니다.

여기서 'is'에 해당하는 표현의 명사형이 뭐냐를 확인할 필요가 있어요. 우리말로 하면 '존재', '있음', '~임', '있는 것' 등 여럿이 있겠죠. 영어 'is'가 나오면 주어가 무엇인지 대충은 추측할 수 있는데, is는 현재형이고 3인칭 단수니까 그에 해당하는 주어가 오겠죠. 이게 현대 영어에서는 그렇게 두드러지진 않지만 고대어로 가면 더 분명합니다. 파르메니데스가 사용했던 단어도 성, 수, 시제, 태 등 동사 변화를 겪은 형태입니다. 희랍어 동사 '에스티^{esti}'를 썼는데, 3인칭 단수 현재형이에요. 명사로는 '온^{on}'인데 영어로 'being'입니다. on을 그냥 쓰진 않고 정관사와 함께 썼어요. 정관사가 '토^{to}'여서 '토 온$^{to on}$'이라고 씁니다. 'esti'라는 동사와 'to on'이라는 명사를 혼용합니다.

파르메니데스가 여기서 얘기하는 바는, 후세에도 계속 반복됩니다. 라틴어도 그렇고, 라틴어가 세속화된 로망스어, 그러니까 오늘날 프랑스, 이탈리아, 스페인, 포르투갈 등 남유럽 언어, 그다음 영어, 북유럽 지역 게르만어, 독일어 등 거의 모든 인도 유럽어에서 '있다'와 '이다'를 포괄하는 모호함이랄까 그런 특성이 현대어에까지 이어진다는 점이 중요합니다.

가령 한국어에서 '있다'와 '~이다'는 완전히 구별되는 의미예요. 혼동할 여지가 없어요. '이건 하얀 태블릿피시다'와 '하얀 태블릿피시가 있다'는 완전히 다른 말이잖아요. 하지만 서양어에서는 이 두 가지가 동시에 의미됩니다! 이 뜻과 저 뜻이 명확하게 구별되지 않는 거죠. 파르메니데스가 말했던 논증이 오늘날까지 관통되고 있고, 이게 서양인들 사고의 기본 축을 이룬다는 게 중요합니다. 한국어에 '있다'와 '이다'의 구별이 명료하다는 것과 비교하면, 새로운 생각의 지평이 열릴 수도 있을 겁니다.

서양어 'is'의 세 가지 용법을 구분해서 말할게요. 첫 번째는 술어적 용법입니다. 영어로 'predicative use'. 우리말로 '~이다'입니다. "He is a student." 두 번째로 존재적 용법이 있습니다. 영어로 'ontic use'. '있다'에 해당하죠. "There is a tree." 세 번째는 우리에게는 낯선데 희랍인에게는 친숙한, 진리적 용법입니다. 영어로 'veridictive use'. '참이다', 또는 '맞다'라는 뜻이죠. "Is he a student?"라고 물을 때 "Yes, he is"라고 하잖아요. 이걸 풀면, "Yes, it is the case that he is a student"죠. 참이라는 말입니다.

이 얘기를 왜 하냐면, 서양인들은 'is'라는 말을 쓸 때 이 세 가지 뜻을 모두 한꺼번에 생각한다는 거죠. 이게 중요합니다. 파르메니데스에서 이 세 의미가 뒤섞인 용법이 나옵니다. 이 사람은 이런 뒤섞임을 충분히 생각해보려 했고요. 진리적 용법이라고 부른 세 번째 용법과 관련해서, 언어적 사태는 실제로도 있다는 의미로 이해된다는 점도 중요합니다. 실제 있지 않은 것을 언어로 표현하는 것은 불가능하다는 함축이 담겨 있어요. 희랍인은, 실제로 있는 것은 언어로 표현할 수 있는 거고, 언어로 표현할 수 있는 건 실제로도 있다고 생각했습니다. 아주 중요한 특징입니다.

'있는 것은 있고 없는 것은 없다'의 의미: 생성과 변화는 불가능하다

있는 것은 있고 없는 것은 없다. 없다는 건 희랍어에서 적극적인 형태로 표현되지 않아요. 있지 않다는 거지, 없다는 말은 없어요. 이게 우리와 다른 사고방식을 보여줍니다. '없다'라는 건 적극적인 진술이고, '있지 않다'라는 건 소극적인 진술이죠. 왜 그럼 그들에게는 있지 않다는 표현법만 가능할까요? 있지 않다는 것과 없다는 것無·空의 차이는 무엇일까요? 텍스트의 첫 문장부터 볼게요. 있는 것은 생성되지 않고 소멸되지 않으며, 온전한 한 종류의 것이고 흔들림 없으며 완결된 것이다. 여기서 생성이라는 건 없었던 것에서 있는 것이 되는 거고, 소멸은 있었던 것에서 없는 것이 되는 것입니다. 생성·소멸은 시간상에서 생각해볼 수도 있고 공간상에서 생각해볼 수도 있습니다. 사실 시간과 공간이 서로 얽혀 있죠. 이 방은 아침 6시에는 아무도 없었겠죠. 그런데 오후 5시에는 꽤 차 있어요. 생성이 일어난 거죠. 그런데 밤 11시쯤 되면 아무도 없을 테니까 소멸이 일어난 걸 거예요. 시간상의 생성·소멸, 공간상의 생성·소멸을 생각해볼 수 있습니다.

여기서 문제가 있어요. '있다'라고 해도 좋고 '~이다'라고 해도 좋고 '참이다'라고 해도 좋습니다. 여기 마커가 있는데, '마커 뚜껑이 검다'라고 하든, '검은 마커 뚜껑이 있다'라고 하든, '마커 뚜껑이 검다가 참'이라고 하든, 세 가지 형태의 표현은 깊이 연관되어 있습니다. 여기서 주목해보아야 할 게, 뚜껑 자체, 주어에 해당하는 것이 바뀌면, 가령 빨강 뚜껑으로 바뀌면, 아예 다른 것이 됩니다. 이 경우는 소멸입니다. 아니면 생성이 될 수도 있습니다. 검은 뚜껑 관점에서는 소멸이고, 빨강 뚜껑 관점에서는 생성이죠. 이렇게 되면 '마커 뚜껑이 검다'가 참인 진술이 아니게 될 겁니다. 어떤 종류의 자기동일성, 항상성, 자기보존 같은 게 보증되지 않으면 '마커 뚜껑이 검다'라는 진술이 참이 아니게 되기도 하고, '마커 뚜껑은 검지 않다'라는 진술이 참이 되기도 하죠. 존재가 생성하거나 소멸하게 되면, 방금 언급한 세 가지 진술이 성립할 수 없게 됩니다. 그런 의미에서 존재하는 것은 생성·소멸을 겪는 게 아니라, 온전히 한 종류의 것이고, 흔들림 없고, 완결된 것일 수밖에 없습니다. 이런 특성들이 '있다'에, '있는 것'에 속해야 합니다. 이 가운데 어느 하나라도 위배하게 되면, 언어로도 그렇고, 생각으로도 그렇고, 있는 게 아니게 됩니다. 있는 게 아니라 변화하고 유동하는 무언가, 유동하는 우주일 뿐이에요. 서양인의 사고 속에서 변화하는 무언가는 '있는' 거라고 할 수 없습니다. 지정할 수 있는 무언가가 아니라 끝없이 물결치는 것처럼 일렁이는 것을 가리켜 '이것'이라고 딱 집어낼 수 없다는 거죠. .

그래서 파르메니데스가 하는 주장 중 하나는, 참된 이야기를 하거나 참된 생각을 하려면 고정된 무언가가 일단 있고 봐야 한다는 겁니다. 이건 서양 언어의 특징이에요. 'be 동사'가 있고 주어에 속하는 특성이 be 동사를 매개로 결합되는 거죠. 먼저 고정불변의 무엇이 도입되어야만 하고, 그런 조건에서만 be 동사를 사용한, 즉 언어를 사용한 진술이 가능합니다. 언어를 사용해서 진술하지 못하면, 사실상 아무것도 아니고 아무것도 없고 아무것도 할 수 없다는 생각이 담겨 있죠. 알게 된 진실을 다른 사람과 공유하거나 그에 대해 대화를 주고받는 것 자체를 할 수 없어요. 언어가 성립되기 위해서 제일 먼저 요청되는 게 고정불변의 존재입니다. 생성도 없고, 소멸도 없고, 온전히 한 종류고, 흔들림도 없고, 완결된 것 말이죠.

온전히 한 종류가 아니라 두 종류면 어떻게 될까? 두 종류 사이에는 두 종류를 구별해주기 위해 틈이 있어야 합니다. 그래야 둘이라는 말이 성립해요. 여기 흰 종이와 검은 화면이 있습니다. 둘 사이에는 틈이 있어야 해요. 그 틈은 흰 종이도 아니고 검은 화면도 아닌 무엇이에요. 그게 있어야만 둘이라는 게 성립할 수 있거든요. 그럼 그게 뭐냐? 그건 말하자면 무無, 'is not', 없음이에요. 두 개 이상의 무언가가 있으려면 흰 종이도 아니고 검은 화면도 아닌, 있는 무언가를 갈라주는 'is not'에 해당하는 것이 있어야만 해요. 온전히 한 종류의 것이 아니라면 '무'가 도입돼요. 그래서 우리에겐 이상한 표현이지만 '무는 없다'라고 해야만 해요.

운동도 그렇습니다. 흔들림이라는 건 운동인데, 시간상의 운동, 공간상의 운동을 나눠볼 수 있어요. 아까 이 방의 사례에서처럼, 운동은 시간적으로 공간적으로, 있었다 없었다 하는 거예요. 있었다 없었다 하는 건 생성 소멸의 사태 속에 들어간다는 거고, 그건 언어로 진술 불가능한 사태입니다.

완결됐다고 하는 것도 그래요. 말이 조금 애매하긴 하지만, 완결되지 않았다는 것은 없다는 것과 같아요. 왜냐하면 결핍된 것, 부족한 것이 '있다'라는 얘기니까. 빠져 있는 것, 없음이 있다는 거예요! 그린 의미에서 인용문에 나온 것과 같은 요건을 갖춰야만 '있음', '~임', '참임'이 성립할 수 있어요. 이런 생각이 전체를 관통하고 있습니다.

이어지는 문장입니다. 그것은 언젠가 있었던 것도 아니고, 있게 될 것도 아니다. 왜냐하면 지금 전부 함께 하나로 연속적인 것으로 있으니까. 이 표현의 뜻을 보면, 언젠가 있었던 것이라는 말에는 '그래서 지금은 없는 것'이라는 뜻이 함축되어 있습니다. 있게 될 것도 '지금은 없지만 앞으로 있게 될 것'을 가리킵니다. 앞의 것은 소멸, 뒤의 것은 생성인데, 존재가 이것들과 관련된다는 점을 부정하는 거죠. 또한 '지금 전부 함께 하나로 연속적인 것으로' 있다고 합니다. 우선 항상 '지금'이어야 돼요. 지금이라는 건 어떤 특정 시점만 가리키는 건 아니에요. 맞닥뜨리는 매 순간이 지금입니다. 과거는 이미 없고 미래는 아직 없기 때문에, 우리가 만나는 시간은 지금이에요. 지금을 비켜 갈 수가 없어요. 파르메니데스가 지금이라는 조건을 가장 중요한 것으로 생각했다면, 지금이라는 이 조건은 늘 충족될 수밖에 없어요. 우리는 항상 지금과 맞닥뜨립니다. 그리고 '전부', 이건 빠진 게 없다는 거죠. 완결됐다는 특성과 연결됩니다. '함께', 이것도 있는 것들은 다 한군데 있고 빠진 게 없다는 겁니다. 빠진 건 공空, 무無, 결핍이니까, 그런 건 없다는 거예요. 그리고 '하나로', 왜냐하면 둘 이상 있을 수 없다고 했습니다. 둘 이상이 있으려면 틈이 있어야 하는데, 틈이라는 건 결여, 결핍, 빠져 있음, 없음을 뜻하니까. 그리고 '연속적'인데, 연속적의 반대는 불연속적, 즉 끊어짐이 있다는 건데, 그것 역시 결핍, 무, 없음과 관련되니까. 그래서 지금, 전부, 함께, 하나로, 연속적인 것으로예요. 막 쓰는 말 같지만 여러 사태를 다 분석해서 이 조건을 모두 충족해야 한다는 점을 강조하고 있는 겁니다.

그다음. 그것의 어떤 생겨남을 도대체 그대가 찾아내랴? 어떻게, 무엇에서 그것이 자라난 걸까? 나는 그대가 있지 않은 것에서라고 말하는 것도 생각하는 것도 허용하지 않으리라. 왜냐하면 있지 않다는 것은 말할 수도 없고 생각할 수도 없으니까. 여기서 파르메니데스가 주장하는 건 이렇습니다. 없는 건데, 없는 것에 대해 생각하는 것도 언급하는 것도 불가능합니다. 말로 지시되는, 대응되는 사태가 있어야 하는데, 그런 사태 자체가 없는데 어떻게 그걸 언어나 생각으로 붙잡을 수 있겠느냐. 지시하는 바가 없어요. 지시 대상이 없어요. 그것에 대해 진술할 수 없는 건 당연하죠. 그건 허용되지 않는 거죠. 여신^{女神}이 허용하지 않는다고 했는데, 그건 불가능하다는 뜻이에요.

이어지는 문장. 그리고 어떤 필요가 먼저보다는 나중에 그것이 아무것도 아닌 것에서 시작해서 자라나도록 강제했을까? 이걸 말을 바꿔보면 이래요. 무슨 필요 때문에, 왜, 먼저보다는 나중에, 이건 특정 시점이라는 뜻이죠, 이 시점이 아닌 다른 시점에, 무에서, 아무것도 아닌 것에서 유가 되게끔, 있게끔 하는 일을 시작할 수 있겠느냐? 무슨 필요 때문에 굳이 특정 시점에 완전 무였다가 뽕 하고 있게끔 하는 일을 했을 수 있겠느냐? 따라서 전적으로 있거나 전적으로 없거나 해야 해요.

질문에서 충분히 설명되지 않은 게 있습니다. 우선 아무것도 없는 걸 상정해보세요. 아무것도 없는 것에서 뭔가가 뽕 하고 생겨나는 건 기적과도 같은 사태입니다. 도대체 아무것도 없는 데시 뭔가가 있게 되는 게 가능할까? 언어로 이 사태를 설명할 수 없어요. 반대로 있는 것이 뿅 하고 사라져서 완전히 없는 상태가 되는 것도 기적 같은 일이죠. 설명할 수 없어요. 우리의 언어로 설명할 수도 없고 생각할 수도 없어요. 생각할 수 없는 이유는, 사라졌다고 할 때 최소한 공간이라도 남게 되거든요. 반대로 뭔가 생겨났다고 할 때, 생겨나는 그 자리, 공간은 이미 있는 거예요. 그러니까 여기서는 전적으로, 단적으로 있거나 없거나가 쟁점이에요. 어떤 식으로 있느냐는 파르메니데스한테는 아직 문제가 아닙니다. 어떤 식으로 있느냐보다 있느냐 없느냐가 중요한데, 없음에서 있음이 되거나 있음에서 없음이 되는 것은 불가능하다는 거예요. 있음에서 있음으로 이어지는 거, 아니면 아예 없음으로 계속 가는 거, 이런 게 아니면 생각할 여지가 없어요. 그래서 없음에서 있음으로, 있음에서 없음으로 이행하는 일이 왜 굳이 어떤 순간에 일어나야 하느냐? 그럴 필연성은 없다는 겁니다. 희랍인들이 '창조'라고 할 때, 이들은 '무에서의 창조creatio ex nihilo'를 애초에 염두에 두지 않았어요. 그건 유대인의 발상입니다. 희랍인은 오직 '상황 속에서의 창조creatio in situ'만을 생각했다는 점도 기억하기 바랍니다.

계속 보겠습니다. 또 확신의 힘은 있지 않은 것에서 도대체 어떤 것이 그것 곁에 생겨나도록 허용하지도 않으리라. 그것을 위해 정의dike는 족쇄를 풀어서 생겨나도록 또 소멸하도록 허용하지 않았고, 오히려 꽉 붙들고 있다. 이것들에 관한 판가름은 다음의 것에 달려 있다. 있거나 아니면 있지 않거나. 존재냐 무냐, 이 구분 말고는 없다는 거죠. 어떤 면에서는 명쾌합니다. 그러나 이렇게 되면 문제가 생기죠. 왜냐하면 우리가 눈으로 보는 경험적 현실, 분명히 있다가 사라지고 없던 게 생겨나고 이런 현실이 있으니까요. 그런데 논리적으로는, 다시 말해 be 동사를 사용하는 언어 표현으로는 있다가 없어지는, 없다가 생겨나는 사태를 설명할 수 없고, 나아가 그런 사태는 참도 아니에요. 언어 또는 논리의 세계와 우리가 경험하는 세계 사이에 충돌이 생기는데, 논리적으로는 존재만이 존재하고 무는 없는 게 맞고, 현상적으로는 존재하는 게 있었다 없었다 하는 게 빈번히 일어나요. 논리와 현상 사이의 충돌은 풀어야만 하는 숙제로 남게 됩니다.

파르메니데스에 맞서 현실을 구제하라
—

철학은 언어로 행하고, 우리의 생각도 언어로 행합니다. 의사소통도요. 그런데 언어라는 게 지금 얘기하는 것처럼 현실과 굉장한 괴리를 보이고 있어요. 그렇다면 여러 질문이 가능하죠. 언어를 믿을 수 있는가? 혹은 현실이 환상인가? 언어가 맞고 논리가 맞다면 우리의 세상 자체가 착각이거나 환상, 가상일 수밖에 없습니다. 뭔가 하나를 포기해야 돼요. 현상을 포기하거나 언어 세계를 포기해야 합니다. 그러나 인간이 살면서 두 가지 중 하나를 포기하는 건 불가능하죠. 그래서 파르메니데스 이후 희랍철학자들은 이 둘의 괴리를 풀어야 한다는 과제를 짊어집니다. 파르메니데스가 시적인 언어로 드러낸 게 이겁니다. 언어와 우리가 살고 있는 세계 간의 괴리. 하지만 파르메니데스는 충실하게 언어에 따라 사태를 시술합니다. 논리학자로시의 면모입니다.

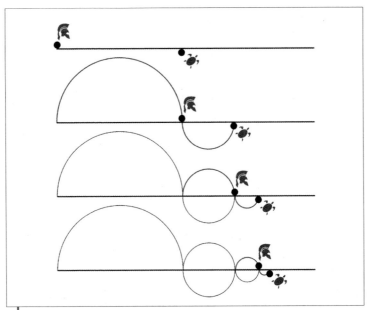

제논이 주장하는 아킬레스와 거북의 경주 상황

나중에 베르그손을 다룰 때 자세히 설명하겠지만, 제논의 역설도 그래서 생겨납니다. 우리가 눈으로 볼 때는 아킬레스가 분명히 거북을 이기는데, 논리적으로 볼 때는 아킬레스가 거북을 따라잡을 수 없거든요. 경험과 논리의 괴리 앞에서, 그럼 어느 쪽에 더 주안점을 두어야 할까? 언어가 틀렸고 현상이 맞다는 쪽으로, 언어를 변형해서 현상을 설명할 수 있도록 개조하는 작업이 필요하다는 걸 예상할 수 있습니다. 언어를 다르게 구사하는 게 필요한 거죠. 근데 희랍 사람들이 스스로 현재 언어의 쓰임새, 용법을 바꿀 수 있을까? 이건 쉽지 않은 과제입니다. 이 과제가 플라톤, 아리스토텔레스에게도 등장하지만, 이 과제는 그때 다 풀리지 않기 때문에 나중에 원자론자들로 이어집니다. 소크라테스보다 20년쯤 먼저 태어난 데모크리토스의 원자론에 이르러야 파르메니데스가 걸어놓은 주문에서 빠져나올 여지가 마련되고, 시간이 조금 더 지나 기원전 3~4세기에는 완전히 빠져나옵니다. 어쨌든 파르메니데스는 엄청난 논리학자이며, 경험 세계를 완전히 부정한 철학자입니다.

다음입니다. 그런데 어떻게 있는 것이 나중에 있을 수 있으랴? 또 어떻게 그것이 생겨날 수 있(었)으랴? 왜냐하면 생겨났다면 그것은 있지 않고, 언젠가 있게 될 것이라면 역시 있지 않으니까. 이 구절도 참 어렵게 표현되고 있는데, 'is', 'was', 'will be' 간의 관계입니다. 먼저 'will be'는 앞으로 있게 될 것이라서 지금은 없으니까 'is not'이죠. 또 'was'도 지금은 없다는 것이기 때문에 'is not'이죠. 결국은 'is'라는 말, 현재성이 강조됩니다. 그렇기 때문에 앞으로 있을 수 있는 것도 아니고 옛날에 있었던 것도 아니라고 논박합니다. 내가 'be동사'보다 'is'라는 표현을 택한 이유가 짐작 가나요?

그다음. 이런 식으로 생성은 꺼져 없어졌고 소멸은 들리지 않는다. [그것은] 나누어질 수 있는 것도 아니다. 왜냐하면 전체가 균일하기에. 또 여기에 조금도 더 많이 있지도 않고(그런 상태는 그것이 함께 이어져 있지 못하도록 막게 되리라), 조금도 더 적게 있지도 않으며, 오히려 전체가 있는 것으로 꽉 차 있다. 여기에 더 많이 있고, 여기에 조금 있고, 하는 식으로 생각하게 되면, 많음과 적음 사이에 '정도 차'가 생기죠. 정도 차가 있으면 이것과 저것을 구별할 수 있게 하는 틈이 끼어들 것이기에, 전체가 꽉 차 있어야 한다는 거죠. 이런 방식으로 전체가 연속적이다. 있는 것이 있는 것에 다가가니까. 있는 것은 있는 것들끼리 균등하게 꽉 차 있는 하나의 전체라는 겁니다. 없는 것은 여기에 끼어들 수 없어요.

그다음. 그러나 [그것은] 커다란 속박들의 한계들 안에서 부동不動이며 시작이 없으며 그침이 없는 것으로 있다. 커다란 속박들의 한계라는 말은, 있는 것을 뭉쳐낸다는 거예요. 그렇게 묶어주는 걸 '속박'이라고 표현한 거죠. 그런데 우리는 더 따져 물을 수 있어요. 그러면 있는 것 바깥에는 뭐가 있냐? 논리상으로는 없는 거, 무가 있어야 하는데, 파르메니데스는 거기까지 생각한 것 같진 않습니다. 다만 있는 것끼리는 묶여야 하고, 그 안에서는 움직임이 없어야 합니다. 움직임이 있다는 건 내부에 차이가 있다는 건데, 내부에 차이가 있으면 틈이 있다는 게 전제되니까요. 그리고 시작과 끝도 없어요. 시작이 있다는 건 시작되기 전이 있다는 거고 끝이 있다는 건 끝난 다음이 있다는 거니까, 이것 역시 불가능합니다. 왜냐하면 생성과 소멸이 아주 멀리 쫓겨나 떠돌아다니게 되었는데, 참된 확신이 그것들을 밀쳐냈기 때문이다.

앞의 몇 문장에서 계속 등장하는 '멀리 쫓겨 떠돌아다니게 되었다', '커다란 속박들의 한계 속에서', '생성은 꺼져 없어졌고 소멸은 들리지 않는다', 같은 표현들은 우리가 조금 더 생각해봐야 합니다. 왜 단도직입적으로 '없다'가 아니라, 조금 모호하게 표현되고 있을까? 이런 가능성을 생각해볼 수 있어요. 우리는 말로 진술하고 있잖아요. 마치 없는 것도 있는 것처럼 말하고 있어요. 그게 바로 '의견의 길'의 영역이죠. 우리의 대부분의 언어가 그런 식으로 구사되고 있고요. 그렇기 때문에 '진리의 길'인 참된 것들 바깥쪽에서는 언어에 의해 비논리적인 진술들이 일어난다는 걸 생각해보면, 위와 같은 표현들은 언어 자체의 특징으로 여길 수 있습니다. 하지만 참된 표현 방법은 아닙니다.

그다음. 같은 것 안에 같은 것으로 머물러 있음으로써, 그 자체만으로 놓여 있고 또 그렇게 확고하게 그 자리에 머물러 있다. 왜냐하면 강한 필연^{ananke}이 그것을 빙 둘러 에워싸고 있는 한계의 속박들 안에 [그것을] 꽉 붙들고 있으니까. 여기서도 역시 비슷한 표현들이 나옵니다. 그것은 필연적이다. 논리적 필연성에 대한 언급이 나오죠. 논리적인 필연성을 따른다면 있는 것은 있고 없는 것은 없어요. 그러나 우리는 언어를 구사할 때 늘 논리적 필연성을 따르는 건 아니기 때문에 잘못된 길로 접어드는 일이 종종, 아니 아주 자주 있습니다. 따라서 있는 것이 미완결이라는 것은 옳지 않다. 왜냐하면 결핍된 것이 아니며, 만일 결핍된 것이라면 그것은 모든 것이 결핍된 것일 테니까. 있는 건 결핍된 게 아니다, 어떤 무의 침입도 허용하지 않는다는 주장은 앞에서 해왔던 말들을 봤을 때 설득력이 있습니다. 그런데 '만일 결핍된 것이라면 그것은 모든 것이 결핍된 것일 테니까'라는 표현은 명쾌하게 정리되진 않네요. '논리적인 모순이다' 정도의 의미인 것 같습니다. 결핍을 내포하면 존재에 대한 얘기가 아니라는 말 같아요.

이 뒷부분 텍스트는 생략하겠어요. 존재를 구^{球}에 비유해요. 공 모양 있죠? 존재를 구에 비유하는 까닭이, 방금 얘기한 결속, 속박을 표현할 때 가장 비슷한 형태가 공이죠. 구형이 존재의 중심, 있음의 중심에서 등거리에 있는, 균질적인 하나의 전체를 가장 잘 표현하는 이미지라서 공으로 묘사한 것 같습니다. 그러나 공간상의 구라는 건 공간상의 바깥, 구 아닌 것을 포함하기 때문에 공간상의 구를 떠올리는 건 부적절하고, 이미지로서의 구를 떠올려야 하겠죠. 바깥 없는 우주 전체가 구형이어야 완전한 존재의 세계가 건설될 수 있는 거죠.

생소한 이야기에서 시작했습니다. "is is, is not is not." 그런데 잘 따라가보면 이게 그럴듯하고 설득력 있게 다가옵니다. 그래서 후대 철학자들이 괴로워집니다. 우리가 생각이나 말로 접근하기 위해서는 먼저 그것이 있어야만 하고, 있어야만 하는 것의 특성은 없었다가 있게 되는 것도 안 되고, 있었다가 없게 되는 것도 안 되고, 항상 있어야만 합니다. 지금, 전부, 함께, 하나로, 연속적으로 있어야만 하는 게, 그게 있음이라는 말에 어울리는 특징들입니다. 여기서 하나라도 빠지면 논리적으로 붕괴해요. 희랍인들이 말로 싸우는 걸 좋아했다고 했는데, 말과 논리로는 파르메니데스를 논박하지 못해요. 뒤 세대는 이 문제를 꼭 풀어야 하는 엄중한 과제로 받아들이게 됩니다. 이 과제를 가리키는 표현이 '현상을 구제하라'입니다.

플라톤은 이 문제를 해결하는 방법의 하나로 '있음 그 자체'인 이데아를 제시합니다. 이건 파르메니데스가 말하는 존재의 성격을 다 가지고 있어요. 그러면서도 이데아를 닮았느냐 아니냐 하는 기준으로서 현상계에 관여할 수 있어요. 세상에는 수많은 동그라미가 있지만, 동그라미들은 원, 즉 '동그라미의 이데아'와의 관계 속에서만 자기 완벽성, 존재성을 획득한다는 거죠. 이런 이론은 다 파르메니데스의 문제를 받아서 답으로 제출한 것에 해당합니다.

많은 분이 처음 들어봤겠지만, 파르메니데스는 서양철학 초기에 등장해 논리학을 정립했습니다. 이 사람은 논리학 또는 언어의 질서가 우리가 경험하는 세계의 질서와 상당히 어긋난다는 점을 보여주었지요. 따라서 언어와 세계를 두루 조화시키든지, 아니면 둘 중 하나를 변화시켜 언어 또는 논리가 세계를 설명할 수 없다고 생각하거나, 우리가 겪고 있는 세계 자체가 가짜라고 생각해야 한다며, 아주 어려운 문제를 던졌습니다. 이런 측면에서 서양철학은 아직도 이 문제와 대결하고 있습니다. 한국어는 이와 다르죠? 그런 점에서 한국어로 다른 사고의 지평을 열어갈 수 있을지도 모르겠어요.

Q 왜 is가 그렇게 문제 되나요?

A 서양인들이 말하고 생각할 때마다 is가 개입하기 때문입니다. '~임'과 '~이 있음'과 '~이 참임'이 하나라는 게 서양 언어의 가장 바탕에 있는 특징입니다. 이것 때문에 한국인과 서양인의 언어와 생각에 차이가 생기고, 서양 사고의 한계 또는 울타리가 그어지게 됩니다. 그렇다는 점을 잘 이해하고 있어야 합니다. 나중에 만들어진 명칭이지만 '존재론'이라는 것도 있음과 없음의 구분에서 시작합니다.

Q 검정색 마커 뚜껑이 검정색이 아니게 될 경우, 있던 것이 없던 게 되는 것이 아닌가요?

A 서양 언어로는 있던 것이 없던 게 되는 게 불가능해요. 변화의 전후에 뭔가 고정된 것이 있어야 지칭할 수 있으니까. 보통 주어가 그 역할을 맡아요. 그런데 시간 속에서는, 경험 세계에서는 단 한 순간도 같은 것이 있을 수 없어요. 광자가 부딪히고 분자가 부딪히고 하면서, 깎여나가고 덧붙여지고 하거든요. 겉으로 보기에는 일정한 형태를 가지고 있지만 사실 매 순간 변하고 있지요. 그러면 현실세계에는 '이거'라고 고정해서 지칭할 만한 건 없는 거죠. 그러면 언어로 이걸 포착할 수 없다는

거예요.

김재인이라는 사람이 있어요. 그런데 이 사람은 계속 변하고 있어요. 이름은 남아 있는데, 이름이 지칭하는 바는 없어요. 100만 분의 1초 단위로 쪼개도, 그때마다 다 다른 존재일 뿐, 이걸 꿰뚫는 김재인이라는 고정된 실체가 없어요. 실체가 고정된 채로 있고 유지되어야 그걸 '뭐다'라고 부를 수 있어요. 뭐'다'라는 게 'is'죠. '~이다'라고 얘기될 수 없는 거예요. 그러니까 제대로, 참인 채로 있는 게 아니에요.

Q 있는 것은 생성되지 않고 소멸되지 않는 것이라는 말이 이해가 잘 안 되는데…

A 주어랑 보어 자리에 있는 게 변하면 안 돼요. 변화를 나타내는 말이 들어가면 안 되고, 'is'라는 말은 '늘 그러하다'가 돼야 해요. "Marker's cap is black"이라고 할 수 있으려면, 늘 그래야 해요. 그게 'is'라는 말이 가진 뜻 중 하나니까. 그리고 그게 참인 사태여야 해요. 그리고 그런 것이 있다는 뜻이기도 해요. 그 세 가지 뜻이 동시에 얘기되는 거죠. 실제 현상 세계에서는 다 변하니까, 세계가 잘못됐든지, 말이 잘못됐든지 둘 중 하나일 수밖에 없겠지만.

Q 그럼 '있는 것은 없고 없는 것은 없다' 아니에요?

A 삼각형 그 자제는 있죠. 원 그 사체는 있죠. 분명히 있죠. 그리고 그건 안 변하죠. 없던 적이 있지도 않죠, 없어지지도 않죠. 그런 특성을 가

진 게 분명히 있다는 거예요. '원은 정지한 한 점에서 같은 거리에 있는 점들의 집합이다'처럼 원의 다른 특징들도 'is'를 사용해 진술할 수 있어요. 이 관계는 '항상' 그러해요. 그건 없지 않아요. 'is is not'이 아니라 'is is'예요. 파르메니데스는 그렇지 않은 관계에 대해 얘기할 수도 없고, 얘기할 수 없으니 없는 거라고 하는 거예요.

하지만 경험에 비추어보면, 논리가 잘못됐고 언어가 잘못됐지 사는 게 잘못됐냐는 질문을 충분히 제기할 수 있죠. 그래서 언어를 수정하자는 주장이 나올 수 있는 거예요. 당시의 희랍어, 현대 서양어까지 관통하는 언어의 본성을 논리적으로 잘 포착한 사람이 파르메니데스예요. 근데 언어가 우리 살아가는 세계를 잘 포착할 수 있고 묘사할 수 있느냐는 논란이 남아요. 세상에는 언어로 포착할 수 없는, 논리로 포착할 수 없는 측면이 있지 않느냐고 파르메니데스와 엘레아학파에 물어볼 수 있어요.

분명한 건, 없는 건 없다고 얘기할 수 있지만 있는 건 없다고 할 수는 없다는 거예요. 왜냐하면 있는 건 있으니까. 존재의 특성을 영원히 간직하고 있는 사례가 분명히 있으니까.

Q 있음과 없음을 이야기할 때, 우리말 '비어 있음'이 있잖아요. 이건 있다고 하지만 사실 없다는 얘기인데, 서양어에 그런 개념은 없었나요? 있다고 할 때는 유지한다는 의미도 있는데, 그러니까 시간 개념이 있는데, 그건 어떻게 이해할 수 있을까요?

A 좋은 질문이에요. 한국말과 서양어에 관련된 질문일 수도 있고요. 확실한 건, 희랍인들에게 'is'의 세 번째 용법은 세계에 존재하는 사태에 대한 이야기예요. 말로만 그러한 게 아니라 실제로 있다. 그래야만 그 말이 참이 돼요. 'case'라는 단어가 세계에 대한 진술이라는 뜻이에요. 말로만 이런 일이 있는 게 아니라 세계 속에 그 말로 이야기되는 사태가 있다고 생각되었다는 거죠. 우리는 구분할 수 있지만 그들에게는 구분이 안 되는 거였다고 말하고 싶어요.

파르메니데스한테는 변화라는 게 없어서 시간이라는 게 하나로 쭉 이어져 있어요. 공간을 이동하는 건 파르메니데스가 볼 때는 가상에 불과해요. 왜냐하면 불변해야 하니까. 있음의 세계 속에 편차 같은 건 있어서는 안 되니까. 논리적으로 있을 수 없는 일이니까. '가고 있음' 같은 건 한국어적인 용법이에요. 또는 현대적인 용법. 파르메니데스에게 현재진행형 시제$^{is\text{-}ing}$는 존재하지 않고 현재형 시제만 존재한다고 볼 수 있을 거 같아요.

비어 있음이라는 주제는 굉장히 어려워요. 사실 인도에는 공空 사상이 있죠. 그게 아라비아로 가서 0이라는 숫자가 발명됐고, 이게 다시 유럽으로 전해졌죠. 버트런드 러셀$^{Bertrand\ Russell}$은 0을 '모든 공집합들의 집합'이라고 정의했어요. 공집합은 원소가 없는 집합이죠. 그러니까 원소가 없는 집합이 다 모인 게 0이라는 거예요. 탁월한 정의죠. 수학적으로도 그렇고 사태적으로도 그렇고. 그게 공이죠. 말하자면 비어 있음이라고 했을 때 '비어'라는 측면은 집합의 내용과 관련된다면 '있음'은 집합의 존재를 가리켜요. '공집합의 집합'은 있는데, 그 안에 원소로 있는 공집합은 원소가 없어요.

이게 파르메니데스가 생각하는 사태와 어떻게 대응될지 분명치 않은데, 파르메니데스는 이런 사태는 생각하지도 못했을 거예요. 이런 생각은 나중에 원자론자들이 등장할 때, 존재와 존재를 나눠주는 비어 있음, '진공void'이 제안될 때 다시 다뤄야 해요. 그런데 진공 개념이 출현한 까닭은 현상 세계를 구원하려는 숙제를 풀기 위해서예요. 파르메니데스의 주문을 풀어낸 게 원자론자들이에요. 그래서 들뢰즈는 원자론자를 '최초의 자연철학자'라고 평가해요. 이 세계의 진짜 이야기를 최초로 시작했다는 거예요. 그 전까지는 언어와 언어가 구성해놓은 관념들에 갇혀 있었다면, 원자론자는 세계의 존재 의미를 실제로 살려냈던 거죠. 하지만 그런 철학자들이 등장하기 전에 파르메니데스가 과제를 던지지 않았다면 그런 철학자들은 등장하지 못했을 거예요. 수백 년 동안 고민에 고민을 거듭하다가 철학자들이 이런 해법을 내놓으면서 한 단계 진보한 거죠. 그런 의미에서 파르메니데스는 굉장히 흥미로운 위치를 차지하는 사람입니다.

• 출전 : 『소크라테스 이전 철학자들의 단편 선집』, 김인곤 옮김, 아카넷, 2005 •

있는 것은 생성되지 않고 소멸되지 않으며, 온전한 한 종류의 것이고 흔들림 없으며 완결된 것이다. 그것은 언젠가 있었던 것도 아니고, 있게 될 것도 아니다. 왜냐하면 지금 전부 함께 하나로 연속적인 것으로 있으니까. 그것의 어떤 생겨남을 도대체 그대가 찾아내랴? 어떻게, 무엇에서 그것이 자라난 걸까? 나는 그대가 있지 않은 것에서라고 말하는 것도 생각하는 것도 허용하지 않으리라. 왜냐하면 있지 않다는 것은 말할 수도 없고 생각할 수도 없으니까. 그리고 어떤 필요가 먼저보다는 나중에 그것이 아무것도 아닌 것에서 시작해서 자라나도록 강제했을까? 따라서 전적으로 있거나 아니면 전적으로 없거나 해야 한다. 또 확신의 힘은 있지 않은 것에서 도대체 어떤 것이 그것 곁에 생겨나도록 허용하지도 않으리라. 그것을 위해 정의(dike)는 족쇄를 풀어서 생겨나도록 또 소멸하도록 허용하지 않았고, 오히려 꽉 붙들고 있다. 이것들에 관한 판가름은 다음의 것에 달려 있다. 있거나 아니면 있지 않거나. 〔…〕 그런데 어떻게 있는 것이 나중에 있을 수 있으랴? 또 어떻게 그것이 생겨날 수 있(었)으랴? 왜냐하면 생겨났다면 그것은 있지 않고, 언젠가 있게 될 것이라면 역시 있지 않으니까. 이런 식으로 생성은 꺼져 없어졌고 소멸은 들리지 않는다. 〔그것은〕 나누어질 수 있는 것도 아니다. 왜냐하면 전체가 균일하기에. 또 여기에 조금도 더 많이 있지도 않고(그런 상태는 그것이 함께 이어져 있지 못하도록 막게 되리라), 조금도 더 적게 있지도 않으며, 오히려 전체가 있는 것으로 꽉 차 있다. 이런 방식으로 전체가 연속적이다. 왜냐하면 있는 것이 있는 것에 다가가니까. 그러나 〔그것은〕 커다란 속박들의 한계들 안에서 부동(不動)이며 시작이 없으며 그침이 없는 것으로 있다. 왜냐하면 생성과 소멸이 아주 멀리 쫓겨나 떠돌아다니게 되었는데, 참된 확신이 그것들을 밀쳐냈기 때문이다. 같은 것 안에 같은 것으로 머물러 있음으로써, 그 자체만으로 놓여 있고 또 그렇게 확고하게 그 자리에 머물러 있다. 왜냐하면 강한 필연(ananke)이 그것을 빙 둘러 에워싸고 있는 한계의 속박들 안에 [그것을] 꽉 붙들고 있으니까. 따라서 있는 것이 미완결이라는 것은 옳지 않다. 왜냐하면 결핍된 것이 아니며, 만일 결핍된 것이라면 그것은 모든 것이 결핍된 것일 테니까.

—파르메니데스, 단편8

8 '좋음'을 향해서, '이데아'를 발명한 이유_ 플라톤

Platon, 기원전 428/427 또는 424/423 ~ 348/347

철학자들에게 문제집을 던지다

파르메니데스에서 어려움을 겪은 분들도 있을 텐데, 당연히 제일 어려운 내용을 다뤘기 때문에 그런 거니까 너무 걱정 마세요. 이번엔 플라톤을 다루겠습니다. 아마 아무리 철학을 접한 적이 없다 해도, 그래도 가장 들어봤을 법한 철학자 이름이 플라톤일 것 같습니다. 플라톤이 태어난 시기는 기원전 428/427년, 아니면 424/423년입니다. 연대가 복잡하죠? 요즘처럼 생년월일이 딱 기록돼 있는 게 아닌 거죠. 지금 2019년부터 치면, 2,430년쯤 전이죠. 그때 문헌들이 오늘날처럼 충실한 형태로 남아 있지 않다는 점을 감안한다면, 1~2년 차이가 아니라 428년~423년이라고 하더라도 그 정도 오차는 허용할 만합니다. 태어

라파엘로가 그린 〈아테네 학당〉. 손가락으로 하늘을 가리키고 있는 사람이 플라톤. 손바닥을 땅을 향해 펼친 사람이 아리스토텔레스다.

난 해는 분명치 않아도, 죽은 해는 분명하겠죠. 태어날 때는 아무도 유명하지 않지만 죽을 때는 유명해진 다음이니까요. 그런데 저 빗금은 뭘까요? 역법曆法의 문제 때문입니다. 지금하고 달력 체계가 달랐던 거죠.

플라톤은 라파엘로Raffaello Sanzio의 〈아테네 학당〉에 소개돼 있습니다. 그림을 보면 문을 들어오면서 한 사람은 하늘을 가리키고, 또 한 사람은 땅을 가리킵니다. 누가 플라톤이고, 누가 아리스토텔레스일까요? 하늘을 가리키는 사람이 플라톤이고, 땅을 가리키는 사람이 아리스토텔레스입니다. 사실은 스승과 제자 사이니까, 나이 든 쪽이 플라톤이라는 점은 쉽게 알 수 있습니다. 둘은 그림 제목에서 알 수 있듯이 아테네에서 활동했습니다. 플라톤은 아테네의 상당한 명망가 출신이고, 아리스토텔레스는 북부의 스타게이라 출신입니다(본토 사람이 아니고 유학을 온 거죠). 둘의 취향은 많이 달랐습니다. 아무튼 라파엘로가 한 사람은 하늘을, 한 사람은 땅을 가리키는 걸로 묘사한 이유가 뭐냐? 하늘을 가리킨 까닭은 플라톤이 뭔가 천상세계를 논했다, 그에 반해 아리스토텔레스는 지상세계를 논했다, 그런 측면을 강조하기 위해서입니다. 르네상스 시대에 이해되고 있던 두 철학자의 특징을 그림 한 장면에 녹여낸 겁니다.

이제 플라톤이 서양철학 전체에서 차지하는 위상이 어떻게 되느냐를 잠깐 보겠습니다. 시기적으로는 대략 기원전 5세기에서 4세기에 걸쳐 활동했죠. 탈레스가 기원전 6세기에 활동했으니까, 200년 정도 후배입니다. '철학자'라는 말을 처음으로 만든 사람이 플라톤입니다. 영어 '필로소피philosophy'는 희랍어 '필로소피아philosophia'의 번역인데, 필로소피아는 플라톤이 만든 '필로소포스philosophos'라는 말에서 왔습니다. 플라톤은 『파이드로스』에서 소크라테스의 입을 빌려 이렇게 말합니다. "파이드로스여, 누군가를 지혜 있다고 일컫는 것은, 내가 보기엔 너무 높이 올라간 것 같고 그런 말은 신에게나 적용하면 적절한 것 같네. 그러나 지혜를 사랑하는 자philosophos 또는 그 비슷한 말로 일컫는다면, 그 자신도 차라리 동의할 것이고, 보다 더 합당할 것 같네." 그러니까 사람들이 흔히 (잘못) 짐작하는 것처럼 '철학'이라는 분과가 먼저가 아니라, 오히려 '지혜를 사랑하는 자' 또는 '지혜의 친구'가 먼저 있었고 그 후에 그의 활동(필로소페인philosophein, 철학함)을 가리키는 명사로서 필로소피아philosophia가 생겨난 것입니다. 오늘날 많은 철학 입문서에는 '철학'의 어원은 '필로소피아'로, 지혜를 뜻하는 '소피아sophia'와 '사랑한다'라는 뜻의 '필로philo-'가 합쳐진 말이라고 설명되곤 하는데, 그럴듯하지만 잘못된 설명입니다.

화이트헤드Alfred North Whitehead라는 현대 미국 철학자가 있습니다. 이 사람은 서양철학사는 '플라톤 철학의 주석'이라고 했습니다. 그만큼 플라톤이 서양철학의 많은 것을 세팅해놓았다는 거죠. 철학의 장면들 전체를 세팅해놓은 게 플라톤이다, 이렇게 말할 수도 있겠습니다. 더 정확하게는, 철학의 중요한 문제들을 던졌다, 요게 더 중요합니다. 왜냐하면 플라톤은 이러저러한 게 중요한 문젯거리구나 하는 걸 간파하는 아주 천재적인 능력이 있었고, 그 물음을 던지고 해결하기 위해 무척 노력했습니다. 말하자면 플라톤 자신이 해결하지 못한, 제대로 답하지 못한 문제들도 많다는 겁니다. 하지만 더 중요한 건 후대의 철학자들 역시 그 질문들을 이어받아 계속 탐구를 진행했다는 점입니다. 한마디로 플라톤이 문제집을 만들었고, 후대 철학자들은 그 문제집을 풀려고 다방면으로 노력했습니다.

플라톤은 고대 희랍철학의 정점에 있습니다. 플라톤이 포착한 문제를 받아서 가장 격하게 비판한 사람이 바로 밑의 제자 아리스토텔레스입니다. 둘은 공통점도 많지만 상반된 측면이 굉장히 많습니다.

소크라테스 주연, 플라톤 연출: 플라톤의 대화편
━

다음은 플라톤의 초기 대화편 『에우튀프론』의 한 장면입니다. 형식에 주목해서 보세요.

"그분이 누구이신지?"

"저의 아버님이십니다."

"보시오, 그대의 아버님이시라고?"

"바로 그렇습니다."

"하지만 죄명은 무엇이며 무엇에 대한 소송이오?"

"살인죄입니다, 소크라테스 님."

이처럼 플라톤은 대화 형태로 모든 책을 썼습니다. 약간의 예외가 있긴 해요. 대화가 아닌 대표적인 작품이 『소크라테스의 변론』입니다. 『소크라테스의 변명』이라고도 불러요. 소크라테스가 아테네 시민들에 의해 기소된 후에 법정에서 자기 변론을 펼치는 내용이에요. '나는 그런 삶을 살지 않았습니다. 이런 삶을 살았습니다.' 소크라테스의 실제 생애에 가장 근접해 있다고 많이들 얘기합니다.

소크라테스는 글을 쓰지 않았습니다. 소크라테스에 대한 모든 정보는 다른 사람들이 남긴 기록에서 왔어요. 가령 플라톤이 있고, 친구였던 크세노폰Xenophon이 있어요. 이 둘이 대표적입니다. 그 밖에 단편적인 기록들이 남아 있습니다. 소크라테스 자신이 글을 쓰지 않았기 때문에 중요한 문제가 생깁니다. 소크라테스의 사상이 뭐냐? 몰라요! 생각해보세요. 만약 선생이 글을 안 남겼다면 몇몇 제자가 '선생님이 이렇게 말씀하셨다'라고 한 주장밖에 없어요. 제자들의 얘기가 조금씩 다다를 수 있죠. 소크라테스와 관련한 사정이 그렇습니다. 소크라테스의 제지를 지처히던 사람이 상당히 많은데, 그들이 보여주는 소크라테스의 모습은 다 달라요. 꽤 심각하게 다르다고 할 수 있을 정도입니다. 쾌락주의자라고 불리는 사람도 '내가 소크라테스의 적통이다', 이렇게 주장하고, 상당히 경건한 플라톤 같은 사람도 '내가 진짜 제자다', 이렇게 주장했으니까요.

플라톤의 대화들, 보통 '대화편'이라고 부르는데, 이 대화편들의 주인공으로 등장하는 게 대개가 소크라테스입니다. 그러면 헷갈리죠. 소크라테스의 입을 통해 나온 얘기가 플라톤의 생각인지, 아니면 보통 반대 의견을 지니고 있는 소크라테스의 대화 상대자 입장이 그건지, 아니면 대화 장면을 보고 기억했다가 들려주는 증인의 입장이 그건지, 알기 어렵습니다.

다른 한편 이런 여건은 플라톤의 생각을 파악하는 데 흥미로운 점이기도 해요. 보통 같으면 '나는 이렇게 생각한다'라고 어떤 주장과 주장을 뒷받침할 만한 논거들을 제시해요. 근데 플라톤은 그런 식이 아니라, 이 사람 주장을 나름대로 충실하게 펼쳤다가, 또 저 사람 주장과 반론도 충실하게 펼쳤다가 하는데, 얘기가 끝나지 않고 마무리되는 경우도 꽤 많단 말이에요. 아고라에서 대화를 나누다가, '늦었으니까 집에 가자', 이렇게 끝나는 경우도 있어요. 그래서 누구 얘기에 주목해야 될지, 마치 주인공(프로타고니스트)은 있지만 주인공에 반대되는 사람(안타고니스트)이 매력적으로 등장하는 연극을 볼 때, 누구에게 주목해야 할지 고민되는 것처럼, 누구 말이 플라톤 생각에 가까울지 상상하는 게 가능하다는 거죠.

단지 그것만 흥미로운 건 아닙니다. 플라톤이 문제집을 던졌단 말이에요. 이게 왜 문제집으로 기능하느냐면, 여러 의견이 서로 논쟁을 주고받는 장면을 묘사하고 있기 때문에 문제집의 성격을 띱니다. 교과서나 풀이집이 아니에요. 그러니까 나중에 읽는 사람들이 어떤 부분에 주목해서 발전시킬지는 읽는 사람 몫이라는 거죠.

플라톤의 대표적인 작품들은 주인공이 보통 소크라테스라고 생각하면 돼요. 대화편의 제목은 크게 보면 주제가 제목인 게 있어요. 『국가』나 『법』이 대표적인데, 이 두 권은 상당히 두껍습니다. 또 사람 이름이 제목으로 등장하는 경우가 상당히 많아요. 경우마다 이름이 크게 중요하지 않을 수도 있고 꽤 중요할 수도 있습니다. 크리톤은 소크라테스의 친구예요. 돈도 상당히 많고 아테네에서 영향력이 있던 사람이었어요. 그래서 간수를 매수해서 소크라테스를 탈옥시켜 도망가게 하려고 작정해요. 그만큼 유력가란 얘기죠. 『크리톤』 편 맨 앞에 어떤 얘기가 나오느냐면, "크리톤, 이 시각에 무슨 일로 왔나?" 이렇게 시작해요. 그래서 제목이 '크리톤'이에요. 후대에 붙인 거지만, 제목을 이렇게 정한 경우가 꽤 된다는 거죠. 이제 읽을 『파이돈』도 사람 이름이에요.

플라톤은 작품을 꽤 많이 남겼습니다. 아리스토텔레스는 완성된 작품을 남기지 않았고, 죽은 지 300여 년이 지나서 제자들이 강의록을 모았는데, 플라톤은 우리가 보는 형태로 진본들을 남긴 굉장히 드문 고대 철학자입니다.

플라톤하고 소크라테스를 구분하는 게 쉽지 않은데, 두 사람이 공유하는 부분, 오늘은 그 점에 초점을 맞추려고 합니다. 일단 소크라테스 하면 우리가 제일 많이 알고 있는 말이 '너 자신을 알라'입니다. 사실 그 말은 소크라테스 자신의 말이 아닙니다. 소크라테스가 델피에서 받은 신탁의 문구입니다. 그런데 소크라테스는 또 하나의 신탁을 받았습니다. '소크라테스보다 더 현명한 자는 없다.' 요게 두 번째입니다.

소크라테스의 일생이 보고되어 있는 『소크라테스의 변론』에 그런 얘기들이 나옵니다. '신들을 모독하고 아테네 청년들을 타락시켰다'라는 게 소크라테스의 죄목이에요. 소크라테스는 죄를 부인하면서 『변론』에 나오는 두 개의 신탁에 따라서 살았다고 주장합니다. 일단 첫 번째 신탁은 이해가 갑니다. '너 자신을 알라.' 그래, 자신을 알려고 노력해야지. 겸손해야지. 거기까진 괜찮은데, 두 번째 신탁 때문에 소크라테스는 고민합니다. '아테네에서 소크라테스보다 현명한 사람은 없다'라고? 왜 이 신탁을 신이 나에게 내렸지? 묻게 되죠. 이걸 풀기 위해 소크라테스는 독특하게 행동합니다. 말하자면 아테네에서 유력한 사람, 명망가, 지식인, 유명인 등을 찾아다니면서 과연 그 사람이 진짜로 현명한지 물었던 거예요. 자기가 받은 두 번째 신탁을 확인하는 작업을 한 겁니다.

누가 '정의로움'에 대해 잘 알고 있다고 소문이 자자하면 직접 찾아가 '정의로움'에 대해 물음을 던집니다. 소크라테스가 질문을 던지고 상대가 답변하는 과정이 이어집니다. 이게 한편의 작품인 거죠. 어떤 사람이 아름다움에 대해 알고 있다고 평판이 자자해요. 그러면 가서 아름다움에 대해 질문합니다. 용기에 대해서 알고 있다? 가서 질문합니다. 참된 정치가는 무엇인가? 질문해요.

소크라테스가 이 과정에서 욕을 무지하게 먹었겠죠. 당대에 가장 유명하고 잘난 사람들을 들쑤시고 다닌 거니까. 마지막에 대화들이 어떻게 끝나느냐면, 대개는 '아, 그래 난 모르겠다. 소크라테스, 너 잘났다', 이렇게 끝나요. 소크라테스가 항복을 받아내는 식인 겁니다. 소크라테스가 교묘하게 질문하거든요. 사실 답하기 어려운 질문들이긴 해요. 하여튼 질문을 적절하게 해서 상대방이 갖고 있는 지식의 정도를 들춰내는 대화법을 구사한 거죠. 그래서 자기를 '산파'에 비유합니다. 자기가 뭘 낳는 게 아니라, 이 사람이 갖고 있는 생각을 끌어내주겠다, 끄집어내주겠다, 엄마도 산파였다며 산파처럼 대화를 나눕니다. 상대방이 갖고 있는 생각을 끄집어내주는 대화. 요게 소크라테스의 방법입니다.

근데 유력가들을 만나 대화해보니까 '실제로는 그 주제에 대해 아는 게 없다', 이런 결론들이 나왔다는 거죠. 그래서 '나 몰라' 이렇게 끝난다는 겁니다. 평생 그렇게 살았어요. 물론 중간에 전쟁에도 참여하고 했지만, 평생을 그렇게 살았으니 나이 들었을 때 얼마나 욕을 많이 먹었겠어요. 다 적이죠. 자신들의 무지함을 다 들통 냈으니까요.

평생 그렇게 산 다음에 소크라테스가 발견한 게 하나 있습니다. '아, 저들은 자신이 현명하다고 생각하고 있는데, 사실은 현명하지 않구나'라는 거예요. 근데 소크라테스 자신은 '나는 아는 게 없다'라고 늘 얘기하고 다녔으니까, 자기는 최소한 '알지 못한다는 건 안다'라는 게 됩니다. 상대적으로 소크라테스가 가장 현명한 자라는 게 말이 되는 거죠. 그래서 두 가지 신탁, '너 자신을 알라'와 '소크라테스보다 더 현명한 사람은 없다'가 한데 결합됩니다. 이것을 '무지無知의 지知'라고 간결하게 표현하기도 합니다.

이런 삶을 살았다고 변론하는데, 유감스럽게도 평소에 지은 죄가 많았던 거죠. 수많은 명사를 괴롭혔으니까요. 그래서 결국 배심원인 아테네 시민들에게 유죄 판결을 받습니다. 감옥에 갇힌 다음 탈옥을 권유하는 게 두 번째 작품『크리톤』입니다. 크리톤은 친구라 했죠. 소크라테스에게 찾아와서 감옥을 떠나자, 그래서 멀리 메가라 지방, 보이오티아 지방으로 탈출해서 마지막 인생을 살자, 여기서 죽기에는 친구로서 너무 마음이 아프다고 권하는 거죠.

거기에 대해 우리가 알고 있는 유명한 말이 있습니다. '악법도 법이다.' 즉, '나는 시민들 판결을 따라야 한다, 독배를 마시고 죽겠다'라고 소크라테스가 말했다는 거죠. 사실은 날조예요. 소크라테스는 악법도 법이라는 말을 한 적이 없습니다.『크리톤』을 읽어보면 알아요. 사실 악법은 악이죠. 그건 없애야 합니다. 국가보안법, 유신헌법, 이런 것들 말입니다. 정의의 관점에서 정의에 기여하지 못하는 법은 악이죠. 그럼 왜 그런 얘기가 나왔느냐? 추측해보면 세상에 모든 독재자들이 늘 꿈에 그리는 것이 있죠. 마음대로 법을 만들고 집행하고 '법대로 했다'라고 하는 거죠. 형식주의적인 법 해석 말입니다. 그렇게 말하기 위해 권위 있는 사람이 필요했고 소크라테스가 그 악역을 담당하게 된 거죠. 운명이 참 묘해요.

실제로 소크라테스가 탈옥하지 않은 이유는 길게 말할 수 있지만, 짧게 말하면 너무 늙어서 딴 나라 가서 살기에 너무 골치 아팠어요. 왜냐? 폴리스는 생활공동체 이상의 의미를 갖고 있습니다. 다른 폴리스로 가면 이방인이에요. 이방인으로서 일흔 살 넘은 노인이 친구도 가진 것도 별로 없이 산다고 생각해보세요. 목숨은 부지하겠지만, 유배당한 거랑 똑같아요. 이런 이유로 소크라테스가 탈옥을 거부했다는 게 역사적인 해석입니다.

물론 소크라테스 자신이 말하는 표면적인 이유는 달라요. 아테네인들이 한 번의 오판을 했다고 해서 평생 자기를 키우고 살게 해준 아테네인들의 '다수의견'을 따르지 않는 건 아테네에 대한 도리가 아니다. 이렇게 주장했던 겁니다.

소크라테스의 생애와 관련해서 다음 순서는 『파이돈』입니다. 『파이돈』은 소크라테스가 죽는 바로 그날을 묘사하고 있습니다. 죽기 전에 친구들과 제자들에 둘러싸인 채 자기가 죽는 거에 대해 너무 슬퍼하지 말라고 합니다. 왜냐하면 영혼은 불멸하고 어쩌고저쩌고, 이런 얘기를 펼친 거예요. 다비드가 그린 〈소크라테스의 최후〉를 보면, 주변에 제자들이 있고, 소크라테스가 침대에 걸터앉아 있습니다. 〈아테네 학당〉과 더불어 아주 중요한 그림입니다.

기하학을 모르는 자 들어오지 말라

플라톤이 『파이돈』에서 말하는 내용이 플라톤의 사상을 집약하고 있습니다. 물론 굉장히 많은 주제를 논했기 때문에, 모든 게 집약된 건 아닙니다. 먼저 플라톤 사상을 아주 간결하게 요약해보죠.

플라톤은 아테네에 '아카데메이아^Akademeia'라는 학원을 세웠어요. 사실 교육기관이죠. 당시에 공립학교가 있던 건 아니니까요. 학원 입구의 현판에 뭐라고 쓰여 있었느냐 하면, '기하학을 모르는 사람은 여기 들어오지 마라. 출입금지', 이랬다고 해요. 이 이야기는 거꾸로 해석하면, 기하학을 알아야 플라톤 철학을 알 수 있다는 얘기입니다.

우리는 이 세상에서 굉장히 많은 동그란 것들을 봅니다. 동그란 것, 영어로 'round'예요. 플라톤이 물었던 건 수많은 동그란 것들이 있지만 '동그란 것 그 자체'라는 게 다른 말로 '원'이라는 게 있는 거예요. '이것들이 동그랗기 위해서는 뭔가 완벽한 동그라미가 있어서 그 완벽한 동그라미랑 가까울수록 더 동그란 거다'라고 할 수 있어야 한다고 보았던 겁니다.

수학 시간에 칠판에다 원을 그린다고 생각해보세요. 아무리 잘 그려도 잘 안 돼요. 근데 가끔은 감탄이 나올 때가 있어요. 뭔가 동그란 것 그 자체, 동그라미 그 자체라는 게 머릿속에 있고, 그거랑 비교했을 때 더 잘 그린 원을 말할 수 있어요. 근데 원은 관념입니다. 존재 자체가 관념적인 거예요. 왜냐하면 세상 속에는 동그란 것들은 많아도 동그란 것 자체인 원은 없어요. 원은 그 정의상, 유클리드 기하학에 나오죠, '한 점에서 거리가 같은 점들의 집합'이에요.

근데 점은 순수하게 기하학적인 존재예요. 점은 위치만 있고 두께도 넓이도 부피도 없어요. 점들을 아무리 모아도 선이 될 수 없어요. 왜냐면 점은 공간을 차지하지 않거든요. 기하학에서 선을 두 점 간의 최단거리라고 정의하는 방식이 있어요. 근데 점 자체가 두께가 없기 때문에 덧붙여도 늘어날 수 없어요. 점을 더해서는 선이 될 수가 없어요. 또 선을 아무리 더해도 면이 될 수 없어요. 선도 두께가 없거든요. 면을 더하면 입체가 된다? 실제로는 면도 두께가 없어요. 면을 아무리 더해도 부피 있는 입체가 안 나와요.

자, 내가 기하학적인 존재라고 말한 건 점, 선, 면처럼 실제로 시공간을 점유하지 않는 것들, 순수하게 수학적인 것들인데, 원도 바로 그런 존재예요. 한 점에서 같은 거리에 있는 점들의 집합은 시공간을 차지하는 게 아니라 사실 머릿속으로만 떠올려볼 수 있는 그런 관념이에요. 원은 그런 의미에서 현실에 있는 게 아니라 우리의 관념 속에만 있어요. 하지만 머릿속에 있는 원은 현실세계에 있는 무수한 동그란 것들을 성립시켜주는 그 무엇이에요. 사실 기하학이라는 게 그거예요. 기하학에 언급되는 많은 내용은 현실에 근접해 있지만 딱 그렇진 못해요.

오늘날도 똑같이 얘기할 수 있는데, 설계는 가능한데 그걸 현실적인 물건으로 만드는 건 기계 기술이 발전했다 하더라도 쉬운 일이 아니에요. 왜냐하면 기하학적 존재는 수학적으로 그려볼 수 있지만, 현실 속에 물건을 만들어내려면 오차가 생겨요. 기계가 그걸 조립하거나 가공하거나 할 때 오차가 생기기 때문에, 말하자면 원을 우리가 현실에 구현하려 하면 항상 진짜 원이 아닌 뭔가가 나오게 돼요. 동그란 어떤 물체가 나오지 동그라미 자체가 나오진 않아요.

기하학을 이해한다는 건 현실 속에 존재하는 사물들과 도형 자체가 구별된다는 걸 아는 거예요. 그것인 것 자체가 원본이다, 또는 모델 역할을 한다, 그래서 구체적으로 세계 속에 존재하는 것들을 성립시켜

준다. 이게 기하학이 우리에게 알려주는 바인데, 플라톤 철학이 이걸 가장 밑바탕에 깔고 있어요.

소크라테스가 정의로움 자체에 대해 물었을 때 답하는 사람들은 아무리 노력해도 정의로운 것들, 또는 정의로운 사람들에 대해서만 얘기할 수밖에 없었어요. 그러면 소크라테스는 다시 물어요. 아니, 내가 물은 건 그게 아니고, 정의로움 자체가 뭔지를 먼저 알아야 누가 정의로운 사람인지를 알 수 있을 거 아니냐? 이런 식이죠. 용감한 사람을 아무리 얘기해도, 용기라는 게 뭔지 먼저 알아야 용감한 사람인지 아닌지를 식별해낼 수 있을 것 아니냐? 이렇게 접근한 거예요. 한마디로 기하학을 인간 세계에 적용한 거예요. 그게 소크라테스가 끝끝내 질문에서 상대방을 굴복시킬 수 있었던 이유예요. 그것이 무엇이냐? 그것 자체가 뭐냐? 묻기만 하면 실제로 답이 나오기가 참 힘들어요. 기하학적인 존재들, 수학적인 존재들은 상관없어요. 근데 안타깝게도 현실 속에 있는 구체적인 것들은 항상 '것들'로만 존재할 뿐 '그 자체'는 존재하지 않거든요.

이 부분에서 잠깐 제자인 아리스토텔레스가 만든 말 하나를 보죠. '추상抽象'이라고 많이 들어봤을 거예요. 추상의 정확한 뜻은 뽑아낸다는 겁니다. 말하자면 기하학적 대상은 그게 원래 있고 그것으로부터 구체적인 사물들이 성립하게 되는, 오리지널한 모델이 아니라, 동그란 것들로부터 공통점을 뽑아낸 거다, 이렇게 봐야 한다는 거예요. 공통된 걸 뽑아내서, 공통된 것들의 공통점을 찾아서 그러하다고 해주면 편하죠. 그걸 갖고 각각이 어떠한지 알 수 있으니까. 그래서 아리스토텔레스가 처음 반박한 건 이렇습니다. 그런 무엇 무엇 자체라는 건 다 추상된 거다, 공통점을 뽑아낸 것에 불과하다. 그러니까 그건 이 세계 속에 있는 게 아니다. 원본이 아니다. 대체로 이런 식으로 비판할 수 있습니다. 그럼 정의, 용기, 아름다움 이런 것들에 대해선 어떻게 얘기할 수 있느냐? 우리는 살아가면서 구체적으로 정의로운 행동, 용감한 행동, 아름다운 것들을 만나요. 그런 것들에서 우리가 추상해낸 게 정의, 용기, 아름다움이지 그 반대가 아니다. 이렇게 주장할 수 있는 겁니다. 플라톤과 아리스토텔레스는 이런 부분에서도 차이가 납니다.

어쨌건 플라톤은 기하학적 사고방식을 현실 세계 속에 적용하려고 했어요. '그 자체'라는 말의 다른 표현이 '이데아'입니다. 이데아는 다른 게 아니고, 바로 어떤 것 '그 자체'예요. 그리고 이데아에 대비해 구체적으로 이 세계에 존재하는 것들은 '현상'이에요. 이런저런 현상이 벌어진다고 말할 때의 '현상'이라고 생각해도 무방해요. 세계 속에 존재하는 건 현상'들'이고, 그 현상들에 공통된 어떤 것으로서 그 현상들을 성립시켜주는 것, 그게 그 현상들의 이데아예요. 용감한 행동을 이 사람도 하고 저 사람도 할 때, 용기라는 것 자체가 먼저 있어야 구체적 사례들이 식별됩니다. 그 용기가 이데아입니다.

원래 이데아라는 말은 '보다'라는 말에서 나왔어요. 이데아^{idea}는 '보다'라는 희랍어 동사 '이데인^{idein}'의 수동과거분사예요. '본 것'이라는 뜻입니다. 참고로 아리스토텔레스가 애용한 '에이도스^{eidos}'도 '보다'라는 뜻의 희랍어 '에이데나이^{eidenai}'의 수동과서분사예요. 이네아와 에이

도스는 둘 다 '본 것'이라는 뜻입니다. 뭘 봤느냐? 이 동그란 것 속에서 우리는 원을, 동그라미 그 자체를 봐요. '이거 동그랗죠?'라고 할 때 끄덕일 수 있는 이유가 그거예요. 이건 사실 가만 들여다보면 정확히 동그랗진 않아요. 세상 속에 존재하는 것들은 정확히 그렇진 않거든요. 우리는 동그랗다고 '보는' 거예요. 그렇게 보인 게 이데아입니다. 기하학에선 우리가 늘 그 짓을 해요. 근데 현실세계 속에 그런 게 있느냐? 용기 자체. 용기의 이데아. 좋음. 이글 제목이 〈'좋음'을 향해서〉인데, 좋음 그 자체가 있느냐, 아름다움 그 자체가 있느냐? 이런 걸 물어볼 수 있어요. 그래서 이 부분에서 플라톤 철학의 의의와 한계가 갈라질 수 있습니다. 이런 접근법을 통해서 도달할 수 있는 것들이 분명히 있죠. 그런 것들에 대해서 아주 정확해요. 근데 그렇지 못한 것들에 대해서는 문제가 생길 수 있어요.

흔히 소크라테스를 평가하기를, 자연에 대한 관심에서 인간에 대한 관심으로 눈길을 돌렸다고 해요. 그래서 전에 봤던 탈레스나 아낙시만드로스 같은 사람들을 뭉뚱그려 '자연철학자'라고 불러요. 이들은 주로 자연을 탐구했어요. 그에 반해 소크라테스는 인간을 탐구해요. 관심의 대상, 호기심의 대상을 바꾼 거죠. 플라톤은 인간을 기하학적 방식으로 탐구했어요. 이게 특별한 지점이죠. 인간은 기하학적 존재가 아닌데 마치 그런 존재인 양 다뤘고, 그래서 오류가 생길 수 있어요. 실제로 오류가 생겼고요. 관심을 인간으로 돌렸다는 게 공헌이라면, 인간적인 선입견들을 세계 속에 투영하고 다시 인간에게 투영하는 방식으로 해결을 추구했다는 한계가 있습니다. 이데아는 기하학적 존재인데, 그걸 인간에 적용하려고 한 게 플라톤의 작업입니다.

현실의 문제를 해결하기 위한 '진짜 원인'에 관한 질문
—

준비한 텍스트를 보겠습니다. 방금 말씀드린 자연철학에서 인간으로 관심이 전환된 지점과 관련됩니다. 젊었을 적에 나는 사람들이 자연에 대한 탐구라고 부르는 바로 그 지혜를 굉장히 열망했다네. 여기서 말하는 자연에 대한 탐구가 바로 탈레스, 아낙시만드로스 등 소크라테스보다 앞선 세대가 탐구한 대상이죠. 오늘날 자연과학에 굉장히 가깝습니다. 'How?', '어떻게?'에 대한 답들이죠. 각각의 것의 원인原因들, 즉 왜 각각의 것이 생겨나고, 왜 소멸하고, 왜 있는지를 아는 것이 대단한 일로 여겨졌다고 해요. '왜?'라고 표현했지만 여기서 '왜?'는 중의적입니다. 의미가 하나가 아니에요. '왜?'라는 물음에는 항상 '어떻게?'와 '진짜 왜?'가 구분됩니다. '어떻게?'는 자연과학이 자연법칙이나 이론을 통해 설명할 수 있지만, '진짜 왜?'는 답이 없어요. 아무튼 여기서 소크라테스가 궁금해한 게 후자, 즉 '진짜 왜?'라는 점을 주목해야 합니다.

우리말로는 '왜?'라고 표현했지만 그건 '어떻게?'예요. 돌을 던지면 왜 유리창이 깨지느냐? 물리학의 원리들로 충분히 답할 수 있어요. 근데 저 놈이 왜 유리창을 깨뜨렸는지는 사실 아무도 몰라요. '왜?'라는 물음이 이중성을 지닌다는 점에 계속 주목해야 해요. 그리고 이번에는 이것들의 소멸들에 대해 탐구하고, 하늘과 땅에서 일어나는 일들을 탐구하다가, 마침내 나 자신이 이런 종류의 탐구에는 전혀 소질이 없다는 생각이 들었네. 완전 문과 체질이죠. 수학 못해서 문과 간 거죠.

　그런데 언젠가 나는 누군가가 그의 말로는 아낙사고라스가 썼다고 하는 어떤 책을 읽는 것을 듣게 되었네. 그런데 거기에선 말하기를, 모든 것들을 질서 짓고 그것들의 원인이 되는 것은 지성이라는 거야. 지성 또는 이성은 희랍어 '누스^{nous}'입니다. 모든 것들의 원인은 지성이라는 거예요. 나는 이 원인이 마음에 들었고, 어떤 식으로든 지성이 모든 것의 원인인 건 잘된 일이라는 생각이 들었네. 그래서 만일 그것이 사실이라면, 지성은 모든 것을 질서 짓는 데 있어서 각각의 것을 이 부분이 중요합니다, 최선의 방식으로 질서 짓고 위치시킬 것이라고 생각했네.

　아낙사고라스는 만물의 근원이 지성 또는 이성이라고 했어요. 모든 게 지성이 원인이라면 지성이 모든 것을 질서 잡을 때 지성적으로 하겠죠? 지성적으로 하면 잘못하지는 않을 거예요. 지성을 갖췄다면 그러리라는 거죠. 그러니까 지성이 만물의, 원인이면 좋죠. 소크라테스는 그렇게 기대했던 거죠. 명시적으로 드러나 있진 않지만 여기서 지성, 이성, 누스라는 개념이 아낙사고라스에겐 '어떻게?'와 관련되는 반면에 소크라테스에겐 '왜?'와 관련된다는 점을 명심해야 합니다.

　계속 보겠습니다. 그래서 만일 누군가가 각각의 것에 대해서 어떻게 그것이 생겨나거나 소멸하거나 있는지 그 원인을 알아내고자 한다면, 그는 그 각각의 것에 대해 다음과 같은 것을 알아내야 한다고 생각했지. 그것이 있거나 다른 어떤 일을 겪거나 작용하는 것이 그것에게 어떻게 최선인지를 말일세. 가령 이 방의 자리 배치 있잖아요. 아마 처음에 이렇게 하자 저렇게 하자 의견이 많았겠죠? 그러다가 어느 순간

이게 가장 좋다, 이렇게 동의했을 때 배치를 멈췄을 거예요. 너무 당연하죠. 그게 지성에, 이성에 따른다는 말의 의미입니다. 만약에 수강생이 늘어나면 이 배치가 조금 달라질 거예요. 보조의자도 놔두고 뭔가 더 나은 것, 가장 좋은 것을 계속 추구할 겁니다. 그러므로 이 논리에 따르면 사람은, 자신에 대해서건 다른 것들에 대해서건, 다름 아닌 가장 좋고 최선인 것을 탐구해야 마땅하네. 결국 좋은 걸 탐구해야 된다는 겁니다. 같은 사람이 필연적^{必然的}으로 더 나쁜 것도 알아야 하겠지. 이것들에 대한 지식은 같은 것이니까. 나쁜 것과 좋은 것의 지식은 같은 겁니다. 왜냐? 뭐가 좋은 줄 알면 뭐가 나쁜 줄 알고 뭐가 나쁜 줄 알면 뭐가 좋은 줄 안다고 본 거죠. 근데 좋은 걸 알면 나쁜 걸 아는 건 자연스럽게 도출되는데, 나쁜 걸 안다고 꼭 좋은 걸 아는 건 아니에요. 나쁜 걸 알더라도 뭐가 좋은지는 아직 모르는 상태도 있겠죠.

이제 반전이 일어납니다. 이 엄청난 기대로부터, 여보게!, 나는 그만 내동댕이쳐지고 말았다네. 읽어 나가면서 보니, 그 사람은 지성을 사용하지도, 그것에 사물들을 질서 짓는 일과 관련된 어떠한 원인도 돌리지 않고, 공기와 에테르와 물과 그 밖의 여러 이상한 것들을 원인으로 대더란 말일세. 무슨 말인지는 조금 더 가보면 확실히 알 수 있습니다. 내 생각에 그건 마치 어떤 사람이, 소크라테스는 모든 하는 일을 지성에 의해서 한다고 말하고 나서는, 내가 하는 일들 각각의 원인을 말하려 할 때는 다음과 같은 식으로 말하는 것이나 매한가지네. 그는 우선 내가 여기에 앉아 있는 것은 그림 〈소크라테스의 죽음〉을 상기해보세요. 감옥의 침대에 앉아 있으면서 얘기하고 있죠? 내 몸이 뼈들과 근

자크 루이 다비드Jacques Louis David가 그린 〈소크라테스의 죽음〉

육들로 이루어져 있는데, 뼈들은 단단하고 관절들에 의해 서로 분리되어 있는 반면, 근육들은 팽팽해지고 느슨해질 수 있어서 이것들이 뼈들을 살들과 이것들을 유지시키는 피부와 함께 둘러싸고 있기 때문이라고 말할 걸세. **틀린 얘기는 아니죠. 이렇지 않으면 몸이 무너져버려요.** 그래서 그 뼈들이 그것들의 관절들에서 들려졌을 때, 근육들이 느슨해지고 팽팽해짐으로써 어떤 식으로 지금 나의 사지를 굽힐 수 있도록 만드는 것이고, 이런 이유로 내가 여기에서 다리를 굽히고 앉아 있다는 것이지. **이것도 틀린 얘기 아닙니다. 의학적으로, 생리학적으로 다 맞는 얘기예요.** 그리고 이번에는 우리가 이야기를 나누고 있는 것에 대해서도 그는 그런 종류의 다른 무수한 것들에 원인들을 대서, 소리니 공기니 청각이니 그런 종류의 다른 무수한 것들에 원인을 돌리면서, 참된 원인들을 대는 것에는 신경을 쓰지 않네. 이것도 중요한 얘긴데 '참된 원인'이 아니라는 말이죠. 아낙사고라스의 설명들은 사실 틀린 게 아닌데, 소크라테스가 기대하는 게 아니라는 점이 여기서 중요하죠. 소크라테스는 자신이 원하는 참된 원인을 알고 싶은 겁니다.

그 참된 원인이 뭐냐? 모든 게 지성, 이성에 의해 움직인다는 게 무슨 뜻이냐? 그 참된 원인은 아테네인들에게는 나에게 유죄판결有罪判決을 내리는 것이 더 좋다고 생각이 되었고, 바로 이 때문에 나에게는 여기에 앉아 있는 것이 더 좋은 일이고 여기 남아 그들이 명하게 될 처벌을 받는 것이 더 옳은 일이라고 생각되었다는 것이네. 더 좋고, 더 옳고 두 가지를 말하고 있지만 여기선 거의 같은 뜻입니다.

아까 앞에서 소크라테스 생애 얘기를 길게 말했는데, 이 문장을 이해하려면 아까의 배경 설명이 필요해서 그랬어요. 아테네인들은 유죄판결을 내리는 게 더 좋다고 생각했고 소크라테스는 탈옥을 거부하고 여기 있는 게 낫다고 생각했으니까, 그래서 지금 내가 여기 있는 거라고 말하는 겁니다. 왜냐하면 맹세하지만, 내 생각에, 만일 내가 도피하거나 도주하지 않고 이 나라가 어떤 처벌을 내리든 그것을 받는 것이 더 옳고 훌륭한 일이라고 생각하지 않았다면, 이 근육들과 뼈들은, 더 나은 것에 대한 판단에 이끌려서 오래전에 메가라나 보이오티아 지역에 가 있었을 테니 말일세. 그러니까 신체적·생리적인 것들은 좋다는 것에 대한 생각, 판단에 따라 움직였으리라는 겁니다. 그러니까 그건 부수적인 원인이지 참된 원인이 아니라는 거죠. 몸에 관련된 것들은 부수적일 뿐이고, 참된 건 지성, 이성이고, 그것의 판단 내용은 좋은 섯, 옳은 것이라는 겁니다.

　하지만 이런 것들을 원인들이라고 부르는 것은 매우 이상한 일일세. 만일 누군가가 이런 것들, 즉 뼈들과 근육들과 내가 가지고 있는 다른 것들을 가지지 않고서는 내가 생각하는 것들을 행할 수가 없다고 말한다면, 그건 맞는 말이겠지. '이런 것들'은 뼈와 근육인데, 참된 원인이 아니라는 것이지요. 그렇지만 내가 하는 일들을 하는 것이 이것들 때문이고, 내가 그 일들을 지성에 의해 행하지만 그건 최선을 선택함에 의해서는 아니라고 한다면, 그건 매우 그리고 몹시 부주의한 주장이 될 걸세. 왜냐하면 그것은 진정한 원인과 그것 없이는 도대체 원인이 원인일 수 없는 것이 다름을 구분하지 못하는 것이니 말일세. 몸이 없으면 움직이지도 못해요. 침대에 앉아 있지도 못합니다. 그러나 생각이 먼저죠. 생각이 좋다, 옳다는 판단이 없으면 몸도 별게 아닌 게 되니까. 결국 진짜 원인과 부수적인 원인이 구별되고 있고, 무엇을 더 중시하는지가 확인되고 있습니다. 바로 이것을 내가 보기에 대중들이, 마치 어둠 속에서 더듬거리는 것처럼, 잘못된 이름을 사용해서 원인이라 부르고 있다네. 이 잘못된 원인이라고 얘기하는 것은 원인이라고 부르기도 좀 뭐하다. 진짜 원인, 참된 원인은 아니다. 이렇게 결론을 내리고 있습니다.

　'어떻게?'에 대한 답들은 부차적인 원인일 뿐이며, 지성과 이성에 따른 좋은 것과 옳은 것에 대한 판단이 '참된 원인'이고 '왜?'에 대한 답이라고 소크라테스는 주장하는 겁니다.

왜 이데아 개념을 발명했을까?

—

참된 원인, 이데아의 세계를 플라톤이 왜 추구하게 되었느냐도 알아야
합니다. 아주 간략하게 말하죠. 그건 당시 희랍 민주주의와 관련 있습
니다. 민주주의 사회에서는 누구나 정치에 참여할 수 있어요. 즉, 후보
자가 될 수 있습니다. 자기가 정치가로서 자격이 있다는 주장이 난립하
는 상황이 벌어집니다. 내가 최적이라는 사람들이 쭉 나왔어요. 이때 누
가 가장 좋은 정치인이냐를 판단할 수 있어야 돼요. 플라톤이 보기엔
먼저 좋은 정치가가 무엇인지, 즉 정치가의 이데아를 알아야 했어요.

　가령 정치를 사람들을 잘살게 하는 것으로 정의 내릴 수 있겠죠.
그렇게 되면, 사람을 잘살게 하는 건 농부의 일이다, 식량 없이 살 수 있
느냐, 자신이 정치에 딱 적합하다고 주장할 수 있어요. 의사도 나섭니
다. 웃기지 마라, 아프면 끝이다, 병 낫게 하는 게 최고다. 목수도 나와
요. 집 없이, 가구 없이 살 수 있어? 자기가 가장 적합하다고 후보들이
난립할 때 가장 적합한 자가 누구인지 판단해야 한다는 문제가 생겼어
요. 이건 바로 희랍 민주주의 때문에 벌어진 일이에요. 그 전에는 그런
문제를 생각할 필요가 없었어요. 왕이 임명하면 돼요. 근데 사정이 바
뀐 거죠. 그 독특한 희랍 민주주의 상황에서 플라톤이 답을 제시하기
위해 이데아니 뭐니 하는 생각을 하게 된 겁니다. 플라톤 자신의 결론
은, 민주주의를 해보니까 이거 안 좋더라, 그러니까 철학자가 왕이 되
어야 한다는 겁니다. 대중들은 속살대는 얘기, 잠깐 귀에 달콤한 얘기,
짧은 이익에 좌지우지되는 무지몽매한 존재라는 거죠. 민수수의의 본

질 중 하나를 굉장히 잘 파악한 거죠. 플라톤은 『국가』에서 결국 민주주의는 항상 타락하게 돼 있다, 대중들은 오판한다, 그래서 좋음을 갖춘 사람이 통치해야 한다고 주장해요. 플라톤 자신은 한마디로 엘리트 독재에 가까운 형태를 생각했습니다. 오늘날 심각한 정치적 문제인 포퓰리즘의 본질과 그에 대한 해결책을 최초로 제안한 철학자가 플라톤입니다.

엘리트주의라는 생각이 나온 상황 역시도, 자유로운 논의가 가능했던 상황 역시도, 희랍 민주주의라는 정치 상황이었다는 건 굉장히 흥미로워요. 좋음을 제일 잘 아는 사람이 통치하면 제일 잘할 거라는 결론이 민주주의의 요구, 즉 누가 정치에 적임자냐를 평가해야 하는 상황 때문에 생겨났다는 겁니다. 굉장히 역설적이죠.

철학사 책 아무리 읽어도 방금 이야기한 내용 안 나와요. 이데아 얘기만 나와요. 플라톤의 이데아가 무엇인지 설명하는데 그칠 뿐, 왜 이데아라는 걸 발명해야 했는지, 왜 이 개념을 만들어야 했는지 등에 대해서는 거의 다루지 않아요. 들뢰즈가 항상 강조하는 게 있어요. 철학자가 어떤 개념을 만드는 데는 항상 이유가 있다, 그가 직면한 문제가 있기 때문에 문제를 풀기 위해 개념을 만들었다고 얘기합니다. 플라톤의 문제가 뭐였느냐? 민주주의라는 상황이 플라톤 눈에는 어려운 문젯거리였고, 그걸 답하기 위해 이데아 개념을 만들었던 거죠.

철학도 땅에서 일어나는 일인 이상, 한 사람의 삶이 그 전까지 포착하지 못했던 상황을 포착할 수 있는 생각의 도구가 필요해져요. 그 생각의 도구가 철학자들에게는 개념이에요. 개념은 렌즈와 비슷해서 세상을 그 개념을 통해 보면 훨씬 또렷하게 잘 볼 수 있습니다. 개념은 암기해야 할 게 아니에요. 세계를, 우리의 삶을 바라보는 도구처럼 생각해야 해요. 안경을 안 꼈을 때는 뿌옇게 보이던 세계가 개념의 안경을 쓰면 더 잘 보이게 되는 거죠. 해결해야 할 문제가 있다면 그 문제들을 더 잘 해결할 수 있게 개념을 만드는 일이 철학의 일 중 가장 중요한 하나입니다.

Q 신은 절대적인데, 플라톤도 신에 대해서는 이데아적인 정의를 내리거나 그러진 않았나요?

A 신은 희랍인에겐 유일신이 아니었어요. 히브리인에겐 유일신이었지만, 희랍인에게는 올림포스의 열두 신 같은 신들이지 딱 하나의 존재이런 건 없었어요. 신이란 말을 명사보다는 형용사로 썼는데, 제일 중요한 특징은 불멸과 인간보다 강한 힘이었어요.

'초월성' 때문에 신들의 영역과 이데아의 영역이 어떤 차이가 있느냐를 질문했던 것 같은데, 기독교적인 의미의 신들은 이데아 때문에 초월적인 특성을 부여받았다고 생각하는 게 순서상 맞아요. 히브리신도 구약 때는 화도 내고 질투도 하고 정의의 신이기도 하고, 여러 성격을 함께 갖고 있습니다. 그러나 바울이 들려주는 신은 달라요. 의미가 변해요. 그건 철저하게 플라톤의 영향입니다. 히브리 사상과 희랍 사상, 특히 플라톤 사상이 만나면서 생겨난 게 기독교입니다. 기독교의 초월성은 플라톤의 유산입니다.

Q 기하학은 'how'에 들어가는 건가요, 'why'에 들어가는 건가요? 이게 왜 헷갈리냐면 보통 보이지 않는 것들, 정의, 용기, 아름다움, 사랑 같은 건 'why'를 묻는 인문학에서 공부 많이 하잖아요. 보이는 것에 대해서

는 'how'를 통해 탐구한다고 했는데, 기하학은 있는데 없는 거잖아요. 혹시 'how'와 'why' 중간에 있는 건가요?

A 기하학은 오늘날로 말하면 수학이에요. 기하학은 원래는 도형에서 시작했잖아요. 근데 데카르트 이후로 수학으로 도형을 표현할 수 있게 됐죠. 해석기하학이라고 해요. 원을 '$x^2 + y^2 = r^2$' 형태로 표현해요. 대수적인 표현과 기하학적 표현은 합치할 수 있게 되었어요.

수학이 어떤 성격을 갖고 있느냐와 관련해 답할 수 있어요. 수학은 기본적으로 내적 모순이 없는 공리체계예요. 유클리드 기하학도 그 자체로는 내적 모순이 없어요. 수학의 기본 성격입니다. 내적 모순만 없으면 돼요. 따라서 여러 개의 수학이 있을 수 있어요. 수학은 하나가 아닙니다! 기하학, 예를 들면 유클리드 기하학은 평면기하학입니다. 공간이 휘어지지 않았다고 생각할 때 다 들어맞아요. 근데 실제 우주공간은 휘어 있거든요. 그 공간에서는 유클리드 기하학이 성립하지 않아요. 그럼 휜 공간에서 성립하는 기하학을 만들어볼 수 있겠죠. 그게 비유클리드 기하학이고, 리만이 처음 만들었어요. 리만 기하학은 휘어진 공간까지도 다 포괄할 수 있어요. 그렇게 되면, 유클리드 기하학이 거짓이냐고 물어볼 수 있죠. 거짓은 아니에요. 왜냐면 특정 조건에서는 맞으니까. 유클리드 기하학도 비유클리드 기하학의 일부로 편입될 수 있어요.

또 다른 수학을 생각해볼 수 있어요. 관건은 뭐냐면, 가장 어려운 주제이기도 한데, 수학은 인간이 만들어내는 거잖아요? 짜내면 돼요. 인공석 구성물인 수학과 사연 세계가 어떻게 합치하느냐가 관건이에요. 아인슈타인은 유클리드 기하학을 통해 우주를 설명할 수 없었기 때문에 리만 기하학이라는 새로운 수학을 도입해서 설명했어요. 즉, 여러 수학이 있고 그 수학들 중에는 자연 세계를 더 잘 설명해주거나 자연 세계와 좀 더 부합하는 수학이 있습니다. 하지만 자연 세계와 일치하지 않는 수학이라고 해서 쓸데없는 건 아니에요. 나중에 쓸모가 생길 수도 있거든요.

수학자들은 온갖 생각들을 통해 여러 수학 체계를 만들고, 자연과학자들은 그중에 자기에게 맞는 어떤 걸 하나 빌려 와서 자기가 연구한 구체적인 자연세계와 결합해봐서 설명이 잘 안 되면 다른 수학을 빌려오고, 그래도 문제가 계속 발생하면 관찰한 내용이 잘못된 게 아닌지 확인해보고 이럴 수 있어요. 이렇게 본다면 기하학은 'how'의 영역에 철저하게 속해요. 자연 세계와 관련된 설명에 목적은 별로 상관없어요. 기하학은 자연과학의 일부인 셈이에요. 그 가치라는 것은 결국은 자연 세계를 설명하는 데 있습니다.

Q 좋은 것 자체라는 게 없으면 좋은 게 좋은 건지 알 수 없다고 했습니다. 기준에 맞춰서 재야 한다. 그런 식이죠?

A 네. 그리고 그중에 가장 핵심이 '좋음'이에요. 예를 들어 원이 있고 동그란 것이 있는데, 이 둘이 잘 맞는지가 중요해요. 현실과 이데아를 비교하고, 이데아들끼리 비교하는 데 동원되는 이데아가 '좋음의 이데아'입니다. 가장 중심에, 상위에 있는 이데아. 좋은지 아닌지를, 잘 맞는지를 판정하는 문제가 최종적으로 생기는데, 그 문제를 해결해줄 수 있는 건 좋음 그 자체가 뭔지 아는 데서 시작한다고 봤던 거죠. 플라톤은

그런 식의 발상이 필요하다는 문제를 후세에 던진 거고요.

Q 플라톤의 대화편을 보면 말하는 사람의 나이를 고려해서 한국어로 잘 번역한 것 같아요.

A 개인적인 생각인데, 플라톤의 한국어 번역은 문제가 많습니다. 희랍어는 존대법이 없어요. 그렇기 때문에 제자와 스승이라도 맞장 뜰 수 있어요. 이게 중요해요. 그런데 한국어로 번역한 걸 보면 존댓말이 개입해요. 소크라테스가 항상 높은 위치에 있어요. 이러면 대화가 안 되고, 토론도 비판도 안 돼요. 이 점이 가려져요. 계급장 떼고 서로 반말해야 철학이 됩니다.

• 출전 : 『파이돈』, 전헌상 옮김, 이제이북스, 2013 •

젊었을 적에 나는 사람들이 자연에 대한 탐구라고 부르는 바로 그 지혜를 굉장히 열망했다네. 각각의 것의 원인(原因)들, 즉 왜 각각의 것이 생겨나고, 왜 소멸하고, 왜 있는지를 아는 것이 내겐 대단한 일로 여겨졌거든. 〔…〕 그리고 이번에는 이것들의 소멸들에 대해 탐구하고, 하늘과 땅에서 일어나는 일들을 탐구하다가, 마침내 나 자신이 이런 종류의 탐구에는 전혀 소질이 없다는 생각이 들었네. 〔…〕 그런데 언젠가 나는 누군가가 그의 말로는 아낙사고라스가 썼다고 하는 어떤 책을 읽는 것을 듣게 되었네. 그런데 거기에선 말하기를, 모든 것들을 질서 짓고 그것들의 원인이 되는 것은 지성(nous)이라는 거야. 나는 이 원인이 마음에 들었고, 어떤 식으로든 지성이 모든 것의 원인인 건 잘된 일이라는 생각이 들었네. 그래서 만일 그것이 사실이라면, 지성은 모든 것을 질서 짓는 데 있어서 각각의 것을 최선의 방식으로 질서 짓고 위치시킬 것이라고 생각했네. 그래서 만일 누군가가 각각의 것에 대해서 어떻게 그것이 생겨나거나 소멸하거나 있는지 그 원인을 알아내고자 한다면, 그는 그 각각의 것에 대해 다음과 같은 것을 알아내야 한다고 생각했지. 그것이 있거나 다른 어떤 일을 겪거나 작용하는 것이 그것에게 어떻게 최선인지를 말일세. 그러므로 이 논리에 따르면 사람은, 자신에 대해서건 다른 것들에 대해서건, 다름 아닌 가장 좋고 최선인 것을 탐구해야 마땅하네. 같은 사람이 필연적(必然的)으로 더 나쁜 것도 알아야 하겠지. 이것들에 대한 지식은 같은 것이니까. 〔…〕

이 엄청난 기대로부터, 여보게!, 나는 그만 내동댕이쳐지고 말았다네. 읽어 나가면서 보니, 그 사람은 지성을 사용하지도, 그것에 사물들을 질서 짓는 일과 관련된 어떠한 원인도 돌리지 않고, 공기와 에테르와 물과 그 밖의 여러 이상한 것들을 원인으로 대더란 말일세. 내 생각에 그건 마치 어떤 사람이, 소크라테스는 모든 하는 일을 지성에 의해서 한다고 말하고 나서는, 내가 하는 일들 각각의 원인을 말하려 할 때는 다음과 같은 식으로 말하는 것이나 매한가지네. 그는 우선 내가 여기에 앉아 있는 것은 내 몸이 뼈들과 근육들로 이루어져 있는데, 뼈들은 단단하고 관절들에 의해 서로 분리되어 있는 반면, 근육들은 팽팽해지고 느슨해질 수 있어서 이것들이 뼈들을 살들과 이것들을 유지시키는 피부와 함께 둘러싸고 있기 때문이라고 말할 걸세. 그래서 그 뼈들이 그것들의 관절들에서 들려졌을 때, 근육들이 느슨해지고 팽팽해짐으로써 어떤 식으로 지금 나의 사지를 굽힐 수 있도록 만드는 것이고, 이런 이유로 내가 여기에서 다리를 굽히고 앉아 있다는 것이지. 그리고 이번에는 우리가 이야기를 나누고 있는 것에 대해서도 그는 그런 종류의 다른 무수한 것들에 원인들을 대서, 소리니 공기니 청각이니 그런 종류의 다른 무수한 것들에 원인을 돌리면서, 참된 원인들을 대는 것에는 신경을 쓰지 않네. 그 참된 원인은 아테네인들에게는 나에게 유죄판결(有罪判決)을 내리는 것이 더 좋다고 생각이 되었고, 바로 이 때문에 나에게는 여기에 앉아 있는 것이 더 좋은 일이고 여기 남아 그들이 명하게 될 처벌을 받는 것이 더 옳은 일이라고 생각되었다는 것이네. 왜냐하면 맹세하지만, 내 생각에, 만일 내가 도피하거나 도주하지 않고 이 나라가 어떤 처벌을 내리든 그것을 받는 것이 더 옳고 훌륭한 일이라고 생각하지 않았다면, 이 근육들과 뼈들은, 더 나은 것에 대한 판단에 이끌려서 오래전에 메가라나 보이오티아 지역에 가 있었을 테니 말일세. 하지만 이런 것들을 원인들이라고 부르는 것은 매우 이상한 일일세. 만일 누군가가 이런 것들, 즉 뼈들과 근육들과 내가 가지고 있는 다른 것들을 가지지 않고서는 내가 생각하는 것들을 행할 수가 없다고 말한다면, 그건 맞는 말이겠지. 그렇지만 내가 하는 일들을 하는 것이 이것들 때문이고, 내가 그 일들을 지성에 의해 행하지만 그건 최선을 선택함에 의해서는 아니라고 한다면, 그건 매우 그리고 몹시 부주의한 주장이 될 걸세. 왜냐하면 그것은 진정한 원인과 그것 없이는 도대체 원인이 원인일 수 없는 것이 다름을 구분하지 못하는 것이니 말일세. 바로 이것을 내가 보기에 대중들이, 마치 어둠 속에서 더듬거리는 것처럼, 잘못된 이름을 사용해서 원인이라 부르고 있다네.

—『파이돈』 96a~99b

9 시간은 펼쳐진 영혼이다_ 아우구스티누스

Aurelius Augustinius, 354~430

시간을 탐구한 기독교의 성인

이번에는 중세를 다룹니다. 아우구스티누스, 영어로 '어거스틴[Augustine]' 이라 불리는 성인이죠. 개신교의 성인이고, 천주교에서는 복자[福者]라고 하죠. 북아프리카, 오늘날 알제리 지역에서 출생했어요. 북아프리카, 소아시아, 터키 지역은 중요한 곳이었어요. 지중해를 둘러싼 문화권에 서 철학적·종교적으로 뛰어난 사람들이 많이 나왔는데, 가령 사도 바 울만 해도 터키 지역을 다니면서 선교했죠. 바울의 전도 지역은 지중해 연안을 따라 쭉 아래로 내려가는 식이었고. 북아프리카 지역도 교류가 활발했기 때문에 오늘날 우리가 알고 있는 기준에서 유럽이냐 아프리 카냐 아시아냐는 중요하지 않습니다.

어머니는 독실한 기독교인이었고(로마 가톨릭), 아들도 그렇게 만들려 했는데 실패했습니다. 아들은 마니교 같은 데 심취했습니다. 조금 지나서는 교리가 별로 심오하지 않다고 포기했어요. 『고백』을 보면 자기가 젊은 시절에 방탕한 삶을 살았다고 합니다. 바울하고 비슷했다고 볼 수 있습니다. 그러다 회개해서 독실한 기독교인이 되고, 여러 책을 쓰는데, 그중 하나가 『고백』입니다. 자기 생애를 고백하는 형태로 쓴 책으로, 이 안에 자기가 방탕한 삶을 살았다는 걸 뉘우치고 바울의 가르침을 듣고 개종했다고 합니다. 하지만 사실 눈높이가 너무 높아서 그가 말한 '방탕한 생활'이란 게 성인聖人의 기준에서 방탕한 거고, 사실 오늘날의 입장에서 보면 세속적인 생활을 한 수준입니다.

이번에 볼 텍스트는 종교적·신학적인 부분에 관심 있어서가 아니라, '시간'이라는 주제가 중요하게 다뤄지고 있기 때문에 준비했습니다. 특히 『고백』이라는 책이 13권으로 구성되어 있는데, 열한 번째 권에 시간에 대한 혁명적·혁신적인 생각들이 펼쳐지고 있습니다. 텍스트는 내가 선택한 성염 선생의 번역이 독보적이며, 충실한 주석도 값집니다.

빅뱅 전에는 무엇이 있었을까? 시간의 정체를 고민하다
—

우리는 시간 속에서 살고 있고 시간이 뭔지 알고 있다고 생각하며 살고 있습니다. 그러나 텍스트의 첫 부분에 나와 있듯이 막상 시간이 무엇인지를 설명하려면 잘 안 됩니다. 그게 아우구스티누스가 부딪힌 문젯거리였습니다. 그전엔 어땠느냐? 이걸 간단히 살펴봐야겠죠. 그전에 시간이 무엇인지를 정리한 사람이 아리스토텔레스입니다. 물론 플라톤, 플로티노스^{Plotinos} 등 다른 학자들도 있지만, 무엇보다 아리스토텔레스의 시간관이 중요합니다. 이 사람은 시간을 '운동의 수$^{number\ of\ movement}$'라고 정의했습니다. 이렇게 얘기하면 알아듣기 힘들죠. 그러나 운동이 무엇인지 알면 이해가 쉬워집니다.

아리스토텔레스가 생각한 운동은 '천체의 운동'입니다. 달을 생각해봐요. 달은 대략 28.5일마다 상^{相}이 바뀝니다. 달의 상의 변화가 한 바퀴 돌았을 때, 그 기간을 한 달로 잡죠. 그럼 시간은 뭐냐? 열 달은 달의 상이 열 번 바뀐 시간입니다. 기본적으로 해와 달이 가장 중요한 천체입니다. 천체가 한 번 회전을 하는 데 일정한 시간이 걸립니다. 그게 몇 바퀴 돌았냐. 이거에 따라 시간을 측정할 수 있고 시간에 대해 얘기할 수 있습니다. 하루라는 시간도 마찬가지입니다. 당시 자전 개념은 없었지만, 해가 떠서 졌다가 다시 뜰 때까지의 시간, 그걸 쪼갤 수 있겠죠. 12등분 많이 하죠. 해가 뜰 때를 몇 시로 하고 그때부터 적절히 나누면 그것이 시간이라고 할 수 있습니다. 이처럼 시간은 천체의 주기적인 운동에 철저하게 종속되어 있었습니다.

아리스토텔레스의 발상은 오늘날에도 시간을 측정하는 데 그대로 적용되고 있습니다. 왜냐하면 가령 전자시계는 수정의 진동을 가지고 제작합니다. 과학에서도 세슘 원자가 몇 번 진동한 걸 1초로 삼자, 이런 식으로 초를 주기적인 운동으로 환산합니다. 1초의 기준을 전 세계 과학자들이 통일하고, 그걸 갖고 여러 가지를 재는 거죠. 아리스토텔레스는 주기적인 운동을 통해 시간을 이해했습니다. 현대 과학의 시간 이해도 사실상 다르지 않습니다. 이게 굉장히 중요한 시간 이해 가운데 하나입니다.

사실 엄밀히 말해 시간을 정의한다기보다, 시간의 단위를 정의하는 거죠. 초, 분, 시 등의 기준을 정하는 겁니다. 그런 의미에서 과학자들이 농담으로 하는 얘기가 있습니다. '과학자를 진짜 괴롭히고 싶으면 아주 간단한 걸 물어봐라. 시간이 뭐냐, 공간이 뭐냐, 물질이 뭐냐를 물어봐라.' 이런 문제에 정작 대답하지 못한다는 겁니다. 다시 말해 잠정적으로 '약속'한 시간을 시간으로 이해하면서 넘어간다는 거죠. 거리를 시간으로 나누면 속도가 되고, 속도를 시간으로 나누면 가속도가 되는 식입니다. 일정한 시간 안에 간 거리, 변화된 속도, 이런 걸 언급하는데, 이때의 시간은 임의로 정한 겁니다. 그저 '임의로'라고 하면 뭘 모르는 소리라고 하겠지만, 실제로 물리학 교과서에는 '시간이란 시계가 측정한 것'이라고 기술되어 있습니다.

시간과 관련해 대표적인 어려움이 하나 있습니다. 물리학에 등장하는 여러 가지 방정식은 대칭성을 갖습니다. 예를 들어 여기서 저기로 공을 던집니다. 뉴턴의 운동법칙에 따라 일정한 궤도를 그리면서 공이 이동해요. 이 장면을 동영상으로 찍어서 거꾸로 돌려도 똑같은 궤도를 그리겠죠. 대칭성이란 두 운동이 하나의 방정식에 의해 서술될 수 있다는 겁니다. 그럼 점에서 두 운동은 동일합니다. 시간은 운동 속에서 차이를 낳는 요인이 아닌 것으로 보입니다.

근데 가만히 생각해보세요. 사실 엄밀히 말하면 시간이 달라요. 처음 공을 던진 걸 찍는 장면하고 그걸 거꾸로 돌리는 장면하고 시간대가 다릅니다. 여기서 저기로 향하는 운동과 저기서 여기로 향하는 운동이 있다고 할 때 시간이 차이를 분명히 부여해주고 있어요. 다른 시간대에서 일어나는 운동이기 때문에 그렇습니다. 그러면 물리학에서 저건 뭐냐? 방정식에서 시간은 여기서 저기로 향하는 운동과 저기서 여기로 향하는 운동에 대해 차이를 낳지 않는다, 이렇게만 얘기해요.

게다가 시간은 거꾸로 흐르지 않습니다. 이거 역시 시간이 갖는 문젯거리 중 하난데, 왜 시간은 거꾸로 흐르지 않을까요? 물리 법칙이 대칭성을 갖고 있다면, 이렇게 흘러도 되고 저렇게 흘러도 되는데, 굳이 한 방향으로만 흐르는 이유가 뭐냐? 빅뱅 이후 137억 년이 지나서 오늘이 됐는데 왜 시간이 거꾸로 거슬러 가서, 빅뱅 시절로, 생명 탄생 전으로 가는 일은 일어나지 않는가? 이것도 어려운 문제죠. 과학자들은 엔트로피 법칙을 통해 우주의 복잡성이 증가하는 방향으로 흐른다고 말합니다. 하지만 철학적으로 보면 이런 설명은 어려운 문제를 덮어놓고 가는 것으로 보입니다. 그래서 과학자를 괴롭히려면 시간이 무엇이냐 이 한마디만 하면 됩니다.

여기까지가 아리스토텔레스가 생각했던 시간관입니다. 사실 철학하는 사람들도 시간에 대해 많이 연구해보지 않아서 이 짧막한 내용도 잘 알지 못하는 경우가 많습니다.

시간이라는 것의 어려움을 한 가지 더 말하면, 빅뱅은 우리가 속해 있는 우주의 시작입니다. 우리가 투박하게 물어볼 수 있죠. 빅뱅 전에는 시간이 있었느냐? 빅뱅 전에는 물질이든 공간이든 무엇이 있었느냐? 현대물리학에서 물어보는 질문 중 하나도 그거고요. 답변 수준은

'빅뱅과 함께 시간도 공간도 생겨났다'입니다. 근데 그 비슷한 질문을 아우구스티누스도 했던 거예요. 신이 천지를 창조했다면, 신이 창조하기 전에는 시간이 있었느냐 없었느냐? 불손한 질문이지만 성경의 근간을 흔드는, 도대체 태초 전에는 뭐가 있었느냐, 이런 질문을 합니다.

'과거와 미래는 존재하지 않는다, 현재만이 영혼과 마주하고 있다'
▬

텍스트로 가보면, 아우구스티누스는 『고백』에서 이렇게 고백합니다. 그렇다면 시간이란 대체 무엇입니까? 누가 이것을 쉽게 또 간단하게 설명하겠습니까? 누가 이것을 생각으로나마 파악하여 그것에 관해 표현할 만한 단어로 옮기겠습니까? 그러면서도 저희가 말을 하면서 입에 올리는 것치고 시간보다도 친숙하고 잘 알려진 것이 무엇입니까? 저희가 시간을 얘기할 적에는 물론 알아듣고, 딴 사람이 얘기하는 도중에 그 말을 들을 적에도 저희는 알아듣습니다. 그렇다면 시간이 무엇입니까? 만약 아무도 저한테 묻지 않으면 저는 압니다. 자, 그러니까 시간은 우리가 이미 너무나 잘 알고 있다고 생각하는 그 무엇이고, 그렇긴 해도 막상 말로 표현하려고 하면 잡기 힘든 정체 모를 그 무엇입니다. 이어서 이렇게 얘기합니다. 그런데 만일 묻는 사람한테 설명하려고 들면 저는 모릅니다. 단지 이것만은 제가 안다고 자신 있게 말하겠습니다. 이 아랫부분은 잠시 후에 살펴보고요. 여기 있는 분들에게 시간이 뭐냐 물어보겠습니다. 시간이 뭐죠?

" 흘러가는 거요."

그래요. 우린 분명히 시간이 흘러간다는 식으로 얘기해요. 시간을 잴 수도 있죠. 이 강의 몇 시간 하죠?

" 한 시간 반."

한 시간 반 진행하기로 돼 있고 아마 그렇게 갈 겁니다. 시간을 재거나 숫자로 표현하기도 하죠. 근데 뭐가 흘러간다는 겁니까, 대체? 흘러간다는 게 뭔가? 어디서 와서 어디로 흘러가죠?

" 과거에서 미래로."

과거에서 미래로인지 미래에서 과거로인지, 이것도 아리송해요. 미래에서 뭔가가 와서 과거 쪽으로 가는 거 아닌가요? 물 따를 때 컵에 고이는 게 과거고, 물이 쏟아지는 게 미래인 것 같거든요. 아직 쏟아지지 않은 물이 쏟아져서 이쪽으로 따라가는 건가? 생각할수록 어렵습니다. 오늘 집에 가서 잠 안 오면 시간이 뭔지 고민하면 잠이 올 겁니다. 골치 아파서.

아우구스티누스는 말하려고 하면 말하기 어려운 게 시간이라고 하면서 알고 있는 것 하나를 설명합니다. 만일 아무것도 지나가지 않는다면, 즉 과거죠. 과거란 말은 한자로 '지나갈 과過'와 '갈 거去'로 이루어졌죠. 그래서 지나간 겁니다. 이게 없다고 하면 과거 시간은 존재하지 않을 테고, 지나간 시간 또는 흘러간 시간, 과거라 부르는 이 시간이 있다고 얘기할 수 없습니다. 또한 이어지는 문장에서, 아무것도 닥쳐오지 않는다면 미래 시간은 존재하지 않을 것이라고 합니다. 미래 또는 장래, 즉 다가올 시간은 흘러길 시간, 아직 오지 않은 시간입니다. 미래는 한자로 '아닐 미*'와 '올 래*'의 결합이죠. 아직 오지 않았다는 걸 가리킵니다. 다음 문장입니다. 아무것도 존재하지 않는다면 현재 시간도 존재하지 않을 것입니다. 현재는 '나타날 현, 드러날 현現'과 '있을 재在'가 합쳐졌죠. 지금 있는, 눈앞에 있는 시간을 현재라고 부릅니다. 시간을 이렇게 셋으로 구분할 수 있다는 게 아우구스티누스의 생각입니다. 보통 우리가 과거, 현재, 미래, 이런 표현을 할 때 떠올리는 게 이런 종류의 시간입니다. 지나가버린 시간, 다가올 시간, 지금 우리가 직면하고 있는 시간.

참고로 현재現在, 현존現存이라는 말은 영어로 'present'인데, 라틴어에서는 '프라이prae'하고 '에쎄esse'가 결합된 말입니다. 프라이는 '프리pre', 즉 '앞'이고, 에쎄는 '있다'라는 뜻입니다. '앞에 있는 그것'이 현존입니다. 현전現前이라고 옮기기도 합니다. 현재의 시간이란 바로 우리 앞에 있는 것을 가리킵니다.

어느 정도 함정이 있기도 해요. '앞에'라고 할 때 누구 앞에, 무엇 앞에 있는지 물어볼 수 있거든요. 그걸 경험하는 자, 보는 자 앞이라고 해야겠죠. 뒤에 나오지만 주체라고 부를 수 있는 그것 앞에 있는 게 현존하는 거고, 그 시간이 현재입니다. 시간을 논하는데 갑자기 '누구 앞에'라는 게, 즉 주체가 슬쩍 끼어들게 되는 거예요.

아리스토텔레스에서는 수를 세는 존재가 설정됩니다. 한 바퀴 돌았다, 두 바퀴 돌았다를 누군가가 기억해야 하거든요. 기억해야 이게 한 바퀴인지 열 바퀴인지 알 수 있어요. 혼이라고 부르건, 주체라고 부르건, 의식이라고 부르건 상관없어요. 아무튼 그에 해당하는 게 있어야 한다는 식으로 주체가 개입합니다. 이건 그나마 좀 객관화할 수 있어 보여요. 세는 존재가 꼭 인간일 필요는 없거든요.

하지만 아우구스티누스처럼 과거, 현재, 미래라는 식으로 얘기하게 되면, 중심이 되는 현재란 건, 그걸 직면하고 있는 존재를 빼고서는 얘기하기 어려워집니다. 이게 왜 문제 되는지는 뒤에서 살펴보겠습니다. 우리는 저렇게 과거, 현재, 미래라는 세 개의 시간 계기를 나누는 데는 익숙해 있습니다. 시간이 뭐냐고 하면 흘러가는 것이라 답할 수 있고, 과거, 현재, 미래를 다 더하면 시간이라고 대답할 수도 있죠.

근데 미리 말하자면, 시간을 얘기할 때 꼭 과거, 현재, 미래라는 방식으로 얘기해야 할 이유는 없습니다. 엄밀하게는, 시간과 관련해서 있는 건 지금 점처럼 막 지나가고 있는 이 순간이라고 해야 합니다. 지나가는 순간을 생성이라고 부릅니다. 생성하는, 지나가는 이 순간 말고는 없습니다. 나머지는 우리가 지어낸 것이라고 말하는 것도 가능합니다. 꼭 과거, 현재, 미래라는 틀을 통해 시간을 언급할 필요는 없습니다.

이번에는 시간을 언어로 나타내는 방식을 몇 가지 살펴보겠습니다. 고대 언어로 갈수록 미래 시제가 별도로 없습니다. 미래는 '있다'라고 얘기하기 어렵기 때문입니다. 미래에 대해 우리가 할 수 있는 건 기도하고 기원하는 것밖에 없습니다. 기원하거나 뭔가 바라거나 희망을 품을 때 쓰는 표현법이 있죠. 이랬으면 좋겠다, 저랬으면 좋겠다, 하는 가정법입니다. 소풍 가니까 내일 맑았으면 좋겠다, 내년에 풍년 들게 올 겨울에 눈이 많이 왔으면 좋겠다. 가정법 형식으로 표현하는 게 미래였습니다. 가서 작용하거나 관여하는 게 안 되기 때문입니다. 옛날 문법을 보면 미래 시제와 가정법, 조건법이 같다는 걸 알 수 있습니다.

대신 과거에 대한 표현은 다양했습니다. 먼저 과거 어느 한 시점을 가리키는 표현. 교통사고 당했다, 이건 순간의 일이에요. 점처럼 과거를 표현하는 거죠. 한편 한 시점에서 다른 한 시점까지 이어진 사태를 나타내는 표현. 얼마 동안 지속된 시간이죠. 3학년을 다녔다고 하면 1년이란 시간을 한꺼번에 표현해야 합니다. 이처럼 표현 방식이 세분화돼 있습니다.

언어마다 시간을 파악하는 방식이 다릅니다. 언어 속, 문법 속에 시간을 표현할 수 있는 수단이 없으면, 그 시간은 그 언어권에 속한 사람들에게는 잘 인식되지 않고 빠져나가버립니다.

아우구스티누스는 먼저 과거와 미래에 대해 묻습니다. 그런데 저 두 시간, 과거와 미래가 어떻게 존재합니까? 과거는 이미 존재하지 않고 미래는 아직 존재하지 않는데 말입니다. '이미 없'고 '아직 없'다는 게 중요한 특징입니다. 과거는 이미 지나가버렸기 때문에, 없어요. 미래는 아직 오지 않았기 때문에, 없어요. 자 그래서 어떻게 얘기하느냐면, 과거는 '이미 없고', 미래는 '아직 없는'데도, 현재가 만일 항상 현재로 있고 과거로 옮겨 가지 않는다면, 더 이상 시간이 아니고 영원일 것입니다. 왜 시간이 아니라 영원이라 얘기하느냐면, 지금 순간에서 지나간 순간으로 옮겨 가면서 변화하는 것들을 표현하는 방식이 시간인데, 그런 변화가 없으니까, 즉 지금 이 순간인 현재가 과거 쪽으로 가지 않으니까, 그건 영원이라는 거죠. 핵심적인 표현은 '항상 현재로 있고 과거로 옮겨 가지 않는다면'입니다.

그다음 계속 보세요. 현재가 시간으로 존재하려면 과거로 옮겨 가야 하고, 과거로 옮겨 감으로써 시간이 됩니다. 그렇다면 이 현재가 존재한다는 말을 어떻게 할 수 있습니까? 그것이 존재하는 유일한 이유가 존재하지 않게 되리라는 바로 거기에 있는 터에 말입니다. 아까 설명한 거하고 비슷한 말인데요. 현재가 과거로 가버려야 돼요. 이행해야 돼요. 그래야만 현재가 영원이 아닌 시간일 수 있어요. 근데 현재가 가버린다고 했단 말이에요. 이행한다, 가버린다. 그렇다면 그걸 '있다'라고 얘기할 수 있느냐는 겁니다, 가버리는 건데. 이 경우 현재는 있는 게 아니라 그냥 지나가버린 거예요. 그래서 한 문장만 더 보태면. 다시 말해서 시간이 존재한다는 것은 비존재를 지향한다는 이유에서가 아니면 안 된다는 말이 참말입니다. 비존재, 즉 이미 없는 과거 쪽으로 가는 것이기에 '존재한다'라는 겁니다. 비존재가 존재의 이유라니 이상한 일입니다.

이제 현재로 가겠습니다. 시간에 관해서 무엇인가 이해된다면, 제아무리 미소한 부분의 순간으로도, 즉 여하한 부분으로도 쪼개질 수 없는 순간, 바로 그것만이 현재한다고 말해야 한다. 점처럼 더 이상 쪼갤 수 없는 순간을 현재라 말하고 있습니다. 현재는 점과 같습니다. 아무리 더해도 뭐가 만들어질 수 없어요. 존재하는 어떤 것이라 부를 만한 게 만들어질 수 없어요. 수학에서도 점은 지정할 수는 있지만 폭을 갖고 있지 않죠. 점을 아무리 더해도 선이 나오지 않는다는 말을 전에 드린 적 있죠. 시간에 대해서도, 현재를 쪼갤 수 없는 하나의 점과 같은 순간으로 묘사합니다. 그렇기 때문에 펼쳐져 있지 않습니다. 연장되어 있지 않아요. 연장이란 말은 늘어난다는 뜻이죠. 존재하는 게 입체성을 갖는다면 연장성을 갖는다는 뜻인데, 그걸 만들어낼 수 없습니다. 점을 아무리 더해도 과거에 해당하는 지나간 시간과 앞으로 올 미래의 시간까지 도달할 수는 없습니다. 처음부터 연장될 수 없는, 펼쳐질 수 없는 거라고 규정했기 때문입니다. 현재란 순간적인 지나감일 뿐입니다.

그래서 그런데 그 순간도 잽싸게 미래에서 과거로 날아가버려서 어떤 동안으로도 연장^{延長}되지 못한다. 하나의 점을 잡아 늘일 수가 없다는 거예요. 만일 어떻게든 연장을 이룬다면 과거와 미래로 쪼개진다. 펼칠 수 있는 거라면 한쪽은 과거 쪽으로 다른 한쪽은 미래 쪽으로 떨어져 나갈 것이기에, 더 이상 펼칠 수 없는 딱 하나, 늘이면 '이쪽은 미래, 저쪽은 과거'가 아닌 딱 하나가 있을 뿐입니다. 그런데 현재는 어떤 폭도 없다. 현재는 지나가는 점과 같을 뿐입니다.

그러면 시간을 어떻게 이해해야 할까요. 우리가 지금까지 분석했던 엄밀한 의미의 시간을 부정하고, 과거, 현재, 미래, 그런 게 시간이 아니라고 해야 합니다. 굉장히 유명한 대목입니다. 이제 분명하고 확실한 것은 미래도 존재하지 않고, 과거도 존재하지 않고, 시간이 과거, 현재, 미래 셋이라는 말도 적절하지 않다는 점입니다. 분석해보니 그렇다는 거예요. 차라리 시간이 셋인데 과거에 대한 현재, 현재에 대한 현재, 미래에 대한 현재라고 하는 편이 적절합니다. '과거의 현재, 현재의 현재, 미래의 현재', 이렇게 옮기기도 해요. 모든 것은 현재 속에 모입니다.

그럼 현재는 뭐냐? 결국 영혼 속에서 영혼이 마주하고 있는 것입니다. 영혼을 확장하는 거지요. 영혼은 항상 현재를 살고 있어요. 그리고 이 셋은 영혼 속에 존재하는 무엇이고 제가 다른 곳에서는 이것을 못 봅니다. '아니마^{anima}'는 '영혼'으로도, '마음', '정신'으로도 번역합니다. 영혼이 마주하고 있습니다. 현재를 살아가고 있어요. 현재를 살아가는 데, 과거의 현재, 미래의 현재라는 식으로 현재를 확장합니다. '분열'이라고 부를 수도 있어요. 펼치는 겁니다.

가만 보니까 현재란 '영혼 앞에 있는 시간'입니다. 쪼갤 수도 없고 펼칠 수도 없는 점과 같은 그런 것이 현재가 아니라, 다르게 이해해야 한다는 거예요. 그게 다 사실은 영혼 안에 있다는 거예요. 그 시간을 영혼이 겪어야 하니까요. 과거에 대한 현재는 기억^{meminisse}이고 현재에 대한 현재는 주시^{adtendere}이며 미래에 대한 현재는 기대^{expectare}입니다. 이런 표현이 허용된다면 제가 보는 시간은 셋이며 또 그렇다고 공언하겠는데 과연 셋입니다. 과거에 관한 현재는 '기억'입니다. 있었던 것을 지금으로 끌어온 게 기억이에요. 지금에 주의를 집중하는 것, 딱 보는 것, 주목하는 것이 '주시'입니다. 미래에 관한 현재는 '기대'입니다. 무슨 일이 일어났으면 좋겠는데, 또는 일어날 것이다, 이게 미래에서 현재로 가져오는 부분입니다. 결국 엄밀한 의미의 과거, 현재, 미래가 있는 게 아니라 영혼의 펼쳐짐, 영혼의 확장, 분산으로서의 과거의 현재, 현재의 현재, 미래의 현재가 있고, 그 각각은 기억, 주시, 기대입니다.

영혼이 없으면 시간도 없다?
━

아우구스티누스는 현재는 지나가는 것이어야 시간일 수 있는데, 지나가는 것이라면 그것은 있는 게 아니라고 추론합니다. 지나감은 변화니까. 자 그러면 과거, 현재, 미래 각각의 특성 때문에 어떤 문제가 생기냐면, 과거도 있지 않고 미래도 있지 않고 현재도 있지 않다, 이런 결론에 도달하게 됩니다. 시간은 없다. 시간은 과거, 현재, 미래의 종합인데 과거도 없고 현재도 없고 미래도 없으니까 시간은 없다, 이런 상황에 직면하게 되는 거죠. 미래는 아직 오지 않은 거고 과거는 이미 가버린 것, 지금 없는 거고, 현재는 지나가는 거예요. 그래서 시간은 있다고 할 수 없어요. 이게 아우구스티누스가 맞닥뜨린 문제였습니다.

이런 결론은 상식적 경험과 맞지 않습니다. 그렇다면 시간이 무엇인지 다시 생각하고, 경험에 부합하게 시간을 살려야 합니다. 그게 또 신의 뜻에 맞는 것이기도 해요. 신은 시간도 창조했기 때문입니다.

이제 결론입니다. 제게는 시간이란 어떤 확장 외에 다른 아무것도 아니라고 보였습니다. 그럼 어떤 사물의 확장이냐고 하면 모르겠지만 영혼 자체의 확장이 아니라면 이상할 것입니다. 시간은 결국 영혼에 닻을 내리게 됩니다. 시간은 영혼이 세계를 살아가는 방식입니다. 기억으로 살 때 그 측면을 과거라고 부르고, 기대로 살 때 그 측면을 미래라고 부르고, 지금 이 순간하고 마주할 때 현재라고 부릅니다.

이 시간관이 담고 있는 신학적 의미나 그런 건 다 생략하겠습니다. 다만 이런 시간관이 담고 있는 문제점은 짚고 갈 수 있습니다. 이런 시간관이 보여주는 통찰은 역사적으로 엄청난 평가를 받았어요. 오늘날에도 시간이 무엇이냐를 생각하는 데 있어, 엄밀하게 생각했을 때 과거, 현재, 미래를 이미 없는 것, 지나가는 것, 아직 없는 것으로 생각하는 게 문제가 있다는 건 금방 느낄 수 있기 때문에, 이에 대한 해결책으로 도달하는 게 아우구스티누스의 시간관입니다. 우리가 기억으로서 가지고 있는 것, 그 기억은 사회적으로 확장되면 역사의 시간까지 포함하게 되고, 미래의 시간은 아직 오지 않은 거지만, 우리가 계획을 세운다든지, 유대인이 생각하는 메시아적인 것, 앞으로 도래할 구원자, 아니면 불교의 여래, 미래불 형태로 있게 될 그런 것들을 생각해볼 수 있는데, 그런 발상들이 대부분 아우구스티누스의 사상을 통해 요점 정리될 수 있어요.

역사적으로 현상학이라는 학문이 19세기 말에서 20세기 초반에 등장하죠. 후설Edmund Husserl이 현상학의 창시자인데, 이 사람은 아우구스티누스의 시간관을 '자신의 시간관을 선취했다'라고 평가해요. 또 후설의 제자이자 자기 나름의 시간관을 펼친 하이데거Martin Heidegger도 아우구스티누스에 의존하고 있고, 또 현대 철학자 러셀도 아우구스티누스의 통찰을 높게 평가합니다.

오늘날에 아리스토텔레스의 시간관이나 아우구스티누스의 시간관과 차이 나는 시간관을 얘기하는 철학자가 거의 없습니다. 왜 '거의' 없다고 얘기했냐면 니체, 베르그손, 들뢰즈 같은 철학자는 이 둘과 다른 시간관을 얘기하거든요. 너무 어려워서 현대 연구자들도 잘 이해 못 해요. 그런 또 다른 종류의 시간관이 있다는 정도까지만 소개하겠습니다.

그러면 왜 또 다른 시간관이 필요한가? 아리스토텔레스의 시간 이해, 아우구스티누스의 시간 이해 정도면 충분한 게 아닐까? 아우구스티누스의 시간관은 문제가 하나 있습니다. 뭘까요? 아주 쉽게 드러나는 문제예요.

아우구스티누스의 시간관은 영혼을 가진 존재에게만 시간이 있다는 얘기가 돼버려요. 만약 영혼이 없다면 어떻게 될까요? 영혼이란 건 굉장히 신학적인 가정 중 하나입니다. 근데 사실 동물들도 사람만큼은 아니더라도 영혼을 갖고 있는 거 같아요. 근데 식물은 어떠냐? 난감해요. 생명의 어떤 단계부터 어디까지 영혼을 가지고 있느냐?

아우구스티누스 시절에는 당연히 인간에게만 영혼이 있다고 여겨졌습니다. 인간보다 상위 존재인 천사에게도 영혼이 있죠. 신은 별개예요. 신은 태초부터 종말까지 한눈에 보여요. 신은 영원의 세계 속에 있어요. 세계가 한꺼번에 펼쳐지는 것을 인간은 감당하지 못하니까, 신이 천천히 펼쳐지도록 했다고 그래요. 그 방식이 시간입니다. 그래서 인간에게만 시간이 있어요. 신에게는 시간이 없어요. 신은 영원 속에 있어요. 뭐든 다 보여요. 인간이 언제 죽을지도 알고요.

영혼이 있는 인간에게만 시간이 있다? 그럼 동물에게? 식물에게? 인간이 없을 때, 처음 만물이 창조될 때는 어떨까요? 시간이 있는 걸까요? 이런 의문이 듭니다. 영혼에 의존적이기 때문이지요.

신학적으로는 말고 과학적으로 한번 생각해봅시다. 영혼은 최소한 생물에 속해 있는 걸로 보여요. 근데 생물은 최소한 지구 탄생 후에 존재하기 시작했어요. 그 전까지는 원소의 이합집산밖에 없었죠. 빅뱅 시절부터 생명이 있었을까요? 영혼이 있었을까요? 생물을 구성하는 소재들이 만들어진 건 온갖 별들이 터지고 다시 합쳐지고 이런 무수한 과정을 거친 후입니다. 지금 관건은 영혼이 태초에 있었느냐 없었느냐가 아니라, 영혼에 의존적인 시간을 되물어보자는 겁니다. 인간이라든 지 영혼을 가진 존재라든지 이런 것들이 없더라도 분명 시간이란 게 있는 거 같단 말이죠. 시간을 그 자체로 설명하고 이해할 길이 있어야 합니다. 아우구스티누스의 생각은 인간에게는 굉장히 설득력이 있을 수 있지만 우주 자체만 놓고 보면 너무 부실한 견해입니다. 차라리 아리스토텔레스의 견해가 자연 자체를 놓고 보면 더 받아들일 만해요. 왜냐면 일정한 규칙성에 따라 세계를 측정하니까요.

끝으로 하나만 더 보태겠습니다. 가고 있기 때문에 시간이 있다고 하려면 가는 거에 대해 얘기해야 되는데, 지나가고 있는 것이기 때문에, 그건 엄밀한 의미에서 있는 게 아닙니다. 왜 엄밀히 말하면 있는 게 아니냐? 전에 파르메니데스와 'is'에 대해 말했을 때, 어떤 분이 전혀 이해가 안 된다고 했죠? 지금 맥락에서 다시 그 문제가 등장합니다. 지나감은 있음이 아니다, 존재가 아니다, 변화하고 있는 건 있는 게 아니라는 게 서양 언어의 특징 중 하나입니다. 존재라면 무릇 불변이어야 해요. 변하는 것, 생성하는 것, 지나가버리는 것은 있는 게 아닙니다. 존재하는 게 아닙니다. 서양 언어에서는 그래요.

가령 영어의 'is'라는 말이 있으면, 'is'에 담긴, '변치 않는 것으로서 있음'이라는 뿌리 깊은 특성이 자꾸 사람의 생각을 옥죄어요. 서양어에서 is가 갖고 있는 세 가지 용법, 하나는 존재한다('있다'), 두 번째는 어떠한 특성을 갖고 있다(~이다), 세 번째는 참이다, 이 세 가지 특성이 함께 개입하게 되는데, 한국어에서는 그런 것들이 이미 언어적으로 분리돼 있습니다. 있으면 있는 거죠. 불변하는 것으로서 있다는 게 전제되지 않아요. '변화하는 현상이 있다', 우린 이렇게 얘기할 수 있는데, 서양에서는 그 표현 자체가 어려워요. 'Passing is', 'Passing being', 지나가는 존재, 이런 말이 논리적으로 이해하기 어려워요. 그냥 'Passing'은 성립해도, 또는 'Becoming'은 성립해도 'Becoming is', '생성이 있다'라는 표현은 어려워요. 우리한테는 직관적으로 와닿는데도.

Q 과거란 없다. 영혼에만 있다. 그러면 타임머신이라는 건 성립되지 않는 것처럼 보여요.

A 신학에서 굉장히 어려운 문제 중 하나이기도 합니다. 과거로 돌아가서 죄지은 것을 없애는 일 말입니다. 과거의 행동을 안 하면 죄를 지은 게 아니고, 나중에 벌 받을 필요가 없으니까. 타임머신이란 표현을 쓰진 않았지만, 중세인도 그 문제를 풀고 싶어 했습니다. 아우구스티누스 식으로 시간을 이해한다면 과거로 돌아간다는 것 자체가 불가능하기 때문에 오히려 전통적 견해 쪽에서 시간을 거슬러 갈 수 있다는 발상이 나올 것 같아요. 아무튼 신학적인 맥락에서 죄를 면하는 게 제일 중요했습니다.

다른 문제 하나만 언급할게요. 측정하는 시간과 체험하는 시간은 굉장히 달라요. 영화건 강의건 드라마건 간에. 어떤 경우는 졸려 죽겠고, 그런데도 '5분밖에 안 지났어'. 누군가는 이제 시작인가 했더니 '아니, 벌써 끝났어'. 시계의 시간으론 동일한데 체험의 시간으론 편차가 너무 커서 도저히 설명이 안 됩니다. 근데 왜 이런 게 일어나는가? 이것도 시간과 관련된 문제 중 하나예요. 뇌가 뭔가를 처리하는 방식과 관련되겠죠.

왜 지루함을 느끼는가? 왜 어떤 때는 집중해서, 그렇지 않은 때보다 더 많은 정보를 흡수하게 되는가? 시간은 굉장히 다양한 문제와 관련된 주제입니다.

Q 나라는 존재가 있기 때문에 지금이 있는 건데, 기억이 없어도 나일 수 있잖아요. 영혼을 초월하는 존재라 해야 하나? 몸이 없어도 나일 수 있잖아요.

A 어떤 점에선 그 사람이고 어떤 점에선 그 사람이 아니라고 할 수 있죠. 인간적 수준에서 볼 때, 동일한 기억을 갖는 존재는 동일한 존재입니다. 기억을 지닌 자가 오히려 나라는 주체죠. SF에서 많이 나오는데, 기억을 이쪽으로 옮겨놓고 다 지우고 새로운 기억을 넣고 해요. 영화 〈다크 시티〉에서는 기억을 지우고 다른 기억을 옮겨넣고, 다른 기억 속에서 다른 삶을 매일 다르게 살아가게 만들어요. 기억을 이식한다든지 하면 나라는 게 바뀌는 거냐, 이런 얘기죠.

Q 기억을 잃어버린 사람도 있잖아요.

A 기억을 잃어버린 사람은 자각을 못 해요. 기억을 갖고 있는 사람은 내가 나라고 느끼지만, 그렇지 않은 사람은 그걸 못 느끼니까 '나'라는 게 성립하기 힘들어요. 몸은 그대로고 기억이 일시적으로 상실된 거라

면 기억을 되찾으며 돌아올 존재의 동일성은 유지되겠지만, 그렇지 않은 경우 돌아올 게 보장되지 않거나 기억이 완전히 나갔다면, 아예 새로운 존재가 탄생한 거라 해도 할 말이 없죠.

Q 영혼이 자아인가요?

A 옛날엔 그렇게 많이 생각했죠. 근데 오늘날은 몸을 떠나 영혼이 있을 수 있을까? 물어볼 수 있죠. 뇌라는 게 여러 전기화학 신호인데, 이걸 뚝 떼어 자아나 영혼이나 나라고 부르는 건 아닐까요? 몸과 떨어진 마음을 상상해볼 수는 있지만 굉장히 무리한 상상이 아닐까? 기억을 이식한다는 것도 그래요. 기억을 이식하면 자기 몸이 자기가 기억한 몸이 아니죠? 거울을 보면 내 얼굴이 아닌데 그것까지 바꿀 수는 없죠? 그럼 기억을 이식받은 사람이 같은 자신이라고 느낄 거냐? 아닐 것 같아요. 느낌을 보면 알아요. 걸어보면 알죠. 살 쪘을 때와 말랐을 때 자신의 거동이 다르듯이, 다른 몸을 입었다면 뭔가 어색하고 낯설지 않을까요?

• 출전 : 『고백록』 11권, 성염 옮김, 경세원, 2016 •

그렇다면 시간이란 대체 무엇입니까? 누가 이것을 쉽게 또 간단하게 설명하겠습니까? 누가 이것을 생각으로나마 파악하여 그것에 관해 표현할만한 단어로 옮기겠습니까? 그러면서도 저희가 말을 하면서 입에 올리는 것치고 시간보다도 친숙하고 잘 알려진 것이 무엇입니까? 저희가 시간을 얘기할 적에는 물론 알아듣고, 딴 사람이 얘기하는 도중에 그 말을 들을 적에도 저희는 알아듣습니다. 그렇다면 시간이 무엇입니까? 만약 아무도 저한테 묻지 않으면 저는 압니다. 그런데 만일 묻는 사람한테 설명하려고 들면 저는 모릅니다. 단지 이것만은 제가 안다고 자신 있게 말하겠습니다. 만일 아무것도 지나가지 않는다면 과거 시간은 존재하지 않을 테고, 아무것도 닥쳐오지 않는다면 미래 시간은 존재하지 않을 것이며, 아무것도 존재하지 않는다면 현재 시간도 존재하지 않을 것입니다. 그런데 저 두 시간, 과거와 미래가 어떻게 존재합니까? 과거는 이미 존재하지 않고 미래는 아직 존재하지 않는데 말입니다. 현재가 만일 항상 현재로 있고 과거로 옮겨 가지 않는다면, 더 이상 시간이 아니고 영원일 것입니다. 현재가 시간으로 존재하려면 과거로 옮겨 가야 하고, 과거로 옮겨감으로써 시간이 됩니다. 그렇다면 이 현재가 존재한다는 말을 어떻게 할 수 있습니까? 그것이 존재하는 유일한 이유가 존재하지 않게 되리라는 바로 거기에 있는 터에 말입니다. 다시 말해서 시간이 존재한다는 것은 비존재를 지향한다는 이유에서가 아니면 안 된다는 말이 참말입니다. (14절)

시간에 관해서 무엇인가 이해된다면, 제아무리 미소한 부분의 순간으로도, 즉 여하한 부분으로도 쪼개질 수 없는 순간, 바로 그것만이 현재한다고 말해야 한다. 그런데 그 순간도 잽싸게 미래에서 과거로 날아가 버려서 어떤 동안으로도 연장(延長)되지 못한다. 만일 어떻게든 연장을 이룬다면 과거와 미래로 쪼개진다. 그런데

현재는 어떤 폭도 없다. (15절)

이제 분명하고 확실한 것은 미래도 존재하지 않고, 과거도 존재하지 않고, 시간이 과거, 현재, 미래 셋이라는 말도 적절하지 않다는 점입니다. 차라리 시간이 셋인데 과거에 대한 현재, 현재에 대한 현재, 미래에 대한 현재라고 하는 편이 적절합니다. 그리고 이 셋은 영혼(anima) 속에 존재하는 무엇이고 제가 다른 곳에서는 이것을 못 봅니다. 과거에 대한 현재는 기억[meminisse]이고 현재에 대한 현재는 주시[adtendere]이며 미래에 대한 현재는 기대[expectare]입니다. 이런 표현이 허용된다면 제가 보는 시간은 셋이며 또 그렇다고 공언하겠는데 과연 셋입니다. (20절)

제게는 시간이란 어떤 확장 외에 다른 아무것도 아니라고 보였습니다. 그럼 어떤 사물의 확장이냐고 하면 모르겠지만 영혼 자체의 확장이 아니라면 이상할 것입니다. (26절)

—『고백록』 11권

10 가능성은 현실의 신기루_ 베르그손

Henri Bergson, 1859~1941

쓸쓸하게 죽어간 현대 프랑스 철학의 선구자
—

오늘 다룰 철학자는 베르그손입니다. 20세기 프랑스 철학 전부가 베르그손에게서 영향받았다 할 수 있을 만큼 중요한 철학자입니다. 프랑스 현대 철학을 이해하기 위해서는 베르그손을 꼭 이해하고 넘어가야 합니다. 대체 뭐가 베르그손을 그렇게 중요한 사람으로 만들었는지까지 살펴보진 않겠습니다. 거기까지 가면 너무 멀리 가는 거라서.

이 사람은 1859년 태어나서 1941년에 죽었습니다. 죽었을 때 여든한 살, 이미 나이가 굉장히 많았습니다. 실제 류머티즘으로 고생하고 말년에 손을 쓸 수 없는 정도까지 앓았지만 저 나이에 죽은 원인을 따지는 건 무의미하죠. 프랑스의 유명한 시인이자 작가 발레리[Paul Ambroise Valéry]

가 베르그손이 죽은 다음 날 이렇게 적었습니다. 잠깐 보겠습니다. "베르그손은 1월 4일 첫 토요일 향년 81세로 패혈증으로 아마도 고통 없이 죽었다. 이 명망 있는 사람의 유해는 월요일 그의 집에서 묘지 가르쉬로 그의 말에 따라 아주 조촐하게, 그러나 가장 감동적으로 옮겨졌다. 장례식도 없었다. 어떤 말이나 연설도 없었다. 그러나 거기 있었던 모든 사람의 가슴속에서 위대한 정신의 상실로 인한 온갖 생각과 슬픔이 넘쳐흘렀다." 세계적인 철학자가 죽은 장면치고는 굉장히 쓸쓸하게 느껴질 만큼 소박합니다. 왜 그랬을까요?

1941년은 프랑스가 독일에 점령당했던 시기입니다. 베르그손은 유대인 혈통이었습니다. 유대인을 박해하던 나치 때문에 발레리를 제외하고는 명망 있는 사람 그 누구도 장례식에 참석하지 못한 겁니다. 굉장히 안타까운 장면입니다. 'Bergson'이라는 사람은 이름부터가 특이해요. 유대인이었지만 자신을 철저히 프랑스인으로 생각했던 사람입니다. '베르그손'이라고 적은 까닭을 얘기할게요. 요즘 학자들은 '베르그손'이라고 대체로 통일했는데 과거엔 '베르그송'이라고 표기했습니다. 프랑스식으로 읽으면 베르그송이라는 발음이 나기 때문입니다. 아버지는 폴란드계 작곡가이자 피아니스트였어요. 어머니는 영국계였어요. 프랑스인이지만 폴란드계와 영국계의 자손입니다. 이름을 꼭 프랑스식으로 표기해야 할 이유는 없다는 거죠. 이게 논란이 되곤 했습니다.

사실 영어식으로 보면 모음이 있는 데까지는 한 음절입니다. 앞 네 철자가 하나로 발음되고, 뒤 세 절자가 하나로 발음됩니다. 농담 삼아학자들은 차라리 정확한 한글 표기가 안 될 바에는 '벩손'으로 하자고 했어요. 사실 이 표기가 오히려 원어에 가까워요. 근데 실제로 이렇게 쓰는 사람은 없습니다. 예전 책들을 보면 표기법이 각각 달라요. 가령 오래된 책에는 '베르그송'이라 돼 있고 어떤 책은 '베르크손', '크'를 강조하는 표기도 있고, '베르그손'으로 표기하기도 하고 다양합니다. 이처럼 이 사람은 한국에서는 이름에 얽힌 스토리가 있습니다.

프랑스에는 '리세'라고 중고등학교가 합쳐져 있습니다. 리세 다닐 때, 우리나라로 치면 고등학교 때, 베르그손은 라틴어 문법, 프랑스어, 수학에서 전국 1등을 했어요. 문이과에 다재다능했습니다. 사람들은 이과로 갈 거라 생각했는데 문과로 갔습니다. 고등사범학교라는 유서 깊은 최고 명문입니다. 몇 명 뽑지도 않아요. 무난히 입학하고 철학을 공부했습니다. 다닐 때 장 조레스Jean Jaurès라는 중요한 친구가 있었어요. 나중에 프랑스 사회당을 만든 사람입니다. 베르그손은 조레스와 대조적인 인물이었다고 회고됩니다. 조레스는 낭만적이고 웅변적이었던 데 반해 베르그손은 내성적이고 이성적이었지요. 초상화를 보시면 짐작 가는데, 비쩍 마르고 소심한 인상을 풍깁니다.

학교를 졸업하고 나면 '아그레가시옹aggrégation'이라고 철학 교수 자격시험을 봅니다. 그 시험을 통과하면 곧장 대학으로 가는 게 아니라 고등학교의 철학 교사가 돼요. 역시 '프로페서professeur'라고 불립니다. 직함이 같아요. 고등학교에 있느냐 대학에 있느냐는 실력 차이 때문이 아닙니다. 고등학교는 대학을 졸업하고 초년에 근무하는 직장입니다. 거기서 고등학교 선생을 꽤 오래했습니다.

베르그손은 1916년에 1차 세계대전이 나자 스페인으로 파견됩니다. 일종의 외교관 역할을 한 거죠. 그다음 해인 1917년에 미국에 파견가서 윌슨 대통령을 만납니다. 프랑스의 평화가 곧 미국의 평화이고, 세계 평화라는 주장을 해요. 그래서 미국이 1차 세계대전에 참전하는 계기를 마련합니다. 오늘날 국제연합의 전신인 국제연맹을 만들어 의장 역할까지 합니다. 1928년에 노벨문학상을 탔습니다. 노벨문학상(그리고 노벨평화상)은 정치적 맥락에서 수여되는 상입니다. 물론 베르그손의 글은 굉장히 유려하고 좋아요. 그러나 그 글들이 문학이냐고 묻는다면 답은 쉽지 않습니다. 방금 얘기했듯이 1차 세계대전 승전 기여, 국제연맹 건설 같은 외교적 활동이 함께 평가 대상으로 고려되었을 거라고 짐작해볼 수 있어요. 철학만 하는 사람들은 베르그손이 노벨상을 탔다는 게 그만큼 글을 잘 썼기 때문이라고만 말하는데, 그에 덧붙여 당시 이 사람의 정치적·외교적 활동과 업적이 함께 평가를 받았다는 점도 알아야 합니다. 물론 이런 활동들은 평화를 위한 활동이었기 때문에 베르그손의 기본 사상과 어긋나진 않습니다. 하지만 꼭 글을 잘 썼다고 노벨상을 타는 건 아닙니다.

결혼과 관련한 에피소드도 있습니다. 1892년에 결혼하는데 신랑측 들러리(어린아이)로 참석한 사람이 『잃어버린 시간을 찾아서』를 쓴 유명한 작가 마르셀 프루스트Marcel Proust입니다. 이들은 굉장히 가까운 관계였어요. 사실상 베르그손이 마르셀 프루스트를 작가적으로 만들었다고 얘기할 수도 있습니다. 실제로 그의 소설 속 사상과 베르그손의 철학이 상당한 유사성을 보여줍니다. 프루스트가 탐구하려는 문제도 결국 잃어버린 시간, 기억의 문제입니다.

이런 에피소드들은 흥미롭지만 그런 걸 제외하면 내성적인 학자로서 평생을 지냈습니다. 그의 강의는 굉장히 유명해서 청중 부대를 끌고 다녔다고 해요. 프랑스는 꼴레주 드 프랑스라는 개방학교가 있어요. 오랜 전통을 지닌 학교인데, 모든 시민이 수강할 수 있도록 허용되며, 엄청 내공 있고 대중에게도 어필할 수 있는 (전문적 용어로만 얘기하면 대중들이 못 알아듣죠. 그러니까 그런 걸 넘어서는 강의력도 갖춘) 사람이 교수가 됩니다. 소르본대학의 교수가 된다는 게 전문가 집단에 속하는 거라면, 꼴레주 드 프랑스 교수가 된다는 건 전문가로서 최고로 인정받으면서도 대중에게도 다가갈 수 있는 사람이라는 뜻이에요. 거기서 이른바 청중 부대를 거느리고 명강을 펼쳤습니다. 물론 강의의 내용은 베르그손이 새로 발견해낸 새로운 철학 세계, 과학으로 밝혀내지 못하는 세계였습니다.

과학의 시간과 실제 시간은 다르다

베르그손은 고등학교 선생 시절, 중요한 통찰을 얻습니다. 이 통찰이 베르그손 철학의 핵심을 차지합니다. 영국의 사회학자 허버트 스펜서 Herbert Spencer는 과학적인 사람임을 자부했지만, 진화론을 왜곡해 일반인에게 소개한 것으로 악명 높아요. 베르그손은 대학 시절 스펜서를 탐독하면서 과학철학을 하겠다는 마음을 품었습니다. 그러다 오히려 거꾸로 과학에서 다루고 있는 내용이 우리의 체험에 맞지 않는다는 사실을 깨닫게 됩니다. 과학에서 말하는 시간이 세계 속에 실제로 있는 시간과 다르다는 걸 깨닫게 됐다는 거예요.

이걸 잘 보여주는 대표적인 예가 있습니다. 제논의 역설이라고 해요. 제논은 고대 희랍철학자로, 아킬레스와 거북 얘기로 유명합니다. 아킬레스하고 거북이 경주를 해요. 아킬레스가 왜 등장하냐면, 희랍신화에서 가장 발 빠른 사람이기 때문입니다. 경주를 하면 당연히 아킬레스가 이겨요. 그런데 조건을 바꿔 아킬레스보다 거북이 앞쪽에서 출발하는 거예요. 어떤 일이 벌어질까요? 아킬레스가 아무리 빨리 달린다 해도 거북은 얼마만큼이건 앞으로 갔겠죠. 따라서 아킬레스는 거북을 결코 따라잡을 수 없다는 결론이 나와요. 제논은 아주 이상한, 경험적인 직관과는 맞지 않는 논증을 했는데, 그동안 아무도 이걸 논리적으로 반박하지 못했어요. 분명히 현실에서는 따라잡는데 왜 논리적으로는 아킬레스가 거북을 따라잡지 못할까, 하는 게 문제로 남아 있었습니다.

답을 세밀하게 따라가는 건 힘들지만 요점은 이래요. 저렇게 시간과 공간을 이성 또는 지성을 통해 분석하면 현실을 제대로 포착할 수 없습니다. 지성을 가지고 현실을 아무리 분석하려고 해도 그 시도는 실패하게 됩니다. 지성을 활용하는 가장 중요한 인간 활동은 과학(물리과학)이에요. 즉, 과학이 현실을 설명하지 못한다는 얘기가 되는 거죠. 이게 베르그손이 맞닥뜨린 문제 상황이었습니다.

그럼 왜 그럴까? 지성이 아니라면 어떻게 우리가 현실을 이해하고 탐구해야 할까? 베르그손은 이걸 묻습니다. 다른 방법을 찾아야만 하는 상황이 온 거죠. 다른 접근법이 필요한데, 과학에서 말하는 시간과 대립해서 베르그손은 '지속^{durée}'이라는 개념을 찾아냅니다. 베르그손은 '지속의 철학자'입니다. 플라톤은 '이데아', 데카르트는 '코기토(나는 생각한다)', 베이컨은 '우상'처럼 각 철학자마다 대표적인 꼬리표가 있어요. 베르그손에서는 지속이 중요합니다.

지속이라는 개념은 어렵지 않아요. 시간이 이어져서 시간의 폭을 지닌 게 지속입니다. 하나하나 끊어지는 게 아니라 이어져 있는 것, 어떤 한 시점에서 다른 걸 함께 포함하고 있는 것, 한마디로 과거에서 현재까지, 옛날 시간부터 지금까지, 이걸 한데 아우르고 있는 게 지속입니다. 몇 시 몇 분 몇 초라고 얘기하는 시간 말고, 두께가 있는 시간입니다. 시간의 두께라 하면 뭔가 이상하죠? 두께는 공간을 나타내는 말이니까. 아무튼 지금이 얼마 전까지를 포함하고 있는 게 지속입니다.

지속을 알 수 있게 해주는 가장 가까운 사례가 뭘까? 현재이지만 과거를 다 포함하고 있는 무엇. 시간상의 두께를 갖고 있는 것. '기억'이 지속의 대표적인 사례입니다. 기억은 지금부터 과거로 거슬러 가서 어떤 시점까지를 담고 있어요. 인간의 기억, 심리적인 기억은 그런 특성을 갖고 있습니다.

우주도 어떤 면에서는 기억입니다. 과거 우주가 탄생한 시점부터 지금까지 137억 년 정도의 시간 동안 이어져왔는데, 우주의 현재라는 건 그렇게 이어져온 잔재, 결과물입니다. 우주 발생의 전 과정이 지금 다 모여 있어요. 그래서 물질도 기억이라고 할 수 있어요. 물질 우선이냐 기억 우선이냐고 묻는다면, 기억이 우선입니다. 물질은 기억의 특수한 형태입니다. 출발점은 인간의 심리적 기억이었어요. 하지만 인간의 심리적 기억을 넘어 우주 자체를 기억으로 볼 수 있고, 이를 베르그손은 '우주적 기억'이라고 표현합니다.

내가 처음 출판한 책이 『베르그송주의』라는 번역서입니다. 질 들뢰즈가 쓴 아주 얄팍한 책으로, 베르그손 사상이 요약되어 있습니다. 군대 제대한 스물일곱 살 때 이 책이 나왔습니다. 우리나라에서도 많이 읽혔고 지금은 수정해야 할 대목도 보이지만 충분히 괜찮은 책입니다. 나는 이 책을 번역하면서 프랑스어를 익혔어요. 그 전에 프랑스어를 안 배운 건 아니지만, 한 글자씩 대조해가면서 이 책의 영어 번역본과 프랑스어 문법과 사전을 뒤적여가면서 책을 한 권 번역하니까, 자신이 좀 생겼지요.

이 책이 영어로 번역될 때 들뢰즈가 짧은 글을 하나 덧붙입니다. '베르그손으로의 회귀Return to Bergson'라는 제목입니다. 들뢰즈는 여기에서 굉장히 중요한 지적을 하나 합니다. 베르그손이 과학(이성과 지성)이 탐구할 수 없는 현실 얘기를 했는데, 그렇다고 해서 과학을 부정한 건 아니라는 거예요. 사람들은 베르그손을 과학을 멀리하고 비판한 사람으로 이해하는데 그렇지 않고, 베르그손은 궁극적으로 '생명'을 강조하려고 했습니다. 과학과 철학이 할 수 있는 일이 다르다는 걸 보여줬다는 겁니다. 현실은 두 개의 빗면을 갖고 있는데, 그 한 면이 과학에 의해 접근할 수 있는 면이고 다른 한 면이 철학(베르그손이 썼던 말로는 형이상학)에 의해 접근할 수 있는 면입니다. 둘 중에 한 면만 얘기해서는 안 된다고 강조한 게 베르그손이라고 들뢰즈는 평가합니다.

이 점에 대해 베르그손만 선공한 사람은 베르그손이 영혼, 정신,

생명 등을 주로 강조하기 때문에 과학과 양립할 수 없다고 하는 경우가 많습니다. 내가 볼 때는 그렇지 않아요. 베르그손의 책들은 굉장히 많은 과학적 탐구 결과물을 바탕으로 썼습니다. 당대 과학을 알 수 있는 데까지 다 알고 수행한 작업입니다. 당시에 나온 과학이 다 하지 못한 면을 보충한 게 베르그손의 철학입니다. 과학도 철학도 필요하다는, 둘의 보완성을 얘기하려는 게 베르그손의 작업입니다.

베르그손은 아인슈타인의 시공간 이론, 상대성이론을 비판하는 책도 출판했습니다. 이 책에 대해 사람들은 베르그손이 과학자의 시공간관을 비판하려고 했다고만 생각하지만 들뢰즈는 "실제로는 지속이라는 새로운 특징에 의해 상대성이론에 그것이 결여하고 있는 형이상학을 제공하려 했다"라고 평가합니다. 아인슈타인의 상대성이론만 갖고는 다 설명 안 되는 측면을 베르그손이 말하려고 했다는 거죠. 그만큼 아인슈타인의 상대성이론을 이해했다고 할 수 있어요. 이해하지 못했다면 논의 자체가 불가능했을 겁니다. 이 책에 대한 평가는 오늘날에도 분분합니다.

'지속'을 '직관'하라

세상이 지속의 형태로 존재한다면 이걸 어떻게 파악할 수 있을까? 지속에 이르려면 어떻게 해야 하느냐? 베르그손이 동원한 방법은 이성도 아니고 지성도 아닌 '직관'입니다. 직관이란 말을 썼기 때문에 신비주의적으로 보일 수도 있습니다. 깨달아야 된다는 거니까. 과연 그게 학문하는 방법이 될 수 있을까? 그런데 직관이라는 말을 조심스럽게 이해해야 해요. 신비주의적으로 어떤 영감이 떠오르는 것이 아니라 아주 세밀한 방법입니다. 그건 뭘 피하고 어떤 입장을 계속 견지해야 하는지와 관련됩니다. 직관이 학문하는 태도, 학자가 지녀야 될 태도입니다.

먼저 시간에 대해 살펴보겠습니다. 지금 2019년 8월 4일 오후 12시 8분인데, 이건 과학에서 얘기하는 시간입니다. 시계로 측정하는 시간은 다 등질적입니다. 시간은 일정하게 흘러간다고 우리는 생각합니다. 과학에서 시간을 취급하는 방식입니다. 예를 들어 뉴턴의 물리학에서는 공을 던지면 포물선을 그리면서 가요. 이걸 방정식으로 표현할 수 있습니다. 이걸 필름으로 찍어서 거꾸로 재생하면 정확히 대칭됩니다. 대칭성을 갖고 있어요. 그런데 더 생각하면 공이 이쪽에서 저쪽으로 날아간 시간하고 필름을 거꾸로 돌려서 반대 방향으로 날아간 시간은 다른 시간에 속해 있습니다. 무시간적인 게 아니에요. 공이 여기서 저기까지 가는 데 1분 걸린다고 해보죠. 12시 8분에 공이 저기로 갔어요. 이걸 그대로 즉석에서 거꾸로 돌리면 12시 9분에 여기로 와요. 다른 시간에 일어나는 사건이라는 뜻이죠. 그런 의미에서 시간은 계속 현재가 과거를 쌓아가는 방식으로 존재합니다.

지금 8월 4일인데, 이 시간은 8월 3일도 포함하고 있고, 8월 2일도 포함하고 있고, 이런 식으로 쌓여 있습니다. 그래서 과거, 현재, 미래의 시간은 등질적이지도 않고 서로 비교도 불가능합니다. 왜냐하면 한 방향으로 계속 쌓여가니까. 말하자면 눈덩이처럼 불어나니까. 그게 지속의 특징 중 하나입니다. 지속은 이런 형태로 존재해요.

그러면 어제 그 시간이 어디 갔느냐? 한편으로 지금 이 시간에 과거의 뭔가가 와 있습니다. 다른 한편 어제 그 시간 자체는 그때 거기에 머물러 있어요. 그때 일어난 그 일은 우리가 무슨 수를 써도 바꿀 수 없다는 의미에서 그때 거기에 있어요. 시간은 어떤 의미에서 항상 그때 거기에 있는 동시에 지금에 와 있습니다. 이런 미묘한 시간의 면들이 계속 쌓여가되 그 면들 각각은 그 자리에 있으면서 지금(지금이란 계속 가잖아요)이라는 시간과 계속 만나고 있어요. 베르그손은 이것을 뒤집힌 원뿔 그림으로 묘사합니다.

그래서 시간을 등질적이고 등가적인 걸로 이해하면 안 됩니다. 시계가 측정하는 방식으로 지금 몇 시 몇 분 몇 초, 그리고 24시간 전 몇 시 몇 분 몇 초, 그 둘이 같은 가치를 갖는다고 이해해서는 안 됩니다. 계속 쌓여가는, 지속하는 것으로 시간을 이해해야 합니다. 보통 시간을 시계가 측정하는 것으로 생각하는데, 우리가 체험하는 시간을 돌아보면 한편으로는 지금 이 순간이 있고 한편으로는 과거 전체, 지나간 시간 전체가 있습니다. 체험하는 시간은 시계로는 표현할 수 없는 측면을 갖고 있습니다. 그게 베르그손이 우주와 인간을 바라볼 때 늘 명심해야 한다고 말하는 지속이라는 이름의 시간입니다.

지속이 뭔지 생각해보세요. 여러분이 탄생해서부터 지금까지의 전체가 여러분 개인한테는 하나의 두께를 가지는 시간입니다. 자기의 생애, 이게 지속으로서의 시간입니다. 우리는 지속으로서의 시간을 살아가고 있지, 과학에서 말하는 것처럼 매 순간 똑같은 시간을 살아가고 있지 않습니다. 철학을 할 때, 생각이란 걸 할 때, 세계는 지속으로 존

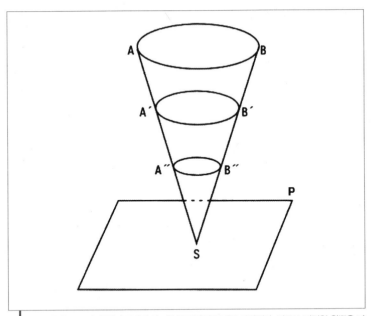

뒤집힌 원뿔 도식. 원뿔의 꼭짓점 S는 한 주체(S)의 현재를 가리킨다. 거꾸로 뒤집힌 원뿔은 과거의 총체다. 절단면 AB, A'B', A"B" 등은 각각 현재와 관련을 맺는 과거의 면들이다. 그림에서 현재는 멈춰 있는 게 아니고, 새로운 현재로 계속 갱신된다. 따라서 그림은 꼭짓점이 아래쪽으로 계속 뻗어가며 절단면 AB가 계속 넓어져가는 방식으로 변하게 된다. 원뿔의 바닥으로 묘사된 AB는 끝없이 위로 뻗는다고 보면 된다.

재하고, 또는 이 세계도 지속이고 우리 각자도 지속이라는 걸 잊어서는 안 됩니다. 아까 우주의 지속에 대해 말했고 조금 전에는 각 개인의 지속에 대해 말했어요. 근데 우리는 또 우주의 부분입니다. 그러니 우주가 한편으로는 지속하고 그 속에서 한 부분을 우리가 또 지속하고 곁에 있는 사람도 나름으로 지속하고 여기 컵도 지속하고… 즉, 우주 전체의 지속으로서 세상에 존재하는 모든 것이 함께 지속하고 있어요. 우주는 크게 하나의 지속이고 그 부분으로서 세부적인 지속들이 함께하고 있어요. 그것들의 전체가 우주입니다.

개별적인 지속들의 고유함과 관련해서, 베르그손이 든 예가 있습니다. 물에다 각설탕을 하나 넣으면 각설탕이 다 녹기까지 기다려야만 한다는 거예요. 이 말의 뜻이 뭐냐? 설탕이 물에 들어가면 알갱이들이 서서히 흩어져서 설탕물이 되는데, 그 시간 동안 우리가 간섭할 수 없어요. 설탕은 설탕 나름의 지속을 갖고 있고 물은 물 나름의 지속을 갖고 있습니다. 지속들이 다 한데 있기 때문에 옆에 있는 지속에 대해 왈가왈부할 수는 없습니다. 설탕물 저어줄 수 있지 않느냐고요? 설탕이 안 녹으면 그만이에요. 얼음물에 설탕 녹여보지 않았어요? 무지 안 녹아요. 아이스티 주문했는데 밑에 가라앉고 끝까지 안 녹는 상황. 그게 설탕 자신의 지속을 보여줍니다. 물론 모든 지속은 서로 공존하고 있기에 만나기도 흩어지기도 하지만, 각각의 지속은 고유의 흐름을 갖고 있습니다. 세상을 그런 식으로 봐야 해요. 직관한다는 건 다른 뜻이 아니라, 세계가 그러하다는 걸 명심해야 한다는 걸로 이해하면 됩니다. 그게 직관이라는 방법입니다.

하나 더 덧붙일 게 있습니다. 우리는 언어에 많이 속지요. 특히 철학 개념 중에서 가짜 언어를 제거하는 일이 필요합니다. 가짜 문제라고 해도 좋아요. 가짜 문제는 가짜라는 걸 드러내면 사라지죠. 직관의 두 요소를 간추리겠습니다. 첫째, 모든 걸 지속의 관점에서 생각하자. 둘째, 가짜 문제를 파괴하라.

현재는 끊임없이 과거를 리모델링한다
—

오늘 텍스트는 가짜 문제 중 하나인 '가능possible' 또는 '가능성possibility'이라는 주제를 다룹니다. 보통 어떤 일이 일어났을 때 우리는 여러 가능한 일 중에 제일 일어날 법했던 일이 현실이 됐다, 실현됐다realization고 얘기합니다. 이게 우리가 흔히 생각하는 방식입니다. 가장 가능한 게 현실이 된다!

베르그손은 '가능하다', '가능성'을 가짜 개념이라고 비판해요. 왜 가짜냐? 가능성은 오히려 지금 이 순간에 만들어졌다는 거죠. 우리가 만들어서 과거 속에 집어넣은 그 무엇에 불과합니다. 크게 두 단계로 구분됩니다. 먼저 지금 이 현실을 부정합니다. 부정하고자 하는 심리적 동기가 있어요. 그다음 뭔가 조작을 통해 픽션(허구)을 만드는 작용이 있습니다. 그렇게 만들어진 허구가 가능성이에요. 가능성이 얘기되는 건 항상 어떤 일이 일어나고 난 다음입니다. 즉, 가능성은 현실보다 나중에 와요. 가능했던 과거란 지금 이 현실이 역으로 만들어낸 거예요.

이걸 이해하기 위해 영어의 가정법을 보겠습니다. 문법 시간에 배웠던 식으로 짧게 얘기하면, 가정법은 현실, 일어난 일, 사실에 반대되는 것을 표현하는 방식이에요. 현재에 반대되는 걸 표현하는 것이 가정법 과거, 과거에 반대되는 일을 표현하는 것이 가정법 과거완료, 미래에 일어날 일에 반대되는 걸 표현하는 것이 가정법 미래완료, 이런 식으로 구분돼요. 어느 언어에서건 가정법이 문법적으로 만들어지는 방식을 보면, 어떤 일(사실fact)이 출발점이 되고, 빈사실적counter-factual 상황이 그다음으로 이야기됩니다. 어떤 사실이 있고 나서 그것과 반대되는 어떤 걸 만들어내는 거예요. 가능성도 그와 비슷해요. 현실이 있고 나서, 그 현실을 출발점으로 삼아 과거에 투사한 상상의 산물, 이게 가능성입니다.

텍스트를 보겠습니다. 잇단 상태들, 계속 일어나는 일들 전체 그, 각각의 가능성에는 그 상태들의 현실에서보다 더 많은 것이 있으며, 결코 더 적은 것이 있지 않음을 우리는 알게 된다. 가능성 속에는 현실보다 더 많은 뭔가가 있어요. 더 적은 뭔가가 있는 게 아니라. 왜냐면 현실이 가장 단순하거든요. 현실은 딱 일어난 일, 있는 그대로입니다. 거기다가 동기, 조작, 이런 것들이 덧붙은 게 가능성이기 때문에, 가능성은 현실 플러스알파예요. 군더더기가 많이 붙어 있습니다. 왜냐하면 가능한 것은 일단 어떤 현실이 생산되었을 때 그 이미지를 과거로 되던지는 정신 행위를 더 지니고 있는 그런 현실이기 때문이다. 말하자면 가능에는 이미 현실이 있고 거기에 이 현실을 부정하고 그 이미지를 과거로 되던지는 정신 행위, 픽션을 만드는 행위가 덧붙어 있어요. 플러스알파가 그거예요.

우리는 '오늘 날도 덥고 일도 힘들었는데 그냥 집에 갔어도 됐겠다'라는 가능성을 생각해볼 수 있지요. 근데 지금 이미 여기 이 자리에 있기 때문에, 그런 가능성은 우리가 첨가해서 만들어낸 것에 불과해요. 지금 일어난 일, 이 현실에 후행해서 뭔가 심리적 조작이 덧붙어서 '1시간 전쯤에 여기로 오지 않고 맥주라도 한잔할걸…' 하는 겁니다.

하여튼 여러 개의 가능성이 있었다고 꾸며낼 수 있습니다. 물론 그 가능성 중에는 여기 오는 가능성도 포함돼 있을 거예요. 그러나 여러 가능성 가운데 여기 오는 가능성이 실현됐다, 여러 가능성 중에 가장 그럴듯한, 일어날 법한 게 일어났다, 이런 식으로 생각하면 안 됩니다. 그런 여러 가능성은 지금 이 상황이 만들어진 다음 우리가 거꾸로 '이럴 수도, 저럴 수도 있었을 텐데'라고 얘기하는 것에 불과해요. 왜냐하면 현실은 지속이고, 일단 와버리면 절대로 뒤로 돌아갈 수 없습니다. 그렇기 때문에 다른 것이 될 수도 없었습니다. 이 현실이 유일한 현실이고, 우리는 매 순간 이 유일한 현실하고만 만나고 있습니다. 유일한 현실의 흐름이 도도하게 흐르고, 그중에 우리 한 사람 한 사람, 사물 하나하나도 역시 여기까지 흘러와 있어요. 다른 여지는 이미 없었어요. 물론 미래가 결정돼 있느냐 하면, 그건 아닙니다. 미래는 항상 열려 있지만, 열려 있다는 건 미래를 향해서는 우주가 이것도 저것도 해볼 수 있단 거죠. 하지만 과거와 관련해서는 이미 우주가 걸어온 유일한 길만 있(었)어요. 때로 개별 지속이 생겨나기도 하고 사라지기도 하지만, 우주 전체는 도도히 지속해왔습니다. 앞으로도 그렇게 지속할 거예요.

많은 중요한 철학자가 생각하고 있듯이 우리 생각이 자꾸 과거로 돌아가는 것은 쓸데없는 일입니다. '아 그때 그 프로포즈를 거절했어야 했는데, 그 남자랑 결혼하면 안 됐는데…' 계속 후회하면서 현재를 지속하는 상황도 현실 속에 많이 있어요. 그때 그랬으면 안 됐는데, 다른 가능성도 있었는데… 후회란 지금 우리가 새로운 걸 도모할 수 있는 현실을 회피하는 현재의 실천이에요. 아무 행동도 하지 않는 상황이자, 머릿속으로만 행동하는 거죠. 이럴 수 있었는데, 저럴 수 있었는데라고 생각만 하는 거예요. 현재를 바꾸진 않으면서 과거에 대해서만 이러쿵 저러쿵 떠들어대는, 그런 멈춰 있는 삶을 계속 살아가는 거죠.

이걸 베르그손이 자기 아빠가 생각나서 그랬는지 작품을 갖고 예시를 들어요. 재능이나 천재가 있는 사람이 나타나서 작품을 창조한다. 그때 작품은 현실이 되고 바로 그것에 의해 회고적으로 또는 소급적으로 가능이 된다. 실제보다 더 젊었을 때 셰익스피어가 〈햄릿〉을 쓸 가능성이 있었다고 얘기할 순 있겠죠. 그러나 이미 〈햄릿〉이 나왔기 때문에 그럴 수 있는 것일 뿐이에요. 일단 뭔가가 만들어진 다음에 비로소 '가능'이라는 말을 쓸 수 있는데, 우리는 거꾸로 생각하는 경향이 있습니다. 그래서 어떻게 또 말하냐면, 가능은 과거 속에 있는 현재의 신기루다. 과거 속 신기루로 있는 거예요. 가능성이 지금 이 현실로 좀 더 모습을 분명히 하면서 왔느냐? 그게 아니란 거예요. 과거가 그리로 비춰진 거죠.

그다음. [가능이란 게 미리 존재했다고 여기는 것은,] 마치 어떤 사람이 자신이 자리 잡게 된 전방의 거울에서 자신의 상을 보면서, 만일 자기가 거울 뒤편에 머물러 있었다면 그 상을 만져볼 수도 있었으리라고 공상하는 것과도 같다. 거울에 내가 비췄어요. 저 상은 내가 여기 거울 앞에 있게 되면서 만들어졌습니다. 저 상이 먼저 가능성으로 있고 그 가능한 것이 지금 앞에 있는 내가 됐다고 생각하는 건 오류죠. 그건 만일 내가 저기 뒷편에 머물러 있었다면 그 상을 만질 수도 있었을 텐데라고 상상하는 상황과 마찬가지예요. 내가 이 앞에 있어야 저 상도 비로소 맺혀요. 가능성은 저 상과 같은 겁니다.

마저 보면, 가능은 무엇인가가 덧붙여 첨가된 상응하는 현실을 내포한다. 가능에 대응하는 현실이 있고, 그 현실에 뭔가가 첨가됐다는 겁니다. 플러스알파. 왜냐하면 가능은 일단 나타난 현실과 그 현실을 시간을 거슬러 되던지는 조치가 결합된 결과이기 때문이다. […] 먼저 인간이 주어짐으로써 시작하지 않는다면 그 인간의 상은 그려지지 않으리라. 더욱이 거울도 반드시 있어야 하리라. 여러 가지 것이 추가돼야 가능성이라는 게 만들어져요. [이처럼 가능이 탄생하는 과정에서,] 시간을 거슬러 가면서, 현재에 의한 과거의 부단한 리모델링과, 결과에 의한 원인의 리모델링이 속행되고 있다. 리모델링. 뭐가? 현재가. 뭐를? 과거를.

우리가 보통 원인이라 얘기하는 건 과거에 있는 그 무엇이고, 결과라 얘기하는 건 현재에 있는 그 무엇입니다. 우리는 과거가 원인이 돼 현재 현실이 만들어졌다고 말해요. 그러나 결과가 원인을 리모델링해요. 일단 일어난 일이 먼저고, 그것을 유발한 어떤 것, 원인에 해당하는 것은 현재로부터 거꾸로 시간을 거슬러 가서 과거에 자리 잡게 된 그 무엇으로서의 원인으로 비로소 리모델링된 결과물입니다.

가능과 현실이라는 주제는 우리가 시간을 생각할 때 굉장히 중요한 역할을 합니다. 시간은 등질적인 게 아니고, 나중에 오는 시간이 항상 그 앞 시간 전체를 리모델링합니다. 먼저 있는 시간이 나중에 올 시간을 결정적으로 만들어내는 게 아니라, 어떻게 보면 나중에 온 시간이, 드디어 오게 된 그 시간이, 먼저 온 것들을 계속 끌어안습니다. 현재 안에 과거를 포함하는 매순간 계속 리모델링이 일어납니다. 과거의 요소들은 한편으로는 그 자리에 그대로 있지만 다른 한편으로는 매 순간 새로 거듭나는 현재와 관련을 맺으면서 계속 리모델링됩니다.

심리적으로도 그래요. 우리가 어떤 기억을 한다고 할 땐 심리적 기억이에요. 심리적 기억을 기억 그 자체, 우주라는 기억과 구분해서 '회상' 또는 '추억'이라고 부릅니다. 회상은 있었던 그 사건이 그대로 지금으로 오는 게 아니에요. 지금이 리모델링해요. 일어난 그 일을 각색해서 불러와요. 우주 전체로 보면 현재라는 순간이 그 전까지 와 있는 모든 것들을 계속 리모델링하는 식으로 흘러간다고 할 수 있습니다.

Q 회상의 측면이 아니라 계획의 측면에서 가능성을 인정할 수 있지 않을까요?

A 우리가 추측할 수 있는 가능성, 예상, 기대 같은 것들은 어느 선까지만 가져가야 해요. 과거를 향해서 상상했던 가능성이 미래를 향해서는 보통 이뤄지지 않아요. 이 차이를 구분하면 됩니다. 미래는 열려 있어요.

Q 직관은 확신이라고 이해해야 하나요?

A 내용에 관한 직관이 아니라 형식에 관한 직관입니다. 지속의 형태로, 지속의 형식으로 세계가 있고 흘러간다는 걸 명심하는 게 직관입니다. 그 생각의 형식, 그 틀을 벗어나지 말자는 겁니다.

이 관점에서 봤을 때 가짜 문제들이 있어요. 왜 세상은 무無가 아니라 존재냐? 이거 철학에서 진짜 많이 묻는 질문입니다. 근데 이미 존재하고 있는 걸 무슨 무를 생각하냐? 그러면 무라는 건 어떻게 해서 발생하는 거냐? 뭔가 무로부터 현실이, 존재가 나온 것처럼 생각하는데 사실 무는 없어요. 지금과 다른 존재가 있는 거고, 계속 자기 자신을 바꿔가는 존재가 있을 뿐이죠. 그러면 '왜 세계는 원래는 무였는데, 아무것도 없는 것에서 존재하게 되었을까? 신의 뜻이 아닐까?' 이런 식의 물음은 다 폐기될 수 있습니다.

세상은 무질서한 것처럼 보이는데 왜 질서가 아니라 무질서일까? 원래는 질서였지 않을까? 이건 다 잘못된 질문이고 시간 낭비입니다. 중요한 걸 물어야 해요. 우주 입장에서 보면 우주는 무질서한 적이 한 번도 없습니다. 인간이 생각하는 이상적인 질서가 따로 있기 때문에 우주가 무질서해 보일 뿐이지요. 이런 것들이 다 가짜 문제의 대표적인 예입니다.

직관은 진짜 중요한 문제만 집중할 수 있게 해줍니다. 그래서 이 방법이 중요해요. 사실 철학에서 가짜 문제를 폭로하고 고발하는 것만으로도 굉장히 많은 일을 하고 있는 셈이죠. 일반인도 배우면 좋아요. 살면서 제일 중요한 건 쓸데없이 시간을 낭비하지 않는 것이니까.

Q 그렇다면 어렸을 때부터 배워야 하는 거 아닌가요? 왜 철학이 정규과목이 아닌가요?

A 보통 정치인들은 사람들이 똑똑한 걸 싫어하고, 쓸데없는 데 시간 낭비하는 걸 좋아해요. 아무 생각 없이 시간이 흘러가버리게 하는 걸 좋아하니까, 진짜 중요한 건 잘 가르치지 않아요. 똑똑해질까 봐. 시키는 대로 일을 해야 될 것 아니에요? 근데 괜히 이것저것 따지고 묻고 하

면 곤란하죠.

우리가 모여서 공부하는 것도 불꽃을 점화하려는 시도예요. 어디에선가는 이런 일을 해야 해요. 누구나 한 번쯤 생각해보고 들어보고, 아니면 아니라고 시비 걸고, 들어봐서 맞는 것 같다면 맞장구도 치고. 이런 일들이 일상화되어야 합니다. 그건 사회가 얼마만큼 건강하냐의 척도이기도 합니다. 하여튼 우리부터 하는 겁니다.

Q 가능성 예를 들어주었는데, 베르그손이 다른 가짜 문제를 얘기할 때 그게 왜 가짜인지 기준이 있었나요?

A 지속의 관점에서 아킬레스 나름의 지속이 있고 거북 나름의 삶의 속도가 있습니다. 근데 보통은 관념적으로 시간과 공간이 무한하게 쪼개질 수 있다고 가정하고 있어요. 그런데 현실에서는 무한히 쪼개질 수 없어요. 아킬레스는 몸집도 보폭도 크기 때문에 아무리 살살 가봤자 그만큼은 폭을 지닌 채로 갈 수밖에 없습니다. 거북은 그보다 작은 보폭을 갖고 있기 때문에 그 보폭대로 가는 거고. 둘의 지속이 달라요. 지속이 다르니까 언젠가는 한발 더 딛게 되면 더 넓은 보폭으로 거북을 성큼 건너뛰게 됩니다. 마치 최소공배수, 최대공약수 식으로 둘의 공통점을 찾아서 그 공통점으로 쪼개서 쪼갠 부분을 다 지나가야만 공간을 이동하고 시간이 흘러가고 하는 일이 가능한 것처럼 잘못 생각하고 있는 거죠. 거북의 발걸음의 최소 단위와 아킬레스의 발걸음의 최소 단위가 있기 때문에 어느 순간에는 서북의 발걸음을 훌쩍 넘어서는 식으로 세상일이 벌어져요. 거북도 자기 보폭보다 더 짧은 보폭으로까지 줄어들진

않아요. 거북도 개미랑 경주할 때는 성큼성큼 갑니다. 개미는 개미 식의 고유한 흐름이 있어요. 이렇게 본다면 여기서 가짜는 시간과 공간이 무한히 쪼개질 수 있다는 견해죠. 무한히 쪼개진 것들을 다 거쳐 가야만 그다음 단계로 나아갈 수 있다는 발상이 가짜입니다.

진짜는 뭐냐? 세상에는 각자 서로 다른 고유한 흐름, 지속들이 있다는 게 진짜 현실입니다. 따라서 우리가 눈에 보는, 아킬레스가 거북을 앞지르는 일이 그냥 현실이에요. 근데 그 현실을 그동안 시간과 공간이 무한히 쪼개질 수 있고 무한히 쪼개진 것 하나하나를 다 지나가야 한다는 생각이 가로막고 있습니다. 현실이 뭔가 잘못된 것처럼, 현실이 논리적으로 돌아가지 않는 것처럼 생각하게끔 만든 원인이죠. 그 원인은 시공간의 무한 분할 가능성입니다. 따라서 시공간은 무한 분할 가능하지 않다, 무한히 쪼개질 수 있는 것이 아니다, 하고 결론 내려야 합니다.

Q 과거가 아닌 지금에서 찾으라고 했는데, 지금에서 찾을 수 있는 힘은 어쩌면 과거에서 나오는 게 아닌가 하는 생각이 들었어요.

A 베르그손은 가능성이라는 용어를 조심해서 사용해요. 가능성이란 범주는 가짜지만 미래 방향으로 뻗어나갈 수 있는 여지, 행동의 폭과 관련해서 잠재성 또는 잠재력virtuality이라는 개념을 씁니다. 잠재란 힘이 있다는 뜻이에요. 뭔가 할 수 있는 힘이 내장돼 있다, 폭발하듯이 미래 방향으로 뭔가를 만들어가면서 나아갈 수 있다. 주변의 물질을 이용해가면서 뭔가를 만드는 힘, 이게 잠재입니다.

그건 주변 환경과의 상호관계 속에서만 뻗어나갈 수 있어요. 그냥 씨앗이 있다고 그게 나무로, 식물로 자라는 건 아니죠. 그 씨앗은 계속 주변 물질들과의 관계를 통해, 시간을 따라 자기를 만들어갑니다. 불교에서 말하는 '종자種子'라는 개념이 베르그손이 얘기하는 잠재성과 상당히 비슷해요. 미래로 뻗어갈 수 있는 힘. 그런 힘을 가리키는 다른 용어로 베르그손은 '엘랑비탈vital', 즉 '생의 약동'이라는 개념이 있습니다. 엘랑비탈은 지속의 기본적 특성이에요. 지속은 자기 자신을 계속 뛰어넘는 운동을 해요. 그 안에 있는 각각의 지속들도 마찬가지입니다. 우리는 생의 약동들 속에 함께 있어요. 그걸 제약하는 건 다 나빠요. 도덕이건 종교건 열린 특성을 가져야 해요. 닫혀 있으면 제약하게 돼요. 지속은 자기를 계속 극복하는 운동이에요.

가능성을 비판해서 대체 어쩌자는 거냐? 물음이 나올 수밖에 없었어요. 가능성이 가짜 개념이면 진짜 개념을 만들어주고 제시해야 하는데, 베르그손은 실제로 잠재성이란 개념을 제시했어요. 들뢰즈는 이 점을 강조합니다.

잇단 상태들 각각의 가능성에는 그 상태들의 현실에서보다 더 많은 것이 있으며, 결코 더 적은 것이 있지 않음을 우리는 알게 된다. 왜냐하면 가능한 것은 일단 어떤 현실이 생산되었을 때 그 이미지를 과거로 되던지는 정신 행위를 더 지니고 있는 현실이기 때문이다. 〔…〕

재능이나 천재가 있는 사람이 나타나서 작품을 창조한다. 그때 작품은 현실이 되고 바로 그것에 의해 회고적으로 또는 소급적으로 가능이 된다. 〔…〕 가능은 과거 속에 있는 현재의 신기루이다. 〔…〕 〔가능이 미리 존재했다고 여기는 것은,〕 마치 어떤 사람이 자신이 자리 잡게 된 전방의 거울에서 자신의 상(象, image)을 보면서, 만일 자기가 거울 뒤편에 머물러 있었다면 그 상을 만져볼 수도 있었으리라고 공상하는 것과도 같다. 〔…〕 가능은 무엇인가가 덧붙어 첨가된 상응하는 현실을 내포한다. 왜냐하면 가능은 일단 나타난 현실과 그 현실을 시간을 거슬러 되던지는 조치가 결합된 결과이기 때문이다. 〔…〕 먼저 인간이 주어짐으로써 시작하지 않는다면 그 인간의 상은 그려지지 않으리라. 더욱이 거울도 반드시 있어야 하리라. 〔…〕 〔이처럼 가능이 탄생하는 과정에서,〕 시간을 거슬러 가면서, 현재에 의한 과거의 부단한 리모델링과, 결과에 의한 원인의 리모델링이 속행되고 있다.

— 「가능과 현실」

· 4장 ·

삶의 싸움

11 해봐야 할 수 있다_ 아리스토텔레스

Aristoteles, 기원전 384~322

모든 학문은 아리스토텔레스로 통한다
—

오늘 살펴볼 철학자는 아리스토텔레스입니다. 이과 공부한 분도 잘 알
거예요. 서양 고대와 중세의 과학 사상을 대표한다고 알려져 있지요.
아리스토텔레스는 그리스 반도 북쪽의 마케도니아 스타게이라^{Stageira} 출
신입니다. 마케도니아는 알렉산드로스 대왕으로 유명한데(영어로는 알
렉산더 대왕이라고 하죠), 아리스토텔레스는 바로 이 알렉산드로스의 스
승이었습니다. 아리스토텔레스의 아버지는 왕가의 주치의였고요. 열
일곱 살 때 아테네로 유학 와서, 플라톤의 아카데메이아에서 공부했습
니다. 라파엘로가 그린 〈아테네학당〉에서 땅을 가리키는 젊은 사람이
아리스토텔레스지요. 플라톤 사후에 친인척이 아카데메이아를 접수하

자 아테네를 떠났고, 나중에 돌아와서 리케이온Lykeion이라는 학원을 세워 가르칩니다.

아리스토텔레스는 고대 고전기 아테네 중심 철학의 마지막을 장식한 별과 같습니다. 그가 죽은 후부터 로마가 희랍 식민지를 접수하기까지 후기 고대를 '헬레니즘' 시기라고 합니다(더 정확히는 그보다 1년 전에 죽은 알렉산드로스 사후부터지만요). 암흑기로 알려진 중세에, 아리스토텔레스를 이야기하는 데 빼놓을 수 없는 지역이 아랍입니다. 아랍은 르네상스 전까지, 더 정확히는 중세 후기가 되기 전까지, 아리스토텔레스의 문헌을 직접 보고 연구했던 지역입니다. 로마가 동서로 분리된 후 중세 서구인들이 아리스토텔레스의 문헌을 직접이건 간접이건 본 경우는 굉장히 드물었습니다. 극소수 저작만이 요약 형태로 알려지고 번역됐을 뿐, 나머지는 소문만 무성했습니다. 실제로 활발하게 논의된 건 아랍에서였습니다. 아랍의 굉장히 발전한 과학, 수학, 철학은 아리스토텔레스의 유산을 흡수한 결과입니다.

2014년에 학술대회 때문에 이스탄불에 간 적 있습니다. 이스탄불에는 '이슬람 과학박물관'이 있는데, 거기에서 흥미로운 걸 봤습니다. 티코 브라헤Tycho Brahe라는 학자가 누군지 아시나요? 이 사람은 케플러의 스승이자 동료였어요. 브라헤는 눈이 아주 좋아서 맨눈으로 하늘을 보고 별들의 위치, 움직임 등 엄청난 양의 기록을 남겼다고 합니다. 케플러가 브라헤의 기록을 보려고 천문대로 찾아갔는데, 브라헤는 보여주지 않았지요. 하지만 마침 브라헤가 급사했고, 그래서 케플러는 그 자료를 싹 빼돌려서 분석할 수 있었습니다. 그 결과 태양 주변 행성들의 공전에 관한 케플러의 법칙을 찾아낼 수 있었지요. 브라헤는 그만큼 중요한 사람이었고, 천문학을 하려면 눈이 좋아야 한다는 걸 보여줬습니다. 아무튼 브라헤는 욕심도 많았지만 불운한 학자인 셈입니다. 자기 발견의 결과물을 케플러한테 도둑질당한 셈이니까요.

케플러 다음 훨씬 더 이론적으로 정교하게 만든 사람은 갈릴레오입니다. 갈릴레오는 눈이 좋지 않은 대신에 망원경을 발명했고, 그 망원경으로 관측했습니다. 브라헤보다 더 좋은 눈이 생긴 셈이지요. 갈릴레오는 여러 천체 관측 결과들을 보고하고, 그걸 수학적으로 이론화했습니다.

여기서 말하려는 건 티코 브라헤가 이용한 관측 도구입니다. 그 관측 도구는 아랍에서 만든 거였습니다. 내가 박물관에서 본 게 바로 티코 브라헤가 이용한 관측 도구였습니다. 아랍의 수학과 과학, 천문 관측 도구가 없었으면, 사실상 유럽의 과학혁명도 있을 수 없었거나 상당히 늦어졌을 것입니다. 왜냐하면 관측 자료가 없는 이상 계속 상상에 머무를 수밖에 없으니까요. 아랍이 중요한 역할을 했는데, 그게 근대 과학혁명으로 이어졌습니다.

코페르니쿠스, 케플러, 갈릴레오로 이어지며 이른바 '과학혁명'이 일어났죠. 그 전까지 과학계를 지배했던 게 누구냐 하면, 바로 아리스토텔레스였습니다. 아리스토텔레스의 우주론을 승계한 게 프톨레마이오스입니다. 프톨레마이오스의 천문학은 본질적으로 아리스토텔레스 철학에 바탕을 두고 있었습니다. 과학혁명은 아리스토텔레스와 프톨레마이오스를 극복하는 과정이었고요.

아리스토텔레스는 천문학에도 관심을 가졌습니다. 자세한 내용은 생략하고 중요한 내용 하나만 말씀드리죠. 아리스토텔레스에 따르면, 달 아래와 달 위쪽 세계는 완전 다른 세계입니다. 근대 과학자들이 발견한 건 달 위 세계와 달 아래 세계를 지배하는 운동법칙은 같다는 것이었습니다. 만물이 하나의 원리에 따라 움직인다는 것이 근대 과학혁명의 성취였다면, 그 전까지는 그렇지 않았던 겁니다.

유럽의 아리스토텔레스 수용과 관련해서 중세에는 두 흐름이 있었던 셈입니다. 아리스토텔레스부터 시작된 과학, 철학, 수학을 아랍 지역을 경유해서 다시 수입한 경로가 하나 있었고, 조금 후진 형태로 프톨레마이오스의 이론을 통해 받아들인 경로가 또 하나 있었습니다.

천문학 관련해서 이야기를 하나 더 보태면, 프톨레마이오스 이론을 사람들이 왜 믿었던 걸까요? 천체 현상을 설명하는 데 어느 정도 맞아떨어졌기 때문입니다. 다만 굉장히 복잡했어요. 코페르니쿠스, 케플러, 갈릴레오 그다음 뉴턴은 아주 단순한 몇 개의 공식으로 천체의 모든 운동을 설명한 반면, 프톨레마이오스의 천문학 이론은 굉장히 많은 보조 원을 그려서 설명했습니다. 너무 복잡했지만 달리 도리가 없었기 때문에 받아들였던 거죠.

근데 좀 이상하죠? 철학자 얘기를 하는데 왜 천문학 얘기를 잔뜩 하고 있는지? 아리스토텔레스는 철학뿐 아니라 다른 자연과학, 그러니까 생물학, 화학, 물리학 등에도 많은 영향을 끼쳤습니다. 아리스토텔레스는 당시의 학문 전체를 집대성한 사람입니다. 모든 학문은 아리스토텔레스로 통한다고 말할 수 있을 정도예요. 후대에 가장 많은 영향을 미친 건 그의 생물학이고, 가장 많은 제자를 배출한 분야이기도 합니다. 아리스토텔레스 본인도 많은 보고서를 제출하고 이론을 보탰지만, 제자들이 생물학의 세부 영역에서 연구를 수행했습니다. 천문학 말씀드렸고, 생물학 말씀드렸습니다. 아리스토텔레스는 오늘날 철학이라 부르는 분야 말고도 자연과학 전반에 영향을 미쳤습니다.

심리학사에서 누구를 제일 먼저 배우죠? 역사학에서는 누구를 제일 먼저 배우죠? 제일 앞에 위치한 사람은 보통은 플라톤 아니면 아리스토텔레스입니다. 그 두 사람은 거의 같은 시기에 활동했으며 사제 관계이자 경쟁적인 동료 관계였어요. 이 사람들에서 거의 모든 것이 나오는데, 특히 자연과학이나 실증적 접근을 하는 영역은 다 아리스토텔레스에게로 소급됩니다.

중세에는, 영어로 'the philosopher', 즉 '철학자'에 정관사 붙여서 얘기하면, 아리스토텔레스를 말하는 거였습니다. 그 정도였지요. 다른 사람은 없었어요. 물론 모든 면모가 다 소개된 건 아니고, 주로 논리학 분야에 해당하는 것들이 소개됐죠. 그 논리학을 가지고 신학을 했던 거죠.

아리스토텔레스는 자신의 작업에 이름을 붙이지 않았다

아리스토텔레스는 거의 모든 분야에 대해 저술을 남겼어요. 논리학 저술들은 '오르가논'이란 명칭으로 불렸습니다. 오르가논은 본래 '기관'이라는 뜻인데, 철학을 하는 데 도구가 된다는 거죠. 그게 후대에 영향을 끼쳤어요. 그다음, 자연에 대한 탐구, '자연학physica'이라는 이름의 탐구가 있어요. 실증적인 탐구하고 좀 다르게, 예를 들어 운동이 무엇인지 물어요. 자연현상 중 일부지만 자연과학 영역하곤 좀 다른 물음이에요. 자연과학에선 그냥 운동을 있는 것으로 놓고 출발하는 반면 아리스토텔레스는 대체 운동이라는 게 뭐냐, 운동의 본성이 뭐냐, 왜 운동하느냐 등을 물었어요. 이런 것들은 철학적인 질문이라 할 수 있지요. 그다음, 자연세계를 넘어선 영역들에 대한 저술들이 있어요. 논리학적 저술, 실제 자연과학에 해당하는 저술, 자연에 대한 철학적 성찰을 다룬 저술, 자연현상을 넘어선 영역에 대한 저술. 이 마지막 저술을 '메타피지카metaphysica', 형이상학이라 불러요. 신의 본성이 뭐냐, 존재한다는 게 뭐냐, 실체가 뭐냐 같은 걸 묻지요. 어려운 걸 질문합니다. 그 밖에 아리스토텔레스한테 중요한 저술이 예술 관련된 것들이에요. 시학, 수사학. 또한 중요하게 분류하는 게 윤리학, 정치학 저술입니다. 오늘 다루려는 건 윤리학 저술이고, 그중에서도 유명한『니코마코스 윤리학』이라는 작품을 다룹니다.

방금 저술들의 범위를 말했다시피 안 한 게 없습니다. 그래서 그냥 '철학자'라고 불린 거죠. 그리고 아리스토텔레스 경우 플라톤하고 비교했을 때 문헌 전승 상태가 그다지 좋지 않아요. 알렉산드로스가 급사한 직후 마케도니아인이라는 이유로 아테네에서 쫓겨날 때, 작품을 정리하지 못했기 때문으로 추정됩니다. 그래서 300년 넘게 지난 후 리케이온의 제10대 마지막 학장이었던 안드로니코스Andronichos(기원전 60년경 활동)에 의해 저술들이 분류되기 시작했고요. 이 분류는 아리스토텔레스 자신이 한 게 아니고, 제목도 자신이 붙인 게 아닙니다. 상상해보세요. 지금 여기 이 친구가 이만큼 뭔가 썼는데, 죽은 뒤에 원고가 분산돼서 이 사람 저 사람한테 흩어졌다가, 300년 뒤에 누군가가 정리한 겁니다. 그런데다 대중 공개용 원고는 모두 소실되고, 남아 있는 원고는 강의록으로 추정됩니다. 강의용 원고는 자기만 알아볼 수 있게 쓴 거겠죠. 그 얘긴 뭐냐면 줄거리, 논리적 흐름, 내용 등을 담고 있긴 하지만, 강의의 핵심들 위주로 정리한 정도 수준의 원고라는 거예요. 오늘날 우리가 책으로 쓰듯이 혹은 플라톤이 글로 남겼듯이 정리된 원고가 아닙니다. 훨씬 더 사정이 복잡하죠. 이걸 후대에 정리하려고 했으니 어떤 구절들이 여기서 나온 건지 저기서 나온 건지 알 수가 없었어요. 이렇게 문헌 사정이 좋지 않습니다.

그중에 예를 들면 아리스토텔레스의 『시학』이라는 작품이 있어요. 시詩라는 게 오늘날 말하는 시하고는 좀 다르거든요. 원래는 비극, 서사시, 희극 다 다루려고 했대요. 근데 비극을 다룬 1부만 남고 2부는 소실됐어요. 비극을 끝내고 이제부터 희극에 대해 다뤄보자 했는데, 그 뒷부분이 없어요. 없는 이유는 여러 가지 있을 수 있겠죠. 하려고 했는데 강의를 거기까지 못 했을 수도 있고, 또는 아예 강의록을 작성하지 않았을 수도 있고, 아니면 나중에 분실되었을 수도 있어요. 이러니 사정이 참 복잡하죠.

이 복잡한 사정에서부터 이야기가 시작되는 유명한 소설이 있습니다. 움베르트 에코의 소설 『장미의 이름』입니다. 영화로도 나왔으니, 책을 읽기 어렵다면, 영화라도 보기 바랍니다. 아리스토텔레스, 그리고 중세 수도원을 이해할 때 도움이 됩니다.

『니코마코스 윤리학』은 상대적으로 문헌 상태가 괜찮습니다. 잘 보존됐고 완성도도 높아요. 책을 보면 고전 문헌들이, 오래된 문헌일수록, 개념을 사용하지 않고 길게 풀어서 얘기한다는 걸 알 수 있습니다. 그때는 짧은 개념 안에 여러 내용을 담는 일을 막 시작하던 단계예요. 그래서 가급적이면 일상적인 말들로 표현들을 반복해서 사용함으로써 개념 비슷하게 사용했던 것이지요. 이데아라는 개념 대신에 플라톤이 무엇무엇 '자체'라는 표현을 썼다고 말했죠. 이와 비슷하게 말들을 길게 썼어요. 그걸 후세에 축약하고 번역해서 개념으로 만들거나 했어요. 내가 고전 문헌일수록 텍스트를 좀 길게 제시한 까닭이 거기 있어요. 근대로 오면 글이 짧아져요. 짧지만 굉장히 어렵죠. 왜냐하면 개념 하나하나가 굉장히 많은 뜻을 포함하게 되었으니까요.

워낙 다루는 범위가 넓어서 아리스토텔레스가 누구인지 얘기하는 데도 시간이 많이 필요했습니다. 오늘은 텍스트에 나온 개념 몇 가지를 통해 관련된 얘기만 들려드리겠습니다.

해봐야 할 수 있다 ①: 기능과 도덕을 구별하다
—

오늘 제목은 '해봐야 할 수 있다'입니다. 설명을 위해 필요한 게 소크라테스와의 대비입니다. 또는 소크라테스의 생각을 철학적으로 정리한 플라톤과의 대비고요. 어떤 의미에서는 플라톤을 잘 계승했지만 어떤 의미에서는 플라톤 최초의 안티이자 플라톤을 디스한 사람이 아리스토 텔레스입니다. 가까이 있으니 매일 토론할 수 있었겠죠. 그러다 보니 플라톤에게 문제도 느끼고, 결국 나중에는 갈라지기도 한 거죠.

어떤 점이 윤리학에 있어 차이 나는 지점이냐? 소크라테스의 윤리 학의 기본 아이디어는 '지덕합일知德合一'이예요. 『파이돈』을 떠올려보죠. 어떤 것이 가장 옳은 것, 좋은 것인지 알면 내 몸은 그것에 따라 행동했 으리라, 이런 얘기가 나왔죠. 좋은 것을 알면 당연히 행하게 된다는 거 예요. 그런데 아리스토텔레스는 그렇게 생각하지 않았어요. 안다고 행 동하는 건 아니라는 거죠. 어떤 게 좋은지 알더라도 그걸 자동으로 체 화한다는 법은 없습니다. 윤리학은 이론 영역하고 확실하게 분리돼요. 알아야 하지만 체득해서 행하는 건 별개의 문제입니다. 이게 핵심 아이 디어예요. 즉, 안다고 행하거나 행할 수 있게 되는 게 아니라, 해봐야 행할 수 있게 된다는 거죠. 앎과 행동의 관계에 대해 플라톤이나 소크 라테스보다 훨씬 현실적입니다. 윤리나 도덕의 문제는 아는 영역을 넘 어서 있어요. 다른 종류의 훈련이 추가로 필요한 거죠.

예를 들어 공부를 많이 했는데(여기서 공부는 이론적 공부, 지식 공부 를 가리킵니다), 행동은 잘못하는, 언론에 종종 나오는 사람들 있죠? 그 런 일들은 왜 벌어지는 걸까요? 어떤 측면의 교육이 이뤄지지 않았기 때문입니다. 바로 이런 문제를 분석하려고 할 때는 아리스토텔레스적 인 아이디어가 도움이 됩니다. 뭔가 행동으로 습득하는, 즉 해봐서 몸 에 배는 과정이 교육 중에 함께해야지, 그게 결여되면 좋은 머리를 나 쁜 데 쓰는 결과를 가져올 수 있습니다.

배경과 핵심 아이디어 먼저 말했습니다. 이제 텍스트를 살펴보죠. 유념할 사항 중 하나는 희랍어 어휘들이 오늘날 우리가 생각하는 뜻과 차이가 있다는 점입니다. 플라톤의 '알레테이아aleteia'를 말하면서 '진리', '진실'이라고 번역하지만, 원래 희랍에서는 잊었던 상태를 벗어난다는, 잊었던 걸 다시 알게 된다는 뜻이라고 했어요.

텍스트의 첫 단어 '행복'도 그래요. 희랍어를 병기했는데, '에우다이모니아eudaimonia'는 '에우eu'와 '다이몬daimon'의 합성입니다. '에우'는 '잘'이란 뜻의 부사예요. 영어로 'well'. '다이모니아'는 '다이몬' 또는 '데몬'과 연관된 말입니다. 영어의 'demon'. 희랍어에서는 악마, 악령이라기보다 신과 인간 중간쯤에 있는 신비로운 존재예요. 아직 기독교도 없던 시절이죠. 신은 불멸의 존재, 인간은 필사의 존재, 그리고 그사이쯤 존재하는, 인간보다는 급이 높고 신적인 수준까지는 아닌 혼이 다이몬입니다. 아리스토텔레스가 에우다이모니아라는 말을 만들 땐 혼의 상태가 잘되어 있음, 좋은 마음 상태를 떠올렸다고 봐도 돼요. 이게 희랍어 '행복'의 어원입니다. 희랍 사람들은 그렇게 생각했다는 거죠.

행복이 뭐냐고 더 물을 수 있지만, 아리스토텔레스는 더 묻지 않고, 당시 상식에 비추어서 시작합니다. 처음 두 문장을 보겠습니다. 행복eudaimonia은 완전하고 자족적인 어떤 것으로서, 행위를 통해 성취할 수 있는 것들의 목적이다. / 하지만 행복이 최상의 좋음[=최고선]이라는 주장은 아마 일반적으로 동의될 것으로 보이긴 해도, 보다 분명하게 행복이 무엇인지를 이야기하는 것이 요구된다. 우리가 가장 추구할 만한 것이 행복이라는 거죠. 우리말 '행복'하고 희랍어 '에우다이모니아'하고 뉘앙스가 다른 건 느낄 수 있을 거예요. 우리는 행복의 뜻을 말하기가 어려운데, 희랍인들은 마음 상태가 잘되어 있는 거라고 여기고, 그런 거라면 누구도 추구하지 않을 도리가 없으니까, '최상의 좋음', 즉 '최고 선'이라는 얘기를 할 수 있다고 봤어요. 하지만 행복이 무엇인지 좀 더 명료하게 설명하는 일이 필요하겠지요.

먼저 인간에게 고유한 기능을 밝히면 아마 설명이 될 수 있을 거예요. 그런데 인간의 기능^{ergon}이 무엇인지 파악된다면, 아마 이것이 이루어질 것 같다. 기능이라는 말은 희랍어 '에르곤^{ergon}'의 번역이에요. 에르곤은 여러 뜻이 있는데, 영어의 'work', 독일어의 'Werk(일한다, 작업한다)'와 같은 뜻이고 어원도 같아요. work도 실제 그것이 어떤 일을, 어떤 기능을 하느냐와 관련된 개념이죠. 어떤 것이 잘 기능하는 것, 일이 잘되는 것이 여기서는 관건입니다. 그래서 아리스토텔레스는 인간에게 고유한 일, 또는 기능을 찾아보자고 제안해요. 여기서 왜 하필 인간에게 고유한 기능, 일이란 표현을 썼는지 봐야 합니다.

세부적으로 논의를 따라가볼게요. 피리 연주자와 조각가, 그리고 모든 기술자에 대해서, 또 일반적으로 어떤 기능과 해야 할 행위가 있는 모든 사람에 대해서, 그것의 좋음과 '잘함'은 그 기능 안에 있는 것처럼 보인다. 피리 부는 사람을 예로 들면, 이 사람의 기능은 피리 연주가 되겠죠. 기능 또는 일이지요. 이때 그 기능을 잘하는 게 '좋음'이고 '선'입니다. 말 타는 사람은 말을 잘 타는 일, 또는 기능, 이게 가장 좋은 거죠. 세부적으로 분야마다 그것을 잘한다, 그 일을 잘 수행한다는 말이 성립할 수 있다는 걸 열거했습니다.

이 문장은 개별 기능들을 열거했죠? 피리 연주, 조각, 여타의 기술 등이 있다고 할 때 이것들을 잘한다면 그것이 좋은 거라고 말하고 있습니다. 이 '잘', 즉 '에우'라는 말과 행복이란 말에 담겨 있는 '에우'가 통한다는 걸 떠올려볼 수 있어요. 그리고 이걸 확장합니다. 그처럼 인간의 경우에도 인간의 기능이 있는 한, 좋음과 '잘함'은 인간의 기능 안에 있을 것 같아 보인다. 인간으로서의 기능, 또는 일, 여기서 '잘'이라는 걸 뽑아낼 수 있지요. 그렇다면 인간의 기능이 뭐냐를 찾아내야 합니다. 인간의 핵심, 본질은 뭐냐를 알아야 그것을 잘한다는 말을 할 수 있겠지요. 피리 연주자의 기능은 피리를 연주하는 일이다. 그러면 인간에게 핵심, 본질적인 일, 기능, 이게 뭐냐? 인간의 본질적 기능, 이런 말을 쓸 수 있을 겁니다.

아리스토텔레스가 잘하는 논증 방식 중 하나는 공통된 것들을 제거하는 거예요. 너도 갖고 있고 나도 갖고 있는 걸 제거하면, 내가 갖고 있는 것만 남게 되죠. 그런 식으로 추려가는 방식을 택해요. 조금 더 보겠습니다. 그러니 목수와 제화공은 어떤 기능과 행위들을 가지고 있지만 인간은 아무런 기능도 가지고 있지 않으며, 본래 아무 할 일도 없는 존재라고 할 수 있을까? 아니면 눈이나 손, 발, 그리고 일반적으로 각각의 부분들이 어떤 기능을 가지고 있듯이 그렇게 인간에게도 이 모든 기능들 외에 어떤 기능이 있다고 상정해야 할까? 그렇다면 그것은 대체 무엇일까? 목수나 제화공, 왜 주로 이런 기술자들을 예로 들었냐면, 이게 '일'과 관련되기 때문입니다. 뒷부분은 같은 얘기를 되풀이하고 있지요. 인간의 기능, 일이라는 걸 알 수 있지 않을까? 그걸 잘하는 것과 관련된 것에 대해 답변할 수 있지 않을까? 눈도 보는 기능, 손도 잡는 기능, 발도 걷는 기능, 그리고 지체 하나하나가, 가령 코는 냄새 맡고 간은 해독하는 식으로 기능이 있으니까, 그 전체가 모인 인간도 어떤 기능을 갖고 있으리라. 그게 분명하다. 만일 그런 기능이 있다면 그것은 무엇일까?

더 보겠습니다. 산다는 것은 심지어 식물에게까지 공통되는 것으로 보이지만, 우리는 [인간에게만] 고유한 것을 찾고 있으니 말이다. 그러므로 영양을 섭취하고 성장하는 삶은 갈라내야 할 것이다. 다음으로는 감각을 동반하는 삶이 뒤따를 것이지만 이것 또한 분명 말과 소, 모든 동물들에 공통되는 삶이다. 생명은 식물에게도 공통적인 기능인데, 우리가 찾고 있는 것은 인간에게 특유한 것입니다. 인간만 갖고 있는 것을 찾아야 하는데, 생명은 인간만의 기능이라고 할 수 없습니다. 생명은 식물도 갖고 있지요. 그래서 영양섭취나 성장은 제외해야 해요. 다음으로 감각적·지각적인 생이 문제인데, 이것 역시 말이나 소나 다른 모든 동물들과 공유하는 겁니다. 동물적인 수준이죠.

이리하여 결국 마음의 이성적 부분의 활동으로서의 생만이 남게 됩니다. 그렇다면 이제 남게 되는 것은 이성[logos]을 가진 것의 실천적 삶이다. 결국 인간에게 고유한 기능은 이성적인 마음(프시케[Psyche], 영혼, 혼이라고도 불렀죠)임이 확인됩니다.

마음도 여러 폭을 갖고 있습니다. 이성적인 부분과 비이성적 부분, 가령 충동, 탐욕, 욕심 등을 아리스토텔레스는 배제하지 않았습니다. 인간의 기능을 이성에 따른 영혼의 활동 혹은 이성이 없지 않은 영혼의 활동이라고 상정할 수 있을 것이다. 이 문장은 두 부분으로 이루어져 있는데, 뒷부분은 '최소한 이성과 어긋나지 않으면 된다'라는 요건을 언급해요. 적극적으로 이성을 따르지는 못하더라도, 이성을 배반하거나 이성과 어긋나는 것만 아니면 된다는 거예요. 부등식에서 부등호랑 등호를 같이 쓰는 표현 알죠?

계속 보겠습니다. 또 어떤 기능을 수행하는 자나 그 기능을 훌륭하게 수행하는 자나 종류상 동일한 기능을 가지고 있다고 상정할 수 있을 것이다. 예를 들어 키타라 연주자와 훌륭한 키타라 연주자의 경우 종류상 동일한 기능을 가지고 있고, 다른 모든 경우에도 단적으로 그러하듯이 탁월성에 따른 우월성이 기능에 부가될 것이다. (키타라 연주자의 기능은 키타라를 연주하는 것이지만 훌륭한 키타라 연주자의 기능은 키타라를 잘 연주하는 것이니까.) '키타라'는 현악기의 기원인 그리스 시대 악기예요. 어떤 일을 '그냥 하는 것'과 그 일을 '잘하는 것'이 같은 종류의 기능에 대한 언급이라면, 키타라와 관련해서, 키타라 연주자의 연주와 그것을 잘 타는 사람의 연주, 한마디로 키타라를 어느 정도 칠 줄 아는 것과 키타라의 달인 수준으로 연주하는 것에는 어떤 차이가 있을까? 일단 키타라를 탄다는 건 공통 기능입니다. 그다음 잘 탄다는 건 추가되는 거예요. 둘의 관계가 그래요. 같은 종류의 일 또는 기능과 관련해 언급되는 활동이지만 거기에 '잘'(에우)이라는 게 하나 덧붙는 거죠. 아리스토텔레스는 이걸 일반화해요. 일반적으로 모든 경우에서 기능의 수행에 잘한다는 의미의 탁월성이 첨가되는 것이라면, 키타라 연주자의 기능은 키타라를 타는 것이요, 키타라 명수의 기능은 키타라를 잘 타는 것입니다.

기능이라는 말을 세분해서 말하고 있는 건데, 기능의 수행(여기까지는 누구나 기능과 관련해 할 줄 알기만 하면 다 하는 거죠)과 잘한다는 의미의 탁월성, 탁월함이 첨가되는 것이 핵심 관계입니다. 인간의 기능은 인간이면 누구나 다 하는 거예요. 근데 탁월함이 결합되면 잘하는 거지요.

탁월함이란 말은 '아레테^{arete}', 영어로 'excellence'로 옮겨요. 어떤 일을 뛰어나게 탁월하게 한다는 뜻이죠. 근데 예전에는 아레테를 주로 'virtue', '덕'이라고 번역했어요. 아레테를 라틴어 '비르투스^{virtus}'로 옮겼던 데서 유래했지요. 한동안 아레테는 '덕', 즉 도덕적 의미로 한정돼서 이해됐어요. 그러나 희랍 사람들이 아레테란 말을 썼을 때는 도덕적인 측면보다 기능적인 측면이 강했습니다. 뭔가를 탁월하게 하는 게 아레테를 갖고 있는 거예요. 즉, 키타라를 잘 연주하는 사람이 아레테를 갖고 있다면, 그는 키타라 연주의 달인입니다. 어떤 사람이 목수 일을 잘하면 그 사람은 목수 일에 있어 아레테를 갖고 있는 겁니다. 근데 우리가 번역해서 이 사람은 키타라 연주에 있어 덕을 갖고 있다, 목수 일에 있어 덕을 갖고 있다고 하면 이해가 안 되죠. 기능, 에르곤을 발휘하는 데 있어서 잘한다, 탁월하게 한다는 뜻입니다.

희랍 사람들이 탁월함을 얘기할 때, 개별 기능과 관련해서 탁월함을 말할 수도 있지만, 인간으로서의 탁월함을 말할 수도 있어요. 이 경우 도덕적이고 윤리적인 뜻이 포함될 수 있어요. 완전 오역은 아니라고 할 수 있죠. 그러나 탁월함과 덕이, excellence와 virtue가 구분되는 것처럼 구분된다는 걸 알고 있어야, 희랍 사람늘이 생각했던 노녁철학,

윤리학을 더 잘 이해할 수 있습니다.

인간 기능의 핵심은 어떤 삶인데 그 삶은 이성적인 삶, 이성적인 활동이라고 했습니다. 그렇기에 훌륭한 사람은 '잘'이라는 첨가 성질을 갖고서 인간의 기능을 수행하는 것이며, 어떤 행동이건 거기에 알맞은 덕, 탁월함을 갖고 있을 때 잘 수행되므로 우린 다음 결론을 얻게 됩니다. 이어지는 사례 부분은 계속 반복되는 내용이죠.

괄호 다음입니다. 만약 그렇다고 한다면, 인간적인 좋음은 탁월성에 따른 영혼의 활동일 것이다. 또 만약 탁월성이 여럿이라면 그중 최상이며 가장 완전한 탁월성에 따르는 영혼의 활동이 인간적인 좋음일 것이다. '훌륭한', '잘', '탁월한'이라는 게 하나로 묶일 수 있고, 그다음 이성적인 활동이라는 게 다른 한편에 놓일 수 있어요. 이성적인 활동을 훌륭하게, 잘, 탁월하게 하는 게 결론으로 도출되지요. 인간의 선/좋음은 덕, 탁월함에 따른 마음의 활동입니다. 마음의 활동 중에 탁월함이란 것은 이성에 따르는 겁니다. 인간에게 있어 '선하다, 좋다, 또는 도덕적이다'라고 한다면, 그것은 이성을 탁월하게 사용하는 데에 있어요. 덕이 둘 이상 있다면 그중에 가장 좋고 가장 완전한 덕에 따른 마음의 활동이 인간의 선입니다.

아리스토텔레스는 여러 종류의 뛰어남, 탁월함, 우수함이 있다고 생각했습니다. 가령 소크라테스는 못생긴 들창코로 유명해요. 소크라테스를 묘사할 때 종종 써요. 반대로 플라톤은 뛰어난 용모를 가졌어요. 플라톤처럼 타고나면서부터 뛰어난 용모를 가진 사람은 어떤 종류의 탁월함을 갖고 있는 거예요. 소크라테스는 그런 탁월함은 없어요.

그렇다고 했을 때, 플라톤처럼 용모가 뛰어나고 건강한 사람이 소크라 테스처럼 못생긴 사람보다 사는 데 훨씬 유리하다고 아리스토텔레스 는 말합니다. 그걸 부정하지 않아요. 하지만 그런 식으로 타고난 뛰어 남, 타고난 덕은 도덕적인 문제와는 무관하다는 거예요. 도덕적인 평가 의 영역이 아닌 거죠. 자기가 좌우할 수 있는 영역이 아니므로 도덕적 평가의 대상이 아니고, 그냥 사는 데 유리한 특징일 뿐이에요. 그렇다 고 나쁜 게 아니에요. 당연히 좋은 거죠. 하지만 도덕적으로 훌륭하다 고 얘기할 사안은 아니라는 거예요. 아리스토텔레스 특유의 현실주의 가 그 안에 들어 있어요.

해봐야 할 수 있다 ②: 습관이 본성을 만든다
—

조금 더 보죠. 더 나아가 그 좋음은 완전한 삶 안에 있을 것이다. 이성적 인 활동에 뛰어남이 함께하는 것, 이것이 인간에게 있어 좋은 것, 선함 이라고 한다면, 그것은 온 생애를 통한 것이 아니어서는 안 됩니다. 지 속돼야 해요. 우리가 영어 배울 때 숙어로 배우는 구절이 바로 다음 구 절이에요. 한 마리의 제비가 봄을 만드는 것도 아니며 [좋은 날] 하루가 봄을 만드는 것도 아니니까. 그렇듯 [행복한] 하루나 짧은 시간이 지극 히 복되고 행복한 사람을 만드는 것도 아니다. 아리스토텔레스의 말이 에요. 반복되어야 한다는 겁니다. 일정 기간 지속되어야 해요. 잠깐 동 안만이 아니라 생애 전체를 통해 완전한 덕에 따라 활동하며, 여기에 덧붙여 동시에 외부적인 재화도 충분히 구비하고 있는 사람을 행복하다고 해야 하지 않을까? 아리스토텔레스는 이렇게 말합니다.

　이것도 재밌어요. 덕에 따라 활동하는 것만으로는 다가 아니라는 거죠. 어느 정도의 재화를 말하고 있습니다. 사실 그래요. 후자가 없으면 사람이 쉽게 흔들려요. 도덕적인 덕도 위협받게 되죠. 그걸 지킬 수 있을 만큼의 재화에 대해서는 좋은 거라고, 그게 있어야만 행복하다고 말하고 있습니다.

　스토아학파라고 있어요. 헬레니즘 시기의 철학 유파 중 하나인데, 황제 철학자도 있고 노예 철학자도 있습니다. 그중 황제 철학자가 마르쿠스 아우렐리우스Marcus Aurelius인데, 이 사람이 쓴 『명상록』에 보면 초반에 이런 말이 나와요. '아버지한테 배운 게 있다. 웬만하면 돈으로 되는 일은 돈으로 해결해라.' 오해를 낳을 수도 있는데, 문제, 난관이 있을 때 일일이 수고롭게 할 필요는 없다는 거예요. 돈으로 해결할 수 있는 일이라면 그렇게 하라는 거죠. 이 얘기의 핵심은 '너의 시간을 마련하라'라는 데 있어요. 기능적인 일은 다른 사람한테 돈을 줘서 위임하고, 그 시간에 더 잘할 수 있는 일에 집중하라는 말이죠. 모든 걸 일일이 자기가 다 하려고 한다면, 제일 잘할 수 있는 일에 집중하지 못할 것이기에 그걸 소홀히 할 거고, 결국에는 아무것도 못할 거라는 얘기를 아버지한테 배웠다는 거죠. 마찬가지로 도덕적인 덕을 행하는 일에 집중하기 위해 재화가 있어야 한다면 그 정도는 갖고 있는 게 행복에 보탬이 된다고 아리스토텔레스는 말합니다. 굉장히 중요한 발언이라 생각합니다. 그만큼 현실주의자로서의 면모를 지닌 사람이에요.

　요점은 두 가지입니다. 첫째, 인간의 기능은 이성인데, 그 이성의 기능을 탁월하게 수행하는 것이 인간 윤리에 있어서는 선함이다. 선은 희랍어로 '아가토스agathos', 영어의 'good'인데, 한자도 마찬가지로 '선 善'에 '좋을 선'과 '착한 선' 두 가지 뜻이 있습니다. 하나는 기능적 의미고 다른 하나는 도덕적 의미지요. 선 또는 좋음이라는 말은 초기에는 꼭 도덕적인 의미만 있던 건 아니에요. 기능적 의미가 오히려 더 컸을 거예요. 원시사회로 갈수록 기능적 측면이 생존을 위해서 중요하고 핵심적이었겠죠. 사냥을 잘하는 것, 과일 잘 따는 것, 농사 잘 짓는 것 등 모두 선에 해당했습니다. 도덕적이기보다 1차적으로 기능적인 거였지요. 오늘날과 많이 다릅니다. 우리가 오늘날 선하다고 하는 것들이 과연 기능적인 걸까 도덕적인 걸까 생각해볼 수 있게 하는 지점입니다. 굉장히 중요하죠.

다음 문단입니다. 탁월성에는 두 종류가 있다. 하나는 지적 탁월성이며, 다른 하나는 성격적 탁월성이다. 지적 탁월성은 그 기원과 성장을 주로 가르침에 두고 있다. 그런 까닭에 그것은 경험과 시간을 필요로 한다. 반면 성격적 탁월성은 습관의 결과로 생겨난다. 이런 이유로 성격을 이르는 '에토스ēthos'도 습관을 의미하는 '에토스ethos'로부터 조금만 변형해서 얻어진 것이다. 지적인 덕은 주입식으로 얻을 수 있어요. 계속 쑤셔 넣으면 돼요. 도덕적인 덕은 그런다고 되는 게 아니라 몸에 배어야 해요. 그래서 습성, 습관과 연관됩니다. 'habit'은 '가진다'라는 뜻의 라틴어 동사 '하베레habere'의 수동과거분사와 관련돼요. '가져 지니게 된 것'이라는 뜻이죠. 습관보다 먼저 '의복'을 뜻했다고 해요. 가져서 지니게 된 것은 원래는 내가 깆고 있지 않있는데, 어느덧 깆게 된 깃이란 뜻이죠. 그래서 나와 합일된 것이 습관입니다. 도덕적 덕은 습관의 결과입니다.

'습^習'이라는 말은 『논어』의 학이^{學而} 편에도 나옵니다. 주자^{朱子}가 주석을 달면서, '습'은 '날개깃 우^羽'와 '흰 백^白'이 결합된 말이라고 했어요. 흰색은 어린 새를 가리켜요. 어린 새가 날갯짓을 반복하는 것. 그걸 통해 결국 날 수 있게 된다는 거죠. 이게 주자의 해석입니다. 다른 해석도 가능하지만, '처음에 가지고 있지 않았지만 가져서 결국 내 것이 된 것', 그게 습관이라고 요약됩니다.

근데 가질 수 있으려면 가질 수 있는 소질이 있어야 해요. 애초부터 소질을 갖고 있지 않다면 내 것이 될 수 없어요. 한편 이미 내가 갖고 있는 거라면 굳이 가지려고 노력할 필요가 없어요. 나의 본성 자체도 아니고 나의 본성에 거슬러서 아예 가질 수 없는 것도 아닌 중간쯤이어야만 내가 가져서 지닐 수 있습니다.

아리스토텔레스가 지적한 게 그 문제입니다. 이것으로 미루어 보더라도 성격적 탁월성들 중 어떤 것도 본성적으로 우리에게 생기는 것이 아님은 분명하다. 여기서 '본성'은 영어로 'nature'예요. 그런데 성격적 탁월성은 자연적^{natural}으로 타고나는 게 아닙니다. '습관은 제2의 본성이다.' 이게 아리스토텔레스의 말이에요. 천성, 본성, 자연은 습관이 아니에요. 원래 본성은 아니지만 본성과 같아진 것이라고 해서 '제2의 본성^{second nature}'이라고 한 거죠. 도덕적 덕은 본성적으로 우리 안에 생기는 것은 아닙니다. 타고난 건 아니라는 얘기죠. 본성적으로 그런 것은 어느 것이든 본성과 다르게는 습관을 들일 수가 없으니까. 예를 들어 돌은 본성적으로 아래로 움직이도록 되어 있기에 위로 움직이도록 습관을 들일 수는 없을 것이다. 만 번을 위로 던져 습관을 들이려 해도 도저히 그렇게는 할 수 없다. 불을 아래로 움직이게끔 습관을 들일 수도 없는 일이며, 어떤 것도 그 본성과 다르게 습관을 들일 수는 없는 일이다. 본성에 반대되는 습관을 형성할 수는 없어요.

다음입니다. 그러니 [성격적] 탁월성들은 본성적으로 생겨나는 것도 아니오, 본성에 반하여 생겨나는 것도 아니다. 우리는 그것들을 본성적으로 받아들일 수 있으며 습관을 통해 완성시킨다. 우리에게 거스르는 것이 아니기 때문에 지닐 수 있는 가능성을 가지고 있습니다. 하지만 아직 우리 것이 아니에요. 그것을 완전하게 형성하는 과정이 습관이지요. 또 우리에게 본성적으로 생기는 모든 것들의 경우 우리는 먼저 그것들의 능력^{dynamis}을 얻고 나중에 그 활동^{energeia}을 발휘한다. 능력, 즉 가능태는 우리가 갖고 있는 거예요. 하지만 우리한테서 활동하거나 기능하고 있진 않기 때문에 가능태예요. 플라톤이 기하학을 모델로 삼았다면, 아리스토텔레스는 생물학자로서 생물학에 기초해 철학 체계를 세웠어요. 그래서 가능태를 씨앗처럼 생각해요. 씨앗이 있어야 자라나든 말든 할 거 아니에요? 도토리가 있어요. 그러나 아직 자라난 건 아니죠. 자라나는 과정을 거쳐야 해요. 도토리가 자라 참나무가 된다고 했을 때, 도토리는 가능태, 참나무는 현실태 또는 완성태예요.

능력, 가능태는 희랍어로 '뒤나미스^{dynamis}'예요. 힘이란 뜻입니다. 잠재적으로 지니고 있는 힘. 한편 현실태, 완성태는 희랍어로 '에네르게이아^{energeia}'예요. '에르그^{erg}'라는 말은 '에르곤^{ergon}'입니다. 기능, 작동이란 뜻이죠. '엔en'은 '안'이라는 뜻이고요. 그러니까 에네르게이아는 활동하고 있다는 뜻이죠. 기능이 작동하고 있다는 말입니다. 씨앗이 지니고 있는 힘이 뒤나미스고, 그게 기능을 발휘하는 것이 에네르게이아입니다.

뒤나미스-에네르게이아, 이런 생물학적 도식은 아리스토텔레스가 주로 사용했고, 다른 철학자들도 똑같이 이해했다고 생각할 필요는 없습니다. 이 말들에 서로 조금씩 다른 의미를 부여했으니까. 아무튼 아리스토텔레스는 생물학을 모델로 삼았기 때문에 씨앗과 성체의 관계가 중요했습니다. 능력에서 활동으로, 가능태에서 현실태로라는 문제 말이죠. 이것은 감각들의 경우를 보면 분명하다. 우리는 자주 봄으로써 시각을 획득하거나 자주 들음으로써 청각을 획득한 것이 아니라, 오히려 그 반대로 감각 능력을 가지고서 사용하기 시작한 것이지, 사용함으로써 가지기 시작한 것은 아니기 때문이다. 그러나 우리가 탁월성을 획득하게 되는 것은, 여러 기예들의 경우에서와 마찬가지로 먼저 발휘함으로써 얻게 되는 것이다. 실천이 먼저고 탁월함의 형성, 덕의 형성이 나중입니다. 본성적인 게 아니기 때문에 그래요. 도덕적 덕은 본성과 반대되지도 않고 본성적이지도 않기 때문에 반복해서 행함으로써 지닐 수 있게 됩니다. 반면 본성은 원래 그런 거고요.

어떤 것을 어떻게 만들어야 하는지 배우는 사람은 그것을 만들어봄으로써 배우는 것이니까. 가령 건축가는 집을 지어봄으로써 건축가가 되며, 키타라 연주자는 키타라를 연주함으로써 키타라 연주자가 되는 것처럼 말이다. 그러니 이렇게 정의로운 일들을 행함으로써 우리는 정의로운 사람이 되며, 절제 있는 일들을 행함으로써 절제 있는 사람이 되고, 용감한 일들을 행함으로써 용감한 사람이 되는 것이다. 즉, 어떤 실천의 반복이 먼저 있고, 그다음에 습관이 형성돼서, 그것이 우리 자신의 '제2의 본성'이 되는 것이 실천-습관-덕으로의 이행입니다.

가만히 있어도 시간이 지나면 본성 속에 있는 씨앗이 자라납니다. 본성과 무관한, 하지만 본성에 반대되지도 않는 어떤 것이라면 실천을 거듭함으로써 습관이 형성되고, 그것이 우리의 덕이 됩니다. 그것도 한 번만 갖고는 안 돼요. 그래서 자꾸, 상황마다 이번만 피하자, 피하자, 이게 반복되면 피하는 게 습관이 되죠. 이번만이라도 어떻게든 용기를 내야지, 이걸 반복하다 보면 용감한 사람이 될 수 있어요. 도덕적 덕을 갖춘 존재가 되는 겁니다.

아리스토텔레스의 이런 생각에 다른 의견도 가능하겠으나, 기본적으로는 우리가 안다고 행하는 건 아니고 아는 것을 반복해서 행해야만 덕을 갖추게 된다는 그 생각, 그 아이디어는 중요하게 기억해야 합니다. 앎을 완전 배제한다는 건 전혀 아니에요. 무엇이 좋은지 알아야 해요. 거기까지는 소크라테스나 플라톤의 제자로서의 면모입니다. 근데 안다고 행할 수 있다, 이렇게 보진 않았어요. 아는 것을 실천함으로써, 실천을 되풀이함으로써 습관을 형성하고, 그 습관이 자신을 만드는 거죠. 그럼 어떻게 해야 되냐? 아는 순간부터 당장 그렇게 하도록 노력하는 게 출발점입니다.

오늘 내용은 어떻게 보면 다들 이미 많이 알고 있을 겁니다. 세 살 버릇 여든까지 간다, 바늘 도둑 소도둑 된다 같은 속담도 다 습관 형성과 관련 있지요. 도덕적 습관 말고, 원래 맥락을 따라가면 기능적 측면의 습관 형성도 마찬가지입니다. 어떤 일을 잘하게 되는 문제 역시 습관을 들임으로써, 그러니까 연주자가 좋은 연주자가 되려면 타고난 것도 있어야 하지만 계속 반복하고 습관화하는 게 중요하다고 할 수 있습니다.

Q 마음의 이성적인 부분과 비이성적인 부분을 나누는 기준은 뭔가요?

A 서양에서 비이성은 육체적인 것, 몸에서 유래한다고 보았습니다. 몸을 흐르는 체액이 발동해서 나타나는 마음의 상태는 어지럽혀진 상태고, 그에 반해 로고스에 해당하는 건 질서 잡혀 있고 통제될 수 있는 상태입니다. 자신조차도 통제할 수 없는 영역, 즉 화나 성욕이 대표적이지요. 그런 충동과 본능의 폭발에 해당하는 건 대체로 비이성으로 분류했다고 보면 됩니다.

플라톤은 이런 비유를 들어요. '우리는 마차를 타고 간다. 그 마차는 두 마리 말이 끄는데 하나는 좋은 혈통이고, 다른 하나는 나쁜 혈통이다. 이성이라는 마부가 그들을 잘 조종하지 않으면 안 된다.' 비이성의 영역도 추진력, 추동력으로서는 인정해요. 그러나 항상 이성이 그것을 제압해야지 그렇지 않으면 잘못된 길로 간다는 거죠. 플라톤만의 생각은 아니고 당시 사람들이 대체로 공유한 생각이에요.

동양에서도 비슷했어요. 예를 들면 사단칠정四端七情, 즉 인의예지仁義禮智와 희로애락애오욕喜怒哀樂愛惡欲 중 후자는 비이성으로 분류됩니다. 이를 둘러싼 이황과 기대승 간의 논쟁이 유명하지요. 아마 어떤 문화권이든 양자의 관계를 어떻게 설정해야 하는지, 이성이나 사단이 그렇지 않은 영역을 어떻게 통제할 수 있는지를 과제로 삼았습니다. 서양에서 낭

만주의 시기가 대략 비이성이 이성보다 더 우월하다, 감성이 이성보다 우월하다고 이론적으로 주장되었던 때입니다. 대체로 특정한 몇몇 시기를 제외하고는 이성의 우위는 사회질서와 연계되기 때문에 중시되었어요.

철학자들을 보면, 흄은 인간의 본성을 이성이라 생각하지 않았어요. 이성은 최후에 생겨나고, 정념이 인간을 규정하는 가장 중요한 부분이고, 공감 능력이 빚어내는 편파성이 인간의 본성이라고 봤어요. 그래서 인간의 정념과 편파성을 어떻게 잘 조직화해서 사회를 만들 것인지 고민했습니다. 이렇듯 인간의 본성이 이성과는 거리가 아예 멀다고 생각하면서도 사회 제도를 잘 만드는 법을 탐구한 학자가 꽤 있어요.

이성이 중시되고 강조된다고 해서 실제로 인간이 이성적이냐? 그 둘은 별개입니다. 인간의 실상이 뭐냐? 있는 그대로의 인간 모습을 보고 시작하는 게 좋겠죠. 현대 철학의 중요한 특징 중 하나는 '이랬으면 좋겠다'라는 인간상을 설정하고 연구하는 게 아니라, '이런 거다'를 확인한 후에 거기서부터 어떻게 좋아질 수 있는지를 탐구한다는 점이에요. 연꽃과 같죠. 뿌리는 진흙탕에 두고 있지만 꽃을 피우려면 어떻게 해야 하나? 도덕적으로 겉모습만 평가하면 현대 철학이 불편할 수 있어요. 그러나 실제로는 뭔가 더 잘해보려는 생각이 바탕에 있어요. 내가 현대 철학을 연구하는 이유가 거기 있습니다.

Q '니코마코스'는 무슨 뜻인가요?

A 아리스토텔레스의 아들 이름입니다. 아들에게 하는 말이거나, 아들이 편집한 것으로 보입니다.

Q 아리스토텔레스를 과학자라고 할 수 있나요?

A 과학자라는 말을 어떻게 이해하느냐에 따라 답이 달라집니다. 앞에서도 말했듯이 18~19세기의 뉴턴이나 라마르크는 자신을 '과학자'라고 이해하지 않았습니다. 자신의 작업을 '철학'이라고 생각했었죠. 이들의 작업을 '과학'이라고 분류하는 건 아주 최근의 일일 뿐입니다. 그렇다면 아리스토텔레스가 뉴턴이나 라마르크, 또는 아인슈타인이나 보어 등과 같은 부류의 작업을 했느냐가 관건이겠습니다.

먼저 대상의 측면을 보면 아리스토텔레스도 자연을 탐구했습니다. 관찰과 실험, 가설과 검증 같은 방법도 택했습니다. 따라서 이 사람의 학설이 틀렸다는 이유로, 나중에 반증되었다는 이유로 과학을 하지 않았다고 평가하는 것은 부당합니다. 많은 점에서 뉴턴과 라마르크의 이론도 틀렸다는 것이 밝혀졌으니까요. 심지어 아인슈타인도 양자역학을 부정했습니다.

현대 과학자와 아리스토텔레스의 공통점과 차이점은 무엇일까요? 가장 중요한 공통점은 비판 정신에 있습니다. 분명히 아리스토텔레스는 관측 도구가 부족했고 수집할 수 있는 데이터가 적었습니다. 그렇지만 당시로서 최선을 다해 경험과 이론을 일치시키려 했습니다. 이렇게

생각해보죠. 만약 충분한 반증 사례를 제시했다면 아리스토텔레스가
자기 학설을 철회했을까요? 저술 곳곳에 나타나는 태도로 보아, 분명히
철회하고 새 학설을 받아들였을 겁니다. 그렇다면 아리스토텔레스를
과학자로 부르는 것은 아무 문제도 되지 않습니다.

· 출전 : 『니코마코스 윤리학』, 이창우, 김재홍, 강상진 옮김, 이제이북스, 2006 ·

행복(eudaimonia)은 완전하고 자족적인 어떤 것으로서, 행위를 통해 성취할 수 있는 것들의 목적이다.

하지만 행복이 최상의 좋음[=최고선]이라는 주장은 아마 일반적으로 동의될 것으로 보이긴 해도, 보다 분명하게 행복이 무엇인지를 이야기하는 것이 요구된다. 그런데 인간의 기능(ergon)이 무엇인지 파악된다면, 아마 이것이 이루어질 것 같다. 피리 연주자와 조각가, 그리고 모든 기술자에 대해서, 또 일반적으로 어떤 기능과 해야 할 행위가 있는 모든 사람에 대해서, 그것의 좋음과 '잘함'은 그 기능 안에 있는 것처럼 보인다. 그처럼 인간의 경우에도 인간의 기능이 있는 한, 좋음과 '잘함'은 인간의 기능 안에 있을 것 같아 보인다.

그러니 목수와 제화공은 어떤 기능과 행위들을 가지고 있지만 인간은 아무런 기능도 가지고 있지 않으며, 본래 아무 할 일도 없는 존재라고 할 수 있을까? 아니면 눈이나 손, 발, 그리고 일반적으로 각각의 부분들이 어떤 기능을 가지고 있듯이 그렇게 인간에게도 이 모든 기능들 외에 어떤 기능이 있다고 상정해야 할까? 그렇다면 그것은 대체 무엇일까? 산다는 것은 심지어 식물에게까지 공통되는 것으로 보이지만, 우리는 [인간에게만] 고유한 것을 찾고 있으니 말이다. 그러므로 영양을 섭취하고 성장하는 삶은 갈라내야 할 것이다. 다음으로는 감각을 동반하는 삶이 뒤따를 것이지만 이것 또한 분명 말과 소, 모든 동물들에 공통되는 삶이다.

그렇다면 이제 남게 되는 것은 이성(logos)을 가진 것의 실천적 삶이다. […] 인간의 기능을 이성에 따른 영혼의 활동 혹은 이성이 없지 않은 영혼의 활동이라고 상정할 수 있을 것이다. 또 어떤 기능을 수행하는 자나 그 기능을 훌륭하게 수행하는 자나 종류상 동일한 기능을 가지고 있다고 상정할 수 있을 것이다. 예를 들어 키타라 연주자와 훌륭한 키타라 연주자의 경우 종류상 동일한 기능을 가지고 있고, 다른 모든 경우에도 단적으로 그러하듯이 탁월성에 따른 우월성이 기능에 부가될 것이다. (키타라 연주자의 기능은 키타라를 연주하는 것이지만 훌륭한 키타라 연주자의 기능은 키타라를 잘 연주하는 것이니까.) 만약 그렇다고 한다면, 인간적인 좋음은 탁월성에 따른 영혼의 활동일 것이다. 또 만약 탁월성이 여럿이라면 그중 최상이며 가장 완전한 탁월성에 따르는 영혼의 활동이 인간적인 좋음일 것이다. 더 나아가 그 좋음은 완전한 삶 안에 있을 것이다. 한 마리의 제비가 봄을 만드는 것도 아니며 〔좋은 날〕 하루가 봄을 만드는 것도 아니니까. 그렇듯 〔행복한〕 하루나 짧은 시간이 지극히 복되고 행복한 사람을 만드는 것도 아니다.

〔…〕

탁월성에는 두 종류가 있다. 하나는 지적 탁월성이며, 다른 하나는 성격적 탁월성이다. 지적 탁월성은 그 기원과 성장을 주로 가르침에 두고 있다. 그런 까닭에 그것은 경험과 시간을 필요로 한다. 반면 성격적 탁월성은 습관의 결과로 생겨난다. 이런 이유로 성격을 이르는 '에토스(ēthos)'도 습관을 의미하는 '에토스(ethos)'로부터 조금만 변형해서 얻어진 것이다. 이것으로 미루어 보더라도 성격적 탁월성들 중 어떤 것도 본성적으로 우리에게 생기는 것이 아님은 분명하다. 본성적으로 그런 것은 어느 것이든 본성과 다르게는 습관을 들일 수가 없으니까. 예를 들어 돌은 본성적으로 아래로 움직이도록 되어 있기에 위로 움직이도록 습관을 들일 수는 없을 것이다. 만 번을 위로 던져 습관을 들이려 해도 도저히 그렇게는 할 수 없다. 불을 아래로 움직이게끔 습관을 들일 수도 없는 일이며, 어떤 것도 그 본성과 다르게 습관을 들일 수는 없는 일이다.

그러니 〔성격적〕 탁월성들은 본성적으로 생겨나는 것도 아니요, 본성에 반하여 생겨나는 것도 아니다. 우리는 그것들을 본성적으로 받아들일 수 있으며 습관을 통해 완성시킨다. 또 우리에게 본성적으로 생기는 모든 것들의 경우 우리는 먼저 그것들의 능력(dynamis)을 얻고 나중에 그 활동(energeia)을 발휘한다. 이것은 감각들의 경우를 보면 분명하다. 우리는 자주 봄으로써 시각을 획득하거나 자주 들음으로써 청각을 획득한 것이 아니라, 오히려 그 반대로 감각 능력을 가지고서 사용하기 시작한 것이지, 사용함으로써 가지기 시작한 것은 아니기 때문이다. 그러나 우리가 탁월성을 획득하게 되는 것은, 여러 기예들의 경우에서와 마찬가지로 먼저 발휘함으로써 얻게 되는 것이다. 어떤 것을 어떻게 만들어야 하는지 배우는 사람은 그것을 만들어 봄으로써 배우는 것이니까. 가령 건축가는 집을 지어 봄으로써 건축가가 되며, 키타라 연주자는 키타라를 연주함으로써 키타라 연주자가 되는 것처럼 말이다. 그러니 이렇게 정의로운 일들을 행함으로써 우리는 정의로운 사람이 되며, 절제 있는 일들을 행함으로써 절제 있는 사람이 되고, 용감한 일들을 행함으로써 용감한 사람이 되는 것이다.

—『니코마코스 윤리학』 1097b~1098a, 1103a~b

12 살아 있으면 아직 죽음이 오지 않았고, 죽었으면 이미 없다_ 에피쿠로스

Epikouros, 기원전 341~270

쾌락적이지 않은 쾌락주의자?
▬

오늘은 에피쿠로스라는 고대 철학자를 보겠습니다. 이 사람은 기원전 341년에 태어났어요. 에피쿠로스라는 이름은 쾌락주의, 영어로 '에피큐리즘^{epicurism}'과 연관되곤 합니다. 하지만 통상 쾌락주의라는 말로 이해하는 것과 에피쿠로스의 사상은 반대됩니다. 다행히도 에피쿠로스의 작품은 번역되어 있는데, 오늘 텍스트가 수록된 이 얇은 책이 전집입니다. 남아 있는 저술의 양이 많지 않습니다. 한국어 전집이 나올 때 내가 편집에 관여했어요. 그래서 뜻깊은 책입니다. 역자 후기를 보면 1998년 9월에 나온 걸로 되어 있어요. 번역자 오유석 박사가 아테네대학에 유학 가기 직전이었습니다. 기원후 약 3세기 전반, 디오게네스 라에르티오스^{Diogenēs Lāertios}가 쓴 『철학자들의 생애와 사상』이라는 방대한 책에 이 전집의 내용이 담겨 있습니다.

에피쿠로스(기원전 340~270)가 활동하던 때는 초기 헬레니즘 시기입니다. 데모크리토스^{Demokritos}보다 120년 정도 뒤에 태어났고, 아리스토텔레스보다 마흔네 살 정도 어렸죠. 에피쿠로스는 사모스섬 출신이에요. 사모스는 터키와 가까운 섬입니다. 피타고라스의 고향이기도 하고요. 에피쿠로스는 아테네에서 주로 활동했습니다.

아테네를 중심으로 한 그리스 지역은 전쟁의 소용돌이에 휘말려 있었고, 굉장히 혼란스러운 삶이 이어졌습니다. 그때 중산층이 몰락했어요. 당시에는 노예제도가 그리스 지역의 경제를 지탱하고 있었는데, 노예제도가 지속되면서 사람들은 일자리를 잡지 못하고 중산층이 몰락한 겁니다. 아테네를 비롯한 그리스 시민들은 생활고와 전쟁에 시달리면서 고통스럽게 살았어요.

이런 혼란기에 어떻게 살아야 하느냐는 문제가 중요하게 다가왔습니다. 이때 세 가지 커다란 흐름이 있었는데, 회의주의, 스토아주의, 에피쿠로스주의입니다. 이 세 흐름이 헬레니즘 시기 철학의 중심이었습니다. 특히 에피쿠로스는 혼란한 사회정치적 흐름과 경제적 어려움 속에서 개인의 행복을 추구했습니다. 에피쿠로스와 그가 이끄는 무리는 사회정치적인 부분에는 관여를 안 했고, 그 대신 '정원'이라고 부르는 나름의 공동체를 꾸려서 최소한의 삶을 유지하며 외부의 풍파에 흔들리지 않는 삶을 추구했습니다.

쾌락이라는 표현은 딱 적합한 말은 아닙니다. 희랍어로 '헤도네

hedone'인데, '쾌'라는 의미도 있고, 요새는 많이 순화해서 '즐거움'이라고 번역하기도 합니다. 쾌락주의라고 하면 '방탕' 같은 걸 떠올리는데 그것과는 분명히 차이가 있습니다. 육체적인 즐거움뿐 아니라 정신적인 즐거움도 함께 도모하려고 했거든요. 술 마시고 오늘 즐거웠더라도 내일 숙취 때문에 힘들다면 그건 진정한 즐거움이 아니라고 본 거죠. 그런 걸 잘 다스리는 게 중요했습니다. 심사숙고하는 능력인 프로네시스phronesis와 밀접하게 관련되죠. 즐거움이라는 말이 오늘날 우리가 생각하는 것보다 훨씬 잘 정돈되고 사려 깊은 뜻이었다는 걸 알아야 합니다. 어쨌든 지금 짚고 넘어가야 할 건, 에피쿠로스는 경제적 고통과 사회적 혼란에서 개인의 행복을 추구하려 했고, 그건 '쾌'나 '즐거움'이라는 말로 부를 수 있으며, 세상 풍파에서 고통을 최소화하는 것으로 이해되고 있다는 점입니다.

'정원'은 다른 철학 유파와는 달리 여성을 구성원으로 삼았고, 노예나 창녀도 껴주었습니다. 그 안에서 평등한 친구들 간의 우정을 추구한 거죠. 그걸 보고 바깥에서는 정원 사람들을 비웃었다고 해요. 다른 한편으로는 그 생활을 선망하기도 했고요.

에피쿠로스의 사상은 루크레티우스Lucretius Carus라는 걸출한 제자에게로 이어집니다. 이 사람은 기원전 1세기경에 태어났어요. 희랍어와 라틴어에 능통했고 『사물의 본성에 관하여』라는 시를 남겼습니다. 이 시는 에피쿠로스의 자연학, 윤리학, 그 밖의 여러 사상을 담고 있습니다. 요약하면 에피쿠로스의 사상은 두 가지 출처를 가지고 있는데, 기원후 3세기에 디오게네스 라에르티오스가 희랍어로 쓴 글과, 기원후

1세기경에 라틴어로 쓴 루크레티우스의 글입니다. 이 둘이 서로 다른 말로 쓰여 있다는 점이 특이하죠.

어떤 사람들은 루크레티우스의 작품이 에피쿠로스를 정확하게 반영했는지 의문을 제기합니다. 루크레티우스는 에피쿠로스와 200년 정도 차이 납니다. 루크레티우스가 에피쿠로스가 직접 쓴 글을 접해서 에피쿠로스의 생각을 잘 전달했다고 말하는 사람도 있고, 루크레티우스가 에피쿠로스를 수용해서 자기 생각을 덧붙였다고 하기도 합니다. 철학자들은 이 두 사람을 묶어서 생각하는 경향이 강합니다. 루크레티우스라는 이름이 나와도 사상의 핵심을 에피쿠로스로 돌리고, 에피쿠로스 얘기가 나와도 루크레티우스를 거쳐야 한다고 생각하는 경우가 많다는 거죠. 들뢰즈도 이런 태도를 취합니다.

둘은 공히 신을 다루지 않고 자연을 다루었습니다. 에피쿠로스의 대표작 제목은 『자연에 관하여』고 루크레티우스의 책도 『사물의 본성에 관하여』라고 라틴어 제목이 붙어 있지만 희랍어로 번역하면 『자연에 관하여』라고 할 수 있습니다. 둘 다 자연에 관한 철학을 최초로 적극적으로 개진했습니다. 먼저 사회정치적 상황을 보았고, 다음으로 에피쿠로스의 사상을 어떤 경로로 알 수 있는지를 확인했습니다.

원자론으로 파르메니데스의 '존재'를 극복하다

—

에피쿠로스의 사상은 '원자론'입니다. 원자론은 데모크리토스라는 선구자에서 시작했습니다. 에피쿠로스는 이걸 그대로 수용하지 않고 살

짝 바꿨습니다. 개정하고 발전시켜 완성한 거죠. 이게 중요한 특징입니다. 칼 마르크스Karl Marx는 「데모크리토스와 에피쿠로스의 자연철학의 차이」(1841년)라는 박사학위 논문을 썼습니다. 19세기 전반에 유럽에서 희랍 고전에 대한 본격적인 원전 탐구가 진행되고 있었습니다. 마르크스는 데모크리토스와 에피쿠로스의 희랍어 문헌을 참고해서 둘을 비교하는 논문을 썼는데, 이게 중요한 통찰을 담고 있다고 평가받습니다. 마르크스는 직후인 1844년 『경제학-철학 초고』, 1845년 「포이어바흐 테제」, 1846년 『독일 이데올로기』 등 초기 철학을 적극적으로 이어갑니다. 1841년의 작업에서 이후 이어질 반헤겔주의의 돌파구로서 에피쿠로스를 활용한 거죠. 헤겔의 관념론을 극복하는 것이 마르크스의 주된 과제 가운데 하나였습니다. 마르크스는 이 작업을 수행하는 데 에피쿠로스의 원자론, 즉 유물론을 자신의 자산으로 삼은 것입니다. 이것을 발전시킨 게 이후에 이어질 경제학 작업입니다.

　개인적으로는 마르크스의 철학이 정립된 게 1840년대 초반이고, 그 이후에는 철학적인 입장을 바꾸지 않았으리라 짐작됩니다. 철학적인 주제는 우주 전체가 상대이고, 자신의 구체적인 우주는 자기가 살고 있는 사회거든요. 그래서 마르크스는 이후에 사회 분석으로 깊게 들어갑니다. 제가 마르크스 얘기를 꺼낸 이유는, 데모크리토스와 그 후배인 레우키포스의 원자론과, 에피쿠로스와 루크레티우스의 원자론이 달리 이해되는데, 이 둘이 어떻게 달리 이해되는지가 오늘의 세 번째 포인트이기 때문입니다.

　데모크리토스의 영향을 생각해볼 필요가 있습니다. 원자, 'atom'

에서 'a'는 부정을 뜻하는 접두사이고, 'tom'은 자른다는 뜻입니다. 그러니까 atom은 자를 수 없다는 말이죠. 자를 수 없는 최소의 것이 원자입니다. 오늘날 과학은 우주는 원자들의 모임으로 되어 있다고 말하죠. 그런 아이디어를 최초로 제공한 게 데모크리토스입니다.

요새는 원자를 더 쪼갤 수 있다고 말합니다. 원자를 쪼개면 원자핵과 전자로 나눠지고, 원자핵은 양성자와 중성자로 나눠지는 식이죠. 그런데 여기서는 '원자'라는 명칭이 중요한 게 아니라 더 이상 쪼갤 수 없는 최소의 것들이 모여서 우주 전체를 이루고 있다는 아이디어가 중요합니다. 오늘날 원자는 더 쪼갤 수 있지만, 쪼갤 수 없는 무언가가 있다는 발상 자체는 현대적입니다.

원자라는 말을 왜 떠올리게 되었는지 생각할 필요가 있습니다. 이걸 이해하기 위해 파르메니데스로 거슬러 가야 합니다. 파르메니데스에서 존재하는 것은 논리적으로 운동, 생성, 변화를 겪지 않습니다. 그러나 우리가 보고 있는 세계는 부단히 변화하고 있습니다. 변화하는 세계가 가짜라고 볼 수는 없죠. 변화하는 세계인 현상을 구할 필요가 있었습니다. 그게 안티 파르메니데스 운동이고, 데모크리토스도 이런 입장에 있었습니다. 이들의 모토를 요약하면 '현상을 구제하라'입니다. 파르메니데스가 죽여버린 현상을 다시 살려내야 했던 거죠.

파르메니데스는 현상 세계가 존재하는 것처럼 보이지만 그렇지 않다는 걸 '논리적으로' 증명했기 때문에, 데모크리토스는 불변하는 어떤 것이라는 '존재'의 특성을 원자에 부여합니다. 원자 하나하나는 파르메니데스적인 존재의 특성을 갖고 있고, 원자의 수는 부수히 많습니다.

거기에 빈 공간^{void}이라는 개념도 도입합니다. 그래서 우주 또는 자연은 원자들과 허공으로 이루어져 있다는 아이디어를 냅니다.

데모크리토스에 따르면 허공은 원자들을 서로 떨어뜨려놓는 역할을 합니다. 원자들이 서로 다르다면, 그들을 떼어놓는 게 있지 않으면 안 돼요. 안 그러면 그들은 붙어 있어야 합니다. 그래서 허공은 괜히 있는 게 아니라, 원자'들'이 있도록 하는 기본 조건입니다. 세상에 존재하는 물체, 혹은 있는 것들은 원자들이 모여서 이루어져 있는데, 원자들이 성립하려면 그걸 갈라놓는 무언가가 필요하다는 거죠.

세계의 변화는 원자들이 이합집산하는 것으로 설명할 수 있습니다. 이러면 세상에 존재하는 다양한 현상을 납득할 수 있죠. 그러면서도 존재라는 특성은 원자가 갖고 있기 때문에 사라지지 않습니다. 있는 것은 있되, 그것이 모임을 달리하는 것일 뿐이 됩니다. 이게 데모크리토스의 기본적인 생각이었습니다.

데모크리토스가 제시한 허공이 하는 역할, 원자가 가지고 있는 특성을 더 보죠. 사실 원자가 물체의 덩어리라고 생각하면 납득이 안 되는 부분이 있습니다. 두 개의 원자가 있는데, 그들이 만났다고 쳐요. 그러면 하나가 되죠? 그러다가 얘네가 떨어진다고 해보세요. 이때 얘네가 원래의 모습대로 떨어진다는 보장이 없습니다. 찰흙은 붙였다 떼면 붙은 자리에서 똑 떼어지지 않잖아요? 그래서 원자가 분리되려면 단순한 물체 같은 것으로 이해되어서는 안 된다고 짐작할 수 있습니다. 그래서 원자를 일종의 힘으로 이해하는 해석도 있습니다.

원자의 특성을 보면, 수가 무수히 많다고 했는데, 데모크리토스는 원자의 모양과 크기가 무한히 다양하다고 얘기했습니다. 그런데 모양과 크기가 무한히 다양하다면 우리 눈에 보이는 크기의 원자가 있을 수도 있죠? 여기에 뭔가 모순이 있어요. 그래서 에피쿠로스는 원자의 모양과 크기는 한계가 있고, 대신 수는 무한히 많고, 무게와 위치가 다르다고 말합니다. 크기와 모양에서 제약을 둔 거죠. 오늘날 주기율표와 아주 흡사합니다.

한편 데모크리토스가 생각한 원자는 기계론적인 운동을 합니다. 마치 하늘에서 한 방향으로 비가 떨어지듯이. 그 점에서 에피쿠로스는, 원자들이 서로 무게가 다르기 때문에 서로 다른 속도로 떨어진다고, 운동의 원인을 제공합니다. 데모크리토스는 그런 원인을 제공하지 않았어요. 여기서 중요한 점은, 데모크리토스 말처럼 수직 낙하 운동만 한다면 원자끼리 충돌할 일이 없겠죠. 에피쿠로스는 '편위偏位', 혹은 '이탈'이라는 개념을 통해 기계론적 운동에서 비켜 가서 다른 원자들과 만날 수 있는 여지를 확보했습니다. 우연히 빗나가서, 무한히 충돌하면서 새로운 합성체들을 만들 수 있다는 거죠. 데모크리토스는 결정론이라고 할 수 있어요. 수직 낙하 운동만 하니까 모든 게 이미 정해져 있습니다. 에피쿠로스는 우연히 부딪히면서 우주 삼라만상을 만들기 때문에 결정론이 성립하지 않습니다. 이 부분을 자유라고 이야기하는 사람도 있습니다. 자유의 여지를 확보하기 위해 '클리나멘clinamen', 즉 이탈을 '도입'했다는 해석도 많습니다.

그런데 인간의 자유의지가 있다는 게 증명되지 않은 상태에서 클

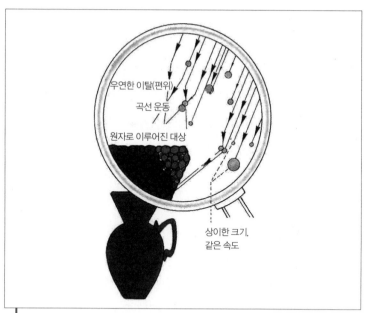

에피쿠로스의 원자론

리나멘을 도입해서 자유를 설명하려고 하니 앞뒤가 안 맞습니다. 자연
에 대한 정합적인 설명이 우선시되어야 하는데, 자유 때문에 도입됐다
고 하면, 인간에게 본디 자유가 없으면 클리나멘도 없는 게 아니냐고
반문할 수 있는 거죠. 우주가 이러저러하므로 자유도 있다고 보는 게
순서상 자연스럽습니다. 이걸 먼저 입증해야 합니다.

감각을 통해 세상의 진리를 발견하다

에피쿠로스는 뭐가 참이냐, 뭐가 진실이냐는 문제와 관련해서, 감각에 의존합니다. 감각이 확인할 수 있는 것은 진실입니다. 그런데 잘 생각해보면, 감각은 오류를 범할 수 있단 말이에요. 그래서 감각을 믿을 수 있느냐고 물을 수 있습니다. 그런데 감각의 오류를 확인하는 것도 감각의 몫입니다. 그래서 많은 감각을 서로 비교해서 어긋나면 어긋나는 이유를 찾고, 어긋나지 않으면 진실로 삼자고 제안할 수 있습니다. 물병 같은 원기둥을 멀리서 보면 사각형으로 보여요. 위에서 보면 원으로 보이고요. 가까이서 보면 원기둥이라는 걸 확인할 수 있겠죠. 이때 사각형으로 보는 것과 원으로 보는 것은, 충분히 감각하지 못했기 때문이라는 것이 확인됩니다. 원기둥이라는 것을 감각으로 반박할 수 없는 상태까지 가게 되면, 이건 원기둥이라고 볼 수밖에 없는 거죠.

최대한 감각을 많이 빌려 와서 거기에 어긋나지 않으면 참이라고 보자는 건데, 이건 오늘날 과학에서도 똑같다고 볼 수 있습니다. 실험 데이터라는 게, 기계를 빌려 감각을 확인하는 작업이거든요. 센서가 하는 일은 세계와 만나서 감각하는 거예요. 그 감각이 인간의 감각보다 훨씬 정교하긴 하지만, 결국 인간에게 그 정보가 도달하게 됩니다. 결국 현대 과학에서도 감각 자료들sense data을 비교함으로써 그중에서 가장 어긋남이 없는 걸 참이라고 부릅니다. 기본 아이디어는 똑같아요. 감각을 통해서만 세계의 참, 거짓을 말할 수 있다고 해석할 수 있습니다.

감각이 최종 근거라는 게 그렇게 엉뚱한 얘기는 아닙니다. 우리가 감각할 수 없는 것들도 있잖아요, 과학에서의 원자같이? 이때는 감각의 내용과 어긋나지 않는다면 다 참일 수 있다고 얘기합니다. 오늘날 실증과학이 우리에게 알려준 것과 어긋나지 않는 선에서 우주에 대해 생각해볼 수 있는 철학적 이론은 일단 다 받아들일 수 있겠지요? 마찬가지로 보이지 않는 것들에 대해서도 이야기할 수 있는데 그 내용이 감각이 우리에게 알려준 것과 어긋나지만 않으면 다 취할 수 있습니다. 이 가운데 가장 그럴듯한 걸 가려내는 게 과제겠죠.

데모크리토스는 세계를 여행하고 감각적으로 수집하는 것에 관심이 많았던 반면 에피쿠로스는 그렇지 않았어요. 세세한 것들을 수집하거나 알려고 하진 않았습니다. 그렇긴 해도 에피쿠로스의 우주론, 자연학은 감각 정보와 어긋나지 않는 선에서 구성되었습니다. 이럴 때 감각에서 부인할 수 없는 것 중 하나가 변화예요. 변화란 원자들의 이합집산입니다. 이합집산은 정해진 길로만 움직이는 것으로는 설명이 빈약해요. 그건 결정론이죠. 원자들이 예정된 길로 가지 않는 어긋나는 운동을 해야만 세계의 변화가 설명이 될 수 있습니다. 클리나멘(편위, 이탈)은, 데모크리토스의 원자론이 허공을 본질적인 요소로 도입한 것과 동일하게 원자의 운동에서 본질적인 요소로 도입할 수밖에 없는 특성입니다. 결정론이 아닌 변화무쌍한 세계, 이걸 설명하기 위해 꼭 필요한 요소 말입니다.

원자들과 허공과 이탈, 이 세 요소가 에피쿠로스 철학의 핵심입니다. 데모크리토스는 원자와 허공만 있으면 된다고 했지만 그건 결정론에 빠질 뿐이고, 변화무쌍하고 어떤 일들이 우연히 벌어지는 이 세계를 있는 그대로 설명하기 위해서는 원자들이 정해진 길 말고 다른 길로도 갈 수 있어야 한다. 에피쿠로스는 이렇게 봤습니다.

이렇게 되면 자유가 있을 수도 있습니다. 그렇다고 해서 우연한 이탈이 자유와 같은 레벨에 있는지 생각해보면, 그렇지 않습니다. 우연은 어떤 일들이 예정되지 않은 식으로 일어나는 겁니다. 선행하는 원인들이 있어도 결과들이 생겨날 때 반드시, 완벽하게, 꼭, 필연적으로 결정하는 건 아니라는 거죠. 의식적으로 알 수 없을뿐더러 실제로 일어나는 일 자체를 예측할 수 없다는 게 에피쿠로스 자연철학의 입장입니다. 자유의지는 의도를 가지고 개입해서 다른 방향으로 바꿀 수 있다는 발상이고요. 결정론을 파괴하는 건 우연이건 자유의지건 공통적입니다. 그런데 결정론을 파괴한다고 해서 자유가 성립하는지는 알 수 없어요. 우연한 빗나감들 때문에 의도와는 관계없이 다른 방향으로 가는 경우도 있습니다. 에피쿠로스의 자연철학을 기초로 자유, 자유의지를 입증하려는 시도는 실패할 수밖에 없습니다. 에피쿠로스가 바보가 아닌 이상 거기까지 설명하려고 했던 것 같진 않아요. 근데 마르크스는 입장이 애매해요. 하지만 자유를 입증하는 논거로 클리나멘을 적극 활용하려는 시도라면 성공할 수 없습니다.

에피쿠로스가 설명하려고 했던 건 자연 세계죠. 파르메니데스는 우리가 살아가는 현상 세계에 운동과 변화가 존재하지 않는다고 논리적으로 논증했어요. 에피쿠로스는 그게 아니라, 존재가 변하지 않으면서도, 현상은 변화하고 있다는 걸 보여줍니다. 파르메니데스에서 벗어난 거죠. 현상 세계를 구제하면서도 논리를 놓치지 않은 것. 기원전

3~4세기에 이런 일이 일어났습니다. 이 통찰은 현재 우주론과도 맞을 거 같아요. 빅뱅이 있고, 빅뱅 이후에 자연의 물질들이 생겨나고, 그것들이 이합집산해서 지구가 생기고, 결과적으로는 인간까지… 이걸 원자들의 우연한 이합집산과 허공의 존재로 설명하기 때문에, 과학이 우리에게 알려주는 것과 어긋나지 않는 우주론으로 보입니다.

자연 세계의 문제는 대략 이 정도로 요약하고, 윤리 문제로 가죠. 사람들을 괴롭히는 문제는 두 가지 정도가 있는데, 하나는 신들의 문제입니다. 신들의 뜻에 따르지 않는다면 어떻게 되나? 두 번째는 죽음이라는 문제입니다. 죽음의 공포 말이죠.

아타락시아, 갈망에서 벗어나 죽음까지 받아들이다
—

자연 세계가 에피쿠로스가 말한 대로라면 신들이 개입할 여지가 없습니다. 순수하게 자연 속에서만 모든 일이 일어나게 됩니다. 신들은 인간의 행복과 불행이라는 문제와는 무관합니다. 신들은 인간보다 탁월하고 경탄할 만하지만 인간사에는 관심이 없다, 인간은 자연적인 존재이고 원자들의 이합집산으로 설명될 수 있기 때문에 신들을 두려워하거나 신들을 걱정하는 건 우리가 할 일이 아니라고 판단하게 됩니다.

두 번째 문제, 죽음의 문제와 관련해서 플라톤 전통을 살펴보죠. 플라톤은 혼의 불멸을 믿고 있었어요. 그에 반해 에피쿠로스는 혼마저도 원자들의 결합이라고 믿었어요. 에피쿠로스 입장에서 보면 물체(몸)와 혼은 모두 원자들의 결합체예요. 원자들이 본연의 자리로 돌아가게 되면 혼도 역시 흩어져버립니다. 이건 기독교 사상과도 연관됩니다. 바울은 플라톤 사상을 기반으로 교리를 만들어요. 그래서 기독교에서는 혼이 불멸입니다. 그래야 천국과 지옥이 성립하거든요. 만약 죽음과 함께 혼이 사라진다면, 그야말로 유물론이 됩니다. 그러면 천국 지옥이나 신의 처벌, 죽음을 두려워할 필요가 없어집니다.

텍스트를 보죠. 죽음은 우리에게 아무것도 아니다. 왜냐하면 해체된 것은 감각이 없기 때문에. 감각이 없는 것은 우리에게 아무것도 아니다. 이때 해체되었다는 건, 합성체인 우리가 원자로 돌아갔다는 겁니다. 그러니까 합성체인 우리가 지니고 있던 감각 능력도 해체된 거예요. 죽음은 두렵고, 고통은 괴롭고 그래야 하는데, 느끼는 게 불가능하다면, 그건 아무것도 아니라는 거죠.

그다음 논증이 더 중요한데요. 죽음은 우리에게 아무것도 아니라는 믿음에 익숙해져라. 왜냐하면 모든 좋고 나쁨은 감각에 달려 있는데, 죽음은 감각의 상실이기 때문이다. 따라서 죽음이 우리에게 아무것도 아니라는 사실을 올바르게 알게 되면 필멸(必滅)도 즐겁게 된다. 필멸은 영어로 'mortal'인데, 희랍어로 '타나토스thanatos'입니다. 우리가 꼭 죽어야만 하는 존재라는 사실조차도 즐겁게 된다는 거죠. 그걸 기쁘게 받아들일 수 있다는 겁니다. 이것은 그러한 앎이 우리에게 무한한 시간의 삶을 보태어주기 때문이 아니라, 불멸에 대한 갈망을 제거시켜주기 때문이다. 그걸 알면 영원한 삶을 살게 해주기 때문이 아닙니다. 불멸하고자 하는 갈망이 우리를 괴롭히는 원인인데, 그 갈망을 제거해주기 때문에 우리를 지금의 삶에 더 충실하게 해준다는 겁니다. 우리를 괴롭히는 원인인 쓸데없는 갈망을 없애주는 거죠.

에피쿠로스의 정원에 있는 사람들은 의식주와 관련해서도, 소박한 음식을 먹고 소박한 옷을 입는 걸로 더 만족했습니다. 사치할 수도 있지만 그건 군더더기라는 거예요. 그것에 대한 갈망 때문에 더 불행해진다는 거죠. 우정보다 연인 간의 사랑이 우리를 괴롭힌다고도 합니다. 우리가 살아가는 데 기본이 되는 데서 멈추고, 그 바깥의 것들을 추구하지 않는 게 우리를 고통에서 벗어나게 하고 행복하게 만듭니다. 에피쿠로스가 진정한 쾌락을 추구했다는 말이 이제 이해됩니다. 쓸데없는 것까지 원하는 건 우리를 낭비하는 거고, 그것 때문에 고통이 생겨나기 때문에, 그걸 제거함으로써 마음이 평온한 상태, 희랍어로 '아타락시아 ataraxia'에 이르는 거죠. 마음의 평온이 궁극적으로 추구하는 바입니다. 이 평정심을 통해서 우리가 무분별하게 갈망하는 걸 제거하면, 불멸을 추구할 필요 없다는 걸 깨달으면, 진정한 행복에 도달할 수 있습니다.

그다음 논증으로 갑니다. 그러므로 가장 두려운 나쁜 일인 죽음은 우리에게 아무것도 아니다. 왜냐하면 우리가 존재하는 한 죽음은 우리와 함께 있지 않으며, 죽음이 오면 우리는 이미 존재하지 않기 때문이다. 그렇다면 죽음은 산 사람이나 죽은 사람 모두와 아무런 상관이 없다. 왜냐하면 산 사람에게는 아직 죽음이 오지 않았고, 죽은 사람은 이미 존재하지 않기 때문이다. 두려움을 느끼고, 고통을 느낄 존재 자체가 사라지기 때문에 죽은 다음에는 그 존재에게 아무 일도 일어나지 않습니다. 그런 점에서 죽음을 두려워할 필요는 없다는 결론이 나옵니다.

죽음을 두려워할 필요가 없다는 게 윤리학에서 왜 중요하냐면, 그렇게 되면 현재의 삶에 더 집중할 수 있기 때문입니다. 지금에 집중하는 데 두 가지 장애물이 있다면, 신과 죽음인데 이게 다 인간사와 무관합니다. 혹은 죽음은 최소한 살아 있는 인간과는 무관하니 살아 있는 동안 즐기라는 겁니다. 어떻게 즐기느냐? 쓸데없는 것들을 최대한 제거하고 살아 있는 동안 할 수 있는 것들을 함으로써. 에피쿠로스한테는 자연에 대한 이해가 굉장히 중요합니다. 자연을 이해하게 되면, 신과 죽음이라는 문제가 사라지고 문제 자체가 폐기될 수 있기 때문입니다.

Q 여기서 말하는 죽음은 나의 죽음이잖아요. 나의 죽음은 에피쿠로스가 설명한 걸로 다 이해가 되는데, 실제 세상에서 일어나는 죽음은 관계의 문제잖아요?

A 친구가 죽은 것도 마찬가지죠. 그건 기뻐할 일도, 슬퍼할 일도 아닙니다. 우리가 왔던 원자로 돌아가는 것이기 때문에. 친구가 사라졌기 때문에 친교를 할 수 없어 괴롭다는 걸 부인하자는 건 아니고요. 친구가 사후 세계에 가서 심판을 받을 텐데, 같은 문제로 괴로워할 필요는 없는 거죠.

Q 종교를 가진 사람들은 이런 견해를 어떻게 받아들여야 하나요?

A 당장 플라톤만 해도 이 견해를 받아들일 수 없어요. 플라톤은 데모크리토스의 책을 불살라버려야 한다고 얘기했다고 해요. 왜냐하면 플라톤에게는 몸과 관련된 것과 혼과 관련된 것이 명백히 구분되고, 혼이 훨씬 중요하기 때문이에요. 몸만을 강조하는, 혼조차 몸적인 것으로 이루어졌다고 얘기하는 것은 플라톤이 받아들일 수 없어요. 그 지점까지 가면 믿음의 문제가 될 수밖에 없죠.

믿음의 문제라고 하면 각자의 선택의 문제냐? 궁극적으로는 그렇게 갈 수밖에 없는데, 입증할 수 있느냐는 부분에서 부딪치게 될 거예요. 실증적으로 감각적으로 관찰할 수 있는 세계와 어긋나느냐 그렇지 않느냐, 이걸로 판별하겠죠. 에피쿠로스라면 관찰 가능한 세계를 존중하고, 혼이 불멸한다는 게 모순되는 건 아닌지 확인해보자고 플라톤에게 얘기하겠죠. 요즘 우주론은 플라톤보다는 에피쿠로스를 더 지지하는 거 같아요.

신앙을 가졌다는 말도 모호한 말입니다. 왜냐하면 종교 하면 기독교를 모델로 삼고 있는데, 기독교 아닌 것을 기독교와 비슷한 종교라고 볼 수 있겠느냐고 물을 수 있거든요. 예를 들어 불교도 종교인데 불교를 기독교와 비슷한 관점에서 이해할 수 있을까요? 서로 비교할 수 없다고 볼 수도 있고, 그렇다면 종교를 가졌다는 말이 제한적인 의미로 사용되어야 해요. 가령 불교에서는 혼의 불멸을 믿지 않거든요. 자아는 없다. 무아無我라고 하거든요. 나라는 게 없다. 이렇게 말하는데 이게 기독교와 비슷한 부분이 조금이라도 있는지 따져 물어볼 수 있어요.

그러면 특정한 종교를 가진 사람들이 에피쿠로스 같은 입장을 어떻게 받아들일 수 있을까라는 문제로 축소되어야 하겠지요. 특정한 종교는 기독교가 되겠고, 기독교는 철학적으로는 플라톤주의의 다른 모습이니까, 에피쿠로스와 플라톤을 대결시킨 것으로 어느 정도 답할 수 있습니다.

Q 아타락시아와 헤도네의 관계는 무엇인가요?

A 아타락시아가 수단이에요. 외풍에 흔들리지 않는 상태. 맛있는 음식을 먹다가 맛없는 음식을 먹으면 고통스러워요. 고통이 줄어드는 것

이 목표 중 하나죠. 그게 헤도네라면, 고통을 줄이기 위해 평소에 가져야 할 자세나 태도가 아타락시아지요. 최대한 외적인 조건에 많이 좌우되지 않는 상황에 있는 거죠.

이건 오래된 희랍 전통으로 거슬러 갈 수 있어요. 자립하고 자족할 수 있는 그런 존재로 사는 게 가장 완벽하다. 왜냐하면 어떤 조건에 처하더라도, 무슨 일이 생기더라도 끄떡하지 않는다는 말이니까. 그걸 신적인 모습에 근접한 상태로 여겼어요. '아우타르케이아autarcheia'라고 합니다. 자기가 자기를 지배하는 걸 뜻하죠. 그렇지 않고 외부에 많이 의존한다면 의존하는 것 하나하나가 바뀔 때마다 영향을 받고 흔들릴 수밖에 없습니다. 그건 안 좋은 거죠.

오늘날을 생각해봐도 마찬가지입니다. 외풍에 최대한 영향받지 않는 상태를 에피쿠로스는 추구했어요. 각자가 그런 상황에 처하게 되면 고통이 최소화될 거고 그 사이에서 즐거움을 누릴 수 있죠. 아타락시아는 조건이자 삶의 태도와 관련됩니다. '마음의 평안.' 흔들리지 않는 평정심을 통해, 아타락시아를 성취함으로써 삶이 즐거울 수 있습니다.

1998년에 우리말로 에피쿠로스 전집이 번역되었습니다. 역자 서문에 이런 구절이 있습니다. "에피쿠로스 시대와 마찬가지로, 우리도 매우 고통스러운 사회적·경제적 환경 속에서 살고 있다." IMF 사태를 지나가는 와중에 쓴 글이지요. 지금도 비슷하죠. 자본주의가 계속 우리를 옥죄는 조건이기 때문에. 에피쿠로스의 자연학과 윤리학에서 이런 상황을 이겨낼 수 있는 힌트 하나를 챙길 수 있지 않을까 생각합니다.

Q 클리나멘이 자유를 입증하진 못해도 자유가 존재할 수 있는 여지는 주잖아요. 에피쿠로스 말고도 자유를 이야기한 철학자가 있나요? 신의 피조물로서가 아니라 개인으로서 자유를 얘기할 수 있잖아요.

A 자유가 무엇인지는 참 어려운 주제예요. 먼저 자유의지를 생각해볼 수 있어요. 보통 자유의지는 인간이 갖고 있는 특성으로, 자연세계에 개입해서 원하는 방향으로 세계의 움직임을 바꿀 수 있는 능력이라고 여겨져요. 그런데 과연 인간에게 그런 능력이 있을까? 이게 문제입니다.

대표적으로 스피노자는 에피쿠로스와 굉장히 비슷해요. 이 사람은 자유의지가 없다고 해요. 한편으로는 자유로운 삶에 대해 이야기하고요. 모순되는 것처럼 보이지요? 자유롭다는 말과 자유의지가 있다는 말은 구분해야 해요. 아는 걸 통해 자유로워질 수 있습니다. 뭘 아는 거냐면, 자연이 이러저러하다는 걸 앎으로써 그 전에 속박되었던 것보다 자유로워질 수 있어요. 모를 때는 쓸데없는 상상에 빠지거든요. 그런데 알면 그렇지 않죠. 사실을 직시할 수 있지요. 직시하는 건 힘이에요.

현대 과학에서도 자유의지가 없다고 해요. 실험 결과가 말해줘요. 자신이 원하는 선택을 할 수 있다는 생각 자체가 잘못됐다는 실험 증거가 많이 나오고 있어요. 그럼 여태까지 우리가 자유롭다고 생각했던 건 무의식적으로 일이 다 일어난 다음에, 결과를 갖고 끼워 맞추는 일일 수 있죠. 대표적인 게 몸의 상태인데, 아프기만 해도 의도하는 일 자체가 막히곤 하거든요. 의도가 실패하면 애당초 의도하지 않았던 것처럼 만드는, 자기도 모르는 사이에 일어나는 조자이 있습니다.

자유의지가 윤리나 법에서는 굉장히 중요한 이슈가 될 수밖에 없죠. 자유의지가 없다면 사람을 처벌할 근거도 없으니까. 네가 한 게 아니라 너도 모르는 뭔가가 너를 그렇게 하게끔 했다는 상황이 발생하는 거죠. 법에서는 자유의지가 있다는 걸 전제로 삼아요. 처벌이 가능하려면 그렇게 해야 하지만, 과학적·철학적으로 자유의지가 있느냐는 입증해야 할 문제죠. 입증이 어느 정도 되더라도 법 종사자는 받아들이기 힘든 결론일 거예요.

Q 감각에 따라 진리를 확인한다고 했는데, 감각이 뭔지 분명하지 않은 거 같아요. 사람에 따라 다를 수도 있고요.

A 감각이라는 건 세계와 만나는 통로라고 조금 좁게 이해하는 게 좋아요. 나 아닌 바깥 세계가 어떤 상태냐, 이걸 알게 되는 통로를 감각이라고 부르고요. 센서sensor에 가까워요. 바깥 세계가 어떠하냐는 문제. 사람마다 차이는 그리 크지는 않을 것 같아요. 실증이 가능하니까. 저 사람이 나와 다른 외부 세계 정보를 갖고 있다면, 같이 가서 확인할 수 있으니까. 그렇다면 이견이 별로 생기지 않을 거예요. 감각적 쾌라고 할 때의 감각은 조금 다른 의미예요. 에피쿠로스가 진리, 진실을 추구할 때 기준으로 삼고 있는 감각은 감각기관과 주로 관련됩니다.

고통이 줄어들수록 즐거운 삶이죠. 고통의 생산을 줄이려면 과도하지 않은 지점을 찾고, 그 안에서만 무언가를 추구하면 진짜 즐거울 거예요. 최소주의라고 볼 수 있습니다. 적극적으로 무언가를 추구하기보다는. 시대 상황이 그랬으니까, 소극적으로 어떤 일들이 일어나지 않도록 막는 것, 방어적인 측면이 강하다고 볼 수 있습니다.

이런 얘기도 있어요. 에피쿠로스는 자신을 소크라테스라고 말했다고 해요. '너 자신을 알라'라는 소크라테스의 정신을 그대로 따랐다고 자부하기 때문이에요. 소크라테스와 에피쿠로스가 어울리지 않아 보이지만, 어떤 점에서는 희랍 정신을 잘 계승한 철학자입니다. 진정한 쾌는 고통이 최소화되는 거고, 세계의 실상을 알고 내가 추구할 영역을 알고 그렇게 살아가는 데 있습니다.

Q 마음의 평정이 권태와 어떻게 다른가요?

A 마음의 평정을 느끼는 구체적 사례를 보면 차이가 드러납니다. 가령 음악을 들을 때 우리는 평정심을 갖게 되지만 권태를 느끼는 건 아니잖아요. 항상 구체적 사례를 통해 확인하려는 태도가 필요합니다.

• 『쾌락』, 오유석 옮김, 문학과지성사, 1998 •

죽음은 우리에게 아무것도 아니다. 왜냐하면 해체된 것은 감각이 없기 때문이다. 감각이 없는 것은 우리에게 아무것도 아니다. —「주요 가르침」II

죽음은 우리에게 아무것도 아니라는 믿음에 익숙해져라. 왜냐하면 모든 좋고 나쁨은 감각에 달려 있는데, 죽음은 감각의 상실이기 때문이다. 따라서 죽음이 우리에게 아무것도 아니라는 사실을 올바르게 알게 되면 필멸(必滅)도 즐겁게 된다. 이것은 그러한 앎이 우리에게 무한한 시간의 삶을 보태어주기 때문이 아니라, 불멸에 대한 갈망을 제거시켜 주기 때문이다. 〔···〕 그러므로 가장 두려운 나쁜 일인 죽음은 우리에게 아무것도 아니다. 왜냐하면 우리가 존재하는 한 죽음은 우리와 함께 있지 않으며, 죽음이 오면 우리는 이미 존재하지 않기 때문이다. 그렇다면 죽음은 산 사람이나 죽은 사람 모두와 아무런 상관이 없다. 왜냐하면 산 사람에게는 아직 죽음이 오지 않았고, 죽은 사람은 이미 존재하지 않기 때문이다.
—「메노이케우스에게 보내는 편지」124~125

13 적합한 관념을 획득해
삶의 기쁨으로 나아가다_ 스피노자

Benedictus de Spinoza, 1632~1677

파문과 살해 기도에서 탄생한 철학자
—

스피노자는 "내일 지구가 멸망할지라도 나는 오늘 한 그루의 사과나무를 심겠다"라는 말로 알려져 있죠. 그런데 이건 스피노자가 한 말이 아닙니다. 그건 종교개혁을 이끌었던 마르틴 루터^{Martin Luther}의 묘비에 새겨진 말이에요. 왜 이런 착오가 생겼는지 사정은 아무도 모릅니다. 그 문구는 그날그날 최선을 다하겠다는 태도를 보여주긴 하지만 스피노자를 소극적이고 소심한 인물로 보이게 합니다. 사실 스피노자는 굉장히 정치적으로 민감한 철학자였습니다.

당시 명칭으로는 '홀란트', 지금의 네덜란드는 여러 공화국이 연맹을 맺고 있는 곳이었고, 암스테르담이나 헤이그 같은 도시를 포함하는 공화국이었습니다. 스피노자는 이 홀란트 공화국에서 태어나서 성장했고, 이곳에서 청춘을 보냈습니다. 화가 렘브란트^{Rembrandt Harmensz. van Rijn}가 같은 동네 사람이라서 교류도 많이 했습니다. 스피노자의 조상은 포르투갈에서 잘 살다가 대대적인 유대인 탄압이 일어나자, 종교적 관용과 사회적 자유가 확보되었던 암스테르담으로 이주했습니다. 그래서 꽤 잘나가는 상인 집안이 되었습니다. 당시 유대인들은 주로 상업에 종사했습니다. 아버지도 잘나가는 부상^{富商}이었고요. 스피노자도 유대인으로서 교육을 잘 받았지만, 라틴어와 데카르트 사상, 새로 부흥하는 자연과학을 공부하면서 유대교와 멀어지게 됩니다.

스피노자의 원래 성은 '데 스피노자^{de Spinoza}'였습니다. '데^{de}'라는 건 '어디어디에서 왔다'라는 뜻이에요. 스피노자 지방에서 와서 '데 스피노자'라고 붙였던 건데, 집안에서 '스피노자'로 간추렸습니다. 이름은 유대 명칭으로 '바뤼흐^{Baruch}'라고 했습니다. 스피노자는 앞에서 말한 이유들 때문에 파문을 당합니다. 때는 1666년, 나이로 따지면 스물네 살이고요. 그때 자신의 이름을 라틴어 표기법으로 바꿉니다. 그래서 '베네딕투스 데 스피노자'라는 이름을 가지게 되고, 이걸 자신의 이름으로 삼습니다. 따라서 스피노자를 언급할 때 '바뤼흐 스피노자'라고 하는 건 적절치 않아요. 스피노자는 자신이 유대인임을 포기하고 스스로 이름을 만들었기 때문에 '베네딕투스 데 스피노자'라고 하는 게 적합합니다.

파문을 당한 시기가 1666년이라고 했습니다. 그때는 홀란트 지역이 공화국 형태를 유지하고 있었습니다. 공화주의자였던 얀 더빗^{Jan de Witt}은 1653년에 그 지역 최고 사령관 지위에 오릅니다. 이 사람이 사령관에 오르고 20년 정도 지속될 공화정 시기가 열립니다. 얀 더빗의 형은 총독의 지위에 올랐습니다. 한편 왕당파인 반대파가 있었는데, 이들을 오라녜^{Oranje}파라고 부릅니다. 이들은 군주제를 지지했고요. 당연히 갈등이 있을 수밖에 없죠. 오라녜파가 더빗파에 대항하던 활동을 당시 용어로 '혁명'이라고 합니다. 스피노자가 '혁명'이라는 말을 쓸 때 가장 염두에 두던 것이 바로 이 혁명입니다. 스피노자의 용법에서 '혁명의 위험성'이 이야기될 때는, 왕당파가 집권하려는 행위를 가리킵니다. 더빗은 1671년까지 집권했습니다. 17세기 유럽의 황금기였죠. 스피노자는 1632년에 태어났습니다. 스물한 살 때부터 민주주의를 한껏 누릴 수 있는 상황에서 20년을 살았던 겁니다. 그리고 1677년에 죽었습니다. 더빗파가 실각한 후 얼마 되지 않은 때였죠. 이게 스피노자가 살았던 전체적인 배경입니다.

들뢰즈는 이렇게 평가합니다. 스피노자가 가장 필요했던 것은 자신이 생각했던 사상의 관용이 보장되는 사회이지, 특정한 세력을 원했던 것은 아니라고 말입니다. 우리도 새겨들어야 하는 점입니다. 어떤 정치 세력이 현실에서 집권한다고 할 때, 그 의미가 무엇이고 협력 관계를 맺는다는 것이 무엇인지 생각해봐야 하는데, 우리도 스피노자가 원했던 것을 1차적으로 염두에 두어야 합니다. 그 사회에서 자유와 관용이 얼마나 허용되고 있는가, 그에 따라 정권과 친밀한 관계를 맺을지 소원한 관계를 맺을지 판단해야지, 정책같이 그 정권이 보여주는 세세한 측면에 비추어 정권과의 관계를 따지는 것은 부차적입니다. 광복 이후 우리 사회의 역사를 봤을 때, 어느 시기가 우리 사회의 자유와 관용의 폭이 가장 넓었느냐를 판단하는 데 스피노자가 중요한 힌트가 됩니다. 자기 마음에 딱 드는 정권은 본인이 정권을 잡았을 때만 가능하죠.

이런 상황에서 대중은 공화파가 아닌 오라녜파를 지지했습니다. 스피노자는 충격을 받습니다. 왜 대중은 독재자를 지지할까? 왜 해방자를 맞이하는 것처럼 독재자를 원할까? 이건 굉장한 미스터리라는 거죠. 이 미스터리를 풀기 위해 한평생을 바칩니다. 이건 오늘날 우리에게도 유의미한 주제입니다. 이 문제를 풀기 위해 쓴 책이 『신학-정치론』입니다. 이 책의 문제의식은 '왜 사람들은 더빗파를 지지하지 않고 오라녜파를 지지하는가'입니다. 왜 대중은 자신을 억압하는 자를 원하는가? 1677년에 독일의 무명 출판사에서 익명으로 출간했습니다. 그런데 모두가 이 책이 스피노자가 쓴 걸 알았어요. 온 유럽이 이 책을 비판하느라 난리가 났습니다. 어떤 경우에는 이 책에 대한 비판이 약하다고 처벌을 받았어요. 이게 스피노자에게 매우 중요한 주제이지만 오늘 이 주제를 깊게 다루긴 어려울 것 같네요.

파문 이야기를 조금만 더 할게요. 파문은 자유사상가로서 유대교라는 틀과 단절한다는 걸 뜻합니다. 당시에는 파문당한 사람이 생각보다 많았습니다. 랍비들은 파문당한 사람들을 다시 회개하게 하는 데 관심을 기울였지 영원한 파문에는 관심이 없었어요. 그런데 스피노자는 굳이 적극적으로 파문을 선택했던 거죠. 전해 내려오는 바를 들뢰즈는 이렇게 요약합니다. "스피노자는 사람들이 사고하는 걸 언제나 사랑하는 건 아니라는 사실을 잘 기억하기 위해, 자객에게 습격받아 칼에 찢긴 자신의 외투를 간직했다고 한다. 한 철학자의 결말이 기소인 경우는 있을 수 있어도, 철학자의 시작이 파문과 살해 기도인 경우는 극히 드물다." 결말이 기소라는 말은 어떤 사상을 개진한 다음에 그 사상 때문에 유죄 판결이 내려지는 상황이죠. 갈릴레오나 철학자 브루노가 겪었던 일입니다. 그런 식으로 가는 경우는 종종 있어도 시작부터 파문과 암살 기도를 만나는 경우는 극히 드물다는 겁니다.

참고로 더빗이 실각당할 때, 스피노자가 열 받아서 총 들고 오라녜파와 싸우기 위해 뛰쳐나가려고 했다고 해요. 결국 친구들이 말려서 가진 못했지만, 그래도 분통을 참지 못하고 씩씩댔다고 전해집니다. 스피노자의 정치적인 성향이나 관심을 보여주는 일화가 하나 더 있습니다. 1660년대 중반, 서른 살 무렵에 스피노자는 당시 네덜란드의 수도인 헤이그에 정착하는데, 그 이유는 헤이그의 민감한 정치 상황을 놓치지 않기 위해서라고 합니다.

전기 작가이자 스피노자 연구자, 유대인 역사 연구자 스티븐 내들러Steven Nadler가 쓴 『스피노자』라는 전기가 있습니다. 거기에 스피노자와 16~17세기 유럽 유대인들의 삶의 여정이 잘 소개되어 있습니다. 또 소개하고 싶은 책이 『스피노자의 철학』이에요. 들뢰즈가 쓴 책인데 원제는 '스피노자', 부제는 '실천철학'입니다. 철학적인 내용을 담고 있는 다소 어려운 책입니다. 그래도 이건 들뢰즈가 쓴 훨씬 두꺼운 책을 압축하고 요약한 책이라 흥미롭습니다. 스피노자 본인의 저술 말고 이 두 책도 스피노자의 사상을 이해하는 데 도움이 될 듯해서 추천했습니다.

개념의 렌즈를 닦아서 맑고 또렷하게 세상을 보여주다
—

스피노자에 얽힌 본격적인 이야기를 시작해볼게요. 스피노자의 직업이 뭐죠? 렌즈 세공사였죠. 이걸 업으로 삼았다고 하지만 오래했던 건아니고, 주로 친구들의 도움을 받아 생활을 유지했습니다. 어렸을 때안경 깎는 기술을 익혔고, 광학을 잘 알았다고 해요. 데카르트도 광학에 능했지만, 스피노자는 학문적으로뿐 아니라 기술적으로도 능했습니다. 우리가 놓치기 쉬운 사실은, 17세기에 광학은 최첨단 기술이었다는 점입니다. 이건 하이테크였기 때문에, 요새와 비교하면 실리콘밸리에서 일하면서 철학을 했다고 볼 수 있습니다. 렌즈를 깎는다고 해서세상에서 떨어져서 유유자적하게 살아갔다고 생각해선 안 됩니다. 스피노자는 항상 기술적이고 정치적인 상황의 중심에 있었습니다.

렌즈를 깎는다는 게 무슨 의미인지를 생각해보죠. 안경을 낀 분들은 안경을 벗으면 뿌옇게 보이죠. 안경을 끼면 세상을 또렷하게 볼 수있고요. 철학도 마찬가지입니다. 철학에서의 렌즈는 개념이에요. 개념을 통해 세상을 더 맑고 또렷하게 볼 수 있도록 하는 일이 철학자들의임무 가운데 하나입니다. 들뢰즈가 인용한 걸 또 읽어드리죠. 미국의소설가 헨리 밀러Henry Miller가 했다는 멋있는 말입니다. "내가 보기에 예술가들, 과학자들, 철학자들은 렌즈를 세공하는 일로 아주 바쁜 것처럼보입니다. 이 모든 것은 한 번도 일어난 적이 없는 한 사건을 위한 광범위한 준비일 뿐입니다. 어느 날 렌즈는 완전해질 것입니다. 그리고 그날 우리 모두는 어리둥절할 정도로 놀라운 이 세계의 아름다움을 선명하게 보게 될 것입니다." 작가다운 멋있는 표현이죠. 렌즈를 깎는다는 것의 물리학적인 의미와 철학적인 의미를 함께 생각해볼 수 있어요. 스피노자의 작업은 개념의 렌즈를 잘 닦아서 사람들이 세상을 더 잘 볼 수 있도록 해주는 것입니다. 스피노자는 그 이상을 바라진 않았어요.

그 일은 정치적인 과제, 왜 사람들이 독재자를 지지하는가, 같은 물음에서 출발해서 사람들을 해방시키는 걸 목표로 하고 있습니다. 다른 한편 우리가 어떻게 살 것이냐는 물음에 답하는 것과도 관련됩니다. 스피노자의 유고, '윤리학'이라는 제목의 책에서 이 문제와 관련된 답을 하려고 했습니다. 어떻게 살 것이냐? 『윤리학』은 스피노자의 대표작입니다. 원래는 생전에 완성됐는데, 죽을까 봐 출간을 못 했습니다. 자기 이름 지워도 누가 썼는지 다 알잖아요. 출간은 안 했지만 다 써서 친구들한테 보여주고 토론도 하고 그랬습니다. 윤리학이라고 해서 따분한 얘기를 하려고 했던 건 아니에요. 보통 국민윤리 같은 데서는 답을 주잖아요. 하지만 이 책은 정반대에 가깝습니다. 답을 찾아가야 한다는 얘기죠.

스피노자가 자기 사상의 핵심이 되는 책에 왜 '윤리학'이라는 제목을 붙였는지는 생각해볼 필요가 있습니다. 이건 스피노자가 어떻게 사느냐의 문제에 답하는 것이 철학의 핵심이라고 생각했기 때문입니다. 데카르트의 경우에 자신의 문제를 '제1철학에 관한 성찰'이라고 던졌다면, 스피노자는 윤리를 중요하게 여긴 거죠.

『윤리학』의 전체 제목은 '기하학적인 순서로 증명된 윤리학'입니다. 여기서 순서는 'order'인데 이건 '질서'라고 번역될 수도 있습니다.

그러면 '기하학적 순서' 또는 '기하학적 질서'는 뭐냐? '기하학적'이라는 말이 왜 나왔느냐? 책 앞부분에는 어떻게 살 거냐 같은 이야기가 나오지 않고, 신에 대해 나옵니다. 이게 1권입니다. 2권은 마음의 본성과 기원에 대해 논합니다. 3권은 'affect'라는 용어가 사용되는데, '정서' 정도로 무난하게 번역하면 정서의 기원과 본성을 다루죠. 4권은 인간의 예속에 대해, 또는 정서의 힘에 대해 다뤄요. 여기쯤 와야 인간의 예속 문제를 다룹니다. 5부는 지성의 힘, 또는 인간의 자유에 대해 논합니다. 그러니까 뒷부분에 가야, 인간의 예속과 인간의 자유 또는 해방이라는 주제를 이야기합니다. 왜냐? 앞부분에서 신이나 인간의 정신에 대해 먼저 이야기하는데, 세계의 질서나 자연의 질서를 염두에 두어야만 그다음 주제를 논할 수 있기 때문입니다. 세계는 어떤 모양새로 존재하는지, 세계의 운행 법칙은 무엇인지 먼저 알아야 한다는 거죠. 스피노자는 세계라는 말보다는 자연이라는 말을 더 많이 씁니다. 자연의 질서, 자연의 법칙을 모르고서 자연의 일부인 인간이 어떤 행동을 할 수 있으며, 어떻게 행동해야 하는지 답하는 것은 헛되고 무의미하다는 거죠.

스피노자는 먼저 자연의 질서를 아주 정교하게 재구성합니다. 당시에 알려졌던 최고 지식을 동원해서 말이죠. 자연법칙에 대한 갈릴레오의 학설들을 이용해서, 뉴턴은 아직 나오기 전이니까요, 정리된 내용들을 바탕으로 물체와 자연과 인간의 마음에 대해 그게 무엇인지 밝히는 작업을 먼저 합니다. 그다음 순서는, 세계가 그러할진대 그러한 세계에서 우리는 어떻게 살 수 있고 또 어떻게 살아야 하는지 묻는 겁니다. 순서가 그게 맞죠. 만약 우리가 자연세계에 대한 앎을 충분히 획득하지 못한 채로, 가정만 한 상태에서 '이렇게 하는 게 좋은 거야'라고 아무리 얘기한들, 실제 자연 세계에서 행동할 때는 별로 소용없을 겁니다. 그걸 스피노자가 염두에 둔 겁니다. 이 일이 개념의 렌즈를 만들어서 사람의 시각을 교정하듯 생각을 교정하는 작업입니다.

우리에게 필요한 건 '확실한 관념'이 아니라 '적합한 관념'

스피노자는 방금 말한 것처럼 당시 발전했던 자연과학을 신뢰했던 사람입니다. 그러면서도 데카르트보다 훨씬 더 급진적인 방향으로 나아갑니다. 스피노자가 살아서 실명으로 출간한 유일한 책이, 우리나라에도 일부 번역되어 있는데 『데카르트 철학의 원리들』입니다. 그 내용을 들여다보면 완전히 스피노자 자신의 생각으로 데카르트를 색칠했습니다. 데카르트의 이름을 빌려서 자신의 사상을 설파한 거죠.

데카르트 철학에는 난점이 있습니다. 데카르트는 다른 어떤 것에도 의지하지 않고 존재하는 것을 '실체substantia'라고 했습니다. 데카르트에게 실체는 세 가지인데, 생각하는 존재, 펼쳐져 있는 존재, 그리고 신입니다. 스피노자는 정신과 물체는 신에 의해 창조되었으니 신에게 의존하는 거 아니냐고 논박합니다. 이들은 실체라는 위상에 맞지 않는다고 주장하며 유일한 실체를 신으로 설정합니다. 나머지는 다 신이 드러나는 방식modus이라고 생각합니다. 이 세상에 유일한 실체, 다른 것에 의존하시 않고 존재할 수 있는 것은 신밖에 없다. 이렇게 힘으로써 실체라는 말의 정의를 지키면서도 정신과 물질이라는 이원론도 해소하려고 시도합니다. 이렇게 되면 스피노자가 말하는 신은 기독교나 유대교에서 말하는 인격신과는 다른 게 됩니다. 인간적인 면모를 다 걷어낸 신입니다.

윤리학의 첫 번째 주제가 '신에 대해'라고 했을 때 신의 특성을 다 드러내는 게 과제였습니다. 그러면 인간은 뭐냐? 인간은 유일한 존재인 신이 드러나는 한 가지 방식입니다. 이런 점에서 우리는 신의 일부분이에요. 다른 사물도 다 마찬가지입니다. 이 신은 창조주와 피조물 간의 관계라는 뜻에서의 신과는 양립하기 어렵습니다. 우리 자신이 신의 부분이니까요.

스피노자가 렌즈를 다루는 기술자였다는 사실은, 우리가 광학적으로 생산한 결과, 망막에 맺힌 상 같은 결과와 그것을 만들어낸 원인의 관계를 잘 알았다는 뜻이기도 합니다. 광학적 원리를 모르면 기술적으로 렌즈를 잘 만들어낼 수 없었을 테니까요. 스피노자는 어떤 결과를 어떤 원인이 산출하는지도 기술적으로 잘 알고 있었습니다. 세상에 대한 앎이 어떻게 생겨났는지, 결과가 어떤 원인과 과정을 통해 생겨났는지 아는 것이 철학적 과제입니다. 적절한 개념들이 렌즈가 하는 역할을 해줘야 해요. 진짜 세계를 파악하고 진짜 신을 아는 데 도달하기 위해서죠.

우리는 대부분 결과들의 세계 속에 살고 있습니다. 무엇이 그런 결과를 불러일으켰는지 잘 모릅니다. 우리가 지니고 있는 건 온통 관념입니다. 관념은 결과물이에요. 관념은 이미지라고 해도 좋아요. 어떤 상이 맺힌 겁니다. 당대의 용법을 보면 데카르트도 아이디어와 이미지를 같은 뜻으로 썼죠. 상은 결과예요. 무엇 무엇에 대한 상이고 무엇 무엇에 대한 관념이죠. 우리는 그 무엇 무엇 자체에는 도달하지 못하죠. 기껏해야 첫 번째 상과 두 번째 상을 비교하는 것까지밖에 못해요. 이게 난점입니다.

그런데 상은 항상 원본 그대로가 아니라 모종의 왜곡을 거치면서 우리에게 온단 말이에요. 스피노자가 사용하는 말로 하면 '적합한 상', '적합한 관념'을 얻는 게 관건입니다. 우리는 현재 적합한 관념을 갖고 있지 않아요. 뒤죽박죽인 관념들을 갖고 있죠. 어떻게 적합한 관념을 가질까? 여기서 적합한 관념은 결과를 낳은 원인에 대해 우리에게 알려주는 관념입니다. 그래서 적합한 관념을 안다는 것은 원인을 안다는 말로 이어집니다. 여기서 원인은 세계 자체라고 할 수도 있고 신이라고 할 수도 있습니다. 여기에 도달하는 게 과제입니다.

우리에게 와 있는 뒤죽박죽인 상들을 스피노자는 '상상imaginatio'이라고 부릅니다. 하지만 17~18세기의 용법을 보면 보통 우리가 말하는 '상상력'과는 관련 없습니다. '상상력'이 우리가 지니고 있는 '능력'이라면, 스피노자가 말하는 상상은 우리가 겪는 경험을 통해 가지게 된 상들, 관념들을 가리키는 명칭입니다. 상들의 집합, 관념들의 집합이 상상인데, 우리는 통상 상상의 세계 속에 살아갑니다. 상상은 적합한 관념이 아닌 부적합한 관념입니다. 이건 세계 자체에 관해 알려주지 못하거든요. 이게 어려운 지점입니다. 왜 세계 자체에 대해 잘 알아야 되느냐? 답은 단순합니다. 세계가 진짜 어떠한지를 알아야, 세계 속에서 이떻게 행동할지 알 수 있기 때문이죠.

여기서 데카르트가 추구한 것과 비교할 수 있습니다. 데카르트는 적합한 관념이 아니라 확실한 관념을 원했습니다. 확실성을 추구한 거죠. 내가 인식한 것이 확실한지 아닌지 알고 싶어 했습니다. 적합한 것과 확실한 건 차이가 있죠. 적합성은 확실성에 못 미칠 수도 있습니다. 가령 책장을 만들 때 나사를 박는다고 해보죠. 알맞은 도구인 드라이버가 있어야겠죠. 만약 나사못 홈에 잘 맞으면 확실한 도구입니다. 그런데 적합한 도구라고 하면 치수가 좀 달라도 돼요. 심지어 힘만 있으면 나사못을 때려 박을 수도 있습니다. 그러니까 적합하다는 건 실천적인 대응이 될 수 있다는 뜻입니다. 앎을 얻을 때 확실한 게 중요한 게 아니라, 잘 작동하느냐, 적절히 잘 써먹을 수 있느냐, 그런 걸 추구한 겁니다. 이런 차이가 데카르트와 스피노자의 관심사의 차이를 잘 보여줍니다. 확실한 앎을 얻을 수 있느냐와 적합한 앎을 얻을 수 있느냐는 목적에서 차이가 납니다.

슬픔을 피하고 기쁨을 향하는 것이 윤리적인 삶이다
—

우리는 세계 전체를 알 수 있는 능력을 타고난 것이 아닙니다. 데카르트는 타고났다고 보고 그 능력을 '이성의 빛'이라고 표현했어요. 하지만 스피노자는 그렇게 생각하지 않습니다. 아이를 가까이서 보면, 거의 짐승이에요. 우리 아이를 봐도 주 관심사는 먹는 거예요. 먹는 거, 자는 거, 싸는 거. 그리고 노는 거. 맨날 하는 얘기는 "배고파". 인간은 태어날 때부터 이성을 갖췄다? 아이를 겪어본 사람은 다 알고 있어요. 절대 그렇지 않습니다. 지성은 만들어지는 거죠. 잘 만들어지고 가꾸어져서 완성되어야 합니다. 말하자면 적합한 관념은 타고난 능력을 통해서가 아니라 적절한 경험적 과정을 통해 획득될 수 있다는 이야기입니다. 그 과정에서는 교육도 중요하고 방해물들을 적절히 제거하는 것도 중요합니다.

　스피노자가 비교적 이른 시기에 쓴 글이 『지성교정론』입니다. 이 책에서는 물질적인 도구와 인간의 지성을 유비 관계로 설정합니다. 사정은 물체 도구들의 경우와 마찬가지다. […] 처음에 인간들은 자신이 가지고 태어난 도구들을 가지고 (아무리 힘이 들었고, 또 아무리 불완전한 것이었다 할지라도) 가장 손쉬운 물건들을 만들 수 있었다. 손 같은 게 대표적이에요. 뭘 물어뜯거나 할 때 이도 자주 쓰죠. 손, 이, 근력 등이 시작 단계에서 중요하게 사용됩니다. 그리고 일단 이 물건들이 만들어지고 나면, 보다 만들기 어려운 다른 물건들을 힘을 덜 들이면서도 비교적 완전하게 만들어냈다. 이렇게 해서 차츰 가장 간단한 작업에서 도구로, 나아가 그리고 도구에서 다른 작업들과 도구로 나아감에 따라, 마침내 그렇게도 많은 그리고 그렇게도 만들기 어려운 물건들을 거의 힘을 들이지 않고 완성해내는 지점에 이르게 되었다. 기술 발전의 역사를 보면, 우리가 만들어낸 모든 도구는 가장 단순한 것에서 지금의 복잡한 것에 이르게 되었습니다. 우리가 사용하는 전등이나 샤프 같은 건 굉장히 복잡한 기술인데, 그런 것까지 정교하게 만들 수 있게 된 거죠. 이와 마찬가지로 지성도 그 타고난 역량을 가지고 자기 자신을 위해 지적 도구를 만들고, 그 도구들을 가지고 한층 다른 도구들, 즉 더 깊이 탐구할 역량을 만들어내고, 이렇게 단계적으로 나아가 결국 지혜의 정점에 이르게 되는 것이다. 우리가 지닌 최고 수준의 지적 능력은 훈련이나 자기 계발을 통해 갖추어진다는 겁니다. 처음에는 미숙한 단계에서 시작하지만 차츰 발전된 단계로 올라간다는 거죠. 이런 식으로 탐구 능력도 진보해갑니다. 타고난 힘에 의존하기보다는 거듭되는 훈련과 개발에 의존합니다.

『신학정치론』에서 스피노자는 성경에 대해 이야기하면서, '아담은 바보다'라고 말합니다. 그 말은, 인류의 시초에는 완성된 지성을 지닌 존재가 있었던 게 아니라, 미숙한 아이 같은 존재가 있었을 뿐이라는 뜻입니다. 아담은 성장해야 한다는 거죠. 여기서 스피노자는 선악과에 대해 나름의 재미있는 해석을 합니다. 선악과가 사실은 독이 있는 과일이었다는 거예요. 그래서 신이 '너 그거 먹지 마라'라고 명령한 건데, 아담은 이걸 신의 자의적인 명령으로 착각했습니다. 독이 있기 때문에 몸에 해롭다는 자연 질서에 대한 진술을, 임의적인 명령, 편의상 만들어낸 법으로 혼동했다는 거죠. 그래서 스피노자는 '아담은 바보'라고 했어요. 우리는 자연의 법과 임의로 지어낸 법이 뒤섞여 있는 세상에 살고 있는데, 이 둘을 잘 구분하는 법을 알아야 합니다.

이 이야기는 중요한 함의를 갖습니다. 적합한 관념을 상상 세계 속의 부적합한 관념들 사이에서 어떻게 골라낼 거냐? 어떻게 해야 조금 더 건강한 지성을 갖추는 단계로 이행할 거냐? 스피노자가 택한 전략은, 순수하게 지적인 접근이 아니라 경험적이고 실험적인 접근입니다.

된장인지 똥인지 맛을 봐야 하느냐? 맛을 봐야 한다는 게 스피노자의 답변이에요. 실제로 경험해보지 않으면 모른다는 거죠. 대신 다 직접 경험해볼 필요는 없겠죠. 남들이 경험해본 것에서 도움을 얻어도 됩니다.

중요한 건 세계 속에 존재하는 것과 인간이 만났을 때 경험적으로 어떤 일이 일어나느냐죠. 만난다는 건 불이 피부에 닿는 것도 만나는 거고, 뭔가를 보고 듣는 것도 만나는 거고, 뭔가를 먹어 섭취하는 것도 만나는 겁니다. 이런 다양한 종류의 만남들을 목록으로 만들어야 합니다. 예를 들어 어떤 게 음식이냐 독이냐를 물어볼 수 있겠죠. 음식은 우리 몸을 더 힘차게 만드는 인간 외부의 것이에요. 독은 인간 몸을 현재 상태보다 쇠약하게 만들거나 파괴하는 것입니다.

만남이 일어나면 두 종류의 사태가 벌어집니다. 하나는 힘의 증대, 하나는 힘의 감소. 이때 증대와 감소는 현재 상태를 기준으로 한 겁니다. 힘의 증대를 가져오는 것들은 더 가까이 가서 자주 만나고 힘의 감소를 가져오는 것들을 피하면 좋겠지요? 바로 이걸 행동의 원칙으로 삼을 수 있습니다. 사실 어떤 점에서 이미 알고 있는 지혜이기도 해요. 자기 체질에 맞는 음식을 주로 먹고, 체질에 안 맞는 것들은 피하고. 일종의 섭생이죠. 먹는 것뿐 아니라 만나는 모든 걸 그런 식으로 구분하자는 것이 스피노자의 전략입니다.

스피노자는 이런 행동 방식에 '윤리'라는 이름을 붙입니다. 윤리는 자연의 질서와 함께합니다. 반대로 자연의 질서에 부합하지 않는 행동 규칙들, 행동 지침들, 자의적이고 제멋대로 만들어낸 것들을 '도덕'이라고 부릅니다. 우리말로는 윤리와 도덕이 구분이 잘 안 되는데, 서양에서는 'ethic'과 'moral'이 구분됩니다. 모두에게 구분되는 건 아니고, 스피노자, 니체, 들뢰즈 같은 철학자에게 엄밀하게 구분됩니다. 이런 행동의 원칙, 또는 규칙을 가리키는 말이 윤리, 라틴어로 표현하면 '에티카ethica'이고, 자의적인 원칙이나 규칙이 '모럴moral'입니다. 그래서 도덕 중에도 윤리에 어울리는 게 있습니다. 몇몇 도덕 규칙은 지금 우리에게 행동의 규칙을 적합하게 제공해주기 때문에 윤리일 수 있는 거죠.

외부세계와 만날 때 일어나는 일을 둘로 분류했습니다. 힘의 증대를 가져오는 만남이 있을 때 인간의 마음에서는 어떤 일이 벌어질까요? 기쁨이 생겨납니다. 스피노자의 분석에 따르면 힘의 증대와 관련되는 정서나 감정이 기쁨이고, 힘의 감소와 관련이 되는 정서나 감정은 슬픔입니다.

그런데 우리의 만남은 보통 우연히, 우발적으로 일어나요. 어떤 만남이 있을지 미리 알 수 없어요. 만남은 자신에게 전적으로 달려 있지 않다는 거죠. 그렇다면 일반적인 삶의 조건은 뭐냐? 우연한 만남을 계속 겪는 겁니다. 좋아질지 나빠질지 몰라요. 하지만 우리는 경험을 통해, 실험을 통해 자신의 만남들을 분류할 수 있습니다. 자신의 힘을 증대시키는 만남과 자신의 힘을 감소시키는 만남을 목록화해서, 전자의 만남을 늘리고 후자의 만남을 피하는 일이 행동 규칙이 되어야 한다는 게 스피노자가 주장하는 바입니다. 그게 적합한 관념을 갖는다는 것의 뜻입니다.

다음은 『윤리학』의 한 구절입니다. 나는 이제부터 기쁨이라는 말을 마음이 더 큰 완전함으로 이행하게 되는 수동이라고 이해할 것이다.

그리고 슬픔이라는 말을 마음이 더 적은 완전함으로 이행하게 되는 수동이라고 이해할 것이다. 여기서 수동이라는 말은 그 일을 '겪는다'라는 뜻입니다. 기쁨과 슬픔이 둘 다 수동입니다. 기쁨은 어떤 일을 우연히 겪었는데 내가 힘이 조금 더 강해지는 느낌을 받는 겁니다. 슬픔은 그 반대고요. 그런데 수동에 머무는 한 어떤 만남을 겪을지는 우연이기 때문에, 자신이 조금 더 강하고 기운 나는 쪽으로 가는 것도 우연에 내맡겨집니다. 그래서 목록화가 중요합니다. 가까이 할 것과 피해야 할 것을 잘 구별해서 따른다면 더 나아질 것이라고 예상할 수 있습니다.

어차피 세상일은 무슨 일이 벌어질지 몰라요. 천재지변이 일어나서 불행한 상황에 빠질 수도 있죠. 그래도 가급적이면 도구가 개선되듯이, 우리의 지적 능력이 개선되듯이, 목록을 적절하게 잘 작성하면 더 나은 행동을 할 수 있습니다. 적합한 관념을 갖는다는 것, 어떤 만남이 나에게 기쁨을 주는지, 어떤 만남이 슬픔을 주는지 잘 구별하고, 종합적인 목록을 잘 마련하면, 체질 개선으로 이어지고 삶을 살아가는 데 힘이 될 수 있습니다.

들뢰즈는 다음과 같이 요약합니다. 부적합한 관념은 자신을 반성하면 제 안에 있는 정립定立적인 어떤 것을 뽑아내게 된다. 태양이 200보 거리에 있다는 것은 거짓이지만, 내가 태양을 200보 거리에 있는 것으로 본다는 것은 참이다(『윤리학』 2권 정리35주석). 별 얘기 아닙니다. 여러 부적합한 관념이나 상상 중에서 알맹이가 있는 것을 찾아낼 수 있다는 거죠. 부적합한 관념을 가지게 되는 원인이 무엇인지 탐구하면, 인간적인 한계를 넘어서 수학적이고 물리적인 방식으로 태양의 거리를 확인할 수 있습니다.

들뢰즈는 이어서 말합니다. 몸들이 할 수 있는 것에 대한 탐구를 위한, 원인들의 규정을 위한, 공통지共通知들의 형성을 위한 규제적 원리로서 이용할 수 있는 것은, 의식 안에 있는 부적합한 관념의 이 정립적인 핵이다. 따라서 우리가 이러한 적합한 관념들에 이르자마자 우리는 결과들을 그것들의 참된 원인들에 다시 연결시키게 된다(『윤리학』5부 정리4). 우리 안에 있는 것들 중에서 개중 적합한 관념들을 찾아내고, 그것들의 도움을 받아 조금 더 적합한 관념들을 모아가는 방향으로 나아갈 수 있다는 겁니다. 그렇게 함으로써 우리의 관념들이 대체로 적합한 것들로 가득 차게, 물갈이하듯 관념을 적절한 것으로 바꿔갈 때, 전보다 적합한 행동을 할 수 있는 기반이 마련될 수 있습니다. 자기 쪽에서 행동을 더 많이 주도할 수 있게 된다는 겁니다.

지적인 탁월함도 그렇고 실천적인 탁월함도 그렇고, 처음부터 완성된 형태로 있는 것이 아니라 미숙한 형태로 있습니다. 그래서 계속 발전하고 개발해나가야 지적으로든 실천적으로든 더 나아질 수 있습니다. 어느 정도 진전을 이루면 그것을 직관할 수도 있습니다. 자료가 꽤 모이게 되면요. 세계를 직관적으로 알 수 있는 단계까지 가면 최상이라고 스피노자는 말합니다.

스피노자가 남긴 말 중에 '신 즉 자연'이라는 유명한 말이 있는데, 라틴어로 하면 'deus sive natura'입니다. 스피노자에게 '실체=신=자연'인 겁니다. 여기서 인격신적인 측면이 다 사라진 것을 알 수 있습니다. 우리는 자연의 일부이지만, 자연에 대해 미리 알고 있지는 않아요.

자연에 대해 알아간다는 건 신에 대해 알아가는 것과 같은 일입니다. 아는 행위 전반은 지성을 통해 일어나지요. 그러나 명상하면서 알 수 있는 게 아니라 세상과 부딪혀가면서, 경험적으로 만나가면서만 알 수 있습니다. 그리고 앎은 축적됩니다. 결국 인간 개개인의 문제가 아니라 인류 전체가 함께 알아가는 작업입니다.

Q 다양한 만남의 목록화가 과연 필요할까요? 어떤 만남이든 거기에서 무엇을 발견하느냐에 따라 만남의 성격이 바뀔 수 있지 않나요?

A 병원체를 한번 봐요. 병에 걸리면 건강이 무엇인지 깨달을 수 있어요. 하지만 그 만남은 우리를 파괴합니다. 독毒도 마찬가지예요. 그건 피해야만 하지, 한번 만나보자 해볼 대상은 아니에요. 반면 음식은 적절한 양만큼 많이 만나는 게 좋아요. 따라서 어떤 것이 도움이 되고 어떤 것이 아닌지 미리 알고 있는 게 중요해요. 만난 후에 깨닫게 될 수도 있겠지만, 해야 할 것과 하지 말아야 할 것을 미리 알고 예비하는 게 더 좋겠지요.

부적합한 관념은 우리를 괜한 공포에 빠트리기도 합니다. 사람들이 독재자를 원하는 상황은 대다수가 겁먹었을 때입니다. 그가 누구이건 우리를 이끌어주면 좋겠다는 상상이 발동하는 거죠. 그래서 목록을 잘 작성하는 일은 정치적으로도 중요합니다. 미신이나 종교에 빠지고 잘못된 믿음을 가질 때 독재의 유혹에 빠지기 쉽습니다.

Q 어디까지가 교육이고 계몽일까요?

A 사람을 자유로워질 수 있는 방향으로 이끄는 것인지, 아니면 예속적인 방향으로 이끄는 것인지에 따라 다릅니다. 사회 지배층은 대중이 부적합한 관념에 둘러싸여 있을 때 지배하기 쉬워집니다. 따라서 이 문제는 개인 차원을 넘어서 지식인 간의 싸움이 됩니다. 더빗 세력처럼 사회를 민주적인 방향으로 만들려는 노력도 있고 오라네파처럼 독재로 이끌려는 시도도 있으니까요. 사리사욕이나 지배 권력의 강화를 위해 사용되는 지식도 있습니다.

지식 앞에서는 둘로 나뉠 수밖에 없습니다. 아는 것과 모르는 것. 모를 때는 아는 사람을 따를 수밖에 없습니다. 그래서 결국 지식인 간의 싸움으로 귀결될 수밖에 없는 거죠.

Q 기쁨과 슬픔은 사람의 감정인데, 목록화는 단순하게 데이터를 만드는 것 같아요.

A 힘의 증대를 가져오는 만남의 목록을 만들어 그걸 추구하고 힘의 감소를 가져오는 만남의 목록을 만들어 그걸 피해야겠지요. 그러다 보면 삶이 더 기뻐지게 될 거예요. 목록화는 그럴 때 굉장히 유용합니다. 스피노자는 감정을 매우 세밀하게 연구해요. 가령 기쁨이 예견될 때 생기는 감정은 사랑이고, 슬픔이 예상될 때 생기는 감정은 미움이에요.

스피노자는 굉장히 과학적입니다. 이 사람은 통상의 철학사에서 언급되는 것과는 달리 굉장한 경험론자입니다. 경험적인 검증이 가장 중요했거든요. 나아가 인간은 대체로 비슷하기 때문에 비슷한 상황에서는 비슷한 일을 겪을 거라고 봅니다. 개인 목록을 넘어 인간에게 유용한 목록일 수 있는 이유가 그것입니다.

Q 스피노자의 기하학적 방법이 무엇인가요?

A 스피노자는 실제 세계가 만들어지는 방식을 알아내서 개념화하려고 해요. 스피노자에 따르면 '명목적 정의'와 '발생적 정의'가 구분됩니다. 원을 예로 들어보죠. 원의 명목적 정의는 '한 점에서 같은 거리에 있는 점들의 집합'입니다. 이건 원에 대한 묘사로는 정확해요. 그런데 이 정의는 원이 실제로 어떻게 만들어지는지에 대해 알려주는 바가 없어요. 반면에 발생적 정의는 이런 식이에요. 하나의 직선 또는 막대기가 있을 때, 한 끝을 고정시키고 다른 끝을 마음대로 움직였을 때 생겨나는 도형이 원입니다. 그렇게 하면 원이 생겨납니다. 스피노자는 명목적 정의를 파괴하고 발생적 정의로 대체하려 합니다. 그래야 실제 세상의 발생을 해명할 수 있으니까요. 그럼으로써 세계에 대한 지도를 다시 그리려고 합니다.

Q 사람들은 왜 독재자를 지지하는 건가요?

A 이 문제는 복잡합니다. 들뢰즈는 스피노자와 니체를 이어받아 이 문제를 '파시즘'의 문제로 봅니다. 왜 사람들이 예속과 억압을 원하느냐의 문제지요. 쉽게 요약하면 이렇습니다. 사람들은 힘센 조직에 복종하면

그 조직의 수혜를 입을 수 있어요. 이 수혜는 물질적인 것일 수도 있고 정신적인 만족일 수도 있어요. 조폭에 속해 있으면 막내도 어디 가서 그 조직의 힘을 행사할 수 있거든요. 자발적으로 복종하는 이유는 그런 종류의 힘을 원하기 때문입니다. 독재자를 통해 느끼고 행사할 수 있는 힘이 있어요. 가령 히틀러에게 복종하면서 느꼈던 큰 힘이 있었습니다. 이런 식으로 복종마저도 권력의 문제입니다.

• 출전 : 『지성교정론』(1661), 『에티카』(1677) 외. •

사정은 물체 도구들의 경우와 마찬가지다. 〔…〕 처음에 인간들은 자신이 가지고 태어난 도구들을 가지고 (아무리 힘이 들었고, 또 아무리 불완전한 것이었다 할지라도) 가장 손쉬운 물건들을 만들 수 있었다. 그리고 일단 이 물건들이 만들어지고 나면, 보다 만들기 어려운 다른 물건들을 힘을 덜 들이면서도 비교적 완전하게 만들어냈다. 이렇게 해서 차츰 가장 간단한 작업에서 도구로, 나아가 그리고 도구에서 다른 작업들과 도구로 나아감에 따라, 마침내 그렇게도 많은 그리고 그렇게도 만들기 어려운 물건들을 거의 힘을 들이지 않고 완성해 내는 지점에 이르게 되었다. 이와 마찬가지로 지성도 그 타고난 역량을 가지고 자기 자신을 위해 지적 도구를 만들고, 그 도구들을 가지고 한층 다른 도구들, 즉 더 깊이 탐구할 역량을 만들어내고, 이렇게 단계적으로 나아가 결국 지혜의 정점에 이르게 되는 것이다.

—『지성교정론』30-31절.

나는 이제부터 **기쁨**이라는 말을 **마음이 더 큰 완전함으로 이행하게 되는 수동**이라고 이해할 것이다. 그리고 **슬픔**이라는 말을 **마음이 더 적은 완전함으로 이행하게 되는 수동**이라고 이해할 것이다.

—『에티카』3부 정리51

부적합한 관념은 자신을 **반성하면** 제 안에 있는 **정립(定立)적인 어떤 것을 뽑아내게 된다.** 태양이 200보 거리에 있다는 것은 거짓이지만, **내가** 태양을 200보 거리에 있는 것으로 **본다는 것은 참이다**(『윤리학』2권 정리35주석). 〔…〕 몸들이 할 수 있는 것에 대한 탐구를 위한, 원인들의 규정을 위한, 공통지(共通知)들의 형성을 위한 규제적 원리로서 이용할 수 있는 것은, 의식 안에 있는 부적합한 관념의

이 정립적인 핵이다. 따라서 우리가 이러한 적합한 관념들에 이르자마자 우리는 결과들을 그것들의 참된 원인들에 다시 연결시키게 된다(『윤리학』 5부 정리4).

—질 들뢰즈, 『스피노자와 표현의 문제』, 84쪽.

14 괴팍한 자라도 억압하지 말라_ 밀

John Stuart Mill, 1806~1873

천재, 자유주의자, 정치인, 로맨티스트
ー

이름은 잘 알려졌지만 사상의 내용은 덜 알려진 존 스튜어트 밀을 보겠습니다. 보통 공리주의자라고 평가받지만, 훨씬 다양한 측면을 지닌 철학자입니다. 이 사람의 아버지도 유명한 학자였습니다. 사회학, 경제학, 철학에 능통한 제임스 밀이 아버지입니다. 제임스 밀은 스코틀랜드 출신입니다. 여기는 18세기 '스코틀랜드 계몽주의'라고 부르는 독특한 문화적 꽃이 피었던 곳입니다. 데이비드 흄이나 애덤 스미스 같은 천재들이 동시에 출현한 배경을 가진 지역이죠. 『지식인과 사회』(부제는 '스코틀랜드 계몽운동의 역사')에서 당시 스코틀랜드의 지적 분위기를 엿볼 수 있습니다.

존 스튜어트 밀은 아버지와 달리 영국 런던에서 태어났습니다. 출생 자체만 보자면 런던 출신이지만, 학문적인 가계를 보면 스코틀랜드 계몽주의의 후예이자 적통입니다. 특히 아버지가 직접 교육했습니다. 들으면 열 받는 일인데, 세 살 때 희랍어를 배우기 시작했대요. 따라 한 아들도 대단합니다. 그래서 여덟 살 때까지 이솝 우화와 크세노폰Xenophon이 쓴『아나바시스』, 헤로도토스Herodotos의『역사』를 희랍어로 읽었습니다. 그리고 여러 고대 산문가, 디오게네스 라에르티오스, 플라톤의 대화편 등을 희랍어로 읽었습니다. 그 밖에 영어로 많은 역사책을 읽고 산수도 터득했습니다. 여덟 살 때부터는 라틴어와 유클리드 기하학, 대수를 배웠어요. 육남매 중 장남이었는데 동생들의 가정교사 노릇도 했습니다. 그 외에도 수많은 역사책과 그리스 비극을 읽었고요. 열 살쯤 되어서는 당시 대학에서 읽던 고전들을 섭렵했습니다. 물론 라틴어나 희랍어 같은 원어로. 다 아버지한테 교육받았던 흔적입니다.

열두 살 즈음에는 중세 스콜라철학, 아리스토텔레스 논리학을 라틴어로 배웠고, 정치경제학도 배웠습니다. 애덤 스미스, 데이비드 리카도David Ricardo 같은 사람들의 저서죠. 나중에는 공리주의의 창시자로 불리는 제러미 벤담Jeremy Bentham, 아버지의 친구인 리카도를 만나서 배우기도 하고요. 공부 여건이 무척 좋았습니다. 이미 10대 중반에 자신의 천재성을 충분히 발휘했지요. 자서전에 보면, 아버지가 자신에게 한 교육을 거의 완벽하다고 평했습니다. 가끔 힘들 때도 있었다고 해요. 자기가 이해를 못 하면 아버지가 속상해하기도 했고요. 하지만 이렇게 쓰고 있습니다. "전반적으로 아버지의 교육은 옳았고 성공을 거뒀다." 하나 더 소개하면 이렇습니다. "아버지가 논리학과 정치경제학을 내게 가르친 방법만큼 철저했거나 소양을 기르는 데 적합한 과학적 교육은 전례가 없었으리라 생각한다." 아버지가 먼저 답을 제시하지 않고, 스스로 문제와 답을 찾아내게끔 하는 교육을 했다고 합니다. 하지만 어린 시절에 이렇게 영재교육을 받다 보니, 스물한 살에 신경쇠약으로 고생했습니다. 일종의 정신병이죠. 그래서 저는 아이들에게 영재교육을 안 하기로 했습니다. 영재도 아닐뿐더러 아이들은 뛰어놀아야죠. 밀은 윌리엄 워즈워드William Wordsworth의 시를 읽으면서 우울증을 다스렸다고 하네요.

이제 대학에 가야죠. 그런데 밀은 옥스퍼드나 케임브리지에 가는 걸 거부했습니다. 이 두 학교는 영국 국교도가 되어야만 입학이 허가되었습니다. 그래서 아버지가 근무했던 영국 동인도회사를 35년간 오가면서 일했습니다. 직업적으로는 외교관에 가까운 일이었죠. 그러면서 연구와 저술에 몰두했습니다. 연구와 저술이라고만 간단히 말하기는 어려운 게, 당시에 나오던 신문이나 잡지에 기고하고 토론에 참여해서 엄청난 성공을 거두었습니다. 밀이 성공을 거둔 포지션은 온건한 자유주의가 아니라 급진적인 자유주의였고, 사회주의 사상에도 상당히 일가견이 있었습니다. 공상적 사회주의자 생시몽이나 마르크스의 저술도 봤고요. 하지만 사회주의로까지 가지는 않았고, 급진적 자유주의에 머물렀습니다.

아내가 중요한데, 해리어트 테일러Harriot Taylor라는 여성입니다. 21년의 교제 끝에 1851년에 꽤 나이가 들어 결혼하는데, 상당히 괜찮은 여자였나 봐요. 전 남편이 죽을 때까지 기다린 겁니다. 밀과 처음 알고 지낼 때 남편이 있었던 거죠. 처음 사귈 때는 일종의 정신적인 교감이 컸고, 나중에는 같이 산 거죠. 오늘 다루게 될 『자유론』도 해리어트가 원고를 많이 손봐줬다고 해요. 사상적으로 밀에게 많은 영감을 주었는데, 밀의 사후에 출간된 『여성의 예속』이라는 당시로서는 급진적인 책에 영향을 많이 줬습니다. 아쉽게도 해리어트는 7년 만에 사망했습니다. 밀은 그 무덤가에 작은 집을 사서 안식처로 삼았다고 합니다.

밀은 영국 웨스트민스터 사원 근처에서 하원의원으로 당선되었고, 여성의 권리를 내세우면서 여성에게도 투표권을 주어야 한다는 주장도 하고, 비례대표, 협동조합을 통한 농지 소유 같은 급진적인 개혁 법안도 제출했습니다. 버트런드 러셀이 밀이 죽기 1년 전에 출생했는데, 러셀의 모친이 밀에게 대부代父를 맡아달라고 부탁해요. 러셀은 'sir', 귀족 집안입니다. 밀에게 대부를 요청할 정도였다는 점에서 밀의 위대함을 짐작할 수 있죠.

밀은 그렇게 경제학, 정치학, 철학, 논리학, 윤리학 등 학문 활동을 하면서도 현실 정치에도 적극적으로 참여한 학자였으며, 그 내용은 급진적인 자유주의였습니다. 이렇게 흥미로운 이력을 지닌 사람이 많지 않죠. 우리가 살펴본 사람 중에 프랜시스 베이컨이 있었지요. 뇌물수수 혐의로 감옥도 갔으니까요. 밀의 철학은 기본적으로 스코틀랜드, 영국의 경험주의의 전통 아래 있습니다.

우리가 누려야 할 가장 기본적인 자유

—

고등학교 교과서에서 밀이 다루어지는 맥락은 윤리학입니다. '공리주의'라는, 유용성을 윤리적 행위의 기준으로 삼는 19세기 학문 말이지요. 공리주의를 대표하는 학자로 아리스토텔레스가 있습니다. 우리의 행동은 행복을 목적으로 한다는 주장을 본 적이 있죠. 벤담하고 밀의 사상을 공리주의라고 부르는 건 아주 요약적인 표현입니다. 실제로 그렇게 단순한 사람은 아닙니다.

근대 공리주의는 쾌의 증진, 고통의 감소로 요약됩니다. 고통이 줄고 쾌가 늘어나는 게 행동의 원칙이 되어야 한다는 거죠. 원래 이 주장을 펼친 사람은 벤담입니다. 벤담의 입장을 양적 공리주의라고 하는데, 양으로 측정할 수 있다는 겁니다. 쾌와 고통의 크기를 계산하면 된다는 거죠. 밀은 더 복잡합니다. 밀은 유럽의 모든 고전과 현대 사상을 공부했기 때문에 단순하지 않고, 쾌와 고통을 질적으로 파악해야 한다고 봅니다. 정신적인 측면, 문화적인 측면까지 다루어야 하니까, 거의 계산이 안 되죠. 그런데 그것이 최대가 되도록 행동하는 것이 옳다고 주장합니다.

오늘 말씀드릴 핵심은 그런 윤리학적 주제가 아닙니다. 밀은 방대한 논리학 저서를 쓰는데 그것도 오늘의 주제는 아니고요. 또 엄청난 양의 정치경제학 저서를 쓰는데 그것도 오늘의 주제가 아닙니다. 오늘의 주제는 '자유'입니다.

이 책은 사람에게 자유의지가 있느냐 없느냐를 다루는 건 아니라고 하면서 시작합니다. 자신은 사회 속에서의 자유, 정치적 자유를 다루겠다고 합니다. 사회 속에서 자유의 대원칙을 수립하는 것, 그것이 『자유론』의 목표입니다. 분량은 꽤 짧아요. 우리말로 100페이지 남짓? 원래 훨씬 난삽한 원고였는데 부인이 잘 다듬었다고 합니다. 해리어트가 죽은 직후인 1859년에 출간되었습니다. 19세기 중반이죠.

밀이 살아 있을 때 미국에서는 남북전쟁이 일어났습니다. 밀은 북부와 노예해방을 지지했죠. 사회활동의 자유에서 대원칙이 뭐냐는 물음에, 밀은 '자기보존'이라고 말합니다. 사람은 자기보존을 기준 삼아서 자유의 문제를 세워야 합니다. 예를 들어 타인에게 강제나 폭력을 행할 때, 그것이 허용되는 것은 자기보존이 위협받을 때입니다. 내가 위협받을 때, 오직 그때뿐이라는 거죠. 거꾸로 얘기하면 타인에게 위협을 가하지 않는 행동이라면 언제든 무엇이든 다 허용될 수 있습니다. 이때 위협은 관념적인 위협이 아니라 실제적인 위협입니다.

20세기 초에 미국의 가장 위대한 법사상가로 불리는 올리버 홈스 Oliver Wendell Holmes 판사가 언제 사람의 행동에 제재를 가할 수 있는지 기준을 세운 적이 있습니다. 이때 홈스는 '직접적이고 현존하는 위험 direct and present danger'이라는 표현을 씁니다. 타인이 그런 행동을 하려고 할 때는 제재를 가해도 된다는 거죠. 그렇지 않을 때는 관용해야 하고 개입하지 말아야 합니다. 위험이 현실화되고 바로 눈앞에서 일어나려고 할 때는 제재해야 하고 그 외에는 놔둬야 한다는 거죠. 누군가 흉기를 들고 나를 향해 달려오는 상황 같은 경우가 '직접적이고 현존하는 위험'입니다.

홈스 판사가 제시한 기준의 근거가 뭐냐? 바로 존 스튜어트 밀의 원칙, 자기보존이었어요. 자기가 위해를 당하지 않는 한 타인에게 위해를 가하거나 간섭해서는 안 된다. 거꾸로 자신에게 위해를 가하지 않는다면, 그런 종류의 행동은 모두 용인되고 관용되어야 한다.

자기보존과 관련해서 밀은 조금 더 구체적으로 허용되어야 할 자유를 말합니다. 이건 거의 무조건 허용되어야 하는 것들입니다. 무조건 허용되어야 한다는 건, '이것들이 무조건 허용되지 않는다면 자유로운 사회가 아니다, 개인의 자유가 존재하는 사회가 아니다'라고 판정할 수 있게 하는 기준이라는 뜻입니다. 밀이 언급하는 건 세 가지입니다.

첫 번째는 사상의 자유입니다. 사상의 자유라고 하면 어려운데, 다른 말로 하면 생각의 자유입니다. 무슨 생각이든 할 수 있다. 심지어는 타인을 죽이는 일도 생각할 수 있다. 사실 사상의 자유라는 건 그 사람 자신이에요. 자기 마음대로 생각할 수 없는 상황이라면 그 사람은 자유롭지 않은 거죠. 그 사람 자신이 없는 거예요. 마음대로 생각하라. '그 어떤 압박이나 압력에도 굴하지 말고 마음대로 생각하라'가 출발점입니다. 생각을 마음대로 못 하면 그 사람 자신이 존재하지 않는 것과 같지요.

두 번째는 생각을 표현하는 자유입니다. 여기에는 언론, 출판의 자유가 해당합니다. 말로건 글로건 다른 사람에게 검증할 수 있도록 하는 거죠. 경합을 벌이게 하는 겁니다. 여기서 말하는 표현의 자유라는 게 문제의 소지가 될 수 있는 지점이 있어요. 예를 들어 어두운 극장에서 사람들이 사방을 제대로 확인할 수 없을 때, 누군가가 "불이야"라고 외친다면 어떻게 되겠어요? 다른 예를 볼까요. 배고픈 사람들이 굶주린 상태에서 시위를 하고 있어요. 그때 어떤 사람이 지나가는데 그 사람이 자본가예요. "여러분의 굶주림이 저 사람 때문에 생겨난 거예요"라고 하면 사람들이 그를 해치려 하겠죠? 이런 사례들이 거기에 해당합니다. 표현의 자유에서 제약될 수 있는 요소가 있다는 거죠. 타인에게 명백하고 현존하는 위협이 될 때, 그걸 불러일으키는 표현 방식은 안 됩니다.

그런데 글로 그걸 쓰는 건 직접적이지 않아요. 방금 든 예는 성난 군중에게 이 사람이 표적이라고 얘기하는 거예요. 그런데 책을 읽을 때는 똑같은 강도로 성나지 않죠. 신문이건 잡지건 책이건, 그런 걸 통해 표현하게 되면 직접적이고 현존하는 범위에 속하지 않는다는 거죠. 글로는 무슨 말이든 할 수 있다, 심지어 '사람을 죽여도 된다'라는 주장도 펼칠 수 있다는 겁니다. 이런 주장과 관련되는 게 오늘날 용어로 '공론장'인데, 공론장에서 사람들이 논의하다 보면 걸러질 건 걸러지고 살아남을 건 살아남을 거라는 겁니다. 밀은 공론장의 자정 기능을 신뢰했습니다. 어떤 생각이든 해보고, 제출해보고 논의해보자. 살아남을 수 있는 생각들은 살아남을 수 있게끔 말이죠.

마지막은 결사의 자유입니다. 사람들이 모여서 단체나 조직을 이루는 거죠. 물론 결사의 자유에도 대원칙은 포함됩니다. 사람에게 직접 위해를 가할 수는 없다. 그러나 이것 역시 애매한 부분이 있어요. 예를 들어 반국가단체, 이적단체가 있다고 주장할 때 그러한 특성을 내부에 가지고 있느냐 물어볼 수 있습니다. 그런데 밀은 가능성을 갖고 있는 것만으로는 안 된다고 합니다. 그들이 가령 무장을 해서 범죄를 일으키거나 일정한 행동을 하기 전까지는, 모여서 토론하는 것까지는 제재해서는 안 된다는 거죠.

밀이 말하는 수준의 자유주의는 사회주의 관점에서 보면 미흡할지 몰라도, 우리 수준에서는 굉장히 급진적인 주장입니다. 이 세 가지 자유가 무조건 허용되어야 합니다. 그런 것들이 허용되지 않으면 자유가 없는 사회라는 게 『자유론』의 핵심 주장입니다. 이러한 주장을 바탕으로 준비한 텍스트를 함께 보겠습니다.

그때는 맞았더라도 지금은 아니다, 관행을 경계하라

—

저런 생각의 저변에 있는 사회적 배경을 생각해볼 수 있습니다. 생각이 틀렸다, 해롭다는 이유로 생각 자체를 막으려는 사회 분위기가 있습니다. 그러면 해롭다거나 틀렸다는 판단을 누가 하나요? 판단할 수 있는 특권을 지닌 자는 존재하지 않아요. 그렇기 때문에 모두가 참여하는 공론장에서 검증해야 합니다. 그게 결과적으로 사회 전체의 진보에 기여할 수 있습니다. 생각의 자유라는 문제와 관련해서 '괴팍한 자라도 억압하지 말라'를 제목으로 뽑았습니다. 이게 밀이 직접 한 말은 아니지만, 거의 비슷한 말을 하고 있습니다.

준비한 텍스트를 보겠습니다. 어떤 사람도 독창성이 인간사에서 가치 있는 요소라는 점을 부인하지 않을 것이다. 새로운 진실을 발견해서 예전의 진실이 더 이상 진실이 아니라는 점을 지적하고, 새로운 관행을 만들고, 보다 계몽된 행위와 더 나은 취향과 새로운 감각의 모범을 보인 사람들은 이 세상에 항상 필요하다. 기존의 방법과 관행이 완벽하다고 믿지 않는 한, 이러한 사람들이 필요하다는 사실을 부인할 수 없다. 여기서 독창성이라는 건 영어로 'originality'입니다. 새롭게 뭔가를 해내는 거죠. 그게 인간 사회, 인간 역사에서 왜 중요한지 예시하고 있습니다. 현재 상태가 완벽한 게 아니기 때문에 세상은 항상 조금씩 더 나아질 수 있다. 계몽주의의 입장이기도 하고요.

이와 관련해서 아일랜드의 사상가 에드먼드 버크Edmund Burke와 비교할 수 있습니다. 칸트보다 조금 전에 활동했던 '보수주의의 아버지'입니다. 밀과 달리 버크는 '기존의 방법과 관행'을 중시했습니다. 버크는 전통을 '선입견'이라고 부릅니다. 이 선입견은 한 사회가 검증을 거쳐 갖게 된 지혜입니다. 따라서 개인이 새로운 시도를 하기보다 전통의 지혜에 따르는 편이 안전하고 유용하다는 겁니다. 이 점에서 밀은 명시적이진 않지만 버크를 비판하고 있다고 보입니다.

다음 문단. 이러한 공헌을 할 수 있는 능력을 모든 사람이 똑같이 가지고 있는 것은 아니다. 자신의 시도로 기존의 관습을 어느 정도라도 개선할 수 있는 사람은 인류 전체로 볼 때 극소수에 불과하다. 인정하기 싫지만 밀 같은 타고난 천재도 있고, 그렇지 않은 평범한 삶을 살아가는 많은 사람이 있고, 능력의 차이가 있는 사람들이 함께 살고 있습니다. 그러나 이 소수가 세상의 소금이다. 만약 이들이 없다면, 우리 세상은 고여 썩어가는 물웅덩이가 되고 말 것이다. 예전에 존재하지 않았던 좋은 것들을 소개하고, 이미 존재하는 것들의 생명력을 유지시켜주는 사람들이 바로 이들이다. 만일 세상에 더 이상 이루어져야 할 것이 없다면, 인간의 지성이 불필요하다고 생각할 수도 있다. 바로 이렇게 생각하기 때문에, 옛 관행을 답습하는 사람들은 왜 그것이 행해지게 됐는가를 망각하고 마치 소처럼 그것을 따라가게 된다. 관행이라는 건 우리가 필요해서 만든 사회적인 약속입니다. 사회 규범이죠. 여기서 중요한 건 '필요해서'입니다. 사회가 필요로 하기 때문에 어떤 식으로든 사회적 합의를 거쳐 만든 약속인데, 만약 사회가 변해서 더 이상 그 방식으로 행동하는 게 그 사회에 기여하지 못하는 상황이 됐을 때도 여전히 옛 관행을 답습한다면, 처음에 그것이 왜 만들어지게 되었는지 망각한 결과라는 거죠. 항상 그 사회에 필요한 규칙, 규범, 행동의 원칙을 '업데이트'하는 게 필요합니다. 따라서 업데이트 과정을 존중한다면, 그건 처음에 왜 특정한 관행이 생겨나게 되었는지를 기억한다는 뜻이고, 그게 아니면 인습에 빠져 옛것을 반복할 수밖에 없습니다. 아무리 좋은 신념이나 관행이라 하더라도 순식간에 기계적인 것으로 전락할 수 있다. 기계적인 건 계속 반복된다는 거죠. 이런 생각들이 밀의 여성에 관한 여러 진보적인 태도를 낳았다고 볼 수 있습니다.

사실 영국에서 여성이 보통 선거권을 갖고 투표하게 된 게 기껏해야 100년 정도밖에 안 됐습니다(1918년). 오래되지 않았어요. 한국의 여성 참정권이 제헌과 함께 수용된 것(1948년)과 비교하면 생각보다 시간차가 크지 않습니다. 그럼 왜 여성이 참정권을 가져야 하느냐? 예전에는 아예 인간 취급도 안 했고, 시간이 흘러 산업화가 되고 여성이 사회활동을 하니까, 세금도 내고 그만큼 기여하는 것도 있으니까, 그에 맞는 권리를 주장하게 된 거죠. 그런 시대 상황을 반영한 겁니다. 저울에 균형이 맞지 않은 채로, 여성에게 사회적 의무만을 강요하고 사회적 권리를 부여하지 않는 상태가 계속되면 문제고, 결국 문제를 고치자는 주장들이 쌓이면서 개선되는 방향으로 간 거죠. 우리 사회에서도 똑같은 상황이 되풀이되고 있습니다.

'그건 6.25때 얘기잖아요, 그건 유신 때 얘기잖아요, 그건 1980년대 얘기잖아요, 그건 IMF 때 얘기잖아요'라고 대답하면서, 앞 세대와 뒤 세대 간의 갈등이 드러나곤 하는데, 같은 문제 유형입니다. 이런 문제에서 유연하게 자신을 바꿔가면 사회의 어른이 되는 거고, 그렇지 않으면 꼰대가 됩니다. 우리 때는 이랬다, 우리 때는 이랬는데. 근데 그건 그때 얘기죠! 지금은 상황이 다르니까요. 당시엔 3포 세대, 5포 세대, n포 세대라는 말도 현실도 없었을 때니까. 우리 때는 열심히 공부해서 대학 가면, 자연히 취직해서 결혼하고 집 사고 어쩌고 할 수 있었다. 이런 식으로 얘기하는 건 적절한 조언이 아니죠. 지금 청춘들에게 진짜 필요한 얘기를 하는 게 어른의 몫인데, 그걸 제대로 하는 사람이 없어요. 그런 얘기를 못 하는 이유는 시대가 바뀌었다는 걸 충분히 받아들이지 못하기 때문이라고 보입니다. 정신의 지체 현상입니다.

이어지는 문장. 만약 항상 새로운 독창성을 가지고 신념과 관행이 인습화되는 것을 방지하는 사람들이 지속적으로 존재하지 않는다면, 그 신념과 관행은 조그마한 충격에도 버티지 못할 것이며, 비잔틴 제국에서와 같이 문명도 사라지게 될 것이다. 잘 보세요. 새로운 독창성을 가진 사람들이 신념과 관행이 인습화되는 것을 방지하죠? 신념과 관행은 사회의 규칙, 규범이죠. 그게 인습화되는 걸 방지한다는 건, 앞에서 나왔던 표현, '예전에 존재하지 않았던 걸 존재케 하거나, 이미 존재하는 것들의 생명력을 유지시켜주는 활동'입니다. 그러면 인습화되지 않아요. 신념과 관습이 여전히 유효하고 타당하다는 걸 확인시켜주는 작업은 그래서 필요합니다. 검증되지 않은 신념과 관행은 외부의 충격에 버티지 못하고 아예 사라질 거예요. 그러면 새로운 독창성을 가지고 신념과 관행이 인습화되지 않도록 방지하는 일이 어떤 과정을 거쳐 이루어지느냐가 관건이겠죠.

새로운 독창성은 기존의 안정된 체제에 위협적이고 이질적인 요소로 나타납니다. 그랬을 때 그 사회가 새로움과 독창성을 어떤 태도로 대하느냐에 따라 인습화되느냐 더 강해지느냐의 차이가 빚어집니다. 그런데 보통은 기존의 신념과 관습에 부합하지 않는 상황이 생겼을 때 그것을 밀어내고 억압하는 방식으로 사회가 반응을 보입니다. 밀의 경고는, 새로운 것이 등장했을 때 그것을 억누르거나 배제하는 방식으로 대응하는 사회라면 오래가지 못할 거라는 거죠. 사상의 자유, 생각의 자유를 옹호하는 밀이 그것이 사회 유지와 발전에 가장 기본이라고 주장하는 맥락과 만나는 겁니다.

천재는 세상의 틀로 가둘 수 없다
—

오늘 텍스트를 고른 이유가 마지막 문단에 나옵니다. 언제나 그렇듯이 천재는 극소수다. 천재가 존재하기 위해서는 그들이 성장할 수 있는 토양이 있어야 한다. 천재는 자유로운 분위기 속에서만 살아갈 수 있다. 천재는 천재이기 때문에 다른 사람들보다 개성이 강하다. 천재들은 사회가 제시하는 제한된 몇 가지 유형에 적응하기 어려우며, 만약 그렇게 하려고 하면 다른 사람들보다 더 큰 압박감을 느낄 것이다. 이건 너무 당연한 이야기입니다. 천재는 개성이 강해요. 어떤 천재는 쪼그려서 달걀을 품어보기도 했죠. 곁에서 보면 왕따 당하기 쉬운 이상한 사람입니다. 그런데 그런 천재가 우리에게 밤낮으로 빛을 주었어요. 이런 사례가 한둘이 아니죠. 개성이 강하기 때문에 사회가 제시하는 몇 가지 유형과 틀에 적응할 수 없는 거고, 만약 그 틀 안에 가두려고 하거나 본인이 그 틀에 맞추려고 한다면 더 큰 압박감을 느끼는 것은 당연합니다. 그래서 자유로운 분위기가 필요한 거고, 그게 천재가 성장할 수 있는 토양입니다.

이런 내용은 밀 본인이 겪은 주변 상황과 관련되는 것 같습니다. 밀은 많은 압박을 받으면서 자랐겠죠. 주변의 시기와 질투는 오죽했겠어요. 그런 절절함 때문에 이런 얘기를 자신 있게 펼쳤을 거예요. 보통 사람 같으면 이런 주장을 하기 쉽지 않아요. 열등감이나 자격지심 때문에 아예 이런 논의 자체를 하지 않을 텐데, 밀은 하는 거죠. 자기가 사회에 엄청난 기여를 하고 있음을 자각하고 있는 겁니다. 자기 평가가 먼저 있는 거죠. 나는 사회에 기여하는데, 나의 괴팍함, 튀는 부분이 오히려 장점이라고 주장하는 거예요.

우리나라에서는 '모난 돌이 정 맞는다' 해서 '튀지 마라', '딱 중간만 해라'라는 게 어른들이 신조로 삼고 제시하는 충고입니다. 튀면 손해

생각의 싸움
376

본다. 젊은 사람들한테 이런 말들을 진심으로 조언하는 분위기가 우리 사회의 민낯을 보여줍니다. '뛰어라', '너의 개성을 최대한 살려봐라'라고 강조하는 게 더 좋은데, 각자를 쪼그라들게 만드는 방식으로 기성세대가 뒤 세대에게 조언하고 있다는 게 상당히 답답합니다. 예전에 데모할 때 맨 앞에도 서지 말고, 맨 뒤에도 서지 마라, 중간에 서라라고 했거든요. 그런데 경찰이 가운데를 뚫었죠. 그래서 잡혔어요.

안전지대는 어디에도 없어요. 뛰는 분위기를 허용하는 게 중요하고 그게 철학의 핵심이기도 해요. 말하자면 비판 정신. 권위가 판정하는 것이 아니라 대등한 논의와 토론을 통해서 검증을 거쳐가야 합니다. 그런데 그게 안 되니까 억압하는 거죠. 억압하고 비판을 못 하게 하고. 결국 천재의 씨앗을 밟아버리고. 보리 씨앗은 밟아야겠지만 천재의 씨앗은 아니거든요.

우리 사회를 진단하는 데 밀 정도의 급진성만으로도 아주 따갑다는 생각이 듭니다. 우리나라 보수 세력이 본인들을 '자유민주주의'라고 하는데, 밀의 『자유론』도 안 읽어보고, 자유의 핵심이 뭔지 생각도 안 해보고, 자유민주주의라고 우기는 거 같아요. 밀 정도의 자유민주주의만 할 수 있어도 우리나라가 많이 발전할 것 같습니다.

이어서 보겠습니다. 천재들이 소심하게 행동하여 강제적인 틀에 적응하는 것에 동의한다면, 그래서 자신의 재능이 억압되는 데 동의한다면, 사회는 그 천재들로부터 혜택을 별로 받지 못할 것이다. 만약 그들이 강한 성격을 소유하여 이 굴레를 타파한다면, 그들은 자신들을 보통 사람으로 축소시키는 데 실패한 사회에 의해 요주의 인물로 지목되어 '난폭한 사람', '괴팍한 사람'이라는 엄중한 경고를 받게 될 것이다. 결국 튄다는 거죠. 모났다는 겁니다. 이 마지막 문장을 풀어서 제목을 만들었는데, 괴팍한 사람들이 자유롭게 자기 생각을 해보고, 또 남들에게 전하고, 남들과 토론하는 사회가 되어야 합니다. 이는 나이아가라 폭포에게 왜 네덜란드 운하처럼 둑 사이를 온순하게 흐르지 않느냐고 불평하는 것과 같다. 나이아가라 폭포는 나이아가라 폭포대로, 네덜란드 운하의 물은 네덜란드 운하의 물대로 살아야 하고, 특히 나이아가라 폭포는 사회에 기여하는 존재이기 때문에 더 살려줘야 합니다. 폭포한테 운하처럼 흐르라고 요구하는 게 얼마나 말도 안 되는 일입니까.

천재를 가두는 현대적 방법이 있습니다. 제도권 교육을 통해서 고등학교까지 가는 거야 그럴 수 있습니다. 일정한 선발 기준을 마련하는 건 대학이나 사회에서 필요로 하니까, 거기까지도 괜찮아요. 커리큘럼 바깥을 공부하지 못하게 하는 측면은 있지만, 천재에게 이런 제약은 중요하지 않죠. 이것만 하라고 해도 그 바깥까지 마음대로 공부하는 재주가 있죠.

천재를 망치는 방법은 크게 보면 두 가지일 거 같아요. 모든 분야의 천재가 아닐 때, 특정 분야의 천재에게 모든 걸 다 잘하라고 요구하는 게 그 천재의 천재성을 어렸을 때 밟아버리는 방식이죠. 그다음에 대학에 들어가는 상황이 되었을 때, 평균화된 진학이라고 할까요? 사회나 기업의 기준으로 봤을 때 돈을 많이 버는 직업이나 직종이 정해져 있으니까, 그 길로만 가게끔 만드는 거죠. 대학에 진학하려고 할 때, 청춘으로 진입하는 청소년의 마지막 시기에 어른들이 길을 제한하고 있습니다. 네가 나중에 커서 뭘 하든 상관없지만, 굶어 죽을 수는 없으니 일단 취직 잘되는 곳에 가야 한다. 그런데 사실 그렇게 한 번 꺾이고 나면 남은 삶도 똑같아요. 직장 상사한테 잘 보여야 하고, 평가하는 사람에게 잘 보여야 하니 뛸 수가 없어요. 계속 그런 식으로 사는 거죠. 인생 자체가 꺾이고, 둥근 돌이 되어버리는 겁니다. 자기 개성이 하나도 없는.

그게 오래되면, 여기 표현된 것처럼 고여 썩어가는 물웅덩이 같은 사회가 될 겁니다. 우리 사회가 왜 어려움을 겪고 있느냐? 이런 맥락에서 되짚어볼 필요가 있습니다. 기성세대가 젊은 세대에게 여러 방식으로 자기 자신을 꺾게끔 강제하고 있어요. 젊은 사람들이, 꼭 천재가 아니더라도… 그들이 강한 성격을 소유해서 자신을 내지르는 삶을 살 수 있도록 하는 사회 분위기가 형성되지 않는다면 한국 사회의 미래는 암담할 겁니다.

거꾸로 보면 이건 젊은 사람들을 보호한다는 미명 아래 기성세대의 기득권을 유지하는 방책이기도 합니다. 젊은 사람들을 계속 누르면서 자신들은 어느 정도는 누리니까. 누르면서 누리는 이 상황이, 누르는 자가 사라지지 않는 이상 반복될 수밖에 없지 않을까요? 젊은이들이 싸가지 없이 구는 게, 세대 전체가 싸가지 없이 구는 게 사회에 필요합니다. 그런데 반항할 수 있는 힘 자체를 많이 상실한 거 같아요. 괜히 겁을 많이 먹어서. 이런 부분이 사회적인 문제와 함께 고민되어야 합니다.

밀 수준의 자유주의자가 사회에 줄 수 있는 대안을 찾아보고 싶어서 이런 주제를 골랐습니다. 괴팍하고 모난 자라도 억압하지 말고, 최대한 그 개성을 살려주어야 합니다.

Q 읽은 것만 갖고는 자유가 뭔지 도대체 모르겠어요. 이 책에서는 자유가 무엇인지 알려주나요?

A 우리가 읽은 부분에서는 알려주진 않죠. 그 대신 자유로운 사회에서는 어떤 것이 가능한지 말하고 있습니다. 자유가 무엇이냐는 사상의 자유, 표현의 자유, 결사의 자유에 집약되어 있어요. 일단 생각을 마음대로, 거침없이 해보자는 거죠.

Q '너 이렇게 해야 돼'라고 하면 '싫어요'라고 할 수는 있어요. 그런데 '네 생각은 뭔데', '네가 하고 싶은 건 뭔데'라고 하면 답을 못하겠어요.

A 연습을 안 해봐서 그래요. 자기가 뭘 하고 싶은지를 모르겠다? 그러면 다른 사람이 뭘 하고 싶은지를 들어볼 수 있어요. 책을 통해서건 대화를 통해서건. 듣다 보면 질문도 할 수 있겠죠. 당신은 왜 그걸 하고 싶어 하냐? 그게 일종의 탐구 과정이에요. 그러다 보면 '아 이게 내가 하고 싶었던 거다'라는 걸 찾을 수 있죠. 그런데 자유로운 사회 속에서만 자유로운 탐구 활동이 가능해요.

Q 자신이 자유롭게 행동해도 타인한테 피해가 가면 안 되잖아요. 그런데 다들 다르잖아요.

A 경험적으로 판단할 수밖에 없어요. 규칙들을 미리 정하긴 어렵죠. 그때그때 해당 성원들이 판단해야죠. 평가, 감각, 취향의 훈련이 필요합니다. 그런 훈련을 많이 받은 구성원들로 이루어진 사회가 미래가 밝아요. 다른 사람들의 결정을 따라가는 데 길들여지면 미래가 없죠. 이것역시 생각의 자유와 관련돼요.

생각의 자유도 일정한 훈련이 필요해요. 어릴 때부터 고를 수 있도록 해야 해요. 어떻게 보면 편식인데, 편식도 나쁜 게 아닐 수 있어요. 자기 취향을 만들어가는 과정이니까.

취향의 훈련은 미학적인 주제입니다. 취향은 모든 데서 드러나요. 음식, 패션, 헤어스타일, 신발, 심지어 가방 하나 고르는 데까지도 관여해요. 취향들의 종합, 취향을 통해 선택된 것들의 종합이 자기 자신입니다. 살아갈 때 늘 곁에 있는 것들이 30가지가 있다면, 그 30가지를 보면 그 사람을 알 수 있어요. 고르는 과정 하나하나가 자유로운 선택입니다. 다른 사람이 볼 때 너는 왜 맨날 똑같냐고 할 수도 있는데, 그건 결과로서 빚어진 거고 선택이 반복되어 습관이 형성된 것이지, 처음부터 판에 박힌 걸 따라간 건 아니죠. 자유로운 활동은 취향을 낳고, 취향은 곧 그 사람입니다.

자유가 뭐냐? 그건 추상적으로 답할 수 없어요. 구체적인 사회 속에서 봐야 해요. 구체적인 사회 속에서 마음대로 생각할 수 있고, 생각한 걸 다른 사람에게 표현할 수 있고, 생각이 같은 사람끼리 뭉쳐서 뭔가를 도모할 수 있는데, 이런 게 기본입니다. 타인과 관련될 때는 타인에게 직접적이고 현존하는 위험이 되지 않는 범위 내에서는 다 허용되어야 해요. 해롭거나 나쁘다는 걸 판단할 수 있는 권위가 미리 존재하지 않기 때문입니다. 게다가 시대는 계속 변해요. 예전에는 해롭고 잘못된 것이었을지라도 지금은 아닐 수 있어요. 심지어는 갈릴레오 사건에서 볼 수 있듯이, 진실이 거짓에 의해서 탄압받는 상황도 있고요. 공개적으로 다 같이 검증해보자는 자세가 중요한 거죠. 많은 사람이 당장은 받아들이기 힘들지라도, 결국은 사람들이 이해하는 과정을 거치면서 받아들일 수밖에 없겠죠.

Q 사회를 자유롭게 만드는 이유가 천재를 위한 환경을 만들기 위해서라면 설명이 많이 부족한 거 같아요.

A 여기서는 개성이 강하다는 이유로 천재를 억누르는 문제와 관련해서 천재를 보호하는 게 사회에도 도움이 된다는 걸 말하고 있어요. 일반적으로 자유로운 사회가 모든 사람에게 도움이 되는 건 당연하죠. 우리 사회가 특히 사람들의 개성을 깎아내리는 사회이기 때문에 그 부분을 강조하고 싶었어요. 또 설명 과정에서 말했지만, 누가 천재인지는 충분히 숙성되기 전까지는 알기 힘들어요. 그걸 처음부터 밟아버리면, 천재

일 수 있는 사람조차도 자신의 천재성을 발휘하지 못하는 상황이 될 거라는 게 문제죠.

Q 자기를 폭포라고 생각하는 운하는 어떻게 되나요?

A 시대적 배경을 고려해야 할 것 같아요. 밀의 취지는 천재를 억압하는 분위기를 비판하는 데 있습니다. 그래서 밀의 주장을 현대에 적용하기는 곤란해요. 오늘날 부모들의 극성 때문에 어린 나이부터 영재교육이 기승을 부리잖아요. 진짜 영재가 아니고 진짜 폭포가 아닌 거죠. 하지만 그걸 영재인지 아닌지 미리 어떻게 구별할 수 있을까요? 쉬운 문제는 아닌데, 지나치게 극성스럽다는 건 분명합니다.

공론장에 대한 밀의 믿음도 오늘날 그대로 적용하기 어렵습니다. 지금과 같은 네트워크 환경을 밀은 상상조차 못할 거예요. 기껏해야 수백 명이 모여 토론하는 정도가 최대치였겠죠. 하지만 오늘날 같은 환경에서는 토론 자체가 어렵고 민주적 합의 자체가 불가능하지 않은가 하는 생각까지 듭니다. 시행착오와 훈련이 더 필요할 겁니다.

우리 사회에서 토론에 대해 잘못된 생각이 만연한 것도 문제입니다. 아무 말이나 던지고 우긴다든지, 상대방의 말을 이해하지 못한 채 자기 의견만 되풀이한다든지, 근거 없이 상대방을 비난한다든지, 유언비어나 인신공격에 집중한다든지, 충분히 답했는데도 질문을 반복한다든지, 사회에 잘못된 문화가 팽배해 있습니다. 심지어 TV 토론이나 청문회에서도 그런 장면을 자주 목격하게 됩니다. 토론이 무엇인지에 대한 근본적인 성찰과 정의가 필요합니다.

Q 자유의 반대가 관습, 억압, 규율이라고 하는데, 인습이 자유의 형태를 띨 수도 있을 거 같아요. 사회적으로 길들여진 인습인데 억누르는 느낌이 없기 때문에 그것이 자유라고 착각하는 식이죠. 옛날처럼 강제하고 억압하고 통제하는 방식이 아니라, 우리의 욕망을 극대화시키는 방식으로 주입되면 그것이 인습인데도 자유라고 착각하는 경우가 많을 거 같아요. 식물에게 햇빛을 한쪽에서만 비춰주고 나서 어떤 방향으로 자라도 좋다고 하는 건 진정한 자유가 아닌 거 같아요. 사회 환경과 구별되는 구성원들의 진정한 자유라는 게 있을까요?

A 여기서는 그보다 훨씬 원초적이면서 정치적인 측면에 주목하고 있습니다. 소비는 자본주의 사회에서 필수불가결한 삶의 방식으로 굳어졌는데, 소비를 통해 자기 개성을 만들고 자유를 잠깐이라도 느끼는 구조는 또 다른 문제입니다. 특히 취향 문제와 관련해서 생각해볼 지점이 있어요. 우리 사회에서 취향은 돈이나 가격과 굉장히 밀접한 관계를 갖고 있죠. 특정 디자이너의 브랜드는 개성적이면서도 굉장히 비싸요. 두 가지 방법이 있을 거예요. 하나는 그 취향을 돈 주고 사서 자기 취향으로 삼는 거죠. 돈이 없을 때가 문제인데, 자기가 만들 수도 있고 발품을 팔아서 자기 수준에 맞는 비용을 치르면서 구입할 수도 있겠죠.

그런데 그건 각자의 취향이 분명하게 존재할 때죠. 취향은 자기 자유가 반복되면서 형성된다고 말했는데, 주입된 취향을 따라가는 상황이 문제입니다. 이건 사회에서 부여한 취향이죠. 광고를 통해 그 제품을 소비하면 광고 모델과 비슷할 거라는 상상을 하게 되죠. 이런 식으로 소비하는 주체는 자신이 아니라 남들이 보기에 괜찮은 이미지에 자꾸 집중하는 존재죠. 주입된 취향은 자유를 막습니다.

취향을 갖추는 훈련을 어렸을 때부터 충분히 했을 경우, 그래서 자기 취향이 고유하게 형성되었을 경우와, 개성 없는 존재이기 때문에 개성을 돈과 바꾸는 경우가 있을 거예요. 이 두 가지는 구별되겠죠. 취향이 없기 때문에 두 번째 유형의 행동을 하는 거 아닐까요? 취향이 있다면 똑같이 가지는 않겠죠. 남들이 뭐라고 했을 때 방어할 수 있는 취향이 없기 때문에 무난하게 가는 거죠. 취향을 익힐 기회를 박탈하는 게 소비 사회의 과제 중 하나입니다. 그래야 광고대로 따라갈 테니까요.

• 『자유론』, 서병훈 옮김, 책세상, 2004. •

어떤 사람도 독창성이 인간사에서 가치 있는 요소라는 점을 부인하지 않을 것이다. 새로운 진실을 발견해서 예전의 진실이 더 이상 진실이 아니라는 점을 지적하고, 새로운 관행을 만들고, 보다 계몽된 행위와 더 나은 취향과 새로운 감각의 모범을 보인 사람들은 이 세상에 항상 필요하다. 기존의 방법과 관행이 완벽하다고 믿지 않는 한, 이러한 사람들이 필요하다는 사실을 부인할 수 없다.

이러한 공헌을 할 수 있는 능력을 모든 사람이 똑같이 가지고 있는 것은 아니다. 자신의 시도로 기존의 관습을 어느 정도라도 개선할 수 있는 사람은 인류 전체로 볼 때 극소수에 불과하다. 그러나 이 소수가 세상의 소금이다. 만약 이들이 없다면, 우리 세상은 고여 썩어가는 물웅덩이가 되고 말 것이다. 예전에 존재하지 않았던 좋은 것들을 소개하고, 이미 존재하는 것들의 생명력을 유지시켜 주는 사람들이 바로 이들이다. 만일 세상에 더 이상 이루어져야 할 것이 없다면, 인간의 지성이 불필요하다고 생각할 수도 있다. 바로 이렇게 생각하기 때문에, 옛 관행을 답습하는 사람들은 왜 그것이 행해지게 됐는가를 망각하고 마치 소처럼 그것을 따라가게 된다. 아무리 좋은 신념이나 관행이라 하더라도 순식간에 기계적인 것으로 전락할 수 있다. 만약 항상 새로운 독창성을 가지고 신념과 관행이 인습화되는 것을 방지하는 사람들이 지속적으로 존재하지 않는다면, 그 신념과 관행은 조그마한 충격에도 버티지 못할 것이며, 비잔틴 제국에서와 같이 문명도 사라지게 될 것이다.

언제나 그렇듯이 천재는 극소수이다. 천재가 존재하기 위해서는 그들이 성장할 수 있는 토양이 있어야 한다. 천재는 자유로운 분위기 속에서만 살아갈 수 있다. 천재는 천재이기 때문에 다른 사람들보다 개성이 강하다. 천재들은 사회가 제시하는 제한된 몇 가지 유형에 적응하기 어려우며, 만약 그렇게 하려고 하면 다른 사람들보다 더 큰 압박감을 느낄 것이다. 천재들이 소심하게 행동하여 강제적인 틀에 적응하는 것에 동의한다면, 그래서 자신의 재능이 억압되는 데 동의한다면, 사회는 그 천재들로부터 혜택을 별로 받지 못할 것이다. 만약 그들이 강한 성격을 소유하여 이 굴레를 타파한다면, 그들은 자신들을 보통 사람으로 축소시키는 데 실패한 사회에 의해 요주의 인물로 지목되어 '난폭한 사람', '괴팍한 사람'이라는 엄중한 경고를 받게 될 것이다. 이는 나이아가라 폭포에게 왜 네덜란드 운하처럼 둑 사이를 온순하게 흐르지 않느냐고 불평하는 것과 같다.

—『자유론』

15 자유의 실천과 자기 배려 윤리_ 푸코

Michel Foucault, 1926~1984

그때는 그때고 지금은 지금이다, 고고학적 방식으로 지식을 탐구하다
—

푸코는 태어나고 죽은 연도를 보면 아시겠지만 아주 최근 인물이고, 현대 철학자 중 가장 유명한 사람입니다. 프랑스의 푸아티에라는 촌에서 의사 집안의 자식으로 태어났고, 공부를 아주 잘해서 고등사범학교에 진학했습니다. 푸코는 워낙 다룬 분야가 많고 다양한 주제의 책을 출간했는데 마지막 시기, 1976년에 책 내고 1984년에 책 낼 때까지 대략 10년 조금 못 되는 기간은 연구와 강의만 했습니다. 최근에 이 강의록들이 출간됐습니다. 그 강의록도 물론 책만큼 두껍습니다. 프랑스 학계의 특징 중 하나가 대학 등에서 강의한 내용을 책으로 출간하는 거예요. 강의 원고를 죽 읽는 게 강의를 대신하기도 해요.

푸코의 전모를 말하기는 어렵습니다. 푸코가 초기에 관심을 가진 주제는 '광기'였어요. '미쳤다'라는 주제요. 1963년에 『고전주의 시대의 광기의 역사』라는 책으로 일약 유명해졌습니다. 푸코가 말하는 고전주의 시대란 대략 계몽주의 시기, 18세기경입니다. 르네상스가 지나고 근대국가가 성립하는 시기죠. 데카르트가 고전주의 시기를 개시했다고 말하기도 해요. 현대 프랑스어를 할 줄 알면 데카르트 글은 읽을 수가 있어요. 철자법, 문법이 조금 다르지만 17세기에서 21세기까지 거의 큰 차이가 없어요.

그에 비해 데카르트보다 조금 앞 시대를 살다간 몽테뉴의 글은 현대인들이 읽기 어렵습니다. 몽테뉴 『수상록』은 프랑스에서도 현대어 번역본으로 읽어야 해요. 그만큼 그사이에 변화가 있었고, 그 변화는 문법의 정리로 요약됩니다. 프랑스어 문법을 표준화한 거예요. 달리 말해 중앙집권이 성립했다는 뜻이지요. 라틴어의 방언들이 남부 유럽 지역, 오늘날 이탈리아, 프랑스, 스페인, 포르투갈, 남부 네덜란드 등에서 여러 형태로 사용되고 있었는데, 그중에서 이른바 프랑스어라고 부를 만한 게 정립됐다는 겁니다. 근데 사실 말은 지역마다 다를 수밖에 없어요. 거리가 떨어지면 발음도 다르고 글자 표기도 다른데, 그게 통일된 거죠. 그 지역까지 중앙 권력의 통제력이 미친 거예요. 이 시기의 중요한 변화입니다. 몽테뉴와 데카르트 사이에 고전주의 시기가 시작된 겁니다. 그것뿐 아니라 유럽 전역에 걸쳐 상당히 많은 변화가 있었어요. 이 변화가 푸코한테는 굉장히 중요한 주제입니다.

그 후 한 번의 변화가 또 있었어요. 18세기 말에서 19세기 초에 이르는 시기. 근대라 부르는, 우리와 맞닿아 있는 시기가 시작됐습니다. 그 시기의 중요한 변화로는 인간에 대한 과학들이 만들어졌습니다. 만들어졌다는 게 중요한데, 그 전에는 산만하게, 정리되지 않은 형태로 존재했다는 뜻이에요. 이 시기에 경제학, 언어학, 생물학이라는 세 학문이 탄생합니다. 그 전까진 이런 학문들이 없었어요. 그것들이 만들어지면서 어떤 변화가 일어나게 되는지가 또 다른 관심사입니다.

첫 저작에서는 광기의 문제(특히 고전주의 시대의 광기의 문제)를 다뤘다면, 1965년에 출간한 『말과 사물』에서는 이 세 시기, 르네상스, 고전주의, 근대에 서로 다른 특징들이 있다는 걸 밝힙니다. 그걸 조금 더 심화시킨 작품이 1969년의 『지식의 고고학』이에요. 시대 구분을 하면서 관심을 둔 건 앎의 문제였습니다.

푸코는 역사를 탐구한 것처럼 보여요. 그러나 사실은 역사적 자료를 파헤치고 발굴해서, 현대적 관점에서 '그때는 그랬으리라' 또는 '당연히 지금 그러하니까 그때도 그랬겠지'라는 생각이 틀렸다는 것을 밝히는 작업들을 해요. 그런 작업들을 '고고학'이라고 부릅니다. 『고전주의 시대의 광기의 역사』, 『말과 사물』, 『지식의 고고학』, 이 세 권에서의 작업이 고고학입니다. 고고학자가 땅을 파서 유물을 통해 그 시대 사람들의 삶을 파악하는 것과 비슷하게, 여러 문서를 통해 그런 일을 했어요.

광기는 어떻게 질병이 되었나?
—

지식은 다른 말로 진실, 진리라고 불려요. 뭔가를 안다는 것은 어떤 것이 어떠함을 안다, 어떤 것이 진실이란 것을 안다는 뜻입니다. 우리는 뭔가를 안다고 생각하지만, 사회적·역사적으로 그 앎의 틀 같은 게 있어요. 이 틀은 한 시대를 관통하고 있습니다. 그 시대에 살고 있다면 그 시대 사람들이 다 같이 쓰고 있는 색안경 같은 그 무엇이 있다는 거예요. 그것에 따라 앎을, 앎의 체계를, 학문의 체계를 형성하게 됩니다. 어떤 것을 어떤 경우에 알았다고 하느냐? 어떤 조건에서 알았다고 인정하느냐? 칸트가 인간 안에 있는 틀에 주목했다면, 푸코는 시대 안에 있는 틀을 발견한 겁니다.

에라스무스는 르네상스 시기의 굉장히 유명한 인문주의자였습니다. 이 사람은 『광기 예찬』이라는 책을 써요. 광기는 질병이 아니었어요. 의학이나 의료의 영역도, 치료의 대상도 아니었어요. 당시에 광기는 사회현상의 하나이고, 심지어 다른 사람보다 특별한 능력이라고 여겨졌어요. 한국 사회를 거슬러 가봐도, 무당은 정상적인 시각에서 보면 광인이지만, 이 광인은 정신병원에 가서 치료받아야 할 비정상인이 아니라 오히려 특별한 능력을 지닌 사람으로 간주되고 분류되어 사회적으로 취급받았죠. 의학의 영역이 아닌 다른 영역의 존재였던 거죠.

17~18세기 격변기로 오면서 광인은 술주정뱅이, 부랑자, 거지, 좀도둑, 경범죄자와 함께 취급받게 됩니다. 이들의 집합은 오늘날 우리가 보기에 전혀 공통점이 없어요. 그런데도 한데 묶이는 이상한 현상이 발생한 거예요. 고전주의 시대에 들어오면 이들을 싹 가둡니다. 이게 푸코가 '대감금'이라고 부른 사건입니다. 이런 사회적 행위, 행정적 조치와 더불어 그들에 대한 분류, 앎이 동반됐습니다.

18세기 말에서 19세기 초가 되면 '정신의학'이 탄생합니다. '정신병'이라는 걸 의료적인 시선으로 탐구하는 일이 그때서야 일어난 거죠. 히스테리나 특정한 증상을 보이는 사람들이 어떤 공통점을 지닌 존재로 묶이게 되고, '정신병이란 무엇인가'라는 규정에 관한 말들이 생겨납니다. 이 말들은 지금 보면 중구난방입니다. 여하튼 여러 가지 말이 오가고, 이런 설들이 묶여서 학문이 됩니다. 그래서 19세기 말에는 정신의학과 거기에 대응하는 정신병원이 성립해요.

처음에는 신성시됐던 광인이 거지나 주정뱅이, 부랑자, 좀도둑 취급을 받다가 이제는 또 다른 분류 속에 들어가서 정신병이라는 의학의 대상으로 재분류되는 일이, 즉 앎의 체계가 재편되는 일이 벌어졌습니다. 한편으로는 담론(말)의 수준, 즉 지식과 앎의 수준에서 일어난 변화들이고 그것과 동시에 다른 한편으로는 사회적 실천이 잇따릅니다. 이번엔 감금 시설이 바뀌어요. 좀도둑을 가두는 곳과 광인을 가두는 곳이 달라집니다. 하나는 감옥으로, 하나는 정신병원으로. 감금도 같은 감금이 아니게 되고, 다루는 방식도 달라집니다.

푸코는 한 시대를 지배하는 어떤 앎의 틀이 있다고 보고 그걸 희랍어로 '에피스테메episteme'라고 했습니다. 에피스테메는 앎, 인식이라는 뜻입니다. 시대마다 앎의 틀이, 에피스테메가 서로 다르다는 거죠. 앎의 질서, 담론의 질서를 파헤치는 게 푸코의 작업의 한 특징입니다. 이게 1960년대까지 푸코의 작업입니다.

우리가 뭔가를 안다, 인식한다는 말을 쓸 때 객관적이고 보편타당한 지식을 습득한다고 생각하기 쉬워요. 하지만 누구나 의심하지 않고 있는 어떤 사회·역사적 전제를 자기도 모르게 깔고 있습니다. 이 전제는 사회·역사적으로 만들어졌습니다. 만들어졌다는 얘긴 뭐냐면, 나중에 또 바뀔 수도 있다는 거죠. 푸코는 우리가 그 틀 속에서만 세상을 보고 세상을 안다는 주장을 했습니다.

푸코는 전통 철학에서의 '아프리오리(선험)' 개념을 시대에 적용합니다. 역사적 선험. 이 말은 뭐냐면, 생물학적으로가 아니라, 시대적으로, 이미 태어날 때 시대가 우리에게 덧씌운 틀이 있어서 그 틀을 통해서만 세계를 본다는 뜻입니다. 우리는 어떤 특정한 틀 속에서만 지식을 얻는다는 얘기이기도 해요. 이 얘기는 시기적으로 르네상스, 고전주의, 근대에 태어난 사람은 각각 태어날 때부터 세상을 바라보는 틀이 이미 달랐다는 얘기이며, 오늘날도 다르다는 얘기입니다. '에피스테메'와 '역사적 선험'은 푸코의 핵심 개념입니다.

이 개념 또는 통찰이 왜 중요하냐? 지식이란 것은 불변이어야 해요. 변하면 지식이 아니에요. 이거였다 저거였다 하면 지식이 아니죠. 근데 푸코는 지식, 진실, 진리라는 게 변한다는 걸 입증합니다. 시대에 따라 똑같은 것도 똑같이 인식하지 않는다는 거예요. 흰 칠판을 빨간색 안경을 쓰고 볼 때와 파란색 안경을 쓰고 볼 때 서로 다르게 인식하는 것과 비슷한 거죠. 시대가 우리에게 씌워준 안경 같은 게 있어요. 이건 전통적인 철학의 입장에서 보면 '상대주의'입니다. 이 사람이 볼 때와 저 사람이 볼 때는 다르다는 거죠. 푸코는 앎의 문제와 관련해서 앎이라는 게, 진리라는 게 역사성을 갖는다는 주장을 하고 있습니다.

인간과학이란 19세기 이후 근대 시기에 인간이라는 게 뭐냐를 답하기 위해 동원된 학문입니다. 생물학, 경제학, 언어학이 대표적인 인간과학입니다. 인간은 특정하게 역사적으로 규정된 존재입니다. 생물학적으로 어떠하고, 경제학적으로 어떠하고, 언어학적으로 어떠한 존재가 인간이에요. 19세기에 인간은 다른 존재가 아니라 저 학문들이 규정하는 것이었어요. 그 전에는 인간이 무엇인지 물었을 때 다른 답변이 나왔어요. 아리스토텔레스는 인간을 '깃털이 없는 두 발 달린 동물'이라고 정의했습니다. 인간에 대한 입장이 달랐어요.

그렇다면 지금 우리가 알고 있는 인간, 이건 뭐냐? 『말과 사물』의 마지막 페이지가 굉장히 유명한데, 푸코는 "아마도 모래사장에 새겨진 그림과도 같아서, 파도가 치면 사라질 존재, 사라지고 있는 존재"라고 합니다. '인간의 죽음'은 인간이 없어진다는 뜻으로 이해하면 유치해집니다. 그건 인간이라고 알고 있던 존재, 앎의 대상인 인간이 더 이상 지금의 상태로는 있을 수 없다는 뜻이에요. 예를 들면 푸코는 광기에 대해 "아마 미래에는 광기가 보통 사람들이 보지 못하는 것들을 보는 좀 더 우월한 인간, 뛰어난 인간으로 취급되리라"라고 말하는데, 그렇게 되면 가장 정상적인 인간에 대한 규정이 바뀌는 거고, 인간에 대한 규정이 달라지는 거죠.

오늘날 정상적인 인간은 정신병원에 없습니다. 인간의 본성이 광기를 포함하고 있다고 바뀐다면, 신인류는 기존에 우리가 알던 인간과는 다른 인간일 겁니다. 새로운 인간의 탄생이죠. 인간이 뭐냐고 했을 때 우리가 특징으로 열거하는 것들의 내용이 바뀐다면 지금까지의 인간은 사라지는 겁니다. 역사를 분석해보니까 인간의 죽음이라는 주제가 보이더라는 거죠. 기존의 인간상이 더 이상 유효하지 않은 시대가 오고 있다는 얘기입니다.

인간에 대해 얘기했지만 인간 말고도 그동안 비정상이라고 생각했던 많은 것이 오히려 정상이고, 사회에서 배제하고 감금하고 치료해야 한다고 다뤘던 존재들이 해방돼야 할 시대가 도래하고 있습니다. 비정상들의 권리를 되찾아주자는 주장도 뒤따릅니다.

해적은 범죄자가 아니라 엄연한 직업이었다
—

범죄라는 개념도 지식과 관련됩니다. 범죄가 도대체 뭐냐고 묻는다면 단일하게 한데 묶을 수 있을 만한 공통점, 공통된 특징을 찾기가 너무 어려워요. 단지 형법상 법을 위반한 사람이 범죄자인 거죠. 내 물건을 누가 훔쳐 가면 기분 나쁠 뿐 아니라 때려죽이고 싶지만, 훔친다는 말이 성립하려면 굉장히 많은 전제 조건이 필요해요. 그 전제 조건 중 하나가 사유재산입니다. 내 것, 오로지 나의 것인 무엇이 있다는 전제 조건. 이게 중요해요. 사유재산이 전제돼야 남이 내 것을 가져갔을 때 절도라는 범죄가 성립합니다.

근데 잘 생각해보죠. 옆집 삽으로 땅을 팠다고 해서 경찰서에 가지 않아요. 오히려 그렇게 신고하면 신고한 사람이 마을에서 쫓겨나겠죠. 공유물이 많은 사회라면, 공유재산을 같이 쓰는 게 너무 당연하고 그걸 나만의 것이라고 주장하는 게 오히려 부당합니다. 근데 시간을 거슬러 가보면 사유재산이 탄생한 게 역사적·시대적·지리적으로 그리 오래 되지 않았어요. 서양을 놓고 보면 17~18세기 무렵이 돼서야 사유재산이 생겨났습니다. 그 전까지는 사유재산이 사실상 의미 없었어요.

해적은 오늘에는 범죄자지만 과거엔 그냥 직업이었어요. 실제로 그랬습니다. 해적은 굉장히 중요한 직업 중 하나였어요. 해적들의 사회를 '약탈사회'라고 하는데, 우리 시대의 평가를 투영해 부르는 명칭입니다. 그들에겐 직업일 뿐이었어요. 야, 좀 더 많이 훔쳐 와라, 그래야 되는 사회였으니까. 약탈사회 속에서 오늘날 우리가 굉장히 중요하게 생각하는 덕목인 정의도 탄생했습니다. 공동소유 사회에서는 '정의'가 오늘날 주장되는 것과 같은 형식으로 강조되진 않았어요.

정의라는 건 언제 성립하나? 해적들이 약탈하는 데까지는 힘을 합쳐요. 노획물을 어떻게 나눠 가질 건가? 이때부터 정의의 문제가 생깁니다. 몫을 얼마만큼 나눠 가져야 공평한 건가, 올바른 건가, 정당한 건가? 이걸 따질 때 이른바 분배 정의가 문제됩니다. 정의가 지켜지지 않으면 어떻게 되느냐? 해적선 안에서 칼부림 나고 난리가 나요. 그럼 다 죽죠. 남의 배를 약탈하려면 동료들 간에 최소한의 팀워크가 있어야 해요. 정의라는 건 약탈경제에서 비롯되었어요.

이런 식으로 우리가 오늘날 마땅하다고 생각하는 것들이, 역사적 관점을 도입하게 되면 마땅하지 않은 게 돼버립니다. 이건 단순한 상대주의가 아니라, 관념적으로만 생각했던 것들이 현실적으로는 그렇지 않다는 걸 거꾸로 폭로하는 거죠. 푸코의 핵심 중 하나가 그런 종류의 실증성입니다. 관념적으로 시작하지 말고, 역사적·사회적·실증적으로 사회를 보자. 봤더니 우리가 앎을 얻는 가장 기본적 차원에서 틀 자체가 우리가 그동안 알고 있는 그것과 다르더라. 이걸 밝힌 게 푸코의 중요한 업적 중 하나입니다. 전통적으로 인식론은 한 개인이 외부의 사물을 얼마나 정확히 알 수 있느냐, 세계에 대한 진실을 얼마나 많이 얻을 수 있느냐의 문제였어요. 푸코는 이 인식론의 문제를 사회·정치적이고 역사적인 문제로 바꾸었습니다.

틀이 바뀌면 우리가 안경을 바꿔 쓰듯이 세계를 다르게 바라보게 돼요. 그런데 앎이 바뀌는 과정에 권력이 깊숙이 개입합니다. 또는 어떤 의미에서 권력 자체가 앎을 만들어내요. 지식과 권력의 관계. 이게 중요한 푸코의 주제라고 얘기됩니다. 지식과 진실은 권력의 산물이라는 주장이죠. 근데 푸코 자신의 얘기를 들어보면 꼭 그렇진 않습니다. 푸코는 그 문제도 중요하지만 더 중요한 게 있다고 얘기해요. 지식이란 게 왜 필요하냐는 문제. 앎이라는 게 왜 필요하냐? 그리고 무엇에 대한 앎이 가장 필요하냐? 얘기를 거기까지 끌고 갑니다.

푸코는 지식과 권력의 관계가 중심 주제가 아니었고, 획득한 지식을 통해 자기 자신에 대한 앎을 어떻게 얻고, 자기 자신을 어떻게 형성해나갈 건지가 중심 주제였다고 합니다. 지식과 권력이 아니라, 진실과 주체, 진실이 주체를 형성하는 문제가 핵심이라는 거예요. 지식과 진실은 동의어라고 이해한다면, 권력이 지식을 만든다고 했을 때 권력이 만들어낸 진실이 주체를 형성한다는 말입니다. 달리 말해 누군가가 뭔가를 알았을 때 앎의 내용에 따라 행동이 바뀐다는 거예요. 몸에 좋다더라, 하면 많이 먹어요. 몸에 나쁘다더라, 하면 끊어요. 어떤 활동을 하는 게 좋다더라, 하면 그걸 자기 행동으로 옮겨요. 자기 행동의 기준이 되는 것, 그건 앎이에요. 안다고 꼭 그렇게 행동하는 건 아니지만, 사회 전체를 보면 구성원들이 대체로 특정한 방향으로 어떤 행동을 하게 돼요. 그 앎은 꼭 참일 필요는 없어요. 각 주체가 참이라고, 진실이라고 믿으면 효력이 발생합니다.

예를 하나 볼게요. MSG, 정식 명칭 엘글루탐산나트륨 문제입니다. 국물 낼 때 쓰는 다시마의 핵심 성분이 엘글루탐산이에요. 그런데 산ᵘ 형태로는 안정적으로 존재할 수 없기 때문에 나트륨과 결합해서 결정체로 존재해요. 물에 넣으면 다시 분해됩니다. MSG는 자연재료인 사탕수수로 가공하는 게 워낙 저렴해서 인공적으로 만들면 비용 감당이 안 돼요. 엄밀히 말하면 이건 천연 감미료예요. 말하자면 다시마를 삶아서 건조해서 남은 결정체가 MSG, 상품명 미원입니다. 다시마를 며칠 동안 고아 만드는 것과 미원을 타서 끓이는 게 사실상 같은 거예요!

그럼 MSG가 위험물질로 인식되어 섭취를 기피하게 된 이유는 뭘까? 아마도 미원과 경쟁하는 조미료가 실패한 게 이유 중 하나일 수 있습니다. 그래서인지 미원이 유해하다는 담론이 나왔어요. 다른 지식이 떠돌기 시작한 거예요. 여러 가지 설이 거기 덧붙어요. 저건 해롭지 않다더라, 천연으로 만들었다더라. 결국 MSG는 안전성이 입증되었다는 여러 과학적 결과가 나왔지만 여전히 시장에서 기를 못 펴고 있습니다.

우리 각자의 실천은 앎에 따라 달라집니다. 그래서 자기 자신을 다른 존재로 형성합니다. 사람이란 게 행동들의 집합이라고 한다면, 행동들의 집합이 바뀌는 거니까, 자기 자신이 바뀌는 거죠. 자기를 자기가 형성해가는 과정, 자기가 어떻게 행동하느냐 하는 문제가 윤리입니다.

푸코가 1970~1980년대에 걸쳐서 하고자 했던 중요한 작업이 윤리의 문제, 어떻게 내가 행동해야 할까의 문제입니다. 시간상 『감시와 처벌』 같은 1970년대 푸코의 작업은 생략했습니다.

잊혔던 윤리의 목적, 자유

—

윤리를 얘기할 때 푸코는 현대인들이 행동하는 방식이 적절치 않다고 판단하고 있습니다. 현대 사회의 많은 문제들이 그걸 증명하고 있어요. 그랬을 때 '어떻게 행동해야 할까?', '어떻게 살아야 할까?' 이 문제 앞에서 푸코는 말년에 그리스·로마 시대로 돌아갑니다. 그들은 어떤 핵심적인 윤리관을 지니고 있었는가? 내용에 관한 문제가 아니라 어떤 원칙하에 행동할까라는 문제와 관련해서요.

오늘 텍스트의 내용입니다. 핵심이 되는 윤리적 원칙은 '자기 배려'라는 개념입니다. '자기 배려'라는 번역은 프랑스어로도, 영어로도, 한국어로도 아주 정확한 표현은 아니에요. 원래 '배려'에 해당하는 희랍어 '에피멜레이아^{epimeleia}'는 '관심을 집중한다, 거기에 시선을 계속 둔다'라는 뜻입니다. 현대어 번역은 좀 약한 뜻이 되었습니다. 반성이란 말도 나오는데, 반성 또는 성찰, 자꾸 비추어보는 거, 자기를 계속 보는 거, 자기를 계속 주시하는 거예요. 영어로 'care'나 'concern'이라고 옮기는데 의미가 다 약합니다.

텍스트를 보겠습니다. 그리스·로마 세계에서 자기 배려란, 개인적 자유—또는 어느 정도까지는 시민적 자유—가 윤리로서 반성되는 방식

^{mode}이었다. [… 이 시기 문헌들을 보면,] 자기 배려라는 주제가 도덕적 성찰 전체를 진정으로 관통하고 있다는 것을 알 수 있을 것이다. 반대로 우리 사회에서는 어느 시기부터 […] 자기 배려는 뭔가 의심스러운 것이 되어버렸다. 자기에게 전념한다는 것^{s'occuper de soi}은 어느 시기부터인가 자기애^{自己愛}의 한 형식, 이기주의나 개인적 이해관계의 한 형식이라고 자발적으로 부인되게 되어버렸고, **이건 인터뷰에서 푸코가 한 얘기들입니다.** 그러니까 자기 배려, 자기에게 전념하기, 자기 주시, 이런 게 희랍과 로마 시대에는 윤리의 바탕이었는데 오늘날은 자기애, 이기주의, 사익 따위로 판단되어서 버려야 될 것이라고 자발적으로 부인하게 됐다는 겁니다. 그것은 타인들에게 쏟아야 하는 관심이나 꼭 필요한 자기 희생과는 모순되는 것이 되어버렸다. **그래서 오늘날 타인에 대한 관심 및 자기 희생과 대립되는 개념으로 이해되고 있습니다.**

생략된 부분 다음 구절입니다. 희랍인이나 로마인, 특히 희랍인은 올바르게 처신하고 자유를 훌륭히 실천하기 위해서는 자신에게 전념하고 자기를 배려해야 했다. 그것은 자신을 알기 위해서이기도 하고—바로 이것이 "너 자신을 알라^{gnôthi seauton}"라는 친숙한 양상이다—, 자신을 형성하고 자신을 극복하기 위해서, 사람을 몰아세울 위험을 지닌 충동들을 자신 안에서 다스리기^{maîtriser} 위해서이기도 하다. **세 가지 목적이 있었다는 겁니다. 첫째, 자신을 알기 위해. 둘째, 자신을 형성하고 극복하기 위해. 자신을 형성한다는 건 자기를 길러간다는 것, 현재의 자기를 극복하고 성장해간다는 것, 더 나아진다는 것을 뜻합니다. 셋째, 충동들은 사람들을 함부로 이끌어갈 위험이 있기 때문에, 충동들을 자기**

안에서 다스리기 위해. 세 가지 목적을 위해 자기 배려가 꼭 필요했습니다. 희랍인들에게 개인적 자유는 매우 중요한 것이었다. 개인의 자유는 폴리스의 아름다운 전체성 앞에서 전혀 중요하지 않다고 여기는 판에 박힌 말은, 다소간 헤겔로부터 유래하는데, 사실과는 다르다. 그러니까 폴리스가 먼저요 개인이 나중이란 생각은, 헤겔이 전파한 잘못된 이미지이고, 사실은 개인의 자유가 가장 중요했다는 것이죠.

자유라는 게 뭐냐? 그 의미가 제일 중요합니다. 그다음 문장이 가장 중요한 대목입니다. (다른 폴리스의, 주변 사람들의, 통치자들의, 자신의 정념들의) 노예로 있지 않는 것이 절대적으로 근본적인 테마였다. 결국 자기를 지배하고 자기의 주인이 되는 것, 그게 자유의 의미였습니다. 자유는 주인입니다. 무언가의, 또는 누군가의 노예로 있는 것과 대립되죠. 심지어는 자기 안에 있는 자기가 다스리지 못하는 충동, 욕심 등의 노예가 되는 것까지 포함해서. 모든 면에서 자유로운 것, 이게 윤리의 목적입니다.

굉장히 어려운 일이지요. 자기를 계속 지켜보지 않으면 그게 안 됩니다. 자기가 노예가 되고 있지는 않은지, 노예가 되려는 유혹에 빠져 있지는 않은지 살피는 것, 이게 자기 배려란 말의 참된 의미이고 '너 자신을 알라'라는 말의 참된 의미입니다. 너 자신을 계속 주시하면서 네가 혹시라도 노예가 되지는 않는지 살펴보라는 얘깁니다. 자유에 대한 배려는, 자기 배려는 곧 자유에 대한 배려죠. 그런 의미에서, 고대 문명의 위대한 8세기 동안, 본질적이며 항상적인 문제였다. 거기에 자기 배려를 주축으로 하며 고대 윤리에 특유의 형식을 부여하는 윤리 전부가 있다. 나는 윤리가 자기 배려라고 말하는 것이 아니라, 고대에는 자유의 반성된 실천으로서의 윤리가 "너 자신을 배려하라"라는 저 근본적인 명법命法 주위를 둘러싸고 있었다고 말하고 있는 것이다. 여기 나온 표현이 '자유의 반성된 실천'입니다. 자유는 속된 말로 막 행동하는 게 아니라 그걸 한 번 돌아보는 거예요. 그것이 어떤 결과를 빚어낼지 반성하면서 행동하는 것. 그래서 자유의 반성된 실천이란 게 자기 배려라는 말의 의미이고, 그게 바로 고대의 윤리의 주축을 이루고 있었습니다.

이 얘길 왜 하느냐? 오늘날 자기 희생이나 타인에 대한 관심 때문에 정작 자기를 잃어버리고 있다는 게 푸코의 생각입니다. 자기를 잃어버린다는 건 자기가 노예로 살고 있다는 걸 의미해요. 다른 관심 때문에 노예가 되는 상황. 이게 여러 문제를 만들어내니까 자기를 주시하고 자기를 지켜보면서 과연 어떤 게 좋은지를 계속 판단해야 합니다. 판단하면서 행동해나가는 것, 이게 그리스·로마 시기로부터, 그 시기의 윤리관으로부터 우리가 배울 수 있는 부분이고, 그래야 우리가 오늘날 직면하고 있는 문제들을 극복하는 일이 가능합니다. 이건 해방, 권력관계, 지배 상태 같은 말과 연관될 수 있습니다.

앞에서는 역사적인, 추상적이 아니라 경험적인, 인식론을 스케치했고, 뒤에서는 앎이 어떻게 자신을 형성하는 문제로 가는지, 그게 희랍인에게 '너 자신을 알라'라는 말의 의미이고 자기 배려, 자기 주시라는 말의 의미라는 걸 봤습니다. 이건 오늘날 우리가 행동을 하는 데 있어서 하나의 중요한 지침이 될 수 있지 않을까 합니다. 그게 푸코가 마지막 시기에 도달한 결론 중 하나입니다.

Q 진실에 반대되는 개념이 거짓이잖아요. MSG 같은 경우 권력이 MSG는 유해하다는 지식을 만들어낸 거잖아요. 권력이 만드는 진실이란 건 변하는 건가요 변하지 않는 건가요?

A 여기서 등장하는 개념이 '진실 게임'입니다. 게임이라는 게 단순히 놀이한다는 뜻이 아니라 도박판을 벌이거나 목숨을 건 승부를 한다는 뜻입니다. 진실을 둘러싼 게임을 하는데, 어떻게 전략적으로 잘 해내느냐가 권력의 문제라는 거죠. 방금 MSG 사례가 아주 적합하지는 못한 게, 여기선 게임이 두 번 정도의 반전으로 그쳤습니다. 처음에 MSG가 우리에게 무해하다는 지식 담론이 진실이라는 형태로 전개되다가, 유해하다는 지식이 새로운 진실로 등극했다가, 최근에 다시 무해하고 오히려 유용하기까지 하다는 걸로 바뀌었지요. 판이 몇 번 안 바뀐 경우입니다. 근데 그게 끊임없이 바뀌는 영역도 있어요. 광기 같은 게 그렇지요.

푸코의 1970년대 작업을 '계보학'이라고 부릅니다. 어떤 의미에선 고고학을 폐기합니다. 지식이 왜 변하는지를 좀 더 구체적으로 설명해보려는 시도가 '계보학'이고, 그건 권력관계가 어떻게 작용하는가의 문제입니다. 범죄자를 규정하는 문제도 마찬가지예요. 뭐가 범죄자냐는 문제는 굉장히 자의적인 문제일 수 있으니까. 지금 대마초도 비슷한 상황입니다. 마약류로 분류돼서 그걸 소지하거나 흡입하면 감옥에 가야 하는데, 담배보다 무해하고 중독성이 적다는 여러 과학적 담론이 있습니다. 이론 사이에서 권력 투쟁 같은 일이 벌어지는 거고, 이게 바로 진실 게임입니다. 이건 진실을 밝히겠다는 게임이 아니라 뭐를 진실로 확립할 거냐는 문제를 둘러싼 게임입니다. 진실 게임이란 말의 의미가 달라져야 해요. 진실이라는 게 원래부터 있고 그걸 찾아내겠다는 접근이 아니라, 어떤 게 진실인지 내 쪽에서 주도권을 갖고 결정하겠다는 문제로 이해하는 게 좋습니다.

짧게 얘기하면, 어떤 힘이 진실이라고 규정하느냐에 따라 진실이 바뀝니다. 고정불변의 진실이 있다는 입장과는 다릅니다. 우리는 보통 진실을 고정불변으로 생각합니다. 지록위마指鹿爲馬의 고사를 살펴보죠. 환관이 황제를 옆에 놓고 사슴을 가리키며 말이라고 말합니다. 그랬더니 대신들이 다 그걸 말이라고 하는 거예요. 진실을 은폐하면서 자기 멋대로 구는 행위를 '지록위마'라고 부르며 부정적으로 평합니다. 그런데 진실이 고정불변이 아니라면 새로 이름 붙인 자가 진실을 만든 자가 되고 이제부터 진실은 이름 붙인 자의 권력의 결과물로서 생겨납니다. 황제를 능멸할 정도의 권력이 있으면, 이제부터는 전에 '사슴'이 불리던 게 '말'이라고 불릴 수 있습니다. 다들 말이라고 부른다면 그게 말이지 사슴인가요? 상황이 이렇게 굴러가는 겁니다.

지록위마는 시대가 잘못 굴러가고 있고, 정의가 땅에 떨어지고, 이름과 실체가 괴리되는 상황을 가리키곤 합니다. 여기에는 불변하는 진실이 전제되고 있습니다. 그런데 과연 세상에 불변의 사실과 진실이 하나도 없다면, 그런 게 없다는 게 오히려 진실이라면, 상황은 달라집니다. 그럼 어찌해야 하느냐? 약자들이 '아니다, 이건 사슴이다' 얘기하며 사슴이라고 부르겠다고 소곤대는 것과 나 자신이 다시 사슴이란 이름을 붙일 만큼 힘을 갖는 것, 두 갈림길이 있습니다. 사람들은 그 환관보다 힘이 약한 상태에서는 사실 아무 일도 못 해요. 뒤에서 뒷담화하는 것, 대나무 숲에서 얘기하는 것밖에 못 해요.

실질적으로 주어진 사회·정치적인 공간에서 사슴이라고 얘기할 수 있으려면 어떻게 해야 할까? 전략적으로 방법을 찾아내고, 아직 없었다면 만들어내는 게 더 중요합니다. 푸코가 강조하려던 게 그겁니다. 니체가 계보학을 창시했을 때 하고자 한 것도 그런 거예요. 현재의 지배자가 지배자입니다. 이름 붙이는 자가 지식과 진실을 만들어내는 자입니다. 근데 이걸 보수적으로 생각하면 우리가 할 수 있는 건 없다, 하고 자신을 약자 입장에 둡니다. 내가 이름을 붙이는 자가 될 수 있으려면 어떻게 해야 하는가? 그건 예술가의 행위와 닮았어요. 내가 예술가로서 저 조각상을 다른 조각상으로 만드는 게 중요하고, 그걸 위해 무엇을 할 수 있는지 고민해야 합니다.

이게 또 자기 배려로 돌아옵니다. 자기를 주시해서 나 자신을 알고, 내가 할 수 있는 게 뭐고 주변 상황이 어떤지 아는 것도 포함되니까요. 나라는 건 사회 속에서 고립된 존재가 아니라 서로 엮여 있는 존재니까요. 그렇다는 것도 알고, 또 같이 힘을 모을 수 있는 사람과 없는 사람이 각각 누구인지도 파악해야 합니다. 알아야 할 게 되게 많아요. 그게 다 앎과 지식과 진실의 영역에 속합니다. 그것들을 전략적으로 해보는 거예요.

이렇게 해보는 걸 푸코는 '자유의 실천'이라고 부릅니다. 해볼 여지도 없는 건 '지배 상태'입니다. 지배 상태에선 아무 실험도 해볼 여지가 없고, 지배 상태가 아니면 뭐든 해볼 여지가 있어요. 해볼 여지를 통해 출발하는 거예요. 해볼 수 있는 것들을 도모하는 것이 자유를 훌륭하게 실천하는 일입니다.

푸코 얘기는 내가 볼 때는 현실적이에요. 사람들은 애써 외면하려고 하지만요. 왜냐면 실제로 자기가 할 수 있는 게 없다고 자포자기하는 경우가 대부분이거든요. 저 환관이 눈앞에 있을 때, 자기가 노예이지 않으려면 어떻게 해야 할까? 이걸 고민하고 자기 답을 만들게끔 촉구하는 게 푸코가 현대 철학에서 보탬이 되는 대목입니다.

Q '인간의 죽음'이란 건 정상인의 죽음이란 건가요?

A 네. 지금까지 우리가 알고 있던 정상인이 사라진다는 뜻입니다. 인간에 대한 우리의 생각 자체가 완전히 바뀌어야 합니다. 바뀌게 될 거고, 많이 바뀌고 있기도 합니다. 정상과 비정상 하면 온갖 소수자의 문제가 다 여기 결부되고, 심지어 범죄자와 사회적으로 훌륭하다고 생각하는 사람의 구분, 정신병과 아닌 것의 구분도 다 해당합니다. 훨씬 복잡한 문제고 구체적으로 사례가 주어져야 얘기가 시작될 수 있는 그런 문제입니다.

• 출전: 「자유의 실천으로서의 자기 배려의 윤리」(1984) •

그리스·로마 세계에서 자기 배려란, 개인적 자유—또는 어느 정도까지는 시민적 자유—가 윤리로서 반성되는 방식(mode)이었다. 〔… 이 시기 문헌들을 보면,〕 자기 배려라는 주제가 도덕적 성찰 전체를 진정으로 관통하고 있다는 것을 알 수 있을 것이다. 반대로 우리 사회에서는 어느 시기부터 〔…〕 자기 배려는 뭔가 의심스러운 것이 되어 버렸다. 자기에게 전념한다는 것(s'occuper de soi)은 어느 시기부터인가 자기애(自己愛)의 한 형식, 이기주의나 개인적 이해관계의 한 형식이라고 자발적으로 부인되게 되어 버렸고, 그것은 타인들에게 쏟아야 하는 관심이나 꼭 필요한 자기희생과는 모순되는 것이 되어 버렸다. 〔…〕 희랍인이나 로마인, 특히 희랍인은 올바르게 처신하고 자유를 훌륭히(comme il faut) 실천하기 위해서는 자신에게 전념하고 자기를 배려해야 했다. 그것은 자신을 알기 위해서이기도 하고—바로 이것이 "너 자신을 알라(gnôthi seauton)"라는 친숙한 양상이다—, 자신을 형성하고 자신을 극복하기 위해서, 사람을 몰아세울 위험을 지닌 충동들(appétits)을 자신 안에서 다스리기(maîtriser) 위해서이기도 하다. 희랍인들에게 개인적 자유는 매우 중요한 것이었다. 개인의 자유는 폴리스의 아름다운 전체성 앞에서 전혀 중요하지 않다고 여기는 판에 박힌 말은, 다소간 헤겔로부터 유래하는데, 사실과는 다르다. (다른 폴리스의, 주변 사람들의, 통치자들의, 자신의 정념들의) 노예로 있지 않는 것이 절대적으로 근본적인 테마였다. 자유에 대한 배려는, 고대 문명의 위대한 8세기 동안, 본질적이며 항상적인 문제였다. 거기에 자기 배려를 축으로 하며 고대 윤리에 특유의 형식을 부여하는 윤리 전부가 있다. 나는 윤리가 자기 배려라고 말하는 것이 아니라, 고대에는 자유의 반성된 실천으로서의 윤리가 "너 자신을 배려하라"라는 저 근본적인 명법(命法) 주위를 둘러싸고 있었다고 말하고 있는 것이다.

　　　　　　　　　　　　　—「자유의 실천으로서의 자기 배려의 윤리」

김재인

서울대학교 미학과를 졸업하고 같은 대학 철학과 석사(「니체의 '영원회귀' 사상 연구」)와 박사(「들뢰즈의 비인간주의 존재론」) 학위를 받았다. 현재 경희대학교 비교문화연구소 학술연구교수로 재직하고 있다. 서울대학교 철학사상연구소 객원 연구원, 고등과학원 초학제연구프로그램 상주 연구원을 역임했으며, 서울대학교, 홍익대학교, 한국외국어대학교, 경희대학교, 서울여자대학교, 가천대학교 등에서 강의했다. 지은 책으로 『인공지능의 시대, 인간을 다시 묻다』, 『혁명의 거리에서 들뢰즈를 읽자—들뢰즈 철학 입문』, 『삼성이 아니라 국가가 뚫렸다—들뢰즈, 과타리 이론으로 진단한 국가, 자본, 메르스』, 『처음 읽는 프랑스 현대철학』(공저) 등이 있다. 옮긴 책으로 『천 개의 고원』, 『안티 오이디푸스』, 『베르그송주의』, 『들뢰즈 커넥션』, 『크산티페의 대화』, 『현대 사상가들과의 대화』(공역) 등이 있다.

생각의 싸움

인류의 진보를 이끈 15가지 철학의 멋진 장면들

© 김재인, 2019. Printed in Seoul, Korea

초판 1쇄 펴낸날 2019년 9월 24일
초판 3쇄 펴낸날 2022년 10월 31일
지은이 김재인
펴낸이 한성봉
편집 최창문·이종석·강지유·조연주·조성희·오시경·이동현
디자인 정명희
마케팅 박신용·오주형·강은혜·박민지
경영지원 국지연·강지선
펴낸곳 도서출판 동아시아
등록 1998년 3월 5일 제1998-000243호
주소 서울시 중구 퇴계로30길 15-8 [필동 1가 26] 무석빌딩 2층
페이스북 www.facebook.com/dongasiabooks
전자우편 dongasiabook@naver.com
블로그 blog.naver.com/dongasiabook
인스타그램 www.instargram.com/dongasiabook
전화 02) 757-9724, 5
팩스 02) 757-9726

ISBN 978-89-6262-304-8 03100

이 도서의 국립중앙도서관 출판예정도서목록(CIP)은 서지정보유통지원시스템 홈페이지(http://seoji.nl.go.kr)와 국가자료공동목록시스템(http://www.nl.go.kr/kolisnet)에서 이용하실 수 있습니다.(CIP제어번호: CIP2019035282)

만든 사람들
책임편집 하명성
크로스교열 안상준
표지디자인 전혜진
본문디자인 김경주